[illegible] [illegible] DSt 22, 167 (Verwaltungs-
staat)

Beiträge zum
ausländischen öffentlichen Recht und Völkerrecht

Herausgegeben von

der Max-Planck-Gesellschaft
zur Förderung der Wissenschaften e.V.,
vertreten durch Prof. Dr. Anne Peters
und Prof. Dr. Armin von Bogdandy

Band 301

Eberhard Schmidt-Aßmann

Das Verwaltungsrecht der Vereinigten Staaten von Amerika

Grundlagen und Grundzüge aus deutscher Sicht

Nomos

Die Deutsche Nationalbibliothek verzeichnet diese Publikation in der Deutschen Nationalbibliografie; detaillierte bibliografische Daten sind im Internet über http://dnb.d-nb.de abrufbar.

1. Auflage 2021

Publiziert von
Nomos Verlagsgesellschaft mbH & Co. KG
Waldseestraße 3-5 | 76530 Baden-Baden
www.nomos.de

Gesamtherstellung:
Nomos Verlagsgesellschaft mbH & Co. KG
Waldseestraße 3-5 | 76530 Baden-Baden

ISBN (Print): 978-3-8487-7833-1
ISBN (ePDF): 978-3-7489-2236-0

DOI: https://doi.org/10.5771/9783748922360

Onlineversion
Nomos eLibrary

Vorwort

Das Verwaltungsrecht der USA zeichnet sich durch eine Eigenständigkeit aus, die vom europäischen Betrachter als Fremdheit wahrgenommen wird: andere Verwaltungstraditionen, ein anderes Regierungssystem, andere Vorstellungen von den notwendigen Verwaltungsaufgaben, ein anderes Verständnis von der Leistungsfähigkeit des Rechts und der Rolle der Jurisprudenz – alle diese Punkte lassen das Bild einer Verwaltungsrechtsordnung entstehen, die nur schwer zugänglich ist. Doch es gibt auch Umstände, die es erleichtern, in die Materie einzudringen. Der wichtigste ist die große Offenheit und Nachhaltigkeit, mit der in den Vereinigten Staaten nach der Legitimität der (bundes)staatlichen Verwaltung und nach dem verfassungsrechtlich gebotenen Zuschnitt ihres Rechts gefragt wird. Der Streit um den amerikanischen „administrative state", der in Literatur und Rechtsprechung bis heute ausgetragen wird, zeigt Grundspannungen auf und lässt die Grundzüge des US-Verwaltungsrechts klarer hervortreten. Ich habe während meiner jetzt fünfjährigen Beschäftigung mit dieser Materie, unterstützt auch durch zwei von der Deutschen Forschungsgemeinschaft geförderte Forschungsaufenthalte in den USA, viel vom amerikanischen Verwaltungsrecht, und in der Reflexion dieser Erkenntnisse manches auch für das deutsche Verwaltungsrecht gelernt. Mit dem hier vorgelegten Buch möchte ich die deutsche Verwaltungsrechtswissenschaft dazu anregen, sich trotz (oder vielleicht gerade wegen) seiner Eigenständigkeit noch intensiver als bisher mit dem Verwaltungsrecht der Vereinigten Staaten zu beschäftigen. Mein Dank für freundschaftliche Unterstützung und Förderung gilt Armin von Bogdandy, Kristin Hickman, Oliver Lepsius, Christoph Möllers, Fred Morrison, Anne Peters, Hans Christian Röhl, Susan Rose-Ackerman, Richard Stewart, Peter Strauss und Rüdiger Wolfrum.

Heidelberg, im August 2020 Eberhard Schmidt-Aßmann

Gärditz / Stuckenberg, JZ 11, 209 (Vorrats-
datenspeicherung)

Inhaltsübersicht

Inhaltsverzeichnis

Erstes Kapitel Verwaltungsrechtsvergleichung und der amerikanische „Administrative State“

Erster Abschnitt Amerikanisch-deutsche Verwaltungsrechtsvergleichung

Interesse an fremden Rechtsordnungen und rechtsvergleichendes Arbeiten 1
haben im Verwaltungsrecht eine lange Geschichte. Zwischen den europäischen Rechtsordnungen sind sie heute schon zu einer Selbstverständlichkeit geworden.[1] Auch zwischen dem amerikanischen und dem deutschen Verwaltungsrecht hat es immer wieder wissenschaftliche Austauschbeziehungen gegeben. Wenn diese Interessen in jüngerer Zeit durch die Fülle der innereuropäischen Rechtsvergleichung etwas in den Hintergrund gedrängt sein sollten, so gilt es, sie wieder zu aktivieren und zu intensivieren.[2] „Das amerikanische Verwaltungsrecht stellt den markantesten Gegenentwurf zum Verwaltungsrecht französisch-deutscher Tradition dar“.[3] Die USA haben es auf der Grundlage ihrer Verfassung von 1787 von Anfang an unternommen, ein *demokratisches* Verwaltungsrecht zu schaffen, und das zu einer Zeit, als europäische Staaten sich mühsam anschickten, ihre monarchischen Verwaltungen nach und nach rechtlich zu disziplinieren.[4] Trotz dieser Tradition begegnen Verwaltung und Verwaltungsrecht aber gerade

---

1 Repräsentativ das von *v. Bogdandy/Cassese/Huber* herausgegebene Gemeinschaftswerk „Ius Publicum Europaeum“ – IPE –, von dessen bisher erschienenen sechs Bänden vier dem Verwaltungsrecht gewidmet sind, und zwar Bd. 3: Grundlagen (2010), Bd. 4: Wissenschaft (2011), Bd. 5: Grundzüge (2014), Bd. 8: Verwaltungsgerichtsbarkeit (2019) sowie in englischer Sprache als The Max Planck Handbooks in European Public Law – MPHEPL –, Vol. 1: The Administrative State (2017).

2 Zur Einführung *Parker*, Das Öffentliche Recht, Verfassungsrecht und Allgemeines Verwaltungsrecht der Vereinigten Staaten von Amerika, bes. 85 ff.; *Riegert*, Das amerikanische Administrative Law; *Linneweber*, Einführung in das US-amerikanische Verwaltungsrecht; *Brugger*, Einführung in das öffentliche Recht der USA, 203 ff.; *M. Schladebach/S. Schönrock*, Grundstrukturen des Verwaltungsrechts in den USA, VerwArch Bd. 93, 2002, 100 ff.; *W. Heun*, Geschichte des Verwaltungsrechtsschutzes in den USA, in: Sommermann/Schaffarzik, Handbuch II, 1657 ff.; (knapp auch) *Hay*, US-amerikanisches Recht, Rn. 80 ff.

3 So *Oliver Lepsius*, Verwaltungsrecht unter dem Common Law, 1.

4 Am Beispiel des öffentlichen Dienstrechts jüngst herausgearbeitet von *Roßbach*, Das Personal der Republik, Diss. Berlin 2018 (i.E.). Ich danke dem Verfasser dafür,

in den Vereinigten Staaten bis heute auch immer wieder grundsätzlichen Zweifeln.[5]

A. *Ähnlichkeiten und Kontraste*

2 Interessen an fremden Rechtsordnungen und Rechtsvergleichung gedeihen in einem Wechselspiel von Nähe und Ferne, von Ähnlichkeit und Kontrast.[6]

I. Drei Eckpunkte

3 Ähnlichkeit signalisieren die für beide Rechtsordnungen wichtige Verankerung in einer normativen Verfassung, ihre Eingliederung in ein föderales System und eine ausgeprägte Gerichtszentriertheit ihres Denkens. Ein zweiter Blick lässt aber auch deutliche Unterschiede hervortreten:[7]

– Die *Verfassungen* entstammen ganz unterschiedlichen Perioden und haben ganz unterschiedliche Strukturen:[8] Das Grundgesetz ist eine bewusst breit ausgreifende Verfassung, die relativ einfach zu ändern ist und im Laufe ihrer 71-jährigen Geschichte bereits über 60 Änderungen

---

dass er mir die Schrift schon in der Fassung des Manuskripts zugänglich gemacht hat.

5 Prominent die Kritik von Chief Justice Roberts in seinem dissentierenden Votum 569 U.S. 290, 315 (2013) *City of Arlington v. Federal Communications Commission*: „It would be a bit much o describe the result as 'the very definition of tyranny', but the danger posed by the growing power of the administrative state cannot be dismissed." Dieses Diktum wiederum zum Bezugspunkt einer Gegenposition nehmend *Jeremy Mashaw*, Reasoned Administration and Democratic Legitimacy, 2018, S. VII f. und pass. Weiter → 1/25-56 und → 6/4–40.

6 *Cane*, Controlling Administrative Power, 13: „Comparative study of government, constitutions, law and legal institutions of the explanatory sort undertaken here is most fruitful when the systems being compared are at one and the same time sufficiently similar to make comparison meaningful and possible, and sufficiently different to make it illuminating".

7 Knappe, treffende Bemerkungen dazu bei *D. Halberstam*, The Promise of Comparative Administrative Law: A Constitutional Perspective on Independent Agencies, in: Rose-Ackerman/Lindseth/Emerson, Comparative Administrative Law, 139 ff.

8 *W. Brugger*, Der moderne Verfassungsstaat aus Sicht der amerikanischen Verfassung und des Grundgesetzes, in: AöR 126, 2001, 337 ff., abgedr. auch in: *ders.*, Demokratie, Freiheit, Gleichheit, § 1.

erfahren hat. Die Verfassung der USA ist demgegenüber eine statische Verfassung. Zunächst beschränkte sie sich überhaupt nur auf Fragen der bundesstaatlichen Organisation. Sie wurde dann zwar schnell um die ersten zehn Zusatzartikel, die Bill of Rights (1791), erweitert. Insgesamt aber ist sie in ihrem mehr als 230-jährigen Leben nur siebenundzwanzigmal ergänzt worden. Sie ist folglich auf ganz andere Art als das Grundgesetz gewohnt, den Wandel der gesellschaftlichen und politischen Verhältnisse ohne Textänderungen zu bewältigen.[9]

- Die *föderalen Systeme* beider Länder unterscheiden sich erheblich:[10] Während in Deutschland die Länder über ihre Regierungen im Bundesrat an der Bundesgesetzgebung mitwirken und ihnen grundsätzlich auch der Vollzug der Bundesgesetze obliegt, ist den USA ein solcher „Exekutivföderalismus" fremd. Nach dem Konzept des „dual federalism" sind der Bund und Gliedstaaten klar voneinander getrennt und unabhängig. Im Senat sind nicht die Regierungen der Bundesstaaten vertreten, sondern es sitzen dort Senatoren, die in den Staaten direkt vom Volk gewählt worden sind. Der Bund vollzieht seine Gesetze grundsätzlich durch eigene Behörden und kann die Staaten in den Vollzug nur auf freiwilliger Grundlage einbinden.
- Die *Gerichtsbarkeiten* beider Länder sind unterschiedlich organisiert. Die USA folgen einem monistischen Konzept, während Deutschland zwischen ordentlichen Gerichten und Verwaltungsgerichten trennt, diese allerdings beide (anders als etwa in Frankreich) ohne Unterschiede der Dritten Gewalt zurechnet. Vor allem aber ist es der Rechtsschutzauftrag, der neben Gemeinsamkeiten auch erhebliche Unterschiede aufweist: Die deutschen Gerichte wollen einen im Lichte des Art. 19 Abs. 4 GG extensiv interpretierten effektiven Schutz individueller Rechte leisten, indem sie Verwaltungsentscheidungen grundsätzlich vollumfänglich überprüfen. Auch die amerikanischen Gerichte sind sich ihrer Verantwortung für die Sicherung bürgerlicher Freiheiten durchaus bewusst. Dafür steht schon die Garantie des „due process". Aber die Gerichte sehen auch, dass sie mit ihren Entscheidungen in den Zuständigkeitsbereich demokratisch gewählter Amtsträger intervenieren. Dieses „counter-majoritarian" Dilemma der Justiz, das in den

---

9 Dazu mit weit. Nachw. *G. N. Magliocca*, Constitutional Change, in: Tushnet/Graber/Levinson, U.S. Constitution, 909 ff.

10 Vgl. *Hanschel*, Konfliktlösung im Bundesstaat, 82 ff. und 329 ff.; *Hestermeyer*, Eigenständigkeit und Homogenität in föderalen Systemen, 93 ff.; → 2/69-91.

USA stärker betont wird als in Deutschland, kann eine in der Sache zurückhaltende gerichtliche Kontrolle nahelegen.[11]

II. Weitere Rahmenbedingungen

4 Zu den wichtigen Punkten, die bei allen vergleichenden Betrachtungen im Auge behalten werden müssen, zählen weiterhin die unterschiedlichen Regierungssysteme und Rechtstraditionen, in die das Verwaltungsrecht eingebunden ist.

1. Präsidiales versus parlamentarisches Regierungssystem

5 Das amerikanische Präsidialsystem kennt zwei gleichermaßen unmittelbar demokratisch legitimierte Machtzentren: den Kongress *und* den Präsidenten.[12] Beide sind von der Verfassung unmittelbar mit eigenen Kompetenzen ausgestattet.[13] Dieser Umstand verändert die Rolle des Gesetzes gegenüber dem, was in einem parlamentarischen System über Vorrang und Vorbehalt des Gesetzes zu sagen ist, erheblich. Spricht ihre eigenständige demokratische Legitimation für eine stärkere Stellung der Exekutive, so ist andererseits in Rechnung zu stellen, dass innerhalb des Exekutivbereichs zwischen dem Präsidenten und dem Verwaltungsapparat getrennt werden muss (→ 2/10–14). Faktisch ergibt sich ein *dreipoliges Beziehungsgeflecht*, in dem neben dem Kongress und dem Präsident bestimmte Teile der Verwaltung als eigenständige Akteure auftreten und im Ergebnis größere Hand-

---

11 Vgl. *Massey*, American Constitutional Law, 37 ff. und 70 ff.; *M. Brandon*, Constitutionalism, in: Tushnet/Graber/Levinson, U.S. Constitution, 763, 768 ff.; (die Kritik relativierend) *Tribe*, American Constitutional Law, § 3–6. Zur Reduktion der gerichtlichen Kontrolldichte → 4/111–113 und 124–135 sowie→ 6/34-40 und 67–70.

12 Vgl. *St. Griffin*, The Executive Power, in: Tushnet/Graber/Levinson, U.S. Constitution, 343 ff.; *A. W. Bradley/C. Pinelli*, Parliamentarism, in: Rosenfeld/Sajó, The Oxford Handbook of Comparative Constitutional Law, 650, 657; *Calabresi/Silverman/Braver*, The U.S. Constitution and Comparative Constitutional Law, 441 ff.; *P. Strauss*, Politics and agencies in the administrative state: the U.S. case, in: Rose-Ackerman/Lindseth/Emerson, Comparative Administrative Law, 44 ff.

13 Dazu 343 U.S. 579 (1952) *Youngstown Sheet & Tube Co. v. Sawyer*; auch → 2/9–30.

lungsspielräume genießen als Verwaltungen in parlamentarischen Regierungssystemen.[14]

Das hat wiederum Konsequenzen für die Instrumente, mit denen der Kongress seinen Einfluss durchzusetzen bestrebt sein muss.[15] In Zeiten eines „divided government" ist das evident. Es gilt aber auch dann, wenn Präsident und Kongressmehrheit derselben Partei angehören. „Legislative leaders have their own weapons for pursing the bureaucracy in their direction – most importantly, they can threaten the agency with reduced funds if it does not follow their priorities".[16] Besonders dort, wo die Gesetzgebung zu weitgefassten Rechtsetzungsermächtigungen an die Exekutive greift, muss es ihr natürliches Interesse sein, die Ausübung delegierter Kompetenzen an strikte Verfahrensregeln, Kontrollen und Rückholoptionen zu binden. In parlamentarischen Systemen besteht dieser Druck nicht in demselben Maße, denn hier hat die die Regierung tragende Parlamentsmehrheit über diese an den ministeriellen Steuerungs- und Kontrollmechanismen teil.

Fragen dieser Art sind zwar primär ein Gegenstand des Verfassungsrechts 6
und der Verfassungspolitik.[17] Sie können aber auf das Verständnis verwaltungsrechtlicher Institute ausstrahlen: Die besonders aufwändigen Verfahren der administrativen Normsetzung, des „rulemaking", oder die Vorliebe des Kongresses für neue Verwaltungseinheiten, die gegenüber der präsidialen Exekutive einen gewissen Unabhängigkeitsstatus genießen, die „independent agencies" unterschiedlichen Typs, lassen sich mit solchen Systemeigenheiten erklären und müssen, wenn es um die Frage ihrer Übertragbarkeit in andere Rechtsordnungen geht, mit großer Vorsicht behandelt werden.

---

14 Treffend *Cane*, Controlling, 311: „Because of the Constitutional division, between Congress and the President, of power in relation to and over the bureaucracy, the bureaucracy effectively has two masters and, as a result, enjoys a degree of autonomy from both much greater than the bureaucracy in England or Australia".

15 Zum Folgenden *Strauss*, Justice, 5 ff.; *Rose-Ackerman*, Umweltrecht und -politik, 19 ff.; *dies./Egidy/Fowkes*, Due Process of Lawmaking, 9 ff.; *B. Ackerman*, Good-bye, Montesquieu, in: Rose-Ackerman/Lindseth/Emerson, Comparative Administrative Law, 38, 41–43.

16 *B. Ackerman*, ebd., 41.

17 Vgl. *Ph. Dann*, The Gubernative in Presidential and Parliamentary Systems, ZaöRV 66, 2006, 1 ff.

2. Common law versus civil law Traditionen

7 Das Verwaltungsrecht der USA steht in der Tradition des common law. Aus dieser heraus ist es entwickelt worden.[18] Das common law bot mit seinen Klagearten die ersten Ansätze, sich gegen die administrativen Zugriffe zur Wehr zu setzen. Sein Schadensersatzrecht eröffnete die Möglichkeit, Fehlverhalten von Amtsträgern zu sanktionieren.[19] Seine richterzentrierte Sicht schuf Distanz gegenüber staatlichen Regulierungswünschen, während seine Ausrichtung an Präjudizien („precedents") und sein fallbezogen-konkreter Problemzugriff über genügend Flexibilität verfügten, um auf die Herausforderungen des Verwaltungsalltags angemessen zu reagieren.[20] Das sind Charakteristika, die auch heute für manchen den Kern eines seiner common law Traditionen bewussten Verwaltungsrechts ausmachen, die es zu bewahren und gegebenenfalls wiederherzustellen gelte.[21]

8 Die Traditionen dürfen jedoch nicht den Blick auf das Verwaltungsrecht der Gegenwart verstellen. Das amerikanische Verwaltungsrecht ist heute ebenso wie die kontinentalen Verwaltungsrechtsordnungen primär durch das *Gesetzesrecht* bestimmt.[22] Dafür steht der Administrative Procedure Act als ein auch das allgemeine Verwaltungsverfahrens-, das Verwaltungsinformations- und das Verwaltungsprozessrecht umfassendes Gesetz. Dafür steht mehr noch die Fülle der Fachgesetze. Die komplexen Aufgaben der Wirtschaftsregulierung und der sozialrechtlichen Massenverwaltung waren mit einem gerichtszentrierten Verwaltungsrecht nicht zu bewältigen. Sie

---

18 Vgl. nur *Lepsius*, Verwaltungsrecht, bes. 37 ff.; Besprechungsaufsatz dazu von *Th. Henne*, Die kontinentaleuropäischen Wurzeln des amerikanischen Verwaltungsrechts, in: Ius Commune. Zeitschrift für Europäische Rechtsgeschichte 25, 1998, 367 ff.

19 Dazu nur *Freund*, Das öffentliche Recht der Vereinigten Staaten von Amerika, 95 ff.; *Bressman/Rubin/Stack*, The Regulatory State, 45 ff.; *W. Heun* (Fn. 2), in: Sommermann/Schaffarzik, Handbuch II, 1658 f., aber auch 1663; ferner → 4/139 ff.

20 Zu diesen Eigenschaften des common law *Kischel*, Rechtsvergleichung, § 5 Rn. 1 ff.; *Hay*, US-Amerikanisches Recht, Rn. 19 ff.; ferner die Gegenüberstellung bei *Calabresi/Silverman/Braver*, The U.S. Constitution and Comparative Constitutional Law, 84 ff.

21 Zum „libertarian administrative law" → unten 1/45–47.

22 *Gellhorn*, 651: „At every level of government, the common law has been displaced as the dominant system of social regulation". *O. Lepsius*, Was kann die deutsche Staatsrechtslehre von der amerikanischen Rechtswissenschaft lernen?, in: Schulze-Fielitz (Hrsg.), Staatsrechtslehre als Wissenschaft, in: DV Beiheft 7 (2007), 319, 341 f. Weiter → 2/50–53.

bedurften vielmehr der Strukturierung durch den Gesetzgeber und der weiteren Ausformung durch verwaltungseigene Rechtssätze. Das zeigte sich schon gegen Ende des 19. Jahrhunderts.[23] In den letzten Jahrzehnten hat die Regelungsdichte der gesetzlichen Programme nicht nur in verfahrensrechtlicher, sondern auch in materiell-rechtlicher Hinsicht erheblich zugenommen.[24] Die prägende Bedeutung des Fachrechts für das Verwaltungsrecht insgesamt träte noch deutlicher hervor, wenn man sich in den USA nicht darauf beschränkte, unter „Administrative Law" nur die allgemeinen Lehren zu verstehen (→ 1/10–11).

Mit diesen Vorgaben der Gesetze muss sich die Verwaltung und müssen sich im Streitfall die Gerichte zunächst einmal auseinandersetzen (→ 2/61–68). Wie das im Einzelnen geschieht, wird im deutschen und im amerikanischen Recht unterschiedlich beantwortet. Hier bringen sich die Denkgewohnheiten des common law, vor allem die starke Faktenorientierung des Normverständnisses, weiter zur Geltung.[25] Ein so zentrales Anliegen wie die „Gesetzmäßigkeit der Exekutive" stellt sich folglich diesseits und jenseits des Atlantiks in seinen einzelnen Umsetzungserscheinungen durchaus unterschiedlich dar. Das ist allerdings auch innerhalb der kontinentalen Verwaltungsrechtsordnungen nicht anders. Die tradierten „Rechtsfamilien" haben jedenfalls im Verwaltungsrecht nur die Funktion einer ersten Orientierung.[26] Sie sensibilisieren für Unterschiede und warnen vor übereilten Konvergenzannahmen. In diesem Sinne sind die common law Traditionen des amerikanischen Verwaltungsrechts für den Vergleich nach wie vor wichtig. Sie manifestieren sich weniger in bestimmten Rechtsinstitu- 9

23 *W. J. Novak*, The Administrative State in America, in: MPHEPL I, 98. 110: „By 1932, the common law tradition, that had shaped and ruled so much of public and private life through the early nineteenth century, had been displaced as a principle tool of American governance. And a regime of constitutional law, positive legislation, and administrative regulation assumed prominence". Im Ergebnis ähnlich *Cane*, Controlling, 519: „Judge-made law came to be understood as a category of rules supplementary to legislation rather than a qualitatively different mode of law-making".

24 Zu Unterschieden in der Regelungsdichte der Gesetze der 1960er und 70er Jahre gegenüber dem New Deal *Sunstein*, After the Rights Revolution, 29 f.

25 Dazu *Kischel*, Rechtsvergleichung, § 5 Rn. 35: „Denn der durch Auslegung zu ermittelnde Inhalt der Gesetze wird von Fall zu Fall entwickelt und die dabei über diesen Inhalt aufgestellten Rechtssätze unterliegen ihrerseits wieder vollumfänglich den Regeln über Präjudizien".

26 Dazu mit Nachw. *E. Schmidt-Aßmann*, Zum Standort der Rechtsvergleichung im Verwaltungsrecht, in: ZaöRV 78, 2018, 807, 834 f.

ten als in einer vom Fall ausgehenden prozessorientierten Denkhaltung.[27] Ihre Ausrichtung auf den einzelnen Fall und die für ihn konstitutiven Fakten sind auch der Grund für eine im Vergleich zu Deutschland ungewöhnlich intensive *empirische Abstützung* verwaltungsrechtlicher Lehrmeinungen. Genaue statistische Auswertungen administrativer oder richterlicher Entscheidungspraxen etwa oder Ergebnisse der Implementations- und Wirkungsforschung gehören zum üblichen Arsenal juristischen Argumentierens.[28]

III. „Administrative Law" und „Verwaltungsrecht" – „Spektralverschiebung" der Schlüsselbegriffe

10 Vor allem aber ist es der unterschiedliche Zuschnitt dessen, was als „Verwaltungsrecht" bzw. „Administrative Law" verstanden wird, der bei allen Vergleichen im Auge behalten werden muss. Beide Begriffe sind nur auf einer gewissen Bandbreite deckungsgleich, haben aber sonst einen unterschiedlichen Fokus:

Das *deutsche Verwaltungsrecht* ist in einem dreifachen Sinne ein umgreifendes „Recht der Verwaltung": Es umfasst erstens alle Verwaltungsebenen (Bund, Länder und Gemeinden); es umfasst zweitens die allgemeinen Lehren ebenso wie die besonderen Regelungen des Fachrechts; und es umfasst drittens prozedurales und materielles Recht. In der akademischen Behandlung liegt der Schwerpunkt allerdings bei Vorgängen der Landes- und Kommunalverwaltungen, während die Tätigkeiten der Bundesbehörden, etwa die politisch interessanten Tätigkeiten der Bundesnetzagentur oder des Bundeskartellamtes nur selten das Anschauungsmaterial bilden. „Verwaltungsrecht" erscheint so vorrangig als das Recht der Verwaltung vor Ort und im alltäglichen Kontakt mit dem Einzelnen: Bau- und Gewerbegenehmigungen, Polizei, Straßen, gemeindliche Einrichtungen, Schulwesen, Bauleitplanung.

Gegenstand des *amerikanischen Administrative Law* sind dagegen nur die allgemeinen Lehren, vor allem das Verwaltungsverfahrensrecht und der

27 *Kischel*, Rechtsvergleichung, § 5 Rn. 40 ff.; *Lepsius* (Fn. 22), in: DV Beiheft 7 (2007), 319, 320 ff.; *Somek*, Zwei Welten der Rechtslehre und die Philosophie des Rechts, JZ 2016, 481 ff.

28 *Lepsius*, ebd., 335 f. Zu Schwächen der deutschen Lehre *A. Voßkuhle*, Neue Verwaltungsrechtswissenschaft, in: GVwR I, § 1 Rn. 29 ff.

Rechtsschutz in Verwaltungssachen.[29] Die meisten Lehrbücher behandeln davon überhaupt nur das Recht der Bundesverwaltung und setzen hier den Schwerpunkt bei der politisch ambitionierten Regulierung von Wirtschaft und Umwelt.[30] Ein für das deutsche Verständnis von Verwaltungsrecht so wichtiges Gebiet wie das Polizeirecht fehlt in den Darstellungen nahezu vollständig.[31] Nicht, dass es in den USA verwaltungsrechtliche Vorschriften und Gerichtsentscheidungen nicht auch auf der Ebene der Bundesstaaten und der lokalen Verwaltungsträger gäbe, die sich mit ortsnahen Planungen, Vollzugsvorgängen und Dienstleistungen beschäftigten! Es gibt sie in großer Fülle.[32] Aber dieses Anschauungsmaterial wird selten genutzt.[33] In den Lehrbüchern, in den Zeitschriften und im Curriculum der führenden

---

29 *Aman/Mayton*, Administrative Law, 3: „... in the United States, administrative law is not about the substance of what agencies do. Instead, it is about the structures and processes by which they do what they do". Ähnlich *Koch/Murphy*, Administrative Law and Practice, § 1.10, unter Bezugnahme auf *Landis*, The Administrative Process, 2; ferner *Hickman/Pierce*, 3; *Riegert*, Administrative Law, 19 ff.; *Lepsius*, Verwaltungsrecht, 290 ff.; *H. D. Jarass*, Besonderheiten des amerikanischen Verwaltungsrechts im Vergleich, DÖV 1985, 377, 379.

30 So *Bignami/Zaring*, Comparative Law and Regulation, Introduction 1 (6): „In the case of the United States, administration is largely synonymous with regulation". Ähnlich *O. Lepsius*, Regulierungsrecht in den USA: Vorläufer und Modell, in: Fehling/Ruffert, Regulierungsrecht, § 1 Rn. 84: Regulierungsrecht in den USA als „‚systembildender' Normalfall"; darstellend auch *D. H. Rosenbloom*, Administrative Law and Regulation, in: Rabin/Hildreth/Miller, Handbook of Public Administration, 635, 651 ff.

31 Ebenso *W. Heun* (Fn. 2), in: Sommermann/Schaffarzik, Handbuch II, 1678 f. Im Zentrum des Polizeirechts stehen in den USA die Verbrechensbekämpfung und entsprechende Ermittlungstätigkeiten, die dem „criminal procedure law" zugeordnet werden; vgl. *Walker/Hemmens*, Legal Guide for Police. Der Begriff der „police power" ist dagegen wesentlich breiter; er umfasst ganz allgemein die Ordnungsmacht des Staates zur Definition und Durchsetzung von Gemeinwohlzielen, gegebenenfalls mit Zwangsmitteln; grundlegend *Freund*, The Police Power. Public Policy and Constitutional Rights § 3: „it aims directly to secure and promote the public welfare, and it does so by restraint and compulsion". Zur Entwicklungsoffenheit des Begriffs heißt es dort weiter: „It will reveal the police power not as a fixed quantity, but the expression of social, economic and political conditions. As long as these conditions vary, the police power must continue to be elastic, i. e. capable of development". Zur Abgrenzung von anderen rechtseinschränkenden staatlichen Aktivitäten vgl. dort §§ 25 ff.

32 Anschaulich *N. M. Davidson*, Localist Administrative Law, 126 Yale L. J. 564 (2016).

33 Darstellungen finden sich bei *Asimow/Levin*, State and Federal Administrative Law; *Briffault/Reynolds*, State and Local Government Law; *Mandelker/Wegner/Griffith/Bond/Tyson*, State and Local Government in a Federal System. Das breit ange-

Law Schools, – kurz: auf dem *Forum*, das die Problemwahrnehmung und die wissenschaftlichen Diskussionen prägt, sind die unteren Verwaltungsebenen des föderalen Systems und der lokale Verwaltungsalltag kaum präsent.[34] Darstellungen dieser Verwaltungssphäre findet man schon eher in der verwaltungswissenschaftlichen Literatur.[35]

11 Jedenfalls besteht zwischen dem positiven Recht der Verwaltung auf der einen Seite und dem, was die Vorstellungswelt der akademischen Diskussionen bestimmt, auf der anderen Seite in beiden Ländern eine Diskrepanz. Die Ausrichtung an einem unterschiedlichen Bestand an Referenzgebieten führt zu einer „Spektralverschiebung“, die für die Verwaltungsrechtsvergleichung von zentraler Bedeutung ist. Entsprechend unterschiedlich werden die charakteristischen Aufgaben und die Strukturen des Verwaltungsrechts bestimmt:[36] Das amerikanische Recht, ausgerichtet an der *gestaltenden Verwaltung*, legt besonderen Wert darauf, dass die Amtsträger an die Vorstellungen der demokratischen Öffentlichkeit rückgebunden sind („accountability“), während das deutsche Recht, eher kleinräumig an überschaubaren Einzelvorgängen der *gesetzesvollziehenden* Verwaltung orientiert, den Individualrechtsschutz besonders herausstellt („Rechtsschutzeffektivität“).[37] Die unterschiedliche Auswahl der Referenzgebiete beeinflusst die Vorstellungen über das Verhältnis des Verwaltungsrechts zur Politik (→ *6/56–57*).

---

legte Lehrbuch von *Cooper*, State Administrative Law II, 1965, hat keine Neuauflage erfahren.

34 Treffend *Davidson* (Fn. 32), 126 Yale L. J. 564, 569 (2016): „The myopic federal focus obscures a massive, submerged and surprisingly vibrant domain of administration that exists at the local-government level“. Dass in der Konzentration der akademischen Ausbildung auf die Bundesverwaltung eine Schwäche liegt, weil die meisten Studenten in ihrem späteren Beruf weit häufiger mit alltäglichen Vorgängen unterer Verwaltungsstellen als mit Rechtsetzungsaktivitäten der großen Bundesbehörden konfrontiert sind, wird durchaus eingeräumt; so etwa *Schwartz*, § 1.15.

35 *Rosenbloom/O'Leary/Chanin*, Public Administration and Law, 115 ff.: Herausarbeitung von unterschiedlichen Typen von Verhältnissen, in denen der Einzelne zur Verwaltung steht („client and customer“, „government employee or contractor“, „inmate of institution“) und daran orientierte Behandlung typenspezifischer Rechtsfragen; anschaulich z.B. zur Bedeutung von „street level encounters“ für die Garantien des IV. Amendment dort 155 ff.

36 Zu den beiden unterschiedlichen „Idealen“ von Verwaltung *Ch. Möllers*, Verwaltungsrecht und Politik, in: IPE V, § 93 Rn. 9 f.

37 Ähnlich *T. Ginsburg*, Written Constitutions and the administrative state: on the constitutional character of administrative law, in: Rose-Ackerman/Lindseth/Emerson, Comparative Administrative Law, 60, 63.

B. Zur Entwicklung der amerikanisch-deutschen Rechtsvergleichung im Verwaltungsrecht

Verwaltungsrecht war und ist auf Rechtsvergleichung angewiesen. Die 12
„belle époque" der europäischen Verwaltungsrechtswissenschaft war eine Zeit intensiver rechtsvergleichender Forschung.[38] Ähnlich heißt es in der amerikanischen Literatur:[39] „Those attempting to understand or change American administrative law have always looked to the administrative systems of other nations for guiding".

Auch die deutsch-amerikanische Verwaltungsrechtsvergleichung hat eine 13
beachtlich lange Tradition.[40] Die junge Verfassung der USA war für das liberale Rechtsdenken im deutschen „Vormärz" ein wichtiger Bezugspunkt.[41] *Robert von Mohl* als einer der Begründer eines rechtsstaatlichen Verwaltungsrechts hatte bereits 1824 eine Monographie über das amerikanische Bundesstaatsrecht verfasst, in der er systematisch zwischen Verfassungsrecht und Verwaltungsrecht trennte.[42] „Niemand wird in Abrede stellen wollen, daß ein ernstes und genaues Studium des öffentlichen Rechtes der Vereinigten Staaten von Nordamerika nicht nur für den Publicisten von Fach, sondern überhaupt für Jeden, welcher über die großen politischen Fragen unserer Zeit ein eigenes Urtheil abgeben will, unumgänglich

38 So *O. Jouanjan*, Die Belle Époque des Verwaltungsrechts, in: IPE IV, § 69.

39 *Koch/Murphy*, Administrative Law and Practice, § 1.14. Es folgen Verweise auf das englische und französische, aber auch auf das deutsche Verwaltungsrecht, von dem es heißt: „German law is growing in global importance for many reasons."

40 Zum Folgenden vgl. *O. Lepsius*, Der Einfluss deutscher Rechtsideen in den USA, in: Raab/Wirrer (Hrsg.), Die deutsche Präsenz in den USA, 581, 586 ff.; aus der älteren Literatur *Ch. von Unruh*, Nordamerikanische Einflüsse auf die deutsche Verfassungsentwicklung, DVBl 1976, 455 ff.; *B. Pieroth*, Amerikanischer Verfassungsexport nach Deutschland, NJW 1989, S. 1333 ff.; *H. Steinberger*, Historic Influences of American Constitutionalism upon German Constitutional Development: Federalism and Judicial Review, Columbia Journal of Transnational Law, Bd. 36 (1997), 189 ff.

41 Dazu *P. Quint*, Der Einfluss des Supreme Court der Vereinigten Staaten von Amerika auf die Verfassungsgerichtsbarkeit in Europa, in: IPE VI, § 109 Rn. 21 f.; differenzierend *Lerg*, Amerika als Argument. Die deutsche Amerika-Forschung im Vormärz und ihre politische Deutung in der Revolution von 1848/49.

42 *Mohl*, Das Bundes-Staatsrecht der Vereinigten Staaten von Nord-Amerika: Verfassungsrecht. Der für das Verwaltungsrecht vorgesehene Teil ist zwar nur in einer Gliederung vorhanden, die jedoch zeigt, was Mohl als Kernmaterien des Rechtsgebiets ansah und wie er sie anordnen wollte: Die Organisation der Bundesbehörden, das Gerichtswesen („Verwaltung der Gerechtigkeit") und die Verwaltung der Polizei (unter Einschluss des Medizin-, Militär-, Post- und Münzwesens).

nothwendig sey".[43] Umgekehrt soll *Mohl* der Erste gewesen sein, der den Begriff eines „administrative law" zur Bezeichnung eines eigenen Rechtsgebietes neben dem Verfassungsrecht in den amerikanischen Rechtsdiskurs eingebrachte.[44]

14 Für das amerikanische Interesse am deutschen öffentlichen Recht, speziell am Verwaltungsrecht, stehen später *Frank Goodnow* und *Ernst Freund*. Die Bedeutung dieser beiden mit dem deutschen Verwaltungsrecht vertrauten amerikanischen Wissenschaftler für die Entwicklung des Verwaltungsrechts der USA ist anerkannt.[45] *Frank Goodnow*, der Verfasser des ersten groß angelegten amerikanischen Werkes zur Verwaltungsrechtsverglei-

---

43 *Mohl*, Kritische Zeitschrift für Rechtswissenschaft und Gesetzgebung des Auslandes, Bd. 7, 1835, 1. Klar allerdings die Sklaverei verurteilend schon *Mohl*, Bundes-Staatsrecht S. IX: „...den Schandflecken der Sclaverei abgerechnet...".

44 *Mashaw*, Creating the Administrative Constitution, 413 Fn. 67: In seiner Rezension von Justice Story's Commentaries on the Constitution, die 1835 in der Kritischen Zeitschrift für Rechtswissenschaft und Gesetzgebung des Auslandes Bd. 7 S. 1 ff. erschienen war, beanstandete Mohl, dass Story nicht auch das Verwaltungsrecht einbezogen habe; als Themen dieses Rechts nannte er (S. 7): „diejenigen gesetzlichen und materiellen Einrichtungen", die der „Ausführung und Handhabung eines von der Verfassung festgestellten Princips dienen und welche zum Theile sogar von dem Grundgesetze selbst präceptiv verlangt werden"; die Trennung zwischen „Verfassungs- und Verwaltungsrecht" sei zwar schwer, aber eine Darstellung, die sich auf das Verfassungsrecht beschränke, bleibe notwendig lückenhaft; kennenswert seien ebenso „die in den Beschlüssen des Congresses und in den Anordnungen der ausübenden Gewalt enthaltenen Versuche zur Auslegung und Anwendung der Constitution".
Die Herausgeber des American Jurist and Law Magazine, beeindruckt durch Mohls subtile Kenntnis des amerikanischen Rechts, veröffentlichten diese Rezension in englischer Sprache in 14 Am. Jurist & Law Magazine 330 ff. (1835). Hier fiel das Wort „administrative law" erkennbar das erste Mal. Zugleich sahen sich die Herausgeber veranlasst, Story in Schutz zu nehmen, und fügten in einer kommentierenden Fußnote an (S. 338): „In our country the phrase ‚administrative law' is unknown, provided the subject itself exists". Daran schließen sie an: „If we should express the impression which we have formed, we should call it that part of the law, by which the established principles of the government are put into action and applied to the business of life".

45 *Freedman*, Crisis and legitimacy, 259; *Ernst*, Tocqueville's Nightmare, 9 ff.; *F. Bignami*, From Expert Administration to Accountability Network: A New Paradigm for Comparative Administrative Law, in: 59 Am. J. of Comp. L. 859, 866 (2011); *W. J. Novak* (Fn. 23), in: MPHEPL I, 98, 120 ff.; *Lepsius*, Verwaltungsrecht, bes. 259 ff.; *T. Henne* (Fn. 18), Zeitschrift für Europäische Rechtsgeschichte 25, 1998, 367, bes. 374 ff. und 388 ff.

chung, hatte bei *Rudolf von Gneist* in Berlin Vorlesungen gehört.[46] Der Gedanke der Rechtsvergleichung als Vorgang gegenseitigen Lernens findet sich bei ihm treffend formuliert:[47] „Our modern complex social conditions are making enormous demands of the administrative side of the government, demands which will not be satisfied at all or which will be inadequately met, unless a greater knowledge of administrative law and science is possessed by our legislators and moulders of opinion. This knowledge can be obtained only by study, and by comparison of our own with foreign administrative methods".[48] *Goodnows* von europäischen, insbesondere englischen und preußischen Rechtsvorstellungen beeinflusste Ideen einer von der Politik abgesetzten, durch Sachverstand ausgezeichneten Verwaltung spielten in den Diskussionen um den öffentlichen Dienst in den USA eine wichtige Rolle.[49]

Ernst Freund hatte in den 1880er Jahren in Berlin und Heidelberg stu- 15
diert.[50] Später setzte er seine Studien an der Columbia University u.a. bei *Goodnow* fort. *Freund* sah in der Idee des Rechtsstaates, wie sie ihm bei *Gneist* entgegengetreten war, den entscheidenden Ansatz, um die Bedürfnisse einer notwendig sozialgestaltenden Verwaltung mit dem Schutz individueller Freiheiten zum Ausgleich zu bringen. Eine wichtige Vermittlungsfunktion sollte den Gesetzen zufallen, die die Verwaltung steuern sollen.[51] Die Bedeutung rechtsvergleichenden Arbeitens für die Entwicklung

46 Zu F. J. Goodnow (1859–1939) vgl. die biographischen Angaben bei *Lepsius*, Verwaltungsrecht, 265 f.; *C. Rosser*, Examining Frank J. Goodnow's Hegelian Heritage, 45 Administration & Society 1063 ff. (2012).

47 *Goodnow*, Comparative Administrative Law. An Analysis of the Administrative Systems National and Local, of the United States, England, France and Germany, 2 Bände (in einem Band), S. IV. Ein Dank an Gneist findet sich dort auf S. VI: „The author deems it necessary to acknowledge how much he is indebted to the published works and personal influence felt in lectures he has heard, of Professor Rudolph von Gneist, of the University of Berlin, Germany".

48 Auf Goodnows Fragestellungen Bezug nehmend *J. Mashaw*, Explaining administrative law: reflections on federal administrative law in nineteenth century America, in: Rose-Ackerman/Lindseth, Comparative Administrative Law, 1. Aufl. 2010, 37, 44.

49 *Roßbach*, Personalverfassungsrecht, 560 ff.

50 Zu E. Freund (1864–1932) vgl. die biographischen Angaben bei *Lepsius*, Verwaltungsrecht, 10 ff.

51 *Freund*, Police Power, §§ 17 ff., §§ 64 ff.; *ders.*, Standards of American Legislation; dazu *Lepsius*, Verwaltungsrecht, 61 ff. und 259 ff.

des Verwaltungsrechts steht für *Freund* außer Zweifel.[52] Immer wieder greift er auf englische, deutsche und französische Beispiele zurück. Der unmittelbare Einfluss seines Studiums in Deutschland auf seine späteren Untersuchungen darf sicher nicht überschätzt werden. „Doch lassen Freunds Bestreben nach Systematik, klaren Begrifflichkeiten und abstrakten Kategorien sowie seine Gesetzeszentriertheit den Einfluss der deutschen Ausbildung deutlich werden".[53] Sein großes Werk, das die „Police Power" aus dem Verfassungsrecht und den Einzelgebieten des besonderen Verwaltungsrechts systematisch entfaltet und als Zentralbereich des amerikanischen Verwaltungsrechts ausweist, beeindruckt noch heute.

16 Nicht aufgegriffen wurden allerdings die methodischen Schärfungen und Verengungen, die in Deutschland mit dem Siegeszug der sog. Juristischen Methode die Behandlung des Verwaltungsrechts bestimmten.[54] Verwaltungsaufgaben, Bürokratie, Demokratie und Verwaltungseffizienz wurden – gerade umgekehrt – in den USA zu Kernelementen einer verwaltungsrechtlichen Theoriebildung,[55] die zwischen verfassungsrechtlichen und politikwissenschaftlichen Argumenten keine strikte Grenze zog. *Woodrow Wilson*, ebenfalls gut mit dem deutschen, insbesondere preußischen Verwaltungsrecht vertraut, wies der amerikanischen Verwaltungsforschung lange vor dem New Deal den Weg.[56] *Goodnow* wurde der erste Präsident der 1903 gegründeten American Political Science Association. Bei aller Offenheit gegenüber ausländischen Rechtsordnungen betonten beide aber immer wieder die besondere demokratische Fundierung des amerikanischen Rechtsverständnisses.[57] Letztlich waren es nicht die Rechtsformen und Rechtsinstitute, mit denen das deutsche Verwaltungsrechtsdenken in

52 *E. Freund*, The Law of the Administration in America, 9 Pol. Sci. Q. 403, 405 (1894): „As the science of administrative law is new and has been chiefly developed in France and Germany, it is natural that the attention of the American students should be turned to foreign law". Es folgt ein Hinweis darauf, wie sehr das preußische Verwaltungsrecht seinerseits wiederum von den Studien Gneists zum englischen Verwaltungsrecht profitiert habe.

53 *Lepsius*, Verwaltungsrecht, 11 f.

54 Dazu *Stolleis*, Geschichte des öffentlichen Rechts II, 403 ff.

55 *W. J. Novak* (Fn. 23), in: MPHEPL I, 98, 121: „Goodnow endorsed instead a new positive, progressive, and dynamic approach to the constitution that would keep public law flexible, responsive to public opinion, and adaptable to the changing needs of modern life". Zu Unterschieden zwischen Goodnow und Freund vgl. *Lepsius*, Verwaltungsrecht, 274 ff.

56 *W. Wilson*, The Study of Administration, 2 Pol. Sci. Q. 197 ff. (1887).

57 *Roßbach*, Personalverfassungsrecht, 562: „So sehr Preußen im Hinblick auf die Effizienz als Vorbild diente und so sehr Goodnow von deutschem Gedankengut ge-

der amerikanischen Diskussion Beachtung fand. Es waren vielmehr die staatswissenschaftlichen Einsichten in die Notwendigkeit einer wirksamen staatlichen Aufgabenerfüllung, die für das sich ausbildende Konzept eines modernen Verwaltungsrechts in den USA interessant waren.[58] Mit dem 1. Weltkrieg brach der Austausch für mehrere Jahrzehnte ab.

Neue Vermittlungsfunktionen entfaltete später der besondere komparatis- 17
tische Zugriff deutscher Emigranten.[59] Klassiker wurden *Karl Loewensteins* „Verfassungsrecht und Verfassungspraxis der Vereinigten Staaten" und seine „Verfassungslehre".[60] *Fritz Morstein Marx* lenkte den Blick auf die Eigenheiten der Verwaltung in den USA, in der er selbst eine Reihe von Jahren tätig gewesen war.[61] Meistens standen zunächst das Verfassungsrecht, die Rechtsprechungstätigkeit des Supreme Court und überhaupt der Gedanke der

---

prägt ist, so deutlich macht er – wie Wilson – die demokratisch bedingten Grenzen der Übernahme deutscher Konzepte".

58 Dazu *B. Emerson*, The Democratic Reconstruction of the Hegelian State in the American Progressive Political Thought, 77 Review of Politics. University of Notre Dame 545 ff. (2015); *ders.*, The Public's Law. Origins and Archtecture of Progressive Democracy, 2019, 61 ff.

59 Zu ihnen *Lutter/Stiefel/Hoeflich*, Der Einfluss deutscher Emigranten auf die Rechtsentwicklung in den USA und in Deutschland; *O. Lepsius* (Fn. 40), in: Raab/Wirrer (Hrsg.), Die deutsche Präsenz in den USA, 581, 601 (die Bedeutung der Emigranten könne „nicht hoch genug veranschlagt werden"); *Seckelmann/Platz*, Remigration und Demokratie in der Bundesrepublik nach 1945: Ordnungsvorstellungen zu Staat und Verwaltung im transatlantischen Transfer, 2017.

60 *Loewenstein*, Verfassungsrecht und Verfassungspraxis der Vereinigten Staaten, 1959; ders., Verfassungslehre, 1959, Titel der amerikanischen Originalausgabe „Political Power and Governmental Process", 1957; auch schon *ders.*, Staatspolitik und Verfassungsrecht in den Vereinigten Staaten von 1933–1954, in: JöR n.F. Bd. 4, 1955, 1 ff.

61 *Morstein Marx*, Einführung in die Bürokratie, 1959, Titel der amerikanischen Originalausgabe „Administrative State. An Introduction to Bureaucracy", 1957, sowie ders., Amerikanische Verwaltung, 1963. Der Autor war einige Jahre Mitarbeiter im Office of Budget des amerikanischen Präsidenten, später Professor für Political Science und Dean of Administration am Hunter College in New York. Vgl. *M. Seckelmann*, „Mit Feuereifer für die öffentliche Verwaltung": Fritz Morstein Marx, DÖV 2013, 401 ff.; dies., Postheroische Verwaltung: Fritz Morstein Marx, in: Seckelmann/Platz, Remigration und Demokratie, 130 ff. Dort auch die Beiträge von *A. Söllner*, Ernst Fraenkel und die Verwestlichung der politischen Kultur in der Bundesrepublik Deutschland, 99 ff. und *C. Unger*, Arnold Brechts Vorschläge zur westdeutschen Verwaltung und Verfassung im Spannungsfeld von Expertise und Erfahrung, 155 ff.

Verfassungsstaatlichkeit im Vordergrund.[62] Die Fruchtbarkeit eines das Verfassungs- mit dem Verwaltungsrecht verbindendenden komparatistischen Ansatzes zeigte Anfang der 60er Jahre *Horst Ehmke* mit seiner groß angelegten Schrift zum amerikanischen Wirtschaftsverwaltungsrecht.[63] Zu Beginn der 70er Jahre machte *Fritz Scharpf* in seiner Studie „Die politischen Kosten des Rechtsstaats" auf grundlegende Unterschiede zwischen der Verwaltungssteuerung in den USA und Deutschland aufmerksam und zeigte Vorzüge des amerikanischen Modells auf.[64]

18 Gleichzeitig begann man, aktuelle Probleme zu untersuchen, zu denen das amerikanische Recht innovative Lösungen bereit hielt.[65] Dazu boten sich Gebiete an, die im Gefolge von Präsident Johnsons „Great Society" in Gesetzgebung und Rechtsprechung einen beachtlichen Aufschwung genommen hatten.[66] Vor allem das Umweltrecht mit seinen „citizen suits"[67] und seiner Umweltverträglichkeitsprüfung,[68] ferner das Recht auf freien Aktenzugang („freedom of information"),[69] die administrative Rechtsetzung

---

62 *Steinberger*, Konzeption und Grenzen freiheitlicher Demokratie, 1974; *Brugger*, Demokratie, Freiheit, Gleichheit, 2002; *Möllers*, Gewaltengliederung, bes. 94 ff., 135 ff., 331 ff. und 425 ff.; *Kau*, United States Supreme Court und Bundesverfassungsgericht; (vor allem historisch) *Heun*, Verfassung und Verfassungsgerichtsbarkeit im Vergleich; *P. Quint* (Fn. 41), in: IPE VI, § 109; *M. Spielmann/E. Röper*, Von Holmes zu Brown v. Board of Education: Die Konturen des Judicial Self-Restraint, DÖV 2018, 928 ff. Zum Gedanken der Verfassungsstaatlichkeit, seiner Entwicklung in den USA und seiner Bedeutung für den transatlantischen Rechtsvergleich *Stern*, Grundideen europäisch-amerikanischer Verfassungsstaatlichkeit; *R. Grote*, Rechtskreise im öffentlichen Recht, in: AöR 126, 2001, 10, 39 ff.

63 *Ehmke*, Wirtschaft und Verfassung. Die Verfassungsrechtsprechung des Supreme Court zur Wirtschaftsregulierung, 1961.

64 *Scharpf*, Die politischen Kosten des Rechtsstaats. Eine vergleichende Studie der deutschen und amerikanischen Verwaltungskontrollen, 1970. Dazu auch → 6/53–54.

65 Zum Folgenden auch die Angaben bei *Schladebach/Schönrock* (Fn. 2), VerwArch 93, 2002, 100, 102 ff.

66 Zum Programm der „Great Society" vgl. *Heideking/Mauch*, Geschichte der USA, 6. Aufl. 2008, 327 ff. Auflistung der wichtigsten Gesetze bei *Sunstein*, Rights Revolution, 24 f.: Energie-, Berg-, Gesundheits-, Verbraucherschutz- und Umweltrecht.

67 Prominent *Rehbinder/Burgbacher/Knieper*, Bürgerklage im Umweltschutz, 1972.

68 *Mezger*, Umweltverträglichkeitsprüfung, Umweltschutz und räumliche Planung, 1989.

69 *Scherer*, Verwaltung und Öffentlichkeit, 1978; *Gurlit*, Verwaltungsöffentlichkeit im Umweltrecht: ein Rechtsvergleich Bundesrepublik Deutschland – USA, 1989.

(„rulemaking")[70] und die „Konfliktbewältigung durch Verhandlungen" erwiesen sich als attraktiv,[71] um aus vergleichenden Untersuchungen Anregungen für die Entwicklung des deutschen Verwaltungsrechts zu gewinnen. Aber auch klassische Themen wie das Verwaltungsorganisationsrecht[72] und das Verwaltungsverfahrensrecht der USA wurden behandelt.[73]

Seit den 1990er Jahren trat das Thema „Regulation" auf den Plan. Seine 19
rechtsvergleichende Behandlung war schon deshalb angesagt, weil die Europäische Union zu der von ihr angestrebten Deregulierung der Netzwirtschaften auf Elemente des amerikanischen Regulierungsrechts wie „independent agencies" zurückgriff und die Mitgliedstaaten verpflichtete, eben diese Elemente in ihre Rechtsordnungen aufzunehmen. Grundlagenarbeit zum Verständnis des amerikanischen Verwaltungsrechts leistete *Oliver Lepsius* mit seiner 1997 erschienenen Studie „Verwaltungsrecht unter dem Common Law". Es zeigte sich schnell, dass schon die Begriffe „Regulation" und „Regulierung" unterschiedlich weit sind und der Wirtschaftsregulierung in den USA eine andere Aufgabe zufällt als in der EU,[74] so dass vor einer „blanketthaften Übertragung" zutreffend gewarnt wird.[75]

---

70 *Pünder*, Exekutive Normsetzung, 1995; *Schnöckel*, „Negotiated Rulemaking" in den USA und normvertretende Absprachen in Deutschland, 2005.

71 *Holznagel*, Konfliktlösung durch Verhandlungen. Aushandlungsprozesse als Mittel der Konfliktverarbeitung bei der Ansiedlung von Entsorgungsanlagen für besonders überwachungsbedürftige Abfälle in den Vereinigten Staaten von Amerika und der Bundesrepublik Deutschland, 1990; *Hoffmann-Riem/Schmidt-Aßmann* (Hrsg.), Konfliktbewältigung durch Verhandlungen, 1990.

72 *Steinberg*, Politik und Verwaltungsorganisation. Zur Reform der Regierungs- und Verwaltungsorganisation unter besonderer Berücksichtigung der Obersten Bundesbehörden in den Vereinigten Staaten von Amerika, 1979, bes. 189 ff. und 317 ff.; ferner *Albert*, Stellung, Funktion und verfassungsrechtliche Problematik der Independent Regulatory Commissions, 1971.

73 *Fehling*, Verwaltung zwischen Unparteilichkeit und Gestaltungsaufgabe, 2001; *Erath*, Verwaltungsverfahren; *Wolfram*, Prozeduralisierung des Verwaltungsrechts, 2005; *H. Pünder*, Verwaltungsverfahren, in: Ehlers/Pünder, Verwaltungsrecht, § 13 Rn. 31 f.

74 *O. Lepsius* (Fn. 30), in: Fehling/Ruffert, Regulierungsrecht, § 1 pass., zusammenfassend Rn. 118 ff.; *Schneider*, Liberalisierung der Stromwirtschaft durch regulative Marktorganisation. Eine vergleichende Untersuchung zur Reform des britischen, US-amerikanischen, europäischen und deutschen Energierechts; *Oster*, Normative Ermächtigungen im Regulierungsrecht, mit weit. Nachw.; *Wellerdt*, Organisation der Regulierungsverwaltung, 2019, 9 ff.; *M. Wendel*, Verwaltungsermessen als Mehrebenenproblem, 2019, 148 ff.

75 *Lepsius*, Regulierungsrecht, Rn. 118.

20 Insgesamt haben die Impulse des amerikanischen Verwaltungsrechts in Deutschland eine unterschiedliche Resonanz gefunden: Erfreute sich „freedom of information“ alsbald breiter Zustimmung und konnten die Verfahrensregelungen des „rulemaking“ immerhin mit einem wohlwollenden Interesse rechnen, so werden gegenüber „independent agencies“ immer wieder deutliche Vorbehalte geäußert; auf Kritik und Ablehnung stößt das Datenschutzrecht der USA. Von einer überbordenden Einflussnahme Amerikas kann jedenfalls nicht die Rede sein.

21 Das vergleichende Interesse der *amerikanischen* Rechtswissenschaft, das sich nach dem 2. Weltkrieg nur langsam wieder entwickelte, galt ebenfalls vorrangig dem Verfassungsrecht und der Verfassungsgerichtsbarkeit.[76] Zum Verwaltungsrecht finden sich bilaterale Vergleichsstudien bisher selten, am ehesten noch zum Umweltrecht.[77] Mehr als der Vergleich einzelner Rechtsinstitute interessieren historische und theoretische Fragen des Bürokratieverständnisses und der Staatsaufgabenlehre und beider Einfluss auf die Ausbildung des „Administrative State“ in den USA.[78] In jüngerer Zeit deutet sich ein Interesse an den Prinzipien der Verhältnismäßigkeit und des Vertrauensschutzes an.[79]

22 Häufiger finden sich Untersuchungen, die das deutsche Verwaltungsrecht als eine von mehreren Referenzrechtsordnungen vergleichend heranziehen.[80] Im Zuge der Europäisierung des Verwaltungsrechts hat sich zudem das *Eigenverwaltungsrecht der Europäischen Union* zwischen den Vergleich nationaler Rechtsordnungen geschoben. Mit seiner Ausrichtung auf die

---

76 *Kommers*, The Constitutional Jurisprudence of the Federal Republic of Germany, 1989; *Currie*, The Constitution of the Federal Republic of Germany, 1994; *Collings*, Democracy's Guardians. A history of the German Federal Constitutional Court, 1951–2001, 2015; *M. Hailbronner*, Traditions and Transformations. The rise of German Constitutionalism, 2015.

77 *Rose-Ackerman*, Umweltrecht und -politik, 1995; *dies.*, Controlling Environmental Policy, 1995.

78 Dazu *Emerson*, The Public's Law (Fn. 58), pass.; auch *W. J. Novak* (Fn. 23), in: MPHEPL I, 98, 99 ff.

79 Vgl. *J. Mathews*, Proportionality Review in Administrative Law, in: Rose-Ackerman/Lindseth/Emerson, Comparative Administrative Law, 405 ff.

80 Zum Verwaltungsrechtsschutz etwa *Garoupa/Mathews*, Strategic Delegation, Discretion, and Deference. Explaining the Comparative Law of Administrative Review, 62 Am. J. Comp. L. 101, 117 ff. (2014). *F. Bignami*, Regulation and the Courts: Judicial Review in Comparative Perspective, in: Bignami/Zaring, Regulation, 275 ff.

Regulierung von Wirtschaftsvorgängen stößt es in der amerikanischen Literatur auf besonderes Interesse.[81]

Die Begegnungen von Verwaltungsrechtsordnungen haben sich vervielfacht und die Vergleichsrelationen ebenfalls. Trotz aller Ausdifferenzierungen bleibt der klassische bi-laterale Rechtsvergleich im Verwaltungsrecht die komparatistische *Grundkonstellation*. An ihm lassen sich auch die Besonderheiten der Verwaltungsrechtsvergleichung und ihrer Methode am besten verdeutlichen. Das ist an anderer Stelle dargelegt worden.[82] Rechtsvergleichende Untersuchungen können allerdings sehr unterschiedliche *Intensitätsgrade* des vergleichenden Arbeitens aufweisen.[83] An *einem* Ende des Spektrums steht die Darstellung einer Rechtsordnung aus der Feder eines in einer anderen Rechtsordnung beheimateten Wissenschaftlers; ihre vergleichenden Aspekte kommen eher immanent etwa in der Auswahl und Anordnung des Stoffes und in der Art der Problembeschreibung zum Ausdruck. Das *andere* Ende des Spektrums bildet das komplexe, empirisches und statistisches Material einbeziehende Großprojekt, das die Vergleichsrechtsordnungen Punkt für Punkt parallel und systematisch darstellt und bewertet. 23

Das hier vorgelegte Buch folgt dem ersteren Modell. Es geht ihm um eine Darstellung des amerikanischen Verwaltungsrechts in seinen Grundzügen, die das wissenschaftliche Interesse deutscher Leser ansprechen soll. Im Rahmen einer solchen vermittelnden Darstellung wird das deutsche Recht nur dort herangezogen, wo es den Zugang zum amerikanischen Recht erleichtert, die Probleme ähnlich erscheinen oder die gewählten Lösungsansätze zu einem Vergleich einladen. Ein systematischer Vergleich der einzelnen Rechtsinstitute und Verfahrensordnungen ist nicht angestrebt. In der 24

---

81 Dazu kurze Angaben bei *Gellhorn*, 428 ff. Besonders interessant aus amerikanischer Sicht: die EU-Rechtsetzung und die Formen einer Verbundverwaltung („shared administration"); dazu auch *R. Schütze*, From Rome to Lisbon: „Executive Federalism" in the (New) European Union, 47 CMLR 1385 (2010). *J. Mashaw*, Reasoned Administration: The European Union, the United States, and the Project of Democratic Governance, in: 76 Geo. Wash. L. Rev. 99 ff. (2007) (zahlreiche Ähnlichkeiten betonend); ferner die Beiträge in: *Hofmann/Weaver*, Transatlantic Perspectives on Administrative Law, 2011; jüngst *M. Ruffert*, Law of Administrative Organization of the EU. A Comparative Approach, 2020.

82 Zum Folgenden *Schmidt-Aßmann* (Fn. 26), ZaöRV 78, 2018, 807, 816–833.

83 Zu den unterschiedlichen Erscheinungsformen, Zielen und Intensitätsgraden rechtsvergleichenden Arbeitens *Hirschl*, Comparative Matters. The Renaissance of Comparative Constitutional Law, 192 ff.

Art eines Mosaiks soll aber etwas von den Unterschieden und den Gemeinsamkeiten des *verwaltungsrechtlichen Denkens* deutlich werden.

Zweiter Abschnitt Das Verwaltungsrecht der USA im Spiegel der amerikanischen Verwaltungsrechtswissenschaft und die Frage nach der Legitimität des „Administrative State"

25 Entwicklungsstand und Herausforderungen des amerikanischen Verwaltungsrechts lassen sich an den folgenden Beiträgen prominenter Vertreter der Verwaltungsrechtswissenschaft anschaulich machen. Sie zeigen – konzentriert auf *Bundesverwaltung* als den Repräsentanten des *„administrative state"* – die großen Spannungen zwischen Ausbau, Rückbau oder Reform, mit denen das Verwaltungsrecht in den USA gegenwärtig konfrontiert ist: *Jeremy Mashaws* historische Analyse wendet sich gegen das Narrativ, die Verwaltung verfüge in den USA über geringe Traditionen und habe sich überhaupt erst mit dem New Deal massiv entwickelt (A). *Richard Stewarts* Unterscheidung von fünf Modellen der Verwaltungsrechtsentwicklung gilt als die klassische Zustandsbeschreibung (B). Neben ihr verdient aber auch das auf die Binnenrationalität der Exekutive abhebende Modell von *Sidney Shapiro*, *Elizabeth Fisher* und *Wendy Wagner* Beachtung (C). Im Anschluss daran werden zwei Auffassungen referiert, die einander diametral entgegengesetzt sind: einerseits der Ruf nach einem „libertarian administrative law", das unter Rückgriff auf eine angeblich gemeinsame anglo-amerikanische Verfassungstradition die derzeitige Verwaltung möglichst zurückdrängen soll, und andererseits ein Plädoyer für eine schlagkräftige Exekutive, die durch andere als die überkommenen verwaltungsrechtlichen Mechanismen kontrolliert wird (D). Den Abschluss dieses Abschnitts bildet das Konzept eines demokratischen „administrative state" und seines Rechts, wie es jüngst *Blake Emerson* vorgelegt hat (E).

26 Verwaltung und Verwaltungsrecht sind in den USA nach wie vor mit Einwänden konfrontiert, die über die Kritik an Einzelerscheinungen deutlich hinausgehen und die Legitimität administrativen Handelns vor allem *des Bundes* und seiner einflussreichen *„agencies"* als solche treffen. „The strugg-

le for administrative legitimacy" ist in den USA ein Dauerthema.[84]. Der „*Administrative State*" ist zwar eine Realität, aber er ist nach wie vor grundlegenden Zweifeln ausgesetzt.[85] Das gilt für den akademischen Diskurs *und* – wie sich gerade gegenwärtig zeigt – auch für die Gerichte unter Einschluss des Supreme Court (→ 6/4–40). Die Intensität dieser Grundsatzdiskussion hat in Deutschland keine Parallele (→ 6/41–50).

A. *Die Verabschiedung eines überkommenen Narrativs (Jeremy Mashaw)*

Nach einer oft anzutreffenden Auffassung waren Verwaltung und Verwaltungsrecht in den USA lange Zeit kaum präsent. Die notwendigsten Regulierungsaufgaben hätten – so wird dann weiter erzählt – die Gerichte mit den Mitteln des common law wahrgenommen; erst gegen Ende des 19. Jahrhunderts sei es zur Errichtung von Behörden gekommen, und so richtig habe überhaupt erst der New Deal die USA zu einem „administrative state" gemacht. Die so geschilderte Entwicklung lässt sich je nach dem eigenen politischen Standort entweder als Erfolgsgeschichte sozialen Fortschritts oder aber als Verfallsgeschichte einer ursprünglich freiheitlichen Verfassung erzählen. In ihrer zweiten Variante dient die Erzählung dazu, ganz grundsätzlich Zweifel an der Legitimität der Verwaltung zu begründen. 27

I. „Creating the Administrative Constitution"

Diesem Narrativ ist *Jeremy Mashaw* entschieden entgegengetreten.[86] In seinem Buch „Creating the Administrative Constitution" zeigt er, dass der Kongress von der Gründung der Vereinigten Staaten an besondere Beamte sehr wohl mit Verwaltungsaufgaben betraute, diese Vorgänge aber – wie der Untertitel „The lost one hundred years of American Administrative Law" andeutet – im kollektiven Gedächtnis verloren gegangen sind. Administratives Handeln war von Beginn an in der demokratischen Verfas- 28

84 Dazu die Angaben in der Rezensionsabhandlung von *J. Kessler*, The Struggle for Administrative Legitimacy, in: 129 Harv. L. Rev. 718 (2015).

85 Zum Topos „administrative state" als Schlüsselbegriff der aktuellen verfassungsrechtlichen und verfassungstheoretischen Diskussionen vgl. den Überblick bei *A. Vermeule*, The Administrative State: Law, Democracy, and Knowledge, in: Tushnet/Graber/Levinson, U.S. Constitution, 259 ff.

86 *Mashaw*, Creating the Administrative Constitution, 2012.

sung der USA mit angelegt und ist nicht erst später wie ein Fremdkörper in sie hineingetragen worden. *Mashaws* Studie steht damit in einer Reihe jüngerer Arbeiten, die die Erzählung vom plötzlichen Einbruch des Verwaltungsstaates in die amerikanische Rechtsordnung durch eine Darstellung ersetzen wollen, die von gleitenden Übergängen ausgeht.[87] „The place of administration in our constitutional arrangements is part of our ever-growing, unwritten constitution – the body of statutes, practices, and precedents that supplement the Constitution's text".[88]

Mashaw beschreibt anschaulich, wie die Grundstrukturen des Verwaltungssystems bereits durch den Ersten Kongress geschaffen wurden.[89] Die junge Republik bedurfte dringend einer effektiven Exekutive, um die Vielzahl der anstehenden Aufgaben zu bewältigen: Bau und Unterhaltung von Verkehrswegen, Postverbindungen, Gewerbeerlaubnisse, Produktgenehmigungen und Maßnahmen zum Schutz geistigen Eigentums waren notwendig, um einen einheitlichen Markt für den Güteraustausch zu schaffen. Bald kamen große Aufgaben der Ordnung der transkontinentalen Siedlungsbewegungen und Landnahme hinzu.[90] Verlangt waren komplexe administrative Strukturen zur Vorhaltung, Verteilung und Kontrolle, die nicht nach dem common law Modell durch Richter ausgefüllt werden konnten. Ähnliches galt für die Bewältigung der Folgen des Bürgerkrieges nach der Jahrhundertmitte.[91] Hier wurden bei der Versorgung der Veteranen frühe Formen einer Massenverwaltung ausgebildet, die auch die besondere Bedeutung behördeneigener Rechtsregeln („internal law") und verwaltungsinterner Kontrollen deutlich machten.[92]

---

87 Von einem „gradualist narrative" spricht *J. Kessler* (Fn. 84), 129 Harv. L. Rev. 718, 719 (2015), mit Nachw. dort in Fn. 45–49.

88 *Mashaw*, Creating the Administrative Constitution, 12.

89 Ebd., 29–52 (34).

90 Ebd., 119 (124): „Disposing of the public domain was a superficially straightforward administrative task".

91 Ebd., 250 (256 ff.). Den Bürgerkrieg als entscheidende Zäsur in der Entwicklung zum Verwaltungsstaat betont *Novak* (Fn. 23), in: MPHEPL I, 98, 100 ff.

92 *Mashaw*, Creating the Administrative Constitution, 277–282: „Yet it is not difficult to see a series of quite familiar ‚rule of law' principles emerging from administrative practices common to many agencies" (282).

II. Konsequenzen in der Gegenwart

Einzelheiten sind hier nicht wichtig. *Mashaw* will keine Verwaltungsgeschichte schreiben, sondern er will die gegenwärtigen Diskussionen vor Annahmen bewahren, die auf einer Missinterpretation historischer Fakten im Sinne einer Verfallsgeschichte („fall-from-grace story") beruhen:[93] „We tell ourselves stories about the modern administrative state that unduly delegitimate its constitutional status and mislead us to some degree about the sources of administrative law that might provide the building blocks for effective reform". In diesem Lichte sind auch die immer wieder geäußerten Klagen über einen Rückgang parlamentarischer Steuerung und präsidentieller Aufsicht über die Behörden zu relativieren. Beide Formen politischer Kontrolle gewährleisteten auch schon während des 19. Jahrhunderts keine vollständige Steuerung.[94] 29

Folglich sind auch alle Versuche, die (vermeintlich) eingetretenen Defizite durch eine stärkere Prozeduralisierung und durch eine Intensivierung des gerichtlichen Rechtsschutzes auszugleichen, für *Mashaw* letztlich nicht zielführend. Er kritisiert in diesem Zusammenhang die Tendenz, die Gebiete des besonderen Verwaltungsrechts und die traditionelle Praxis behördeneigener (prozeduraler und substantieller) Rechtsvorschriften aus dem Verwaltungsrecht auszublenden, ja sie nicht einmal begrifflich diesem zuzurechnen.[95] Die einseitige Ausrichtung auf ein externes und vom Fachverwaltungsrecht abgelöstes („transsubstantial") Verständnis von Verwaltungsrecht verschüttet seiner Ansicht nach den Reichtum an institutionellen Arrangements, mit denen das 19. Jahrhundert die Einbindungen der Verwaltung in das politische System sicherte. Erinnert wird dabei auch an die schon früh praktizierte Einbindung der einzelstaatlichen und der lokalen Verwaltungen in den Vollzug föderaler Programme und die dadurch erschlossenen Möglichkeiten einer breiteren Partizipation. „It seems fair to conclude that popular control of bureaucratic elites has a number of meanings and may be pursued through multiple techniques".[96]

---

93 Ebd., 286.

94 Ebd., 290–301: „The notion that early statutes delegated little discretionary authority is simply a myth" (290). Vgl. aber → unten 6/21.

95 Ebd., 290 und 309–312 mit dem Hinweis, dass die internen Praktiken und Regeln die Grundlagen für das heutige Verwaltungsrecht bilden. „Our contemporary transsubstantive administrative law is built on the foundations of administrative practices that long antedate the APA's codification" (310).

96 Ebd., 299.

30 Was folgt daraus für die verwaltungsrechtlichen Grundlagendiskussionen in den USA?

- Wichtig ist zunächst einmal der Rat, sich nicht von unhistorischen Idealbildern einfangen zu lassen. „A look at the nineteenth-century practice provides an interesting perspective on our contemporary understanding of administrative law. First, it suggests that we should rid ourselves of the nostalgic idea that the emergence of administrative governance in the twentieth century upset the grand design of a non-administrative state“. Ein solcher Staat entsprach zu keiner Zeit der Realität. Die Forderung, zu ihm zurückzukehren, wie sie heute in Gestalt eines „libertarian administrative law“ erhoben wird, kann sich danach nicht auf die Verfassung berufen.
- Den vielen Defizitanalysen, die die Diskussion beherrschen, rät *Mashaw* zu Nüchternheit. Spannungen zwischen den zentralen normativen Vorgaben der Verfassung hat es immer gegeben. Das gilt für das Verhältnis der Demokratie zum Ziel effektiver Verwaltung („popular will and competent government“) ebenso wie für das Verhältnis von Mehrheitsentscheidungen zu Individualrechten. Die richtige Bestimmung der verfassungsrechtlichen Strukturen des Verwaltungsrechts ist immer ein „work in progress“.[97] Die Richtpunkte, die hinter allen historischen Entwicklungen sichtbar geworden sind und insofern bleibende Orientierungskraft besitzen, sind „the competing goals of effective, responsive, and lawful governance“.[98] Sie müssen unter Einsatz *aller* Instrumente und Vorkehrungen, die im Erfahrungsschatz der Geschichte verfügbar sind, immer wieder zum Ausgleich gebracht werden. Dazu ist über einige wichtige Punkte des Verwaltungskonzepts schon früh eine Verständigung erzielt worden, ohne dass diese Verständigung weitere Diskussionen ausschlösse. *Mashaw* benutzt in diesem Zusammenhang den Begriff *settlement,* und er fügt an: „if by ‚settlement' we mean an agreement to continue to argue within prescribed boundaries about how the hole in the text of our Constitution should be filled“.[99]

Was *Mashaw* als „administrative constitution“ ausweist, ist ein offenes, breit angelegtes Gefüge aus gesetzlichen Vorgaben, administrativer Praxis und richterlichen Erkenntnissen, das auf drei Grundfragen Antwort gegeben soll: Wie stellt sich das Verhältnis der Verwaltung zu den gewählten Amts-

97 Ebd., 314.
98 Ebd., 313.
99 Ebd., 316.

trägern dar? Über welche Strukturen und Verfahren muss die Verwaltung verfügen, um effektiv und legitimiert ihre Aufgaben zu erfüllen? Welche externen Kontrollen sind notwendig, um individuelle Rechte zu schützen?

B. Eine klassische Selbstbeschreibung des amerikanischen Verwaltungsrechts (Richard Stewart)

In seinem Essay „Administrative Law in the twenty-first Century" arbeitet *Richard Stewart* fünf Modelle heraus, deren Abfolge die Entwicklung des amerikanischen Verwaltungsrechts in den zurückliegenden zweihundert Jahren kennzeichnet.[100] Die Modelle geben nicht nur eine historische Orientierung. Sie sind vielmehr zugleich der Rahmen, um den gegenwärtigen Stand des Verwaltungsrechts kritisch zu reflektieren und Reformen zu diskutieren.[101] 31

I. Die Abfolge von fünf Verwaltungsmodellen

Die Modelle stellen jeweils auf die prägende Regulierungsstrategie ab. 32

(1) Das *„common law model"* prägte die erste Phase: In ihm beschränkten sich die Beziehungen des Individuums zur Verwaltung auf gelegentliche Auseinandersetzungen, die im Wesentlichen in Schadensersatzprozessen ausgetragen und von den Gerichten nach Maßgabe des für alle geltenden Rechts entschieden wurden.

(2) Das *„traditional model"* bildete sich gegen Ende des 19. Jahrhunderts aus, als die Aktivitäten der Verwaltung so zugenommen hatten, dass ihre demokratische Rückbindung prekär wurde. Das nötigte zu Reaktionen des Gesetzgebers und der Gerichte: Die Behörden wurden dazu verpflichtet, strenge Verfahrensregeln („trial-type adjudicatory hearings") anzuwenden; außerdem kam es zu einer Intensivierung der gerichtlichen Kontrolle, die die Einhaltung der gesetzlichen Vorgaben sicherstellen sollte. Verwaltung und Verwaltungsrecht fungierten in die-

100 *R. Stewart*, Administrative Law in the Twenty-First Century, in: 78 N. Y. U. L. Rev. 437, 439–343 (2003).

101 Die fünf ersten Modelle und die Reformorientierung sind angelegt bereits bei *R. Stewart*, The Reformation of American Administrative Law, in: 88 Harv. L. Rev. 1669 (1975).

sem Modell als „*transmission belt*".[102] Diese Formulierung *Stewarts* ist seither ein viel benutzter Topos, der die förmlichen Elemente der Gesetzesbindung der Verwaltung umreißt.

(3) Das „*model of regulatory management*" setzte sich mit dem New Deal durch. Einflussreich waren die Vorstellungen von *James Landis*.[103] Verwaltung wurde jetzt als Sache von Experten angesehen, die sich kompetent und diszipliniert für das öffentliche Wohl engagierten. Rechtsförmliche Sicherungen erschienen weniger wichtig. Um die gleichwohl auftretenden Spannungen zum traditionellen Konzept abzubauen, wurde 1946 der Administrative Procedure Act (APA) erlassen.

(4) Das „*interest representation model*" bildete die Antwort auf die „captured agency"-Kritik und auf die Forderungen nach mehr Umwelt-, Verbraucher-, Gesundheits- und Arbeitsschutz, die Ende der 60er Jahre aufgekommen waren. Weitreichende gesetzliche Programme, entwickelt im Rahmen von Präsident Johnsons „Great Society", waren zu konkretisieren.[104] In den Vordergrund administrativen Handelns trat die rechtsetzende Tätigkeit der Behörden, das „rulemaking". Die Gerichte sahen darauf, dass sich daran alle denkbaren Interessengruppen beteiligen konnten. Sie unterwarfen die Ergebnisse einer genauen Kontrolle („hard look"), um sicherzustellen, dass die Behörden ihre Gestaltungsmöglichkeiten auf Grund genauer Analysen der Faktenlage sorgfältig abwägend ausübten.

(5) Das „*analytic management model*" geht auf die 1981 von Präsident Reagan erlassene Executive Order No. 12,291 zurück. Es bildet das Gegenmodell zum „interest representation model", an dem es ein Übermaß an Regulierungsaufwand und damit eine Gefahr für die Wettbewerbsfähigkeit der amerikanischen Wirtschaft kritisiert. Um die Behörden zu kontrollieren, erscheinen vor allem Kosten-Nutzen-Analysen ihrer Rechtsetzungsprojekte wichtig, die dem zentralen Office of Management and Budget (OMB) vorgelegt werden müssen (→ 2/22–24).

---

102 Zu diesem Topos bereits *R. Stewart* (Fn. 101), in: 88 Harv. L. Rev. 1669, 1671–1676: „The traditional model of administrative law thus conceives of the agency as a mere transmission belt for implementing legislative directives in particular cases".

103 *Landis*, The Administrative Process, 1938; vgl. auch *D. Ritchie*, James M. Landis. Dean of the Regulators, 1980.

104 Dazu auch *Sunstein*, Rights Revolution, 24 ff.

II. Die Gleichzeitigkeit der Modelle und die Suche nach neuen Regulierungsmethoden

In der Verwaltungspraxis haben die jüngeren Modelle die älteren nicht vollständig verdrängt.[105] Sie sind im Instrumentenarsenal des Verwaltungsrechts nach wie vor präsent; aber ihre Funktion hat sich verändert.[106] Bis zu einem gewissen Grade könnten sie komplementär eingesetzt werden. Das gilt vor allem für das *„interest representation model"* und das *„analytic management model"*. Freilich sind auch Spannungen zwischen beiden nicht zu übersehen. Beide sind nur bedingt geeignet, das diagnostizierte Demokratiedefizit zu verringern.[107] 33

Die gegenwärtigen Steuerungsprobleme führt *Stewart* darauf zurück, dass die Verwaltungen nach wie vor der „command-and-control" Methode verhaftet sind, die in einer Zeit schnellen Wandels unangemessen sei, weil sie zu Inflexibilität und Ineffizienz führe („ossification", „paralysis by analysis"). Er diskutiert folglich neue Regulierungsstrategien:

- – *Netzwerke* zwischen Verwaltung und wichtigen Akteuren, in denen die erforderlichen Regelungen kooperativ getroffen und umgesetzt werden. Die Behörde kann dabei eine aktive Rolle übernehmen. Sie kann sich aber auch darauf beschränken, einen Rahmen festzulegen, und es anderen Beteiligten überlassen, diesen selbstregulativ auszufüllen („governing at a distance", „reflexive law").[108]
- *Ökonomische Anreize*, z.B. Zertifikathandel und Abgaben im Umweltrecht: Sie setzen den Grundgedanken des OMB-Verfahrens fort, lassen aber den Betroffenen mehr Handlungsfreiheit.

Auch diese Methoden haben freilich ihre Probleme:[109] „As important decisions are shifted to informal processes involving nongovernmental actors, how is the law to prevent factional abuse of power, curb the tyranny of ex- 34

---

105 *R. Stewart* (Fn. 100), 78 N.Y.U.L. Rev. 437, 443 f. (2003): „The earlier approaches have not disappeared".

106 Ebd., 444: „Through a process of evolutionary adaption to changing societal circumstances, the older forms continue, but their function has been changed in the process".

107 Ebd., 446.

108 *R. Stewart*, Madison's Nightmare, in: 57 U. Chi. L. Rev. 335, 348–356 (1990), mit dem Vorschlag eines „reconstitutive law", das auf indirekte Verhaltenssteuerung und eine Zurücknahme der Bundesverwaltung zugunsten der Gliedstaaten und der Kommunen setzt.

109 *R. Stewart* (Fn. 100), 78 N. Y. U. L. Rev. 437, 451 ff. (2003).

pertise, and ensure public-regarding outcomes, including distributional equity?" In Netzwerken sind Verantwortlichkeiten oft nicht klar zu erfassen. Ökonomische Lösungen drängen den Einflussbereich des Verwaltungsrechts zurück.

III. Stewarts Überlegungen zur Reform des Verwaltungsrechts

35 „Administrative law will continue to be evolutionary and strongly conserving in character".[110] Mit diesen Worten umreißt *Stewart* das, was nach deutscher Vorstellung eine *reformorientierte Dogmatik* ist.[111] Es geht nicht darum, die Brücken zu den überkommenen Modellen abzubrechen. Aber es kann auch nicht darum gehen, so weiter zu machen wie bisher. Statik und Dynamik sind zu einem Ausgleich zu bringen.

Die weitere Entwicklung wird nach *Stewart* bestimmt sein von einer Stärkung des OMB-Verfahrens und seiner Erweiterung über eine eng verstandene Kosten-Nutzen-Rechnung hinaus. Die Ökonomisierung und die Bedeutung der neuen Methoden und Instrumente werden zunehmen. Trotzdem wird die mit Geboten und Verboten arbeitende Regulierungstechnik auch künftig die Hauptrolle spielen. Das überkommene Verwaltungsrecht muss in seinen Strukturen erweitert werden. Die Gestaltungsbefugnisse der Exekutive können nicht allein mit einem gerichtszentrierten Ansatz („not centered on courts") eingefangen werden.[112] Vielmehr muss es darum gehen, politische Verantwortlichkeiten zu erhalten und zu stärken.

C. Das deliberative Paradigma (Shapiro/Fisher/Wagner)

36 *Stewarts* Interpretation der historischen Entwicklung und der gegenwärtigen Aufgaben des amerikanischen Verwaltungsrechts hat viel Anerkennung gefunden. Sie ist allerdings nicht unangefochten. Man kann ihr entgegenhalten, sie setze zu stark auf die von außen auf die Verwaltung einwirkenden Faktoren (Interessengruppen, Einflüsse des Office of Manage-

110 Zum Folgenden ebd., 453 f.

111 Dazu vgl. nur *A. Voßkuhle/Th. Wischmeyer*, The „Neue Verwaltungsrechtswissenschaft" against the backdrop of traditional administrative law scholarship in Germany, in: Rose-Ackerman/Lindseth/Emerson, Comparative Administrative Law, 85 ff.

112 Ähnlich *Strauss*, Justice, 10.

ment and Budget). Genau diesen Einwand erheben *Sidney Shapiro*, *Elizabeth Fisher* und *Wendy Wagner* in ihrem programmatischen Beitrag „The Enlightenment of Administrative Law".[113] Auch ihnen geht es um die Frage, wie die Legitimität der Verwaltung angesichts ihrer weiten Ermessenspielräume sicher gestellt werden kann.

Als theoretischer Rahmen dienen ihnen dazu zwei Paradigmen: 37

- „The *rational-instrumental paradigm* envisions a Weberian bureaucracy, which is expected to implement, but not to develop, government policy and values". Die wichtigsten Elemente dieses Konzepts sind rechtliche Vorgaben sowie politische und gerichtliche Kontrollen. Auch die stärkere partizipatorische Ausrichtung, wie sie zwischen 1965 und 1975 von der „public interest"-Bewegung verlangt und als erfolgversprechender Weg einer Reform beschritten wurde, soll an diesem Grundkonzept einer *von außen* ansetzenden Rationalisierung administrativer Entscheidungsprozesse nichts geändert haben.[114] Das Gleiche soll für die Einführung von Kosten-Nutzen-Analysen seit den 1980er Jahren gelten. Das Konzept aber habe – so wird weiter dargelegt – unverkennbare Schwächen: Der Einfluss der Wirtschaft auf die Verwaltung sei nicht zurückgedrängt worden, sondern unvermindert effektiv; die angewandten ökonomischen Methoden vermittelten nur eine Scheinrationalität.[115]
- Dem stellen *Shapiro/Fisher/Wagner* ein *deliberative-constitutive paradigm* gegenüber, das *von innen*, vom Innenbereich der Verwaltung, her konzipiert ist. „To put the matter a different way, we need to look inside the agency for administrative legitimacy".[116] Dass die Verwaltung über weite Ermessensspielräume verfügt, wird als unvermeidbar und notwendig angesehen. Angesichts dieses Befundes muss es darum gehen, die Ausübung dieser Gestaltungsmacht durch verwaltungsinterne Mechanismen zu strukturieren: „substantive expertise, deliberation, and reason giving". Besonderer Wert wird dabei auf Professionalität gelegt. Die Verwaltung selbst und ihre Bediensteten sollen nicht für bloße Agenten fremden Willens gehalten, sondern auf Grund ihrer Professionalität als legitime Sachwalter angesehen werden. Ihr Wissen ermöglicht es ihnen,

---

113 In: 47 Wake Forest L. Rev. 463–502 (2012).

114 Ebd., 467 f. und 471–476.

115 Ebd., 469: „Economics and other social sciences at best are a mixture of empirical data and social construction".

116 Ebd., 465, 469–471 und 486–491.

den Einflussnahmen der Interessenverbände etwas entgegenzusetzen und in den Prozessen der Deliberation eine aktive Rolle zu spielen, statt fremde Wünsche nur entgegenzunehmen. „Finally, public administration is responsible for informing and directing deliberations as well as for making the final decision".[117] Im Ergebnis soll das deliberative Paradigma das rational-instrumentelle Paradigma nicht verdrängen, sondern beide sollen gleichzeitig genutzt werden, um Verantwortlichkeit und Legitimität der Verwaltung besser zu gewährleisten.

38 Mit ihrer positiven Sicht auf die Leistungsfähigkeit einer sachverständigen Verwaltung können *Shapiro/Fisher/Wagner* an Vorstellungen anknüpfen, die sich in der amerikanischen Verwaltungsentwicklung immer wieder als einflussreich erwiesen haben. Sie verweisen auf *Woodrow Wilsons* Bemühungen um eine neutrale Verwaltung, auf die Rolle expertokratischer Argumente im Rahmen des New Deal und auf den Administrative Procedure Act von 1946, der als Kompromiss neben rechtlichen Grenzziehungen auch die Effektivität der Verwaltung im Blick behält.[118] Verwiesen werden kann außerdem etwa auf *Jeremy Mashaw*, der für Massenvorgänge der Sozialverwaltung die legitimierende Rolle einer kompetent und rational handelnden Bürokratie herausgearbeitet hat.[119] Für die vorliegende Untersuchung sind diese Stellungnahmen auch deshalb wichtig, weil sie einem zu einseitigen Verständnis des amerikanischen Verwaltungsrechts als eines auf „interest groups" und „participation" ausgerichteten Rechts ein Stück weit entgegenwirken. Die Selbstbeschreibungen sind vielfältiger. Es gibt auch ein „neo-Weberian endorsement of bureaucracy".[120]

D. Radikale Infragestellungen des gegenwärtigen Verwaltungsrechts

39 Nicht Verbesserung und Reform, sondern grundsätzliche Zweifel am Zuschnitt des gegenwärtigen Verwaltungsrechts indizieren zwei plakative Begriffe, bei denen genau auf den Verwendungskontext geachtet werden muss: *„Libertarian Administrative Law"* soll Entwicklungen auf den Begriff bringen, die die Begriffsschöpfer in der Judikatur beobachtet haben wollen, die sie selbst für verfehlt halten und die sie umzukehren wünschen (I).

---

117 Ebd., 470.
118 Ebd., 472–474.
119 *Mashaw*, Bureaucratic Justice, 1983.
120 So die Charakterisierung des Werkes von Mashaw in der Rezension von *L. Liebman* und *R. Stewart*, 96 Harv. L. Rev. 1952, 1954 (1983).

„The Executive Unbound" soll einen Zustand wiedergeben, in dem die herkömmlichen Schutzmechanismen die Exekutive nicht mehr in Schach halten, sich aber neue Instrumente abzeichnen, die dem neuen Gravitationszentrum politischer Macht adäquater erscheinen (II). Der erste Begriff bezieht sich auf funktionelle Aspekte, der zweite auf die institutionelle Seite der Verwaltung und des Verwaltungsrechts. Beide veranschaulichen die Spannbreite gegenwärtiger Auseinandersetzungen um die Legitimität und die Entwicklungsperspektiven des Verwaltungsrechts, die über Diskussionen aktueller dogmatischer Fragen weit hinausgehen.

I. „Libertarian Administrative Law"

Unter dieser Flagge analysieren *Cass Sunstein* und *Adrian Vermeule* jüngere 40
Tendenzen, die zentrale Dogmen des bisherigen Verwaltungsrechts zugunsten von „property rights and economic rights" abwandeln wollen.[121] Beide Autoren tun das in kritischer Absicht. Der Begriff „libertarian administrative law", den sie dazu benutzen, ist also ein negativer Kampfbegriff, der die Augen für die Konsequenzen öffnen soll, die einträten, wenn sich die beobachteten Entwicklungen verfestigen sollten.

1. Tendenzen in der Judikatur

Tendenzen bedenklicher Art sehen *Sunstein* und *Vermeule* vor allem in der 41
Judikatur des U.S. Court of Appeals for the District of Columbia Circuit, der für die Entwicklung des Verwaltungsrechts auch sonst eine besonders wichtige Position inne hat. In den 70er Jahren war er progressiv gestimmt und konfrontierte die Behörden mit immer wieder neuen Verfahrensanforderungen zum Schutz von Umweltinteressen. Seit den 90er Jahren nun habe sich der D.C. Circuit – so meinen *Sunstein* und *Vermeule* – dann aber dem Schutz eigentumsrechtlich verfestigter Individualinteressen in einer Art und Weise verschrieben, die in den Rechtsgrundlagen nicht hinreichend abgesichert, sondern politisch motiviert sei und der der Supreme Court mit einem Machtwort entgegentreten sollte.

121 *C. R. Sunstein/A. Vermeule*, Libertarian Administrative Law, 82 U. Chi. L. Rev. 393–473 (2015).

42 Um ihre Thesen zu belegen, nehmen sich *Sunstein* und *Vermeule* einige der wichtigsten Doktrinen des amerikanischen Verwaltungsrechts vor und untersuchen, inwieweit jüngere Urteile des D.C. Circuit diese im Sinne der von ihnen beargwöhnten Tendenz verändert haben. Analysiert werden u. a. die „nondelegation doctrine“ sowie Fragen der Klagebefugnis und der gerichtlichen Kontrolldichte.[122] Nicht alle untersuchten Judikate weisen allerdings in dieselbe Richtung. Nicht alle bringen Veränderungen, die sich nicht auch im Rahmen der bisherigen Koordinaten rechtfertigen ließen. Aber insgesamt soll doch deutlich werden, dass überkommene Regelungen zugunsten von Eigentums- und Marktinteressen verändert und die Regulierungsaufgaben der Verwaltung eingeschränkt werden: Gesetzliche Delegationen müssen genaueren Bestimmtheitskriterien genügen, als sie der herkömmliche „intelligible principle“-Test verlangt.[123] Verfahrensforderungen an die regulierende Verwaltung werden verschärft und die gerichtliche Kontrolle wird intensiviert.

2. Positionsbestimmung, Kritik und Gegenkritik

43 Die beobachteten Tendenzen zu einem „libertarian administrative law“ stellen *Sunstein* und *Vermeule* in den Kontext des schon lange währenden Streits um die Verfassungsmäßigkeit des amerikanischen „administrative state“:[124] Vertreter einer auf den ursprünglichen Sinn des Verfassungstextes abhebenden Bedeutung („originalists“) betrachten den spätestens mit dem „New Deal“ vollzogenen Ausbau der Verwaltung als einen Bruch der von den Gründern vorgesehenen Verfassung. Von „lost constitution“ oder „constitution in exile“ ist die Rede. „Libertarian administrative law“ ist danach der Versuch, den Verwaltungsstaat zurückzuschneiden, um dem (vorgestellten) früheren Verfassungszustand wieder näher zu kommen.

In diesem Versuch sehen *Sunstein* und *Vermeule* einen Frontalangriff auf die Grundstruktur des amerikanischen Verwaltungsrechts.[125] Dieses Recht sei nämlich das Ergebnis eines grundlegenden Kompromisses, der sich im Administrative Procedure Act von 1946 niedergeschlagen und verfestigt

---

122 Ebd., 405–463.

123 So 721 F3d 666, 670 ff. (D.C. Circ. 2013) *American Association of Railroads v. United States Department of Transportation*.

124 *Sunstein/Vermeule* (Fn. 121), 82 U. Chi. L. Rev. 393, 402 ff.; *J. Kessler* (Fn. 84), 129 Harv. L. Rev. 720 ff. (2015).

125 Ebd., 463.

habe. In diesen Kompromiss seien seinerzeit alle politischen Kräfte eingebunden gewesen. Der APA habe auf diese Weise die Position eines „superstatute" gewonnen, die nicht aus Rücksichten auf eine bestimmte politische Theorie („libertarian or nonlibertarian") aufgekündigt werden könne. Vor diesem Hintergrund wünschen sich *Sunstein* und *Vermeule* ein „Vermont Yankee II", in dem der Supreme Court den Tendenzen des „libertarian administrative law" entgegentreten und das Grundprinzip festschreiben soll, „that no abstract political theory, whatever its valence, may be elevated to a master principle of administrative law".[126]

Inwieweit die von *Sunstein* und *Vermeule* vertretene Immunisierung des Verwaltungsrechts („autonomous body of rules, standards, and principles") ihrerseits ideologiekritisch zu hinterfragen wäre, mag hier zunächst offen bleiben. Selbst wenn man dem APA den von ihnen angenommenen herausragenden Rang zumessen wollte, könnte man nicht jeden Einfluss theoretischer Überlegungen, die im Zusammenhang mit neuen Herausforderungen entwickelt werden, einfach kappen. Hinzu kommt, dass nicht alle Doktrinen, die *Sunstein* und *Vermeule* dem vom APA repräsentierten Verwaltungsrecht zurechnen wollen, vom APA-Kompromiss des Jahres 1946 umfasst sein können, weil sie erst in den Jahrzehnten danach entwickelt worden sind. Jedenfalls ist der Supreme Court der Empfehlung der Autoren, ein Machtwort gegen die von ihnen beobachteten Tendenzen im Court of Appeals D.C. Circuit zu sprechen, nicht gefolgt. Vielmehr hat sich umgekehrt im Supreme Court erheblicher Widerstand gegen den „administrative state" aufgebaut.[127] 44

3. „Is Administrative Law Unlawful?" (Hamburger)

So nimmt Justice *Thomas* mehrfach auf ein Buch Bezug, das die Ziele des „libertarian administrative law" in besonders radikaler Weise vertritt:[128] *Philip Hamburgers* „Is Administrative Law Unlawful?".[129] Der Autor setzt historisierend an und malt das Bild einer anglo-amerikanischen Rechtstradition, in der common law Richter die Freiheit der Bürger gegen hoheitli- 45

126 Ebd., 471.

127 Dazu → 2/33–37, → 4/128–135 und → 6/16–40.

128 575 U.S. __ (2015) Thomas, J. diss. (slip op. at 6–8) *Department of Transportation v. American Association of Railroads*.

129 *Hamburger*, Is Administrative Law Unlawful?, 2014.

che Zugriffe absolutistischer Gewalten wirksam verteidigt haben.[130] Vor diesem Hintergrund entwirft er dann ein düsteres Bild der Gegenwart, in der eine übergriffige Verwaltung die Freiheit der Amerikaner bedroht: Obwohl eigentlich nur der Kongress und die Gerichte dem Einzelnen bindende Rechtsvorgaben machen dürften, habe sich eine Verwaltung entwickelt, die durch Normsetzung („rulemaking") und durch Erlass bindender Einzelentscheidungen („adjudication") genau das tue, was den anderen Gewalten vorbehalten sei. Ein Verwaltungsrecht, das für solche Aktivitäten den Rahmen bietet, erscheint *Hamburger* als ein klarer Verstoß gegen die von ihm konstruierten anglo-amerikanischen Verfassungstraditionen. Die Hoheitsgewalt der heutigen Verwaltung setzt die alte absolutistische Herrschaftsanmaßung fort.[131]

Dass diese Ansicht nicht der seit jeher bestehenden Staatspraxis in den USA entspricht, kümmert den Autor wenig. Auch dass die gesetzlichen Voraussetzungen, unter denen die Verwaltung heute agiert, anders aussehen, als er sie darstellt, interessiert ihn kaum.[132] Er will mehr bieten als Dogmatik; er will aufrütteln. "Whereas most legal arguments rest on doctrine, the argument here, although partly doctrinal, is more substantively from the underlying danger".[133] Mit seiner Fundamentalopposition gegen den „administrative state" steht der Autor nicht allein.[134]

46 Für die von ihm diagnostizierten Fehlentwicklungen des amerikanischen Rechts hat Hamburger eine Quelle ausgemacht:[135] die *deutsche verwaltungsrechtliche Theorie* an der Wende vom 19. zum 20. Jahrhundert. Diese Theorie habe nämlich ganz in der Tradition des preußischen Absolutismus und der Staatszentriertheit gestanden, die durch *Hegel* philosophisch überhöht worden sei. Führende Verwaltungsrechtler der Zeit wie *Lorenz von Stein*

---

130 Ebd., 5: „In particular, it is necessary to dig into the past".

131 Ebd., 13: The book „shows, that administrative power was not merely a natural recurrence to absolutist ideas, but actually was a historical continuation of them". Gerügt werden vor allem Verstöße gegen die Gewaltenteilung, die Unabhängigkeit des Richters und den Due Process.

132 Ohne genaue Kenntnis, wie das Verwaltungsrecht der Gegenwart funktioniert, ist jedoch nicht weiter zu kommen. Dass es daran mangelt, zeigt die kritische Rezension von *A. Vermeule*, Is Administrative Law „Unlawful", 93 Tex. L. Rev. 1547 (2014).

133 *Hamburger*, Is Administrative Law Unlawful?, 9.

134 Vgl. nur aus jüngster Zeit *Postell*, Bureaucracy in America, 3 ff. und 315 ff; weitere Nachw. bei *Emerson* (Fn. 58), in: 77 Review of Politics. University of Notre Dame, 545 Fn. 3. (2015).

135 *Hamburger*, Is Administrative Law Unlawful?, 441 ff..

und *Rudolf von Gneist* seien Hegelianer gewesen, zwar liberal gesonnen, aber für alle ihre Lehren sei eben doch der Staat der entscheidende Bezugspunkt gewesen.[136]

Nun will *Hamburger* die von ihm düster beschriebene amerikanische Verwaltungsstaatlichkeit nicht direkt dem deutschen staatsrechtlichen Denken anlasten. Es waren – wie er es darstellt – amerikanische Juristen, die die beklagten Fehlentwicklungen verursachten.[137] Aber sie hatten es sich angewöhnt, die Dinge durch die deutsche Brille zu betrachten, denn sie hatten deutsche Universitäten besucht. „The scientific model of academic inquiry developed in Germany was widely admired in the United States." „Thousands of late nineteenth-century American scholars, eager to overcome their parochialism, flocked to Germany and returned with ideas about scientific study which they then introduced to American academic life."[138] Ja, schlimmer noch: die Amerikaner übernahmen nach *Hamburger* nicht einmal die Begrenzungen, die ihre deutschen Lehrer mit dem Rechtsstaat verbanden, sondern stärkten die Stellung der Verwaltung noch:[139] „Put in terms of theory, although the Germans included liberals such as Otto Mayer, Americans sometimes went more in the direction of Carl Schmitt".

Ob die dem deutschen staatsrechtlichen Denken verbundenen amerikani- 47
schen Wissenschaftler gerade in Methodenfragen wirklich einen so nachhaltigen Einfluss auf die Verwaltungsrechtsentwicklung in den USA hatten, wie *Hamburger* es schildert, ist zu bezweifeln.[140] Ganz sicher leidet das Buch aber unter seinen stark überzeichnenden und verzerrenden Formulierungen.[141] Die Sache stellt sich anders dar, wenn man die weit in das 19. Jahrhundert zurückreichenden ganz eigenständigen Verwaltungstraditionen einbezieht, auf die die oben referierte Schrift von *Mashaw* aufmerksam

---

136 *Hamburger*, Is Administrative Law Unlawful?, 471 ff.

137 Genannt werden vor allem Woodrow Wilson, Frank Goodnow und Ernst Freund.

138 Ebd., 472.

139 Ebd., 473.

140 Dagegen *Lepsius*, Verwaltungsrecht, 277 ff. (Verweis auf die dominierende durch Felix Frankfurter begründete Lehrtradition) und 197 (Verweis auf James Landis). Anders auch *Emerson* (Fn. 58), in: 77 Review of Politics. University of Notre Dame, 545, 559 ff. (eigenständige Entfaltung demokratischer Werte durch die „American Progressives“).

141 So, wenn *Hamburger*, Is Administrative Law Unlawful?, 505 ff., von „Prussification of the American society by administrative law“ spricht.

gemacht hat und die in den realen Aufgaben der Verwaltung und nicht in Theorien ihre Ursache haben.[142]

Hamburgers Schrift unterstreicht aber immerhin den auch von anderen geteilten Befund, dass sich das amerikanische Verwaltungsrecht in einer bestimmten Periode seiner Entwicklung als aufgeschlossen gegenüber dem deutschen verwaltungsrechtlichen Denken erwiesen hat. Es waren jedoch nicht die Behörden oder die Gerichte beider Länder, die füreinander Interesse fanden, sondern Theoriekonzepte. Ob diese immer richtig rezipiert worden sind, und was bei einer solchen Rezeption überhaupt „richtig“ heißt, steht dann nochmals auf einem anderen Blatt.

II. „The Executive Unbound“ (*Posner/Vermeule*)

48 Auf andere Weise gilt diese Feststellung auch für eine zweite aktuelle Schrift: „The Executive Unbound“. In ihr wollen *Eric A. Posner* und *Adrian Vermeule* die traditionellen Grundannahmen des amerikanischen politischen Systems einer grundlegenden Kritik unterziehen.[143] Sie bezweifeln vor allem die Fähigkeit des Gewaltenteilungsgrundsatzes, eine wirksame Steuerung und Kontrolle der Exekutive sicherzustellen: „This theory has collapsed. It's fit with reality is no longer merely imperfect, in the way all regulative ideals are imperfect; rather it does not even approximate the political terrain it purports to cover“.[144] Beide Garanten, der Kongress und die Gerichte, hätten mit Informations-Asymmetrien gegenüber der Exekutive zu kämpfen. Im Kongress sei zudem eine „separation of parties“ an Stelle der Gewaltenteilung getreten. Bei der Judikative müsse ihr Legitimitätsdefizit berücksichtigt werden. Die Exekutive, d.h., der Präsident und das Geflecht der Behörden und Einrichtungen, hätte heute einen Umfang und eine Komplexität erlangt, die nachhaltige Einwirkungen von Seiten der beiden anderen Gewalten unmöglich machten. Das habe sich gerade in den beiden jüngeren Krisen, der terroristischen Gefährdung und der Finanzkrise, gezeigt. Gerade hier habe sich der Kongress zu vorbeugender Krisenbewältigung nicht fähig oder nicht willens erwiesen; es sei vielmehr

---

142 Vgl → 1/27–30 und → 6/10–15.

143 *Posner/Vermeule*, The Executive Unbound: After the Madisonian Republic. Eine deutsche Übersetzung von K. H. Siber erschien 2014 unter dem Titel „Die entfesselte Exekutive. Die Krise des liberalen Legalismus“.

144 *Posner/Vermeule*, The Executive Unbound, 18 ff.; etwas vorsichtiger allerdings die Schlussbemerkungen 206 ff.

zu weiteren Machtabtretungen an die Exekutive gekommen.[145] Zur methodischen Abstützung ihrer Untersuchung beziehen sich *Posner* und *Vermeule* – unbeschadet einiger Vorbehalte – auf Lehren Carl Schmitts, insbesondere dessen Parlamentarismuskritik.[146]

Die diagnostizierten Defizite durch eine Verbesserung der bisherigen 49
Steuerungsansätze, vor allem der Gesetze, auszugleichen, erscheint den Autoren unmöglich. Entsprechende Versuche, wie sie von den Verteidigern des überkommenen *liberalen Legalismus* unternommen werden, sind ihrer Ansicht nach zum Scheitern verurteilt. In diesem Zusammenhang beschäftigen sie sich auch mit der Rolle des Administrative Procedure Act (APA).[147] Sie bescheinigen diesem Gesetzgebungsakt, der 1946 den Verwaltungsstaat mit dem liberalen Legalismus versöhnen sollte, dass er in normalen Zeiten die Behörden ein Stück weit einschränke. Doch seien der Präsident und wichtige Bereiche wie der militärische und der außenpolitische Sektor vom Geltungsbereich des APA gar nicht erfasst („black holes“). Außerdem hätten die Gerichte gerade in Krisenzeiten der Exekutive erhebliche Freiräume („grey holes“) konzediert. „They are integral to the administrative state“.[148]

Posner und *Vermeule* plädieren nicht für eine ungebundene Exekutive. Sie wenden sich nur gegen die Wirksamkeit der traditionellen rechtlichen Steuerungs- und Kontrollmechanismen und verweisen stattdessen auf eine Reihe politischer Bindungen, die der Exekutive, allen voran dem Präsidenten, dadurch erwachsen, dass sie auf Popularität und Glaubwürdigkeit angewiesen sind.[149] Zu solchen Mechanismen, die für die Kommunikation des Präsidenten mit der Öffentlichkeit wichtig sind, sollen etwa unabhängige Kommissionen, überparteiliche Berufungen und das Streben nach Transparenz gehören. In einer solchen kommunikativen Perspektive bildet dann das Zusammenspiel von Wahlen, Parteien, Staatsapparat und Medien die neue politische Ordnung, in der die Exekutive in das Gravitationszentrum getreten ist und demokratisch kontrolliert wird. Nicht als Verfallsszenario, sondern als eine nüchterne, moderne Alternative zum überkomme-

145 Ebd., 42 ff.

146 Ebd., 34: „Our main claim will be that the Schmittian view supplies a better account of institutional capacities and behaviour in these crisis episodes than does the liberal legalist view stemming from Madison“.

147 Ebd., 84 f. und 89 ff.

148 Ebd., 112, und 90: „In this sense, American administrative law *is* [kursiv im Original] Schmittian“.

149 Ebd., 113 ff., 137 ff. („theory of credibility“), („credibility is power“).

nen liberalen Legalismus wollen die Autoren verstanden sein, wenn sie mit der Feststellung schließen:[150] „Separation of powers may be suffering through an enfeebled old age, but electoral democracy is alive and well".

50 Das Buch ist in den USA breit diskutiert und erheblich kritisiert worden.[151] Dabei muss zwischen den analytischen und den normativen Aussagen unterschieden werden. Was erstere betrifft, so nehmen die Autoren keine Außenseiterrolle ein, sondern befinden sich durchaus in Übereinstimmung mit der breit geteilten Beobachtung einer „imperial presidency".[152] Auch so wichtige Repräsentanten eines liberalen Staatsverständnisses wie *Bruce Ackerman* sehen im Gewaltenteilungsprinzip keinen wirksamen Steuerungs- und Kontrollmechanismus mehr und wollen auf neue innovative Instrumente setzen, die sich jedenfalls zu Teilen auch bei *Posner* und *Vermeule* finden.[153] In manchem ähneln die Beobachtungen den „Entparlamentarisierungs"-Diskussionen, die in Deutschland (allerdings deutlich verhaltener) geführt werden.[154] In diesem Kontext einen ganz entscheidenden Akzent auf die kommunikative Komponente modernen Staatshandelns zu legen, wie es *Posner* und *Vermeule* tun, erscheint plausibel.

51 Deutliche Vorbehalte löst dagegen vor allem die positive Bewertung aus, die die Autoren den Vorstellungen einer starken Exekutive entgegenbringen. Hier steht das Buch zu sehr im Banne der beschriebenen Krisen, wie es überhaupt solche besonderen Situationen mit der Normalität des Verwaltungsgeschehens vermischt. Das zeigt sich auch an der Behandlung des APA, der ja kein Rahmen für die administrative und judikative Bewältigung von Krisen und hochpolitischen Entscheidungen sein will, sondern die Behörden und die Gerichte bei der Erfüllung ihrer Standardaufgaben anleiten soll. Mit den Krisenbeschreibungen tritt natürlich auch die Rolle

---

150 Ebd., 208.

151 Dazu *E. Kennedy* in ihrer Einführung zur deutschen Ausgabe, 1 ff.

152 *Ch. Lammert* im Geleitwort zur deutschen Ausgabe, S. II unter Bezug auf *A. M. Schlesinger*, The Imperial Presidency, 1973. Aktuelle Analysen bei *B. Ackerman*, The Decline and Fall of the American Republic, 16 ff.: „But over the course of two centuries, the most dangerous branch has turned out to be the presidency".

153 *Ackerman*, ebd., 119 ff.

154 Dazu Hinweise bei *Ch. Lammert*, Geleitwort, S. IV f.; im Einzelnen vgl. *M. Herdegen/M. Morlok*, Informalisierung und Entparlamentarisierung politischer Entscheidungen als Gefährdungen der Verfassung?, in: VVDStRL 62, 2003, 7 ff. und 37 ff.

des Präsidenten noch stärker in den Vordergrund des Verwaltungsgeschehens, als das für das amerikanische Recht ohnehin gilt.

Solchen Szenarien gegenüber darf die *Normalität des Verwaltungsalltags* nicht aus den Augen verloren werden. Sie ist es, um die es dem Verwaltungsrecht vor allen Dingen gehen muss. An diese Einsicht ist angesichts der starken Konzentration des amerikanischen Diskurses auf die Bundesverwaltung immer wieder zu erinnern. Zur Normalität des Verwaltungsalltags gehört auch das regelmäßig übersehene Verwaltungsgeschehen auf der einzelstaatlichen und der kommunalen Ebene (vgl. → 1/10 und 2/69–103). 52

E. Die positive Wende: „The Public's Law" (Blake Emerson)

Eine positive Sicht auf das Recht des amerikanischen „adminstrative state" vermittelt die jüngst von *Blake Emerson* vorgelegte Studie „The Public's Law". Schon der Titel indiziert das Programm: Es geht darum, das Verwaltungsrecht und die administrative Entscheidungsprozesse so zu strukturieren, dass sich die Öffentlichkeit in der ganzen Breite ihrer gesellschaftlichen Faltungen und Gruppierungen wiederfindet.[155] Nicht die Pathologien der Administration, sondern ein gehaltvolles Konzept von dem, was Verwaltung und Verwaltungsrecht leisten muss, stehen im Vordergrund. Nüchtern ist anzuerkennen:[156] „The modern democratic state is an administrative state. Democracy requires administration to address the social problems the peoples identify". 53

Um das zu entwickeln, greift *Emerson* weit in die vergleichende politische Ideengeschichte aus, indem er die Einflüsse *Hegels* auf die Gründergeneration des amerikanischen Verwaltungsrechts nachzeichnet. Sein Ausgangspunkt sind Hegels Begriffe von Freiheit und Recht, die in ihrer notwendigen Wechselbezüglichkeit verstanden werden und eine positive Sicht auf die Rechtsordnung und ihre Regulierungsaufgabe freilegen: „because the modern legal order provides a social context in which freedom is not merely a mental hope or an individual striving but a way of life that is secured by stable rules and practices".[157] 54

---

155 *Emerson*, The Public's Law, 2019, 167: „The possessive form expresses both an originating and a constitutive relationship between public discourse and legal norms".

156 Ebd. 1.

157 Ebd. 25.

Es war dieses Verständnis von Freiheit, auf das die amerikanischen Protagonisten eines „administrative state" zurückgreifen konnten. „For Hegel, the administrative state had an emancipatory function in relation to the society it regulated".[158] Als solche „Progressives" behandelt *Emerson* nicht nur Wilson, Goodnow, Dewey, und Folletts, sondern auch W. E. B. Du Bois, der, an Hegels Konzept von Freiheit als gegenseitiger Anerkennung gleicher Individuen orientiert, administrative Interventionen gerade deshalb befürwortete, weil sie ihm notwendig erschienen, um eine die Benachteiligung der Afro-Amerikaner überwindende „inklusive" demokratische Gesellschaft zu schaffen.[159]

55 Mit der Betonung des Freiheitsverständnisses entlastet *Emerson* Hegel ein erhebliches Stück vom Vorwurf der Staatszentriertheit, der diesem im amerikanischen Schrifttum gern gemacht wird. Ebenso zeigt er aber auch, dass die „Progressives" klar über Hegel hinausgingen und ihr Konzept eines Verwaltungsstaates auf eine demokratische Verfassungsordnung gründeten.[160] Damit ist zugleich die Eigenständigkeit der Verwaltungsentwicklung der USA dargetan. *Emerson* entwickelt sie als „institutional architecture of progressiv democracy" vom New Deal bis zur Civil Rights Ära. Immer wieder werden dabei der freiheitsermöglichende Charakter staatlicher Interventionen und der Zusammenhang von Freiheit und Partizipation betont. „A full renewal of the Progressive state would require deepening governmental intervention in society, coupled with participatory procedures calculated to redress the structurell injustices the often characterize social and private life".[161]

56 So wichtig eine effiziente Administration danach ist; auf ein bürokratisches Expertentum allein lässt sie sich nicht gründen. Max Webers in den USA einflussreichen Vorstellungen von legitimer Herrschaft kann *Emerson* wenig abgewinnen.[162] In diesem Rahmen kritisiert er auch die heute vorherrschenden deutschen Vorstellungen von Verwaltungslegitimation, weil sie zu sehr in der Tradition Webers ständen und für Partizipation zu wenig

158 Ebd. 24.

159 Ebd. 66; dort auch zu dem in diesem Punkte fundamentalen Unterschied zwischen Du Bois und Wilson; vgl aber auch 111.

160 Ebd. 113: „The Hegelian Progressives crafted a democratic conception of the state".

161 Ebd. 184 und ähnlich 198.

162 Ebd. 44 ff. Den Unterschied zu Hegels gehaltvollem Verständnis von Administration herausarbeitend dort 46: „For Weber, by contrast, administration had become a purely instrumental form of rule".

offen seien.[163] Der Administrative Procedure Act von 1946 und das dort geregelte „informal rulemaking“ bieten seiner Ansicht nach dagegen geeignete Verfahren, diese Formen zu fördern, selbst wenn sie in ihrem derzeitigen Zuschnitt verbesserungsbedüftig sind, um auch benachteiligten Schichten Einflussmöglichkeiten zu eröffnen. Die gerichtliche Kontrolle der Verwaltung sieht *Emerson* dagegen insofern kritisch, als sie die Verwaltung dazu anhalte, technisch-instrumentell statt deliberativ zu argumentieren.[164] Im selben Duktus eines stärker wertorientierten Öffentlichkeitsdiskurses sollen sich „agencies“, denen eine zentrale Rolle bei der eigenständigen Konkretisierung gesetzlicher Zielvorstellungen zugeschrieben wird, nicht als Instrumente in der Hand des Präsidenten oder des Kongresses,sondern direkt „as agents of the people“ verstehen.[165] Mit diesen Akzentsetzungen zielt *Emersons* entwicklungsgeschichtlich ausgerichtete, rechtspolitisch engagierte Studie direkten auf die Themen, die heute die juristischen Auseinandersetzungen um den „administrative state“ in den USA beschäftigen (→ 6/16–40).

F. Bedeutung für die Rechtsvergleichung

In ihrer ideengeschichtlich- theoretischen Ausrichtung erschließen die referierten Positionsbestimmungen der Rechtsvergleichung wichtige Zugänge. Das (Bundes-)Verwaltungsrecht der USA tritt dem Betrachter in ihrem Lichte nicht als ein geschlossener Block gegenüber, sondern wird in seinen historischen Bedingtheiten und mit seinen Spannungen und Friktionen erfassbar. Die Funktionen der Rechtsinstitute treten deutlicher hervor und Doktrinen werden durchsichtig. Davon kann auch eine Studie profitieren, die wie die vorliegende keinen systematischen Rechtsvergleich anstrebt, sondern zuallererst der vermittelnden Darstellung des amerikanischen Verwaltungsrechts gewidmet ist. 57

Diesen positiven Effekt haben trotz aller Überzeichnungen auch die radikal kritischen Beiträge. Sie sind gerade in einem Augenblick wichtig, in dem die Auseinandersetzungen um das amerikanische Verwaltungsrecht weit in die juristische Praxis vorgedrungen sind und der Supreme Court 58

---

163 Ebd. 54 ff.

164 176 ff., 186: „The focus on instrumental rationality in the federal courts, and the suppression of value-based argument from administrative discourse, prevents the state from functioning as the deliberative democratic site it might be“.

165 Ebd. 168 ff., 184.

sich anschickt, zentrale Annahmen des „administrative state" überkommener Prägung zu überdenken.[166] Gerade in einer solchen Situation kann die Verwaltungsrechtsvergleichung auf ähnliche oder abweichende Erfahrungen und Entwicklungen aufmerksam machen und auf funktional äquivalente Lösungsmuster hinweisen. Dabei geht es nicht um Belehrung, sondern um Vorgänge gegenseitigen Verstehens und gemeinsamen Lernens, die zwischen den beteiligten Verwaltungsrechtsordnungen in *beiden* Richtungen verlaufen. „This observation suggests lessons for both the European and the US side".[167]

---

166 Vgl. zum Diskussionsstand mit unterschiedlicher Akzentsetzung *G. E. Metzger*, 1930s Redux: The Administrative State under Siege, in: 131 Harv. L. Rev. 1 ff. (2018): Sorge um die Funktionsfähigkeit des administrative state; *J. A. Pojanowski*, Neoclassical Administrative Law, in: 133 Harv. L. Rev. 852 ff. (2020): Bemühungen um einen Mittelweg zwischen schärferer Rechtsbindung und politischen Gestaltungsmöglichkeiten der Verwaltung.

167 So für das Rechtsdenken allgmein in der Zusammenfassung seiner beiden großen vergleichenden Studien *Mathias Reimann*, The American Advantage in Global Lawyering, RabelsZ 78 (2014), 1 ff. und The European Advantages in Global Lawyering, RabelsZ 82 (2018), 885 (920). Speziell zur Verwaltungsrechtsvergleichung als Forum gemeinsamen Lernens vgl. meine Überlegungen (Fn. 26), in: ZaöRV 78, 2018, 807, 861 f. und → 6/51–71.

Zweites Kapitel Der verfassungsrechtliche Rahmen

1 Die verfassungsrechtlichen Rückbindungen des Verwaltungsrechts sind ein Standardthema, das in den meisten amerikanischen Lehrbüchern einen prominenten Rang einnimmt. Das entspricht der großen Bedeutung, die die USA der Verfassung in ihrer gesamten Rechtsordnung einräumen.[1] Die Verfassung wird zunächst einmal als elementarer Ausdruck für die Rechtfertigungsbedürftigkeit aller öffentlichen Gewalt genommen. „One key to reading American administrative law doctrine from a European perspective will be to understand that State must continually justify itself to the American people in ways that are not familiar on the continent".[2] Die entsprechenden Abschnitte werden regelmäßig genutzt, um auch etwas zur Ideengeschichte, zur Verfassungstheorie und zum Verhältnis von Recht und Politik zu sagen. Schon hier wird der Leser auf den politischen Charakter des Verwaltungsrechts eingestimmt.[3]

2 Die Grenzziehung zwischen dem, was die Verfassung an verwaltungsrechtlichen Regelungen unverbrüchlich festgelegt hat („required"), und verwaltungsrechtlichen Lehren, die zwar durch das Verfassungsrecht determiniert, aber nicht in allen Punkten fixiert und daher durch einfaches Gesetz änderbar sind („inspired"), bleibt gleichwohl unsicher.[4] Das ist in Deutschland an der eingängigen Formel vom Verwaltungsrecht als „konkretisiertem Verfassungsrecht" deutlich geworden, die jedenfalls in der Frühzeit nicht selten zu einer „Über"-Konstitutionalisierung und einer Verkürzung des politischen Gehalts des Verwaltungsrechts geführt hat.[5] Die amerikani-

---

1 Dazu *Kischel*, Rechtsvergleichung, § 5 Rn. 238 ff.; *Strauss*, Justice, 17 ff.

2 So *Strauss*, ebd., 17.

3 Vgl. *Gellhorn*, 13: „persistent problem how to encapsulate political will in legal norms". Zu den in seinem Lehrbuch behandelten Texten sagt *Aman*, 1: „They will not only teach us the law, but provide the basis for sustained reflection on the larger societal and jurisprudential issues that they embody". Ausführlich *Mashaw/Merrill/Shane*, 37 ff. mit der Gegenüberstellung der Perspektiven eines „legal idealist" und eines „realist". Vgl. unten → *6/52 ff.*

4 *G. E. Metzger*, Ordinary Administrative Law as Constitutional Common Law, in: 110 Colum. L. Rev. 479, 499 (2010).

5 Dazu krit. *Ch. Möllers*, Methoden, in: GVwR I, § 3 Rn. 13 ff.; positiver *Schmidt-Aßmann*, Ordnungsidee, Kap. 1 Rn. 17 ff.; *F. Wollenschläger*, Verfassung im Allgemeinen Verwaltungsrecht, in: VVDStRL 75, 2016, 187 ff.

sche Linie ist von größerer Zurückhaltung bestimmt.[6]. Zwar gibt es Institute, in denen sich Verfassungsrecht und Verwaltungsrecht gegenseitig durchdringen; dazu gehört die verfassungskonforme Interpretation, um die Verfassungswidrigkeit von Normen des einfachen Rechts zu vermeiden.[7] Aber klarer als in Deutschland wird die Unbestimmtheit des Verfassungsrechts („indeterminate character of constitutional law") thematisiert, die zur Vorsicht gegenüber zwingenden Ableitungen veranlasst. Auf verfassungsrechtliche Argumente soll daher erst an letzter Stelle zurückgegriffen werden.[8] Vorrang hat die Interpretation der Gesetze, die sich mit den einschlägigen Tatbestandsmerkmalen und mit den dahinter stehenden Regelungsabsichten des Kongresses auseinandersetzen muss.[9] Das Ausmaß an konstruktiver Phantasie, mit dem die Gerichte den „intent" des Kongresses durchmustern, steht oft allerdings dem, was deutsche Gerichte aus einzelnen Verfassungsbestimmungen, vor allem den materiellen Grundrechten, ableiten, nicht nach. Die Zurückhaltung amerikanischer Gerichte gegenüber verfassungsunmittelbaren Deduktionen und der Rekurs auf das einfache Recht wahren aber besser die Gestaltungsmöglichkeiten der politisch verantwortlichen Organe, insbesondere des Kongresses.[10]

3 Im Folgenden geht es zunächst um die wichtigsten verfassungsrechtlichen Vorgaben für die Bundesverwaltung (1. Abschnitt). Im Anschluss soll die Stellung der Bundestaaten und der Gemeinden im Verwaltungssystem der

---

6 Ähnlich *D. Halberstam*, The Promise of Comparative Administrative Law, in: Rose-Ackerman/Lindseth/Emerson, Comparative Administrative Law, 139, 150f.: „In comparison with the United States and France, this has led to a ‚relatively strong constitutionalization of German administrative law'". Zur deutlicheren Herausarbeitung der Zeitbezogenheit der Verfassungauslegung in den USA *O. Lepsius*, Über die Notwendigkeit der Historisierung und Kontextualisierung für die Verfassungdogmatik, in: F. Meinel (Hrsg.), Verfassungsgerichtsbarkeit in der Bonner Republik, 2019, S. 119, 138–153.

7 Dazu die Nachw. bei *Metzger* (Fn. 4), in: 110 Colum. L. Rev. 479, 499 (2010) („canon of constitutional avoidance"), 514f. („constitutional canons of statutory interpretation").

8 „Last resort rule", dazu *Nowak/Rotunda*, § 2.12(h); *L. A. Kloppenberg*, Avoiding Constitutional Questions, in: 36 Boston College L. Rev. 1003 (1994). Eine solche Linie durchzuhalten fällt dem Supreme Court natürlich leichter, weil er gemäß seiner Stellung im Justizsystem der USA (vgl. → 4/6–18) anders als das Bundesverfassungsgericht nach einem Verfassung und Gesetz integrierenden Maßstab verfahren kann.

9 Treffend *Scharpf*, Die politischen Kosten des Rechtsstaats, 36: „Das typische amerikanische Grundsatzurteil behandelt darum Verfassungsfragen als Fragen der Gesetzesinterpretation".

10 *Scharpf*, ebd., 38.

USA behandelt werden. (2. Abschnitt). Ausführungen zum Verwaltungsrecht als Sonderrecht und zur Grenzziehung zum privaten Sektor schließen den Grundlagenteil ab (3. Abschnitt).

Erster Abschnitt Vorgaben der Verfassung für die Bundesverwaltung

Die beiden wichtigsten Orientierungspunkte heißen „separation of powers" (A) und „fundamental rights" (B).[11] Die durch sie bewirkte Prägung des Verwaltungsrechts wird der Verwaltungspraxis durch das Gesetzesrecht und seine Anwendungsregeln vermittelt (C). 4

A. *Gewaltenteilung („separation of powers")*

Die amerikanische Verfassung ist in diesem Punkte nicht nur klarer als das Grundgesetz, indem sie die drei Funktionen in Art. I-III ganz bestimmten Organen zuordnet. Sie hat auch die Machtgewichte in der Substanz anders verteilt. Neben dem Kongress steht der Präsident als zweites direkt demokratisch legitimiertes Machtzentrum. Der deutschen parlamentszentrierten Legitimationslehre tritt so ein von vorneherein dualistisch angelegtes Konzept gegenüber: Kongress *und* Präsident (→ 1/5). Das Verhältnis beider zueinander wird in den verwaltungsrechtlichen Lehrbüchern weniger als ein Zusammenspiel, sondern eher als ein „power struggle" beschrieben, der die Erläuterungen in einer für deutsche Lehrbuchdarstellungen ungewohnten Weise dynamisiert.[12] 5

Im Einzelnen legt die Verfassung der USA so wenig wie das Grundgesetz genauer fest, welche Arten von Aufgaben und Kompetenzen die vollziehende Gewalt ausmachen sollen.[13] Art. II sagt zwar unmissverständlich, 6

---

11 Vgl. nur *Strauss*, Justice, 28 ff. und 57 ff.

12 *Mashaw/Merrill/Shane*, Preface: „The institutional and legal instruments through which Congress and the President compete to direct administrative action and the shape of administrative law have become an essential part of the study of administrative law itself". Der Begriff „power struggle" dort 184; vgl. auch *Tushnet*, The Constitution of the United States of America, bes. 100 ff: „The struggle between the President and Congress over Administrative Agencies".

13 Dazu die rechtsvergleichende Analyse von *Möllers*, Gewaltengliederung, 70 ff.; *Lorz*, Interorganrespekt, 21 ff.

dass die Exekutivgewalt bei einem Präsidenten liegen soll, beschäftigt sich dann aber ausführlicher mit seiner Wahl und seiner Absetzung (sect. 1 und 4) als mit seinen Aufgaben (sect. 2 und 3). Der verfassungsrechtliche Gehalt der einzelnen Kompetenztitel ist schwer und nur unvollständig zu erschließen. Die eigentliche Exekutivfunktion und ihre Organisation bleiben undeutlich:[14] „a hole in the Constitution".[15] Die offenen Bereiche mit Substanz auszufüllen soll vor allem eine Aufgabe des Kongresses sein.[16]

7 Wenn aber die verfassungsrechtliche Verankerung der Gewaltenteilung als solche irgendeinen eigenständigen Sinn haben soll, dann muss trotz dieser Unsicherheiten nach Vorgaben gefragt werden, die nicht zur Disposition des Kongresses stehen. Zur Konkretisierung dienen die Gedanken wechselseitiger Gewaltenkontrolle („*checks and balances*") und der Verhinderung organfremder Gewaltenusurpation („*encroachment*", „*aggrandizement*").[17] Das sind freilich erneut zunächst einmal sehr weitgefasste Tatbestände. Bei ihrer genaueren Fassung stellen sich Methodenfragen, die in der Literatur mit den Begriffen „formalism" und „functionalism" umschrieben werden:[18] Der *formale* Ansatz betont die Bedeutung des Normtextes; hier steht das Trennende im Vordergrund. Die *funktionale* Argumentation betrachtet die Verfassung als Rahmenordnung und bezieht die seit der Entstehungszeit erfolgten politischen und gesellschaftlichen Entwicklungen ein; sie betont das notwendige Zusammenspiel der Gewalten und sieht dieses nur dann als verletzt an, wenn die eine Gewalt die Möglichkeit erhält, in den Kernbereich einer anderen einzugreifen.[19] Beide Ansätze schließen sich ge-

---

14 *Mashaw/Merrill/Shane*, 182: „The US Constitution is more than usually delphic in describing the structure and the powers of the executive branch". Verfassungsgeschichte und politische Theorie bieten hier wenig Hilfe, *Tribe*, American Constitutional Law, § 2–3.

15 So eine beliebte Charakterisierung dieses Befundes; vgl. nur *Strauss*, Justice, 10.

16 *Strauss*, Justice, 28 ff.; ähnlich *J. F. Manning*, Separation of Powers as ordinary Interpretation, 124 Harv. L. Rev. 1939, 1945 (2011).

17 Vgl. nur 424 U.S. 1, 118 ff., 122 (1976) *Buckley v. Valeo*; 478 U.S. 714, 721 ff., 750 (1986) *Bowsher v. Synar*; *Möllers*, Gewaltengliederung, 73 ff., dort auch der deutsche Begriff der organfremden Gewaltenusurpation.

18 Ausf. *Gellhorn*, 562–580. Die folgende kurze Charakterisierung folgt dem dort zitierten Beitrag von *R. L. Brown*, Separated Powers and Ordered Liberty, in: 139 U. Pa. L. Rev. 1513 (1991). Vgl. auch *A. Z. Huq/J. D. Michaels*, The Cycles of Separation-of-Powers Jurisprudence, 126 Yale L. J. 346 (2016), die diese Einteilung zwar kritisieren, letztlich mit der Einteilung „hard-edged rules" und „open-textured standards" aber doch einen ähnlichen Ansatz verfolgen.

19 Vgl. *Brown* ebd., 575 „core function". Zur Parallele der Kernbereichslehre des BVerfG *Möllers*, Gewaltengliederung, 74.

genseitig nicht notwendig aus.[20] Ohne ein wenigstens in Einzelpunkten funktionales Argumentieren ist beim Gewaltenteilungsprinzip, das selbst einen Funktionszusammenhang darstellt, nicht weiterzukommen.

Vergleicht man „formalism“ und „functionalism“ mit Interpretationsansät- 8
zen, die sich in der deutschen Gewaltenteilungslehre finden, so zeigt sich ein ähnlicher methodischer Zugang:[21] Betont wird zum einen das Ziel der Freiheitssicherung durch eine Aufteilung staatlicher Macht.[22] Außerdem soll die Gewaltenteilung aber auch darauf abzielen, „dass staatliche Entscheidungen möglichst richtig, das heißt von den Organen getroffen werden, die dafür nach ihrer Organisation, Zusammensetzung, Funktion und Verfahrensweise über die besten Voraussetzungen verfügen“.[23] In beiden Ländern hat die funktionale Interpretation mit der Schwierigkeit zu ringen, juristisch die Wirksamkeit organisatorischer Arrangements zu beurteilen. „Functionalist analysis is criticized, therefore, for its indeterminacy and the inevitability of ad hoc decisionmaking under its influence“.[24] Schon deshalb können funktionale Argumente nur mit Vorsicht eingesetzt werden.

Harte Entscheidungen lassen sich unter Rückgriff auf „das“ Gewaltenteilungsprinzip insoweit allenfalls dann treffen, wenn der Kernbereich einer Gewalt betroffen ist. Selbst in diesen Fällen ist aber nicht ganz ohne eine Abwägung der gegensätzlichen Interessen auszukommen. Das zeigt sich etwa bei der Behandlung des Rechts der Exekutive, gegenüber den Gerichten oder dem Parlament vertrauliche Informationen zurückzuhalten. Der Supreme Court anerkennt zwar, dass die Kommunikation innerhalb der Regierung besonders geschützt sein muss, und bezeichnet das *„Executive privilege“* als „inextricably rooted in the separation of powers under the Constitution“.[25] Einen absoluten Rang versagt er ihm aber trotzdem. In

---

20 Zur Begründungspraxis des Supreme Court *Gellhorn*, 562: „Some of the Justices consistently use one or the other; the other members of the Court appear to be uncommitted“. Ähnlich die Beobachtung einer Wellenbewegung in der Judikatur bei *Huq/Michaels* (Fn. 18), 126 Yale L. J. 346, 377 f. (2016).

21 Zu den deutschen Ansätzen *E. Schmidt-Aßmann*, Der Rechtsstaat, in: HStR II, § 26 Rn. 49 f.; *Jarass/Pieroth*, GG Art. 20 Rn. 32.

22 Vgl. BVerfGE 3, 225, 247; 22, 106, 111; diese ältere Ansicht aus den Jahren 1953 und 1967 findet sich aber auch in neueren Entscheidungen, vgl. aus 2009 BVerfGE 124, 78, 120 f.

23 Erstmals 1984 in BVerfGE 68, 1, 86, und sodann 1996 und 1998 in BVerfGE 95, 1, 15; 98, 218, 252.

24 So *Brown*, 139 U. Pa. L. Rev. 1513 (1991).

25 So die Leitentscheidung 418 U.S. 683, 708 (1974) *United States v. Nixon* (708).

einem der „praktischen Konkordanz“ ähnlichen Argumentationsmuster wird das Privileg vielmehr einer möglichst schonenden Abwägung mit anderen verfassungsrechtlichen Rechtsgütern, z.B. der geordneten Strafrechtspflege („rule of law“), unterstellt.[26] Das Bundesverfassungsgericht rechnet in seiner Judikatur zu den Beweiserhebungsbefugnissen parlamentarischer Untersuchungsausschüsse die Willensbildung innerhalb der Regierung zum „Kernbereich exekutiver Eigenverantwortung“, an dem diese Befugnisse ihre Grenzen finden können. Mindestens für abgeschlossene Vorgänge geht es jedoch ähnlich wie der Supreme Court davon aus, dass die Berechtigung des Zugriffs in einer Abwägung zu ermitteln ist.[27] Private Papiere des Präsidenten unterfallen nicht dem „executive privilege“. Sie sind aber gleichwohl gegen Zugriffe des Kongresses nicht gänzlich ungeschützt. Es geht auch hier um einen verfassungsrechtlich relevanten „interbranch conflict“, der eine politische Dimension hat. Das hat der Supreme Court jüngst in *Trump v. Mazars, USA, LLP, et. al.* herausgearbeitet. Auch hier spielen Gesichtspunkte der Gewaltenteilung eine Rolle, die sich im Interesse des Kongresses, für seine Gesetzgebungsarbeit wichtige Informationen zu erhalten, einerseits und andererseits der herausragenden Position („unique position“), die die Verfassung dem Präsidenten einräumt, zur Geltung bringen. Die Lösung wird in einem „balanced approach“ gesucht, der eine Reihe plausibler funktionaler Überlegungen umgreift und verhältnismäßig offen gehalten ist.[28]

---

26 Ebd. 707: „Since we conclude that the legitimate needs of the judicial process may outweigh Presidential privilege, it is necessary to resolve those competing interests in a manner that preserves the essential functions of each branch“. Militärischen sowie in außen- und sicherheitspolitischen Belangen wird ein besonderes Gewicht beigemessen; hier müssen sich die Gerichte besonders deutlich in der Kontrolle zurücknehmen (710). Im Übrigen wird auf die Möglichkeit eines in camera Verfahrens hingewiesen (685).

27 BVerfGE 124, 78, 120 ff.; 143, 101 Rn. 117 ff.; 147, 50 Rn. 231. Auf noch laufende Regierungsvorgänge soll sich das Zugriffsrecht „in der Regel“ nicht erstrecken (a.a.O. Rn. 229). Eine darüber hinausreichende Berufung auf das „Staatswohl“ soll der Regierung gegenüber dem Parlament dagegen versagt sein, sofern dieses seinerseits den von der Regierung für notwendig gehaltenen Schutz der Dienstgeheimnisse sicherstellt (a.a.O. Rn. 246 ff,). Auf jeden Fall ist eine Weigerung der Regierung ausführlich zu begründen; „pauschales Berufen“ auf einen verfassungsrechtlichen Gegengrund genügt keinesfalls (a.a.O. Rn. 253 ff.).

28 So Chief Justice Roberts in seinem 7:2 Mehrheitsvotum 591 U.S.__(2020) (slip op. 18–20): zu fragen ist u.a., ob dem Kongress eventuell andere Informationsquellen zur Verfügung stehen; auch die Belastung, die ein Herausgabebegehren für die tägliche Arbeit des Präsidenten bedeutet, sollen in Rechnung gestellt wer-

In den meisten Fällen spielt die Gewaltenteilung als solche in beiden Rechtsordnungen vor allem als Hilfe bei der Auslegung konkreterer Vorschriften des Verfassungsrechts und bei der Lückenfüllung eine Rolle.[29] Insoweit aber erweist sie sich von ungebrochener Aktualität.[30] Die speziell für das Verwaltungsrecht wichtigen Sachthemen der Gewaltenteilung sind die Befugnis des Kongresses und des Präsidenten, auf die Administration einzuwirken (I) und die Frage, inwieweit der Verwaltung Aufgaben der Rechtsetzung übertragen werden dürfen (II).

I. Gestaltungsbefugnisse des Kongresses und des Präsidenten

Die Verfassung selbst steckt den Rahmen ab, der durch folgende Eckpunkte bestimmt ist:[31] 9

- Art. I sect. 8 cl. 18 ermächtigt den Kongress, „to make all laws which shall be necessary and proper for carrying into execution the foregoing powers, and all other powers vested by the constitution in the government of the United States, or in any department or officer thereof" („*necessary and proper clause*").
- Art. II sect. 1 weist die Exekutivgewalt dem Präsidenten zu („*vesting clause*") und verpflichtet diesen in sect. 3, to „take care that the laws be faithfully executed" („*take care clause*").

Zwischen diesen beiden Eckpunkten bewegt sich das Spiel der Kräfte, das durch eine Reihe punktueller Vorschriften unterschiedlicher Regelungsdichte zwar dirigiert, nicht aber fixiert ist.[32] Systematisch lassen sich drei Steuerungsansätze unterscheiden, die in der Praxis kombiniert werden können:[33]

---

den; jedenfalls darf der Kongress das Begehren nicht benutzen, um sich im Kräftespiel mit dem Präsidenten „institutional advantages" zu verschaffen.

29 *Jarass/Pieroth*, GG Art. 20 Rn. 32 unter Bezugnahme auf *H. Schulze-Fielitz*, in: Dreier, GG, Art. 20 Rn. 70.

30 Von „continued vitality for separation of powers ideas" spricht *Strauss*, Justice, 32. Zu einzelnen Themenbereichen, in denen die Judikatur auf die Gewaltenteilung zurückgreift, vgl. *Huq/Michaels* (Fn. 18), 126 Yale L. J. 346, 358 ff. (2016): legislative delegations, removal power, deference to agency interpretations, adjudication by non-Article III judges, foreign affairs and national security.

31 *Gellhorn*, 549 ff.; *Cane*, Controlling, 64 ff.; *Loewenstein*, Verfassungsrecht und Verfassungspraxis der Vereinigten Staaten, 292 ff.

32 Zur Organisationspraxis vgl. *Breyer/Stewart*, 101 ff.

33 Zum Folgenden *Gellhorn*, 651 ff.; *Hickman/Pierce*, 121 ff.

- *Fachrechtliche Aufgabenzuweisungen*: Sie erfolgen durch Gesetze, die der Exekutive einzelne Fachaufgaben, vor allem solche der Wirtschaftsregulierung, des Umweltschutzes und der Sozialverwaltung, vorgeben und regelmäßig auch etwas dazu sagen, welche Behörde mit welchen Instrumenten und in welchen Verfahren diese Aufgaben erfüllen soll. Die bei ihrem Vollzug zu beachtenden allgemeinen Lehren, d.h. vor allem Delegations-, Ermessens- und Rechtsschutzfragen, bilden den Kern dessen, was die Lehrbücher als „administrative law" abhandeln, das dadurch deutlich stärker als in Deutschland organisations- und verfahrensrechtlichen Charakter hat.
- *Abgaben- und haushaltsrechtliche Vorgaben*: Die Erhebung von Abgaben und die Tätigung von Ausgaben bedürfen gesetzlicher Grundlagen. Die erforderlichen Finanzmittel dazu müssen zudem konkret bewilligt werden.[34] Die jährlichen „appropriations" ermöglichen dem Kongress bzw. den Ausschüssen beider Häuser eine sehr gezielte Nachsteuerung des Verwaltungsvollzuges.[35] Der Präsident kann die abgaben- und haushaltsrechtlichen Entscheidungen des Kongresses seinerseits wiederum durch seine Veto-Macht zu beeinflussen versuchen.[36]
- *Organisations- und personalrechtliche Steuerungsansätze*: Dass Organisationsregelungen wichtige Steuerungstechniken der Politik sind, ist im amerikanischen Verwaltungsrecht eine immer wieder belegte Einsicht.[37] Das beste Beispiel bilden die unabhängigen Regulierungsbehörden, die „independent regulatory commissions". Entsprechend umstritten sind die Kompetenzen. Eine besonders wichtige Vorschrift ist die *„appointments clause"* (Art. II sect. 2 cl. 2), die den Präsidenten bei der Besetzung der Spitzenpositionen in der Verwaltung von der Zustimmung des Senats abhängig macht, während die Ernennung von „Beamten geringeren Ranges" der Kongress durch Gesetz dem Präsidenten allein oder den Leitern der einzelnen Verwaltungszweige übertragen kann (→ 2/15–20). Die verschachtelten Vorschriften waren und sind immer wieder Anlass zu gerichtlicher Auseinandersetzung: Wer ist überhaupt „officer of the United States" und nicht bloß ein „em-

---

34 Art. I sect. 9 cl. 7 U.S.-Verf.: „No money shall be drawn from the Treasury, but in Consequence of Appropriations made by Law...".

35 *Gellhorn*, 677 ff.; *Breyer/Stewart*, 97 ff.; *Strauss*, Justice, 111 ff.

36 Dazu *Fisher*, Executive Branch, 168 ff.

37 *Steinberg*, Verwaltungsorganisation, 189 ff. und historisch 31 ff.; *Roßbach*, Personalverfassungsrecht, pass.; *Ruffert*, Law of Administrative Organization, 105 ff. und 166 ff.

ployee"?[38] Welche Beamtengruppen gehören zu den „principal officers", welche zu den Beamten niedrigeren Ranges („inferior officers")?[39] Gilt das Zustimmungserfordernis des Senats für Ernennungen auch bei Entlassungen?[40]

Die Streitfälle zeigen die Vielfalt politischer Einflussmöglichkeiten der Legislative – sei es beider Häuser, sei es nur des Senats. Vor allem aber sind sie deshalb interessant, weil sie erkennen lassen, dass die Exekutivaufgaben mit der „vesting clause" und der „take care clause" zwar dem Präsidenten zugewiesen sind, die Exekutive jedoch nicht als ein hierarchisch geordneter einheitlicher Funktionsbereich verstanden wird. Stärker als in parlamentarischen Regierungssystemen muss bei dem, was Exekutive in den USA ausmacht, zwischen dem Präsidenten und der Bürokratie getrennt werden.[41] Besonders deutlich wird das bei den Fragen der Organisationsgewalt (1), der Personalgewalt (2), eines präsidialen Weisungsrechts (3) und bei den „Executive orders" (4). 10

1. Die Verteilung der Organisationsgewalt

Die USA konnten bei ihrer Gründung nicht auf ein schon existierendes Verwaltungsorganisationsgefüge zurückgreifen, sondern mussten es sich erst schaffen. Die zu treffenden Entscheidungen waren nicht „Hausgut" eines Monarchen,[42] sondern demokratisch zu legitimieren.[43] Das ist bereits 1803 in *Marbury v. Madison* treffend formuliert:[44] „That the people have an original right to establish for their future government such principles as, in their opinion, shall most conduce to their own happiness is the basis on which the whole American fabric has been erected". „This 11

38 Dazu aus jüngster Zeit 585 U.S. __ (2018) (slip op. at 5–13) *Lucia v. Securities and Exchange Commission*; ausf. (auch aus historischer Sicht) *J. L. Mascott*, Who are „Officers of the United States"?, 70 Stan. L. Rev. 443 (2018); *Roßbach*, Personalverfassungsrecht, 382 ff.

39 520 U.S. 651, 662–663 (1997) *Edmond v. United States*; dazu *Breyer/Stewart*, 108 ff.

40 Verneinend 272 U.S. 52 (1926) *Myers v. United States;* dazu → 2/18.

41 Vgl. nur *Cane*, Controlling, 78 ff.; vgl. auch → 1/5.

42 Zur deutschen Entwicklung vgl. *E. W. Böckenförde*, Die Organisationsgewalt im Bereich der Regierung, 1964, S. 21 f.

43 *Roßbach*, Personalverfassungsrecht, 17 ff.

44 5 U.S. (1 Cranch) 137, 176 (1803) *Marbury v. Madison*; *Strauss*, Justice, 125: „Creating a government has been understood from the beginning to be a matter of statutes, not executive decree". *Roßbach*, Personalverfassungsrecht, 147 ff.

original and supreme will organizes the government and assigns to different departments their respective powers". Entsprechend weit werden die auf Art. I sect. 8 cl. 18 der U.S.-Verf. gestützten Befugnisse des Kongresses ausgelegt.[45] „The entire machinery of the executive arm of the United States government below the level of the President is the result of congressional action".[46]

12 Gesetzlich geregelt werden können demgemäß nicht nur die Errichtung, der Status und die Zuständigkeiten der einzelnen Verwaltungseinheiten, sondern auch deren innere Struktur, so z.B. die Funktion der leitenden Beamten und das Verhältnis der Dienststellen zueinander.[47] Entsprechend vielgestaltig ist die Organisationsgesetzgebung in der Praxis. Das jeweilige Fachgesetz ist *Aufgabengesetz* und *Organisationsstatut* zugleich. Es legt mit der Aufgabe auch die Struktur, die Handlungsmöglichkeiten und Verfahrensweisen der jeweiligen Behörde fest, die der Kongress für ein aufgabengerechtes behördliches Vorgehen für geboten hält. Auf diese Weise wird im „organic statute" ein spezifisches *Junktim* zwischen Fachgesetz und Fachbehörde hergestellt, das wiederum wichtig werden kann, wenn es in gerichtlichen Auseinandersetzungen um die Frage der Auslegungskompetenz geht.[48]

Die Politik, aufgabenbezogen neue Behörden zu schaffen und ihnen jeweils eigene Entscheidungsstrukturen zu verordnen, muss sich in der Literatur allerdings auch manche Kritik gefallen lassen.[49] Dem Vorzug „maßgeschneiderter" Lösungen steht der Verlust an Überschaubarkeit gegen-

---

45 Schon 1789 in seiner allerersten Sitzungsperiode errichtete der Kongress drei Departments (1 Stat. 28, 49 und 65): Department of Foreign Affairs, Department of War, Department of Treasury, jeweils mit Vorgaben auch für die Binnengliederung; vgl. *Schwartz*, § 1.13.

46 *Lawson*, 5.

47 *Steinberg*, Verwaltungsorganisation, 318 ff.

48 Dazu und zur „Chevron" Doktrin → 2/67–68, →4/124–127.

49 Vgl. *Breyer/Stewart*, 103 („fragmentation of the executive branch"); *Morstein Marx*, Amerikanische Verwaltung, 91 ff.; *Loewenstein*, Verfassungsrecht und Verfassungspraxis der Vereinigten Staaten, 358 ff.; *J. Masing*, Die US-amerikanische Tradition der Regulated Industries und die Herausbildung eines europäischen Regulierungsverwaltungsrechts, AöR 128, 2003, 558, 587: statt einer allgemeinen geschlossenen Ministerialbürokratie „ein patchwork von mehr oder weniger verselbständigten Fachbehörden". Vgl. den Überblick bei *Brugger*, Einführung, 206 ff.; ferner *Albert*, Stellung, Funktion und verfassungsrechtliche Problematik der Independent Regulatory Commissions in den Vereinigten Staaten von Amerika.

über. Es fehlt eine verlässliche Typenbildung. Eine gewisse Orientierung in der Behördenvielfalt kann aber immerhin eine dreigliedrige Einteilung bieten:[50] erstens die „cabinet departments" genannten Ministerien, die ihrerseits u.U. zahlreiche (Unter-)Behörden unter ihrem Dach vereinigen; zweitens die außerhalb der Ministerialorganisation stehenden „(independent) executive agencies" wie z.B. die Environmental Protection Agency (EPA) oder die Social Security Administration (SSA); und drittens die kollegial geführten „independent regulatory commissions" wie z. B. die Federal Trade Commission (FTC), die Securities and Exchange Commission (SEC) oder die Federal Communication Commission (FCC).

Mehr als ein erster Zugriff ist diese Einteilung allerdings nicht. Die ameri- 13
kanische Bundesverwaltung kann vielmehr nur im Bild eines *Spektrums unterschiedlich weit verselbständigter* Einheiten gedeutet werden, innerhalb dessen jede Behörde ihr eigenes Profil entwickelt hat. „Agencies, we believe, range on a spectrum, with some having a higher degree of independence from political control and oversight than others by virtue of their statutory authority, structure, or culture".[51] Die Entwicklungsgeschichte der jeweiligen Behörde spielt eine nicht unwichtige Rolle.[52] Sie kann Schwankungen im Maß der Unabhängigkeit aufweisen. „Independent" markiert keinen ein für allemal festumrissenen Status, sondern hat auch eine dynamische Komponente.

Innerhalb der einzelnen Behörden herrschen demgegenüber hierarchische 14
Entscheidungsstrukturen vor.[53] Es ist jedoch auch denkbar, dass einzelne Aufgaben durch Gesetz behördenintern ganz bestimmten Funktionsträgern zugewiesen und von den normalen Entscheidungszügen der Behörde

---

50 *Strauss*, Justice, 171 ff. Weiter dort genannt die innerhalb eines Ministeriums mit einer gewissen Selbständigkeit ausgestatteten „departmental bureaus". Ein eigenes Organisationsgefüge bildet das Weiße Haus selbst mit seinen Büros, Beraterstäben und Ämtern wie dem einflussreichen Office of Management and Budget (OMB), vgl. *Strauss*, ebd., 151 ff. Außerhalb der Ministerial- und Behördenorganisation existieren in großer Zahl und vielfältig variierender Ausgestaltung öffentliche Unternehmen, berufsständische Einrichtungen und standardsetzende Gremien; zu diesen „mixed bodies" vgl. *Strauss*, ebd., 187 ff., vgl. auch die ähnliche Einteilung bei *Pierce*, Process, § 4.4; *Ruffert*, Law of Administrative Organization, 116 ff. Zu öffentlichen Unternehmen auch → unten 2/116–119.

51 *Breger/Edles*, Independent Agencies, 7; ähnlich *Lawson*, 7 f.

52 Vgl. die Angaben zu 30 Behörden bei *Breger/Edles*, ebd., 397 ff.; sowie die umfangreichen Appendices bei Breyer, J. diss., 561 U.S. 477, 549–592 (2010) *Free Enterprise Fund v. PCAOB.*

53 Vgl. *Mashaw/Merrill/Shane*, 17 ff.

abgekoppelt sind.[54] Entscheidend bleibt die Auslegung des jeweiligen Gründungsstatuts. Im vorgegebenen Gesetzesrahmen die notwendigen konkretisierenden Organisationsentscheidungen zu treffen, ist dann eine Angelegenheit des Präsidenten bzw. nach Maßgabe gesetzlich zuerkannter Unabhängigkeit des Leitungsorgans der betreffenden Behörde. Für weiterreichende Organisationsentscheidungen des Präsidenten ist eine Mitwirkung des Kongresses verlangt.[55]

2. Die Verteilung der Personalgewalt

15 „The most obvious tools by which the president might assert control over administrative agencies are hiring and firing officers".[56] *Appointment power* und *removal power* und die diese Befugnisse einschränkenden Mitwirkungsmöglichkeiten des Kongresses bzw. des Senats sind eine Konfliktzone von anhaltender Aktualität.[57] Art. 2 sect. 2 cl. 2 U.S.-Verf. trifft dazu zwei Festlegungen: Die leitenden Beamten („principal officers") werden vom Präsidenten mit Zustimmung des Senats ernannt; für Beamte geringeren Ranges („inferior officers") kann der Kongress durch Gesetz eine Ernennung nur durch den Präsidenten oder durch die Behördenleiter oder Gerichte vorsehen.

16 Um die politische Bedeutung der Vorschriften richtig einzuschätzen, muss man zunächst beachten, dass auch in den USA die Rechtsverhältnisse der allermeisten der etwa drei Millionen Bediensteten in der Bundesverwaltung durch das Recht des öffentlichen Dienstes an festen Eingangsvoraussetzungen und an Laufbahnen ausgerichtet sind.[58] Seit 1883 gibt es einen Civil Service Act *(Pendleton Act)*, der für das Gros der Beamten das Dienst-

---

54 *Steinberg*, Verwaltungsorganisation, 108 f.

55 So wurde die Environmental Protection Agency (EPA) von Präsident Nixon im Dezember 1970 errichtet; zugrunde lag ein von beiden Häusern des Kongresses zustimmend zur Kenntnis genommener „Reorganization Plan"; Aufnahme in Gesetze fand die EPA erst später. Weitere Nachw. bei *Breger/Edles*, Independent Agencies, 9 f.

56 *Breyer/Stewart*, 91; ähnlich *Strauss*, Justice, 133; *Ruffert*, Law of Administrative Organization, 170 ff.

57 Vgl. nur *Chemerinsky*, § 4.2.1 und 4.2.2; *Nowak/Rotunda*, § 7.11 – 7.14; *Hickman/Pierce*, 155 ff.; *Gellhorn*, 718 ff.; *Roßbach*, Personalverfassungsrecht, 382 ff. und 452 ff.

58 *Strauss*, Justice, 133 f., 181 ff.; *Mashaw/Merrill/Shane*, 196 ff., *Roßbach*, Personalverfassungsrecht, 327 ff. und 549 ff.

recht standardisiert und auf Dauer gestellt hat.[59] Für die meisten Beamten kommt daher auch eine Entlassung aus politischen Gründen nicht in Betracht.[60]

Die besonderen „appointment"- und „removal"-Probleme betreffen folglich nur Amtsträger in leitenden Funktionen. Zu diesen *„political appointees"* zählen neben den „principal officers" noch einige Gruppen von Beamten, die insoweit nicht von den normalen Karrierevorschriften erfasst werden. Ihre Aufgabe vor allem ist es, politische Vorgaben in den Behördenapparat hinein zu vermitteln. Dass jeder Präsident auf ihre Loyalität besonders angewiesen ist, liegt auf der Hand. Entsprechend wichtig sind ihre Ernennung und Entlassung. 17

Soweit es um die *Ernennung* der „principal officers" geht, ist der Präsident nach der „appointments clause" ausdrücklich an die Zustimmung des Senats gebunden; das Repräsentantenhaus und seine Ausschüsse haben hier keine Mitwirkungsbefugnisse. Zu *Entlassungen* sagt die Verfassung dagegen nichts. Der Supreme Court urteilte 1926, dass die Entscheidung darüber („removal power") dem Präsidenten allein zustehe, eine Mitwirkung des Senats verfassungsrechtlich nicht vorgesehen sei und auch gesetzlich nicht vorgesehen werden könnte.[61] Zur Begründung hob er die Verantwortung des Präsidenten für einen effektiven Vollzug der Gesetze und das besondere Steuerungspotential hervor, das gerade in Entlassungsentscheidungen liege.[62] 18

Der Entlassungsbefugnis können jedoch Grenzen gesetzt werden. Für Amtsträger, die nicht zum normalen Vollzugsapparat gehören, sondern „quasi-legislative" oder „quasi-judicial" Funktionen wahrnehmen, gestatte- 19

59 22 Stat. 402, und weiter den Civil Service Reform Act von 1978, Pub. L. No. 95–454, kodifiziert 5 U.S.C. §§ 1101–1105 und §§ 1201–1205. Zur Verfassungsmäßigkeit gesetzlicher Entlassungsregeln 116 U.S. 483, 485 (1886) *United States v. Perkins*. Zur historischen Entwicklung des Rechts des öffentlichen Dienstes vgl. *Rosenbloom*, Federal Service and the Constitution.

60 Entlassungen nur „for cause". Die Stellung des Beamten stellt zudem ein „entitlement" im Sinne der Due Process Klausel dar, mit allen Konsequenzen für einen verfassungsrechtlich gebotenen Verfahrens- und Gerichtsschutz; vgl. *Strauss*, Justice, 181 f.

61 272 U.S. 52 (1926) *Myers v. United States*. Zur Entwicklung der Rechtsprechung *Roßbach*, Personalverfassungsrecht, 452 ff.

62 272 U.S. 52, 132 (1926) *Myers v. United States*: „Made responsible under the Constitution for the effective enforcement of the law, the President needs as an indispensable aid to meet it the disciplinary influence upon those who act under him of a reserve power of removal".

te es der Supreme Court einige Jahre später dem Kongress, durch Gesetz eine feste Amtsdauer vorzuschreiben und ihre Entlassung an das Vorliegen eines rechtfertigenden Grundes („good cause") zu binden, statt sie dem Ermessen des Präsidenten („at will") zu überlassen.[63] Spätere Urteile haben das Kriterium der besonderen Funktion („not purely executive") in den Hintergrund treten lassen; sie fragen allgemeiner, ob die vom Kongress festgelegten Einschränkungen des Entlassungsrechts dem Präsidenten die Ausübung seiner verfassungsrechtlichen Aufgaben nach Art. II sect. 1 und 3 der U.S.-Verf. unmöglich machen.[64]

20 Die Kompetenz des Kongresses, auf diese Weise gewisse Auskoppelungen („insulations") aus der Behördenhierarchie vorzunehmen, ist heute ein typisches Bauelement im Recht der unabhängigen Regulierungsagenturen und ein Merkmal des amerikanischen „administrative state".[65] Die Eigenrationalität der betreffenden Behörde soll gesteigert werden. Die Vorstellung balancierender Machtausübung, die die gesamte Gewaltenteilungslehre durchzieht, ist hier ein Stück weit in die Exekutive hinein verlagert.

Die Anforderungen, die der Supreme Court in diesem Punkte stellt, haben allerdings geschwankt.[66] Nach Urteilen, in denen Eingrenzungen des präsidialen Ernennungs- und Entlassungsrecht bereitwillig akzeptiert wurden, deutet sich in jüngerer Zeit erneut eine restriktivere Linie an, die wie schon *Myers* die Gesamtverantwortung des Präsidenten für die Exekutive betont.[67] Dass die Rechtslage ungesichert ist, zeigen die jüngsten Auseinandersetzungen um das 2010 gegründete Consumer Financial Protection Bureau (CFPB).[68]

---

63 Grundlegend 295 U.S. 602, 629 (1935) *Humphrey's Executor v. United States.*

64 487 U.S. 654, 691 (1988) *Morrison v. Olson.*

65 Zur Entwicklung *Cushman*, The Independent Regulatory Commissions, 1941; *Lepsius*, Verwaltungsrecht, 189 ff.

66 Vgl. nur *Hickman/Pierce*, 217 ff.; *Breyer/Stewart*, 121 ff., 142 ff.

67 561 U.S. 477, 493–514 (2010) *Free Enterprise Fund v. Public Company Accounting Oversight Board*; hier findet sich S. 498 („chain of command") auch die Ketten-Metapher, die ähnlich zum traditionellen Bestand der deutschen Legitimationslehre gehört (vgl. u.a. BVerfGE 47, 253, 275; 123, 39, 69), *Roßbach*, Personalverfassungsrecht, 215 und 405 ff. Vgl. aber auch für die Minderheit *Breyer*, J. dort 514–549; ferner *Strauss*, Justice, 133 ff.

68 Dazu die Entscheidung des Court of Appeals (D.C. Cir.) vom 31. 1. 2018, 881 F3d 75 *PHH Corporation v. CFPB* und und die Entscheidung des Supreme Court vom 29. 6. 2020, 591 U.S. __ (2020) *Seila Law LLC v. CFPB*; weiter → 6/31–33.

3. „Directive authority“ und „unitary executive“

21 Die Frage nach einem die gesamte Exekutive durchziehenden Weisungsrecht des Präsidenten ist zwar auch in der amerikanischen Diskussion präsent, wird aber in einen weiter ausgreifenden Kontext von Steuerungsmöglichkeiten eingebunden und ist daher nicht so prominent wie das ministerielle Weisungsrecht in Deutschland. Die Zurückhaltung hat mit der Größe der amerikanischen Bundesverwaltung und ihrer landesweit dekonzentrierten Auffächerung, aber auch damit zu tun, dass das Informationsproblem, mit dem jede Weisungshierarchie in Großorganisationen zu ringen hat, klarer gesehen wird und zu einer zurückhaltenden Einstellung veranlasst.[69] Das macht es erforderlich, nach Möglichkeiten Ausschau zu halten, durch die der Präsident auf *indirekte Weise* seine politischen Vorstellungen durchsetzen kann.[70]

a) Informationelle Steuerung

22 Neben den (unter 2) erörterten Instrumenten der Personalsteuerung sind das die informationellen Steuerungsmöglichkeiten, die ihre Grundlage in Art. II sect. 2 cl. 1 U.S.-Verf. haben. Diese Vorschrift ermächtigt den Präsidenten, von den obersten Amtsträgern der Departments schriftliche Meinungsäußerungen („opinion, in writing“) über Angelegenheiten anzufordern, die zum Aufgabengebiet des jeweiligen Amtes gehören. Das kann zu einem Konsultationsprozess erweitert werden, der ein weiches, aber gleichwohl wirksames Steuerungsmittel darstellt.[71]

23 Das wichtigste Instrument dieser Art ist das *Regulatory Planning and Review-Verfahren*, das seine Grundlage in einer Kette von Executive Orders (E. O.) hat, die Präsidenten seit Reagan in ähnlicher Weise erlassen haben.[72] Das zweistufig aufgebaute Verfahren hält die Behörden der Bundesverwal-

69 *Schwartz*, § 1.9 (S. 19): „The department itself is a huge, conglomerate mass; the specific administrative task is a small part of its activities. The secretary cannot hope to have more than a superficial knowledge of these activities“.

70 *Hickman/Pierce*, 255 ff.; *Ruffert*, Law of Administrative Organization, 174 ff,

71 Vgl. dazu *P. Strauss/C. Sunstein*, The Role of the President and OMB in Informal Rulemaking, 38 Admin. L. Rev. 181, 200 (1986); mit weit. Nachw. *Gellhorn*, 213–241.

72 Die von Präsident Clinton erlassene E. O. 12866, 58 F.R. 51735 (1993), ergänzt durch die von Präsident Obama erlassene E.O. 13563, 76 F.R. 3821; vgl. auch die von Präsident Biden zu seinem Amtsantritt erlassene E. O. 13992, 86 F.R. 7049.

tung dazu an, eine Liste ihrer beabsichtigten Rechtsetzungsvorhaben dem Office of Management and Budget (OMB) vorab zur Kenntnis zu geben und die als wichtig bezeichneten Projekte mit diesem im weiteren Verlauf abzustimmen.[73] Es lässt die gesetzlichen Verfahrensvorschriften, insbesondere den APA, unberührt und soll sicherstellen, dass die geplanten Vorhaben der Behörden nicht mit geltendem Recht, Prioritäten der Regierung oder den Aktivitäten anderer Behörden konfligieren.[74]

24 Der zentrale Kontrollmechanismus ist eine *Kosten-Nutzen-Analyse*, die für jedes Rechtsetzungsvorhaben beizubringen ist. Das Verfahren ist auf Kooperation angelegt: OIRA berät mit den Behörden und gibt ihnen Hinweise („provide meaningful guidance"). Es hat aber auch die Möglichkeit, einer Behörde einen Plan zu erneutem Durchdenken zurückzugeben. Für tiefergreifende Meinungsverschiedenheiten steht ein spezieller Mechanismus der Konfliktschlichtung zur Verfügung. In der Literatur werden gegen das Verfahren zahlreiche Einwände erhoben, insbesondere gegen seine Konzentration auf eine Kosten-Nutzen-Analyse.[75] Die Gerichte haben seine Legalität jedoch nicht in Zweifel gezogen. In der Praxis fungiert es als Instrument, in einer stark fragmentierten Bundesverwaltung ein gewisses Maß an Zentralität zu gewährleisten.[76]

b) Die Frage eines umfassenden Weisungsrechts

25 Die Frage, inwieweit die Verfassung dem Präsidenten darüber hinaus ein umfassendes allgemeines Weisungsrecht in Sachfragen („directive authority") zuerkennt, ist umstritten.[77] Die Verantwortung des Präsidenten für die ordnungsgemäße Ausführung der Gesetze (Art. II sect. 3 U.S.-Verf.) scheint

---

Independent regulatory commissions sind nur zur Vorlage, nicht aber zur Abstimmung verpflichtet.

73 Das OMB ist ein Amt innerhalb des Weißen Hauses. Innerhalb des OMB ist das Office of Information and Regulatory Affairs (OIRA) zuständig.

74 Vgl. die Darstellung bei *Fisher*, Executive Branch, 106 ff.; *Pierce*, Process, § 9.5; *Strauss*, Justice, 141 ff.; *Lepsius*, Regulierungsrecht in den USA: Vorläufer und Modell, in: Fehling/Ruffert, Regulierungsrecht, § 1 Rn. 97 ff.

75 Dazu *Breyer/Stewart*, 179 ff.; *Gellhorn*, 213 ff.

76 Zu seiner Nutzung in jüngerer Zeit vgl. *J. Mathews*, Presidential Administration in the Obama Era, in: Kaiser/Petersen/Saurer (eds.), The U.S. Supreme Court and Contemporary Constitutional Law, 67, 69 ff.

77 Zum Meinungsstand *Breyer/Stewart*, 148 ff.; *Gellhorn*, 685 ff.

es immerhin nahezulegen.[78] Verlangt die damit zuerkannte zentrale Position nicht Verwaltungseinheit, in der der Präsident letztlich dem einzelnen Amtsträger sagen kann, was er zu tun hat? Eine solche Vorstellung von „unitary executive“ hat zwar gerade in jüngerer Zeit manche Befürworter gefunden.[79] Über ihre verfassungsrechtliche Verankerung und ihre rechtlichen Konsequenzen gehen die Ansichten jedoch auseinander.[80]

Schon die soeben behandelten besonderen (personellen und informatio- 26
nellen) Steuerungsinstrumente sprechen gegen die Idee der Verwaltungseinheit und ein entsprechend weitgespanntes Weisungsrecht.[81] Sie wären nicht veranlasst, wenn die Verfassung daneben von einer alles durchdringenden, umfassenden Leitungsbefugnis des Präsidenten ausginge. Eine solche Befugnis passt auch nicht zum überkommenen Bild der amerikanischen Verwaltung, die von Anfang an von gesetzlicher Gestaltung abhängig und gerade dadurch auch von Anfang an fragmentiert war. Der Präsident soll diesen komplexen Organismus überwachen, nicht aber alle Entscheidungen im Einzelnen schon vorab durch Weisung steuern.[82] Die Fra-

---

78 So etwa *Pierce*, Process, § 4.2.

79 Vgl. (referierend) *I. Wurman*, Constitutional Administration, 69 Stan. L. Rev. 359, 399 ff. (2017); *Hickman/Pierce*, 247 ff., 254. Aus der Judikatur 487 U.S. 654, 698–699 (1988) (Scalia, J. diss.) *Morrison v. Olson*: „But in addition to providing fortification, the founders conspicuously and very consciously declined to sap the Executive’s strength in the same way they had weakened the Legislature: by dividing the executive power“. Vgl. auch *Lorz*, Interorganrespekt, 244 f.

80 Vgl. *Breyer/Stewart*, 148 Fn. 15: In einer „harten“ Variante vertreten von *S. Calabresi/K. Rhodes*, The Structural Constitution: Unitary Executive, Plural Judiciary, 105 Harv. L. Rev. 1155 (1992) (zwingende Ableitung aus Text und Geschichte der Verfassung). In einer „weichen“ Variante vertreten von *L. Lessing/C. Sunstein*, The President and the Administration, 94 Colum. L. Rev. 1 (1994) (nicht historisch fundiert, aber durch neue Machtkonstellationen veranlasst) und in einer Variante dazu: *E. Kagan*, Presidential Administration, in: 114 Harv. L. Rev. 2246, 2327 ff. (2001) (Vermutung für ein Weisungsrecht, wenn der Kongress eine Aufgabe an eine Behörde delegiert hat, die keine „independent agency“ ist).

81 Für besondere Bereiche wie die Verteidigungs-, die Sicherheits- und die Außenpolitik gilt anderes. Hier sind eigene Klauseln wie die Funktion des Präsidenten als „commander in chief“ (Art. II sect. 2 cl. 1 U.S.-Verf.) zu beachten.

82 *Strauss*, Justice, 125: „And the Constitution’s statement that ‚he shall take care that the laws are faithfully executed‘ (that is, be executed by *someone else* [kursiv im Orig.], those on whom Congress has placed ‚Duties‘) suggests that he is to exercise oversight, not decide“. Ausf. *ders.*, Overseer or The Decider? The President in Administrative Law, 75 Geo. Wash. L. Rev. 696 ff. (2007); ferner *Fisher*, Executive Branch, 98 f.; vgl. auch *Loewenstein*, Verfassungsrecht und Verfassungspraxis der Vereinigten Staaten, 358 ff.

gen zentraler oder dezentraler Steuerung sind damit auf die Ebene des einfachen Gesetzes rückverlagert. Entscheidend sind die Formulierungen des jeweiligen Fachgesetzes. Sind diese nicht eindeutig, so kann der „vesting clause“ des Art. II sect. 1 U.S.-Verf. allenfalls eine Vermutung zugunsten einer Direktionsbefugnis des Präsidenten entnommen werden.[83]

4. Executive Orders

27 Das Fehlen eines umfassenden Weisungsrechts hindert den Präsidenten nicht, mit executive orders auf die Verwaltung einzuwirken. Dieses Institut ist in der Verfassung zwar nicht erwähnt. Es ist aber von Anbeginn an von den Präsidenten benutzt worden – seit dem New Deal mit zunehmender Häufigkeit.[84] Executive orders zählen heute zusammen mit den „presidential proclamations“, „memoranda“, „signing statements“ und den „executive agreements“ zu den Standardinstrumenten der *„Direct Administration“* des Präsidenten.[85]. Ihr Inhalt kann sehr unterschiedlich sein: Häufig geht es um Fragen der Binnenorganisation und der behördlichen Abstimmungen.[86] Auch Verhaltenspflichten des Verwaltungspersonals können der Regelungsgegenstand sein.[87] Teilweise werden Einzelfragen geregelt, teilweise allgemeine Festlegungen getroffen. Die Vorgaben können sich auf rein verwaltungsinterne Themen beschränken. Sie können aber auch weitreichende Folgen für Individuen haben.[88] Die Breite des Feldes, auf dem executive

---

83 In diese Richtung *Kagan* (Fn. 80), 114 Harv. L. Rev. 2246, 2327 ff. (2001).

84 Angaben bei *Fisher*, Executive Branch, 102; vgl. auch *Lorz*, Interorganrespekt, 215 f. Die Abgrenzung insbesondere zu den memoranda ist nicht immer eindeutig.

85 Dazu systematisch *Cooper*, By Order of the President, 1 ff.; ferner *Hickman/Pierce*, 255 ff.

86 Von herausragender Bedeutung die Abfolge der Executive Orders über das Regulatory Planning and Review-Verfahren des OBM; dazu → 2/23.

87 So z. B. E. O. 13898 „Ethics Commitments by Executive Branch Personal“, die Präsident Biden am Tage seines Amtsantritts erlassen hat (86 F. R. 7029).

88 So z. B. Präsident Georg W. Bush's E. O. 1344O vom 20. 7. 2007 (72 F. R. 40707) über Verhörmethoden und die Auslegung der Genfer Kriegsgefangenen-Konventionen; aufgehoben von Präsident Obama durch E. O. 13491 „Ensuring Lawful Interrogations“ vom 22. 1. 2009 (74 F. R. 4893). Aus jüngerer Zeit etwa Präsident Trumps umstrittene E. O. 13769 vom 27. 1. 2017 (82 F. R. 8977) zu Beschränkungen der Einreise aus bestimmten muslimischen Ländern („travel ban“); dagegen gerichtete Klagen scheiterten vor dem Supreme Court, 585 U.S. __ (2018) *Trump v. Hawaii*; die Nachfolgeregelung E. O. 13780 wurde von Präsident Biden am Tag seiner Amtseinführung am 20. 1. 2021 durch Proclamation aufgehoben (86 F. R.

orders eingesetzt werden, ist kaum zu überschätzen. „To carry out the laws, executive agencies issue rules and regulations and Presidents rely on executive orders and proclamations".[89] Betrachtet man die Handlungsformen der Exekutive insgesamt, so müssen *neben* den im APA normierten Formen *behördlichen* Handelns („rules" und „orders") auch die Formen des *präsidentiellen* Handelns in den Blick genommen werden. Umso weniger ist es verständlich, dass letztere in der verwaltungsrechtlichen Standardliteratur nur am Rand Beachtung finden.[90]

Executive orders sind, jedenfalls soweit sie generellen Charakter besitzen, 28
im Federal Register zu veröffentlichen. Im Übrigen aber gibt es nur wenige rechtliche Rahmenvorgaben für ihren Erlass. Dieser Befund steht in auffälligem Gegensatz zu den detaillierten gesetzlichen Vorschriften, die für die Rechtsetzung der Behörden gelten (→ 3/65–84). Insbesondere ist die Einhaltung des sonst breit praktizierten notice-and-comment Verfahrens keine Voraussetzung für den Erlass von executive orders.[91]

Für die materiellen Probleme ist *Youngstown Sheet & Tube Co. v. Sawyer* 29
noch immer die Leitentscheidung.[92] Der Fall betraf eine executive order, mit der Präsident Truman Betriebe der Stahlproduktion während des Koreakrieges vorübergehend unter Zwangsverwaltung stellen wollte, um Streikfolgen abzuwenden. Der Supreme Court bewertete dieses Vorhaben mehrheitlich als verfassungswidrig. Dabei spielten Fragen der Rechtsform als solche keine Rolle. Entscheidend war vielmehr die materielle Frage, ob die Anordnung auf einen Kompetenztitel gestützt werden konnte, der ausdrücklich oder wenigstens implizit entweder aus der Verfassung oder aus dem Gesetzesrecht abzuleiten war. Ohne eine solche Basis können executive orders keine bindende Wirkung („legal effect") entfalten.[93]

7005).Vgl. *M. T. Oliverio*, The Role of Executive Rulemaking: An Exploration of Executive Action in US Immigration Law, 70 Admin. L. Rev. 715 (2018).

89 *Fisher*, Executive Branch, 101.

90 Vgl. die Angaben bei *Cane*, Controlling, 82 f. Eine kurz gefasste, präzise Darstellung bietet die 2010 für den Wissenschaftlichen Dienst des Kongresses verfasste Studie von *V. K. Burrows*, Executive Orders: Issuance, Modification and Revocation 2011, Congressional Research Service 7–5700, www.crs.gov: RS 20846; kurz *Hickman/Pierce*, 253 f. und 258 f.

91 Seine Nutzung wird empfohlen z. B. von *M. T. Oliverio* 70 Admin. L. Rev. 715, 738 f. (2018).

92 343 U.S. 579 (1952) Youngstown Sheet & Tube Co. v. Sawyer; *Currie*, Verfassung 30 ff.; *Brugger*, Einführung, 72 ff.

93 *Lorz*, Interorganrespekt, 216 f. mit weit. Nachw.

Über diese Grundaussage hinaus vermittelt *Youngstown Sheet & Tube* allerdings kaum Vorgaben, die sich verallgemeinern lassen, weil die die Mehrheit bildenden Richter dem Mehrheitsvotum konkurrierende eigene Voten beifügten, die unterschiedlichen Begründungsansätzen folgen. Als weiterführend gilt die von Justice Jackson vorgeschlagene dreigliedrige Typenbildung, die deutlich macht, wie verschränkt die gesetzlichen und verfassungsunmittelbaren Kompetenzen in der Praxis sind:[94] Am stärksten ist die Stellung des Präsidenten, wenn er seine Anordnung auf eine Ermächtigung des Kongresses gestützt hat; denn hier verfügt er neben dem, was ihm das Gesetz zuerkennt, auch noch über seine eigenen verfassungsrechtlichen Handlungskompetenzen. Auf der anderen Seite sind diejenigen Fälle angesiedelt, in denen eine Anordnung mit den Vorstellungen des Kongresses inkompatibel ist; denn hier bleibt dem Präsidenten nur die Berufung auf eigene exklusive Kompetenzen. Zwischen diesen beiden Extremen liegt die Mittelgruppe, Fälle, in denen der Kongress dem Präsidenten eine Handlungsbefugnis weder zuerkannt noch aberkannt hat. In dieser „zone of twilight" können konkurrierende Zugriffsrechte des Präsidenten und des Kongresses bestehen.

30 Executive orders sind keine Handlungsform nur für interne Verwaltungsanweisungen. Lassen sie sich auf einen Rechtstitel stützen, können sie rechtliche Wirkungen entfalten und so auch die Gerichte binden. Aus einer „Gesamtschau" aller verfassungsrechtlichen Kompetenzen des Präsidenten lässt sich die erforderliche Grundlage allerdings nicht gewinnen. Sie muss konkreter dargelegt werden. Dabei ist das Zusammenspiel mit den Zuständigkeiten und Zugriffen des Kongresses zu beachten. In dieser Grauzone bewegt sich auch die Praxis des Kongresses, executive orders seinerseits aufzuheben oder zu verändern.[95]

II. Delegation of power

31 In gewisser Weise spiegelbildlich zu den Gestaltungs- und Einwirkungsbefugnissen des Kongresses verhält sich die Frage, inwieweit der Exekutive vom Kongress Rechtsetzungsmacht übertragen werden kann. Die Bedeu-

---

94 343 U.S. 579, 634–636 (1952) Youngstown Sheet & Tube Co. v. Sawyer; dazu aus jüngerer Zeit *S. Issacharoff*, Die Defizite der Demokratie, in: Der Staat 56, 2017, 329, 340 f.

95 Zu dieser Praxis Beispiele bei *V. K. Burrows*, Congressional Research Service 7-5700, www.crs.gov, RS 20846, 4 f.

tung, die Demokratie und Gewaltenteilung im amerikanischen Recht besitzen, sollte eine restriktive Linie erwarten lassen; denn Art. I sect. 1 U.S.-Verf. formuliert mit Nachdruck „All legislative powers herein granted shall be vested in a Congress". Treffend heißt es dazu:[96] „This provision is both a grant of power to the Congress and limitation upon its use". „It prohibits Congress from delegating its legislative powers to any other institution". Allein, die Erwartung einer engen Delegationstheorie wird enttäuscht. Die Bestimmtheitsanforderungen an gesetzliche Ermächtigungen sind gering.

Bei der Einschätzung dieses Befundes muss man sich allerdings vor der Fehlvorstellung hüten, Gesetzestexte spielten in den USA ganz allgemein nur eine untergeordnete Rolle, weil man der Bindungswirkung abstrakter Tatbestandsmerkmale ohnehin nicht viel zutraue (→ 2/53). Demgegenüber ist deutlich herauszustellen, dass das amerikanische Verwaltungsrecht durchaus auf Gesetzesbestimmtheit („clarity") achtet und die Unbestimmtheit eines Gesetzes mit der Nichtigkeitsfolge belegt. Die *„void-for-vagueness doctrine"* wird zum einem auf die Due Process Klausel des V. Amendment gestützt: Der Bürger muss vorhersehen können, was von ihm verlangt wird.[97] Das gilt insbesondere, wenn es um Strafsanktionen oder um andere gravierende Eingriffe wie Abschiebungen geht. Zugleich soll die gebotene Gesetzesbestimmtheit eine willkürliche Amtsausübung der zuständigen Vollzugsbehörden verhindern.[98] Eine zweite Begründung der Doktrin verweist auf die Gewaltenteilung: Unbestimmtheiten des Gesetzes überließen Verwaltung und Justiz Entscheidungen, die an sich in einem deliberativen und offenen Verfahren getroffen werden müssten.[99] Mit dieser Begründung greifen die Bestimmtheitsanforderungen an Gesetze über den Bereich des Sanktions- und Eingriffsrechts hinaus und können Bedeutung auch für andere Verwaltungsaufgaben erlangen. In der Judikatur finden sich gelegentlich Hinweise auf einen solchen Zusammenhang.[100] 32

96 *Pierce*, Process, § 3.3.

97 584 U.S. ___ (2018) *Sessions v. Dimaya* (slip op. at 4): „'fair notice' of the conduct a statute proscribes".

98 Ebd.: „And the doctrine guards against arbitrary and discriminatory law enforcement by insisting that a statute provide standards to govern the actions of police officers, prosecutors, juries, and judges".

99 Ebd. Gorsuch, J. conc. (slip op. at 8–9).

100 Ebd. Thomas, J. diss. (slip op. at 12) unter Hinweis auf 408 U.S. 104, 108–109 (1972) *Grayned v. City of Rockford*, allerdings auch mit dem weiteren Hinweis, die Judikatur sei in diesem Punkte nicht konsistent.

1. Geminderter Bindungsgehalt materieller Delegationsgrenzen

33 Was speziell die Delegation von Rechtsetzungsbefugnissen betrifft, so arbeitet die Gesetzgebungspraxis allerdings oft mit weit gefassten Ermächtigungstatbeständen. Das gilt jedenfalls, wenn man nach *materiellen* Vorgaben sucht. In *prozeduraler* Hinsicht lassen sich dagegen durchaus genaue rechtliche Direktiven ausmachen, die sich in speziellen Organisations- und Verfahrensregelungen des jeweiligen Fachgesetzes und im allgemeinen Verfahrensrecht des Administrative Procedure Act niedergeschlagen haben.

34 Die kompensatorischen Wirkungen des Verfahrensrechts variieren in den unterschiedlichen Bereichen des besonderen Verwaltungsrechts, dürfen insgesamt aber nicht überschätzt werden. Anders ist die Kritik an zu geringen materiellen Bestimmtheitsanforderungen nicht zu erklären, die Teile der Literatur gerade bei der Behandlung der Delegationsproblematik äußern. Die Diskussionen werden üblicherweise vor dem Konfliktszenario des *„administrative state"* geführt.[101] Das überkommene Narrativ schildert das unaufhaltsame Wachstum, das das Agenturwesen insbesondere seit dem New Deal genommen hat, und hebt dabei die Machtfülle moderner Agenturen hervor, die neben Aufgaben der Gesetzesanwendung auch Aufgaben der Rechtsetzung und der verbindlichen Streitentscheidung umfasse. Agenturen erscheinen in diesem Lichte als eigenständige Machtzentren, die die Trennlinien der gewaltenteilenden Verfassungsordnung hinter sich gelassen und sich als „headless fourth branch of government" eingerichtet haben.[102]

35 Wenn dieses als eine Gefahr für die Gewaltenteilung angesehen wird, läge es nahe, mit einer *„nondelegation doctrine"* gegenzusteuern.[103] Ansätze zu einer solchen Lehre hatte es als erste Reaktionen des Supreme Court auf die Gesetzgebung des New Deal durchaus gegeben.[104] Sie haben sich aber

---

101 Dazu → 1/39–47 und → 6/19–24.

102 Dazu nur *Gellhorn*, 548 ff.; *Breyer/Stewart*, 45 ff.; *Hickman/Pierce*, 12 ff.; *Cane*, Controlling, 91 f. Aufgenommen ist der Begriff von Richter *Scalia* 556 U.S. 502, 525–526 (2009) *FCC v. Fox Television Stations, Inc.*; weiter → 6/16 ff.

103 Zum Folgenden *Gellhorn*, 606 ff.; *Pierce*, Process, § 3.4; *Schwartz*, § 2; vergleichend *Ehmke*, Wirtschaft und Verfassung, 481 ff.; *Pünder*, Exekutive Normsetzung, 39 ff.; *Lepsius*, Verwaltungsrecht, 184 ff.; *Möllers*, Gewaltengliederung, 178 ff.; *Iancu*, Legislative Delegation, 72 ff. und 258 ff.

104 293 U.S. 388 (1935) *Panama Refining Co. v. Ryan* und 295 U.S. 495 (1935) *A. L. A. Schechter Poultry Corp. v. United States*. Beide Fälle betrafen zentrale Vorschriften des National Industrial Recovery Act (NIRA) von 1933.

nicht zu einer Rechtsprechungslinie verdichtet. Vielmehr sind seither alle Gesetze, deren Verfassungsmäßigkeit wegen Delegationsmängeln angezweifelt worden war, von der Rechtsprechung bestätigt worden.[105]

Aus diesem Befund darf allerdings nicht geschlossen werden, das Problem zu unbestimmter Rechtsetzungsermächtigungen spiele für den Supreme Court überhaupt keine Rolle. Die einschlägigen Urteile beschäftigen sich schon mit den Texten der Delegationsnormen. Der Ansatz ist der *„intelligible principle"* Test. Er veranlasst die Gerichte dazu, sich mit den Tatbestandsmerkmalen und dem Regelungsziel der entsprechenden Vorschrift auseinanderzusetzen.[106] Unübersehbar ist allerdings die Bereitschaft, sich mit weit gefassten Formulierungen zu begnügen. „The standards for that principle are not demanding".[107] Das gilt insbesondere dort, wo technische oder ökonomisch komplexe Sachverhalte zu regeln sind.[108] Hier liegt es nahe, auf die Erkenntnisgrenzen der Legislative und die besondere Sachkunde der gesetzlich betrauten und verantwortlichen Behörden zu verweisen. Dabei spielt auch die Befürchtung der Richter eine Rolle, sie würden, wenn sie strengere Anforderungen stellten, in Details eines unübersichtlichen Regelungsfeldes hineingezogen.[109] Die herrschende Meinung in der Literatur ist bereit, dieser Linie der Rechtsprechung zu folgen.[110] Geringe Bestimmtheitsanforderungen („broad delegation") gelten geradezu als eine Funktionsbedingung des amerikanischen „administrative state".[111] 36

105 *Pierce*, Process, § 3.4.3: „Since the New Deal, the Court has approved all the legislation it has reviewed under the nondelegation clause". Das gilt jedenfalls für das *Bundes*-Verfassungsrecht. Die meisten *Gliedstaaten* verfolgen dagegen eine strengere Linie; dazu *J. Rossi*, Institutional Design and the Lingering Legacy of Antifederalist Separation of Powers Ideals in the States, 52 Vanderbilt L. Rev. 1167, 1187 ff. (1999).

106 488 U.S. 361, 375 (1989) *Mistretta v. United States*; jüngst das Mehrheitsvotum in 588 U.S.__ (2019) (slip op. at 15–18) *Gundy v. United States.*

107 588 U.S.__ (2019) (slip op. at 3, 16) *Gundy v. United States.*

108 448 U.S. 607 (1980) *Industrial Union Department v. American Petroleum Institute.*

109 Vgl. *Breyer/Stewart*, 74 unter Bezugnahme auf *R. Stewart*, Beyond Delegation Doctrine, 36 Am. U. L. Rev. 323 (1987); ferner *Strauss*, Justice, 41 ff.

110 Vgl. nur *J. L. Mashaw*, Prodelegation: Why Administrators Should Make Political Decisions, 1 J. L. Econ. & Org. 81 (1985); vgl. auch die Übersicht bei *Gellhorn*, 619–624. Die „nondelegation doctrine" kann allerdings die Behörden dazu veranlassen, gesetzliche Ermächtigungen restriktiv zu interpretieren, um einen Verfassungsverstoß zu vermeiden; die Doktrin ist hier keine Verbotsregel, sondern ein Auslegungstopos, *Breyer/Stewart*, 84, unter Bezugnahme auf *C. Sunstein*, Nondelegation Canons, 67 U. Chi. L. Rev. 315 (2000).

111 Vgl. *G. E. Metzger*, 1930s Redux: The Administrative State under Siege, 131 Harv. L. Rev. 1, 91 (2017).

37 Es gibt allerdings auch kritische Stimmen und gerade im Augenblick Anzeichen dafür, dass der Supreme Court die Akzente künftig anders setzen könnte.[112] In diesem Zusammenhang finden sich auch Hinweise auf die deutsche Wesentlichkeitslehre und auf Art. 80 Abs. 1 S. 2 GG, dessen Bestimmtheitsanforderungen sich gerade Hinweisen der amerikanischen Militärberater verdanken.[113] Empfehlen die mit dieser Regelung gesammelten Erfahrungen einen „Reimport" in die USA? Anknüpfungspunkte gäbe es durchaus.[114] Das Bundesverfassungsgericht ist bemüht, der „Inhalt, Zweck und Ausmaß"-Formel ein handhabbares Maßstabkonzept zuzuordnen. Doch erweist sich die Umsetzung des Konzepts in der parlamentarischen Praxis als schwierig.[115] Die von der Rechtsprechung verwendeten konkretisierenden Formeln („Selbstentscheidung", „Programm" und „Vorhersehbarkeit") setzen jeweils unterschiedliche Schwerpunkte. Als Kriterien werden – ähnlich wie in den USA – die Regelungsbesonderheiten des jeweiligen Sachbereichs und die Intensität des Regelungszugriffs genannt. Auch in Deutschland müssen sich Aussagen zu Inhalt, Ausmaß und Zweck aber nicht an ganz bestimmten Tatbestandsmerkmalen der Ermächtigungsnorm festmachen lassen. Sie sind vielmehr durch Auslegung des Gesetzes insgesamt zu ermitteln.[116] Ein Höchstmaß an Bestimmtheit wird nicht verlangt; „hinreichende" Bestimmtheit genügt.[117] Doch gibt es durchaus auch Fälle, in denen eine Ermächtigungsnorm mangels Bestimmtheit verfas-

112 Vgl. *Schwartz*, § 2.16; *K. C. Davis*, A New Approach to Delegation, 36 U. Chi. L. Rev. 713 (1969); darstellend *Hickman/Pierce*, 23 ff.; *R. A. Cass*, Delegation Reconsidered: A Delegation Doctrine for the Modern Administrative State, 40 Harv. J. L. & Pub. Policy 147 (2017). Dazu → 6/19–24.

113 *P. Lindseth*, The Paradox of Parliamentary Supremacy: Delegation, Democracy, and Dictatorship in Germany and France, 1920s – 1950s, 113 Yale L. J. 1341, 1392–96 (2004); *W. Mößle*, Inhalt, Zweck und Ausmaß – Zur Verfassungsgeschichte der Verordnungsermächtigung, 1990, 39 ff., 48 ff. und 55 f.; *Iancu*, Legislative Delegation, 258 ff.

114 Zu theorie-historischen Gemeinsamkeiten *P. Lindseth* (Fn. 113), 113 Yale L. J. 1341, 1393 (2004): „In some sense, the provisions of Art. 80 (1) can be understood as an effort to fuse the positions articulated by Triepel and Poetzsch in the 1920s with the American nondelegation doctrine from the mid-1930s".

115 Ähnlich *H. Bauer*, in: Dreier, GG, Art. 80 Rn. 27 ff.

116 BVerfGE 26, 16, 27; std. Rspr. BVerfGE 150, 1 Rn. 198–205.

117 BVerfGE 55, 207, 226 f.; 113, 167, 268 f.; 123, 39, 78; 153, 310 Rn. 101. Das „Ausmaß" einer Ermächtigung zwingt nicht zur Normierung fester Obergrenzen, vgl. BVerfGE 101, 1, 33.

sungsgerichtlich gescheitert ist.[118] Auf die Situation in den USA lassen sich diese Anforderungen freilich allenfalls mit großer Vorsicht übertragen.[119]

2. Andere Steuerungs- und Kontrollmechanismen

In der amerikanischen verwaltungsrechtlichen Theorie wird nach Wegen 38
gesucht, die Schwächen der materiellen Delegationsermächtigungen durch *andere Steuerungsmöglichkeiten* des Kongresses zu kompensieren. Gefragt wird dabei ganz allgemein danach, welche Instrumente dem Kongress zur Verfügung stehen, um auf die Rechtsetzung der Exekutive einzuwirken: „ tools of congressional control".[120] In der Praxis spielten längere Zeit gesetzliche Klauseln eine Rolle, in denen es sich der Kongress bei der Delegation vorbehielt, das Inkrafttreten der entsprechenden Exekutivmaßnahmen während einer bestimmten Zeitspanne durch eine Veto-Resolution zu verhindern.[121] Dieses *legislative veto* fand jedoch nicht die Billigung des Supreme Court.[122] Die Mehrheit der Richter sah darin eine Beeinträchtigung der gemeinsamen Rechtsetzungsverantwortung *beider* Häuser des Kongresses („bicameral requirement") und eine Verletzung der Veto-Kompetenz des Präsidenten.

Die als formalistisch kritisierte Entscheidung des Supreme Court hat den 39
Gesetzgeber nicht davon abgehalten, 1996 den *Congressional Review Act* (CRA) zu erlassen.[123] Die Behörden müssen danach ihre Rechtsetzungsakte, bevor sie inkrafttreten sollen, beiden Häusern des Kongresses vorlegen. Diese erhalten die Möglichkeit, unter Wahrung der Rechte des Präsidenten durch eine gemeinsame Missbilligungsresolution das Inkrafttreten zu un-

---

118 BVerfGE 143, 38 Rn. 60 ff.; weitere Nachw. bei *Jarass/Pieroth*, GG, Art. 80 Rn. 18.

119 Die in diesem Zusammenhang einschlägigen unterschiedlichen Regulierungsvorstellungen des deutschen und des amerikanischen Rechts sind herausgearbeitet bei *U. Kischel*, Delegation of Legislative Power to Agencies: A comparative Analysis of United States and German Law, 46 Admin. L. Rev. 213 (1994); ferner *Lorz*, Interorganrespekt, 211 ff.; *Ruffert*, Law of Administrative Organization, 178 ff. Zu weiteren Überlegungen → 6/19–24 und 63–67.

120 *Breyer/Stewart*, 87 ff.; *Gellhorn*, 651 ff.; *Hickman/Pierce*, 135 ff.; *C. Sunstein* (Fn. 110), 67 U. Chi. L. Rev. 315 (2000); auch *Lorz*, Interorganrespekt, 229 ff.

121 *Schwartz*, § 4.19: 1983 gab es gut 200 Vorschriften dieser Art.

122 462 U.S. 919 (1983) *Immigration & Naturalization Service v. Chadha*. Das Urteil betraf nicht die Rechtsetzung, sondern eine Einzelfallentscheidung; sein Verdikt wird jedoch auf erstere erstreckt, vgl. *Pierce*, Process, § 3.5.

123 Publ. L. 104–121; kodifiziert 5 U.S.C. §§ 801–808.

terbinden. Das komplizierte Verfahren vermeidet zwar die von der Rechtsprechung herausgestellten verfassungsrechtlichen Implikationen. Es gilt aber als schwerfällig und wurde lange Zeit kaum genutzt.[124] Die Einflussmöglichkeiten der Legislative über das Haushaltsrecht und vielfältige informelle Kontakte zwischen Kongressmitgliedern und Agencies erscheinen als wirksamere Kontrollen.[125]

B. *Grundrechte („fundamental rights")*

40 Der zweite große Bereich, in dem sich die Verfassung im Verwaltungsrecht zur Geltung bringt, sind die Grundrechte. „Fundamental rights" können wichtige Teilaspekte verwaltungsrechtlicher Fallgestaltungen sein.[126]

I. Strukturen des Schutzes

41 Der historische Hintergrund muss hier nicht behandelt werden.[127] Die amerikanische Verfassung war zunächst ohne einen Grundrechtsteil verabschiedet, aber schon 1791 um eine *Bill of Rights* ergänzt worden, deren wichtigste Gewährleistungen die Religions-, Meinungs-, Presse- und Versammlungsfreiheit (Amendment I), der Schutz gegen Durchsuchungen und Festnahmen (Amendment IV) sowie eine Due Process Garantie bei

---

124 Dazu die Angaben bei *Breyer/Stewart*, 95 f. Aktiviert aber von Präsident Trump gegenüber Rechtsakten seines Amtsvorgängers, vgl. *P. J. Larkin Jr.*, Reawakening the Congressional Review Act, 41 Harv. J. L. & Pub. Policy 187 (2018). Zu einzelnen Problemen der Praxis vgl. *M. J. Cole*, Interpreting the Congressional Review Act, 70 Admin. L. Rev. 53 (2018).

125 *Breyer/Stewart*, 97 ff.; *Hickman/Pierce*, 122 ff. Detailliert zu den Zusammenhängen zwischen der jeweiligen Entscheidungsstruktur der Agency und den Möglichkeiten der Einflussnahme des Kongresses *B. D. Feinstein*, Designing Executive Agencies for Congressional Control, 69 Admin. L. Rev. 259 (2017).

126 Vgl. nur *Strauss*, Justice, 57 ff.; *Ehmke*, Wirtschaft und Verfassung, 197 ff. mit der zutreffenden Warnung vor einer zu einfachen Übertragung der mit dem Begriff „Grundrechte" verbundenen deutschen Vorstellungen. *Cane*, Controlling, 69 f.: „Read together, the first ten amendments are much more concerned with protecting the people as a whole against an over-powerful (federal) government than with protecting individuals and minorities against an overbearing majority".

127 Dazu *Loewenstein*, Verfassungsrecht und Verfassungspraxis der Vereinigten Staaten, 473 ff.; *D. Robertson*, in: Tushnet/Graber/Levinson, U.S. Constitution, 19, 32 ff.

Eingriffen in Leben, Freiheit und Eigentum (Amendment V) darstellen. Zu diesen Vorschriften, die sich zunächst nur gegen den Bund richteten und damit auch dem Kompetenzschutz der Gliedstaaten dienen sollten, trat 1868 nach dem Bürgerkrieg das Amendment XIV, das die Staaten zur Beachtung der Due Process Garantie und zur Gleichbehandlung aller Bürger („equal protection of the laws“) verpflichtet. Beide Garantieebenen haben sich in der Folgezeit immer mehr einander angeglichen, so dass heute die in der Verfassung und den Zusatzartikeln normierten Gewährleistungen dem Bund und den Gliedstaaten weitgehend dieselben Verpflichtungen auferlegen.[128]

Die Grundrechte der amerikanischen Verfassung sind prinzipiell (nur) *Abwehrrechte* gegen die staatlichen Funktionsträger: ausgehend von einer Bindung der Gesetzgebung, auch Exekutive und Gerichte erfassend. Als solche haben sie einen unverbrüchlichen normativen Rang.[129] Eine *schutzrechtliche* Dimension besitzen sie dagegen allenfalls in Ansätzen, keineswegs aber in der breit ausgreifenden Form, in der das deutsche Recht sie kennt und etwa mit dem Recht auf polizeiliches Einschreiten in verwaltungsrechtlichen Sachverhalten zur Geltung bringt.[130] 42

Auch in ihrer abwehrrechtlichen Ausrichtung variieren die Tatbestände der Gewährleistungsnormen erheblich. Einige sind klar als subjektive Rechte ausgewiesen.[131] Andere legen Verbote für staatliche Interventionen fest.[132] Wieder andere ermächtigen, ohne zwischen Eingriff und Ausgestal-

128 Zur Anwendung der Bill of Rights auf dem Weg über die Due Process Klausel des XIV. Amendment vgl. 561 U.S. 742, 759–766 (2010) *McDonald v. City of Chicago*; *Chemerinsky*, 536 ff.; *Nowak/Rotunda*, § 10.2.

129 *F. Lange*, Grundrechtsbindung, 13 ff.

130 *Chemerinsky*, 576 (578 zur Auslegung der Due Process Klausel): „The government generally has no duty to provide protection from private inflicted harms. ... State and local government may create duties and remedies under their law, but they do not exist under the Constitution“. *M. Gerbig*, Grundrecht auf staatlichen Schutz. Ein Vergleich von Grundgesetz für die Bundesrepublik Deutschland und Verfassung der Vereinigten Staaten von Amerika, 109 ff.; ferner *Lange*, Grundrechtsbindung, 416 ff.

131 Vgl. z. B. VI. Amendment: „the accused shall enjoy the right to a speedy and public trial“.

132 Vgl. z. B. I. Amendment: „Congress shall make no law respecting an establishment of religion, or prohibiting the free exercise thereof“.

tung zu trennen, den Kongress, „to enforce this article by appropriate legislation".[133] Eine feste Schrankendogmatik ist nicht ihr Ziel.[134]

43 Unrichtig wäre es allerdings, daraus auf eine reine Einzelfall- oder Einzelnorm-Judikatur zu schließen. Gerade angesichts der Breite der grundrechtlichen Schutzbereiche erscheint die Frage nach Grundlinien für die Rechtspraxis unvermeidbar. „Can the doctrine structure judicial choice in a manner both defensible in principle and predictable in practice?"[135] Mit gebotener Vorsicht lassen sich jedenfalls gewisse Orientierungslinien erkennen, denen es ähnlich wie in Deutschland um den Schutzbereich, den Eingriff und die Eingriffsrechtfertigung geht.[136] In diesen Grundlinien bewegt sich die Judikatur zu den Tatbestandsmerkmalen der einzelnen Garantienormen:[137] z.B. zum Begriff „freedom of speech" (I. Amendment) bei behördlichem Vorgehen gegen irreführende Werbung, zu den Begriffen „unreasonable searches and seizures" (IV. Amendment) bei polizeilichen Durchsuchungen und gewerberechtlichen Inspektionen, oder zum Begriff des „taking" (V. Amendment), der bei der Wirtschaftsregulierung eine Rolle spielen kann.[138] Zur Konkretisierung dienen dann einzelne schutzbereichsspezifische „tests", mit deren Hilfe der Fall in den Bestand der vorhandenen Rechtsprechung eingepasst wird.

II. Die übergreifende Rolle der *Due Process* Klausel

44 Ein in der Verfassung selbst vorfindlicher Ansatzpunkt, um typisch grundrechtliche Schutzstandards *allgemein* zu thematisieren, ist die Due Process

133 So XIV. Amendment sect. 5.

134 So *Brugger*, Einführung, 131.

135 So *Gellhorn*, 826 im Blick auf die Due Process Klausel.

136 Anhand der Due Process Klausel *Chemerinsky*, 946 ff.

137 Vgl. nur *Strauss*, Justice, 63 ff.

138 Anschaulich 576 U.S. __ (2015) *Horne v. Department of Agriculture*. Die Entscheidung betraf die Ablieferungspflichten für Getreide im Rahmen einer Marktordnung. Sie zeigt die Schwierigkeiten, über die „direct appropriation" hinaus auch bestimmte Nutzungsbeschränkungen („regulatory taking") in den Eigentumsschutz einzubeziehen und letztere von den normalen Nutzungsbeschränkungen abzugrenzen, die keine Entschädigung verlangen. Die Parallele zu den Abgrenzungsschwierigkeiten, wie sie in Deutschland früher zwischen „klassischer Enteignung" und „Aufopferungsenteignung" bestanden, bzw. heute zwischen entschädigungspflichtiger und entschädigungsloser Inhaltsbestimmung bestehen, liegt auf der Hand. Ausführlich zur „Taking" Klausel *Massey*, Constitutional Law, 601 ff.

Klausel (V. und XIV. Amendment). Für die Disziplinierung der Exekutive und für die Herausbildung des Verwaltungsrechts kommt ihr eine herausragende Bedeutung zu.[139] Von ihr geht eine vereinheitlichende Wirkung aus, insofern sie Schutzanforderungen, die sich für einzelne Rechte oder Freiheiten stellen, auf sich konzentriert. „While the text of the Due Process clauses is extremely general, the fact that this text is (uniquely) twice in the Constitution strongly suggests an understanding that its words state a central proposition about the requirements of American legal order".[140]

Das Verständnis der Due Process Klausel wird allerdings dadurch erschwert, dass die Klausel neben ihrer naheliegenden prozeduralen Bedeutung auch noch einen *substantiellen* Bedeutungsgehalt haben soll.[141] Er wird an der Frage festgemacht, ob neben den im Verfassungstext ausdrücklich genannten Freiheiten noch andere Positionen anzuerkennen sind, die vor hoheitlichen Eingriffen geschützt werden sollten. Diskutiert wurde das zunächst an ökonomischen Freiheiten wie der Vertragsfreiheit.[142] Heute stehen die rights of privacy im Vordergrund.[143] 45

Für das Verwaltungsrecht hat vor allem der *prozedurale* Gehalt der Klausel Bedeutung – und zwar nicht nur für das administrative, sondern auch das gerichtliche Verfahren.[144] Ihre Anwendung verlangt zwei Untersuchungsschritte:[145] Auch hier muss zunächst der mit den Begriffen „life", „liberty" und „property" bezeichnete Schutzbereich definiert werden. In einem 46

139 *Pierce*, Process, § 3.3 a. E.: „Among the Bill of Rights protections, the due process clause is the most important for most types of administrative matters". Selbst wenn auf die Klausel zur Lösung konkreter Fälle direct selten zurückgegriffen wird, gilt: „Due process greatly influences agency procedures in several indirect ways", so *Hickman/Pierce*, 277 f.

140 *Strauss*, Justice, 74; ähnlich *Schwartz*, § 5.1 a. E.

141 *Nowak/Rotunda*, § 10.6, speziell zu Schwierigkeiten, „substantial" und „procedural" Due Process in verwaltungsrechtlichen Fällen voneinander abzugrenzen, dort § 10.6(d); ferner *Ehmke*, Wirtschaft und Verfassung, 269 ff.

142 Vgl. *Nowak/Rotunda*, § 11.2. Zu den „economic rights" vgl. die *„Slaughterhouse"* Fälle 83 U.S. 36 (1872) und den *„Lochner"* Fall 198 U.S. 45 (1905) *Lochner v. New York*.

143 Vgl. *Nowak/Rotunda*, § 11.7; *Massey*, Constitutional Law, 501 ff. und 514 ff. (u.a. Abtreibung, Familienplanung, assistierter Suizid).

144 *Gellhorn*, 763. Der Gesetzgeber verletzt die Due Process Klausel, wenn er eine Regelung trifft, deren Anwendung notwendig zu einer Verkürzung von Rechten im administrativen oder gerichtlichen Verfahren führt.

145 Vgl. *Pierce*, Process, § 6.3; *Hickman/Pierce*, 277 ff.; *Breyer/Stewart*, 626 mit dem Hinweis, dass die erste Stufe kategorisierend und die zweite Stufe balancierend angelegt ist. Im Einzelnen → 3/18–27.

zweiten Schritt ist dann zu untersuchen, welche konkreten verfahrensrechtlichen Garantien zu beachten sind, wenn in den Schutzbereich eingegriffen wird („which process is due?").[146]

1. „Due Process explosion" (Goldberg v. Kelly)

47 Die Entwicklung der Judikatur zu beiden Schritten spiegelt die Ausdehnung der Verwaltungsaufgaben und die dadurch bedingten Veränderungen der Verfahrensanforderungen eindrücklich wieder.[147] Das gilt insbesondere für den Ausbau der Leistungsverwaltung. Wurden staatlich gewährte Vergünstigungen ursprünglich nicht als Rechtspositionen anerkannt, deren Entzug den Due Process Schutz auslöste, so vollzog der Supreme Court 1970 in *Goldberg v. Kelly* die entscheidende Wende, indem er auch sozialrechtlichen Positionen den Schutz der Klausel zuerkannte.[148] Die Argumente sind etwas nüchterner formuliert, im Ansatz aber ganz ähnlich den Überlegungen, mit denen das Bundesverwaltungsgericht 1954 eine sozialstaatliche Wende einleitete, als es die überkommene behördliche Verpflichtung zu Fürsorgeleistungen zu einem Rechtsanspruch aufwertete.[149]

48 Ist der Schutzbereich der Klausel eröffnet, so bietet der um ein „Hearing" zentrierte Garantiegehalt nach angelsächsischer Rechtstradition ein breites Spektrum von Verfahrensgestaltungen.[150] Diese galt es in *Goldberg v. Kelly* auf die Situation sozialrechtlicher Massenverwaltung („mass justice") einzustellen. Die das Urteil tragende Richtermehrheit verlangte zwar nicht, die Maßstäbe des „judicial or quasi-judicial trial" einzuhalten, sah aber doch eine vorherige mündliche Anhörung des Sozialhilfeempfängers für notwendig an, zu der auch das Recht gehöre, „to confront and cross-exami-

146 Zum Folgenden *Strauss*, Justice, 74 ff.

147 Zur Entwicklung ausf. *Schwartz*, § 5.14 („privileges to rights").

148 397 U.S. 254 (1970) *Goldberg v. Kelly*.

149 Ebd., 265: „Welfare, by meeting the basic demands of subsistence, can help bring within the reach of the poor the same opportunities that are available to others to participate meaningfully in the life of the community". BVerwGE 1, 159, 161: Der Einzelne ist nicht mehr „Untertan, sondern Bürger"; er wird „als selbständige sittlich verantwortliche Persönlichkeit und deshalb als Träger von Rechten anerkannt".

150 Ein festliegender Bestand an Vorkehrungen ist das freilich nicht; *Breyer/Stewart*, 642: „Note at the outset that ‚due process' is not a fixed set of procedures".

ne the witnesses".[151] Dass damit die Möglichkeiten, nach Millionen zählende Verwaltungsvorgänge zu bewältigen, überschätzt wurden, hatte schon der dissentierende Richter Black kritisch eingewandt[152] und damit in der Literatur vielfach Gefolgschaft gefunden.[153] In der Folgezeit hat der Supreme Court auf diese Kritik reagiert. In der Leitentscheidung *Mathews v. Eldridge* aus dem Jahre 1976 hat er die Verfahrensanforderungen für eine Reihe ähnlicher Fallgestaltungen zurückgefahren. Die Grundlinie wurde zwar beibehalten, aber bei der Ausbalancierung der erforderlichen Verfahrensstandards auch die Effizienz der Verwaltung in Rechnung gestellt.[154]

2. Die Anpassungsfunktion der Klausel

Goldberg v. Kelly gilt als Markstein auf dem Weg zur Modernisierung des Verwaltungsrechts.[155] Die traditionelle Interpretation der Klausel wurde den Aufgaben des Sozial- und Leistungsstaates nicht mehr gerecht. Dieses zu thematisieren bot die Due Process Idee eine geeignete Plattform. In der Auseinandersetzung mit den Tatbestandsmerkmalen der Klausel hat sich das amerikanische Recht einen Zugang geschaffen, um auf veränderte Handlungsweisen der Verwaltung und auf veränderte gesellschaftliche Einschätzungen zu reagieren. „The 'due process explosion' has also carried over into administrative and custodial 'enclaves', such as hospitals, prisons, and the military, which traditionally were largely immune from judicial control".[156] Hier sind Entwicklungen verarbeitet worden, die sich in der deutschen Grundrechtsdogmatik als Fragen nach dem Eingriffscharakter von Verwaltungsmaßnahmen darstellen – zunächst in den Diskussionen um den Abbau der sog. besonderen Gewaltverhältnisse und in jüngerer Zeit im Umgang mit administrativen Informationstätigkeiten.[157] 49

---

151 397 U.S. 254, 269 f. (1970) *Goldberg v. Kelly*.

152 Ebd., 282 f.; auch Chief Justice Burger 284.

153 Vgl. *Schwartz*, § 5.27: „In all these areas, undue judicialization may frustrate effective administration in the interest of those intended as the law's beneficiaries". Ferner *Gellhorn*, 793 ff.

154 424 U.S. 319 (1976) *Mathews v. Eldridge*. Dazu → 3/22–24.

155 *Schwartz*, § 5.16: „Goldberg v. Kelly marks a watershed in the law of administrative procedure".

156 *Breyer/Stewart*, 608.

157 Vgl. nur BVerfGE 33, 1 (Strafgefangenenverhältnis); BVerfGE 58, 257 (Schulverhältnis); BVerwGE 71, 183, aber auch BVerfGE 105, 252 (Verbraucherinformationen). *D. Ehlers*, in: Ehlers/Pünder, Verwaltungsrecht, § 2 Rn. 47.

C. Zu den Aufgaben des Gesetzes

50 Haben sich Gewaltenteilung und Grundrechte als die beiden wichtigsten verfassungsrechtlichen Eckpfeiler des Verwaltungsrechts erwiesen, so liegt es nicht fern, die vorausgehenden Beobachtungen noch einmal an einem Rechtsinstitut zu bedenken, das in beiden Kontexten eine Rolle spielt: am *Gesetz.*

I. Unterschiedliche Zugänge der beiden Verwaltungsrechtsordnungen?

51 Deutsche Lehrbücher zum (allgemeinen) Verwaltungsrecht widmen eines ihrer wichtigsten Kapitel üblicherweise dem Thema „Gesetz und Verwaltung". Die Darstellung der Gesetzmäßigkeit der Verwaltung (Gesetzesvorrang und Gesetzesvorbehalt) ist häufig *der* Angelpunkt, um das Verwaltungsrecht auf die Verfassung zu beziehen. Dabei dominieren die Konnotationen rechtsstaatlicher Verwaltung.[158] Neben der Bindung an die Vorgaben der Legislative steht die Kontrolle durch die Judikative, die die Einhaltung der gesetzlichen Regelungen überprüft. Das ist gute Mayersche Tradition.[159] Die weiteren Aufgaben des Gesetzes als Mittler demokratischer Legitimation und als Instrument politischer Gestaltung blieben lange Zeit im Hintergrund, gehören heute aber ebenfalls zum Repertoire der verwaltungsrechtlichen Lehrbuchliteratur.[160]

52 In den Lehrbüchern zum amerikanischen Verwaltungsrecht ist das Gesetz selbst als eigenständiger Untersuchungsgegenstand kaum präsent.[161] Speziell zum Gesetzesvorbehalt heißt es, er sei „eine bis heute in den Vereinigten Staaten ungebräuchliche und nicht übersetzbare juristische Kategorie".[162] Dafür lassen sich mehrere Gründe anführen: Zum einen sind es die

---

158 *Maurer/Waldhoff*, Verwaltungsrecht, § 6 Rn. 1; *D. Ehlers*, in: Ehlers/Pünder, Verwaltungsrecht, § 2 Rn. 40 ff. i. V. § 6 Rn. 19 ff.

159 *O. Mayer*, Deutsches Verwaltungsrecht Bd. 1, 62 und 58: „Wir können also kurz sagen: der Rechtsstaat ist die tunlichste Justizförmigkeit der Verwaltung". „Die Verfassung bietet dazu das Mittel des Rechtssätze liefernden Gesetzes".

160 Vgl. *F. Reimer*, Das Parlamentsgesetz als Steuerungsmittel und Kontrollmaßstab, in: GVwR I, § 9 Rn. 1; *Wolff/Bachof/Stober/Kluth*, Verwaltungsrecht I, § 20 Rn. 17 ff.; auch *Maurer/Waldhoff*, Verwaltungsrecht, § 6 Rn. 6.

161 Ein eigenständiges Thema ist aber die Gesetzesauslegung durch die Verwaltung; → 2/66–68.

162 So *Lepsius*, Verwaltungsrecht, 206; anders *Currie*, Verfassung, 30 ff., der aus *Youngstown Sheet & Tube Co. v. Sawyer* neben dem Vorrang auch einen allgemei-

verfassungsunmittelbaren Kompetenzen des Präsidenten, die die für parlamentarischen Regierungssysteme zwingende Konzentration auf das Gesetz zurückdrängen. Zum andern können die traditionell unterschiedlichen Konzepte von „Rule of Law" und „Rechtsstaat" eine Rolle spielen.[163]

Daraus darf jedoch nicht auf eine nur geringe Rolle des Gesetzes im amerikanischen Verwaltungsrecht geschlossen werden. Das Sozial- und Leistungsverwaltungsrecht hat die Koordinaten verändert.[164] Das Umweltrecht als ein weiteres Referenzgebiet des modernen Verwaltungsrechts bestätigt diese Erkenntnis.[165] Es sind die Gebiete des Besonderen Verwaltungsrechts, die die Defizite der klassischen common law Ansätze („torts" und „contracts") gezeigt haben.[166] Der „administrative state" musste sich nach anderen Instrumenten umsehen und griff dazu in großem Umfang auf das *Gesetz* als Mittel der Politikgestaltung zu.[167] In der Phase des New Deal geschah das unter Nutzung extrem weitgefasster Rechtsbegriffe („in the public interest", „reasonable"). In den 1960er und 1970er Jahren, den Zeiten der großen Gesetzgebungsaktivitäten auf den Gebieten des Umwelt- und des Verbraucherschutzrechts, wurde es jedoch durchaus üblich, die Tatbestände der Fachgesetze genauer zu 53

nen Vorbehalt des Gesetzes ableitet. Das gilt jedoch nur, soweit nicht verfassungsunmittelbare Ermächtigungen existieren.

163 *Lepsius*, Verwaltungsrecht, 211: „Während unter dem Rechtsstaat das Gesetz zur verbindenden Zentralkategorie wird, ist es bei der Rule of Law der Richter". Vgl. aber auch →1/7–9.

164 Zur Social Security Administration (SSA) vgl. nur die Angaben bei *Gellhorn*, 317 ff. Konzeptionelle Überlegungen dazu bei *Mashaw*, Bureaucratic Justice; *Breyer/Stewart*, 608: „The conceptual model, keyed to the protection of personal interest at common law, perhaps worked tolerably well until the New Deal". „However the traditional model has serious limitations in the context of the modern welfare and service state".

165 *Nash*, Environmental Law, 9 ff., 13: „The form of modern environmental law is responsive to the shortcomings of the common law. ... modern environmental law generally takes an ex ante approach and favors administrative agencies over judicial adjudication".

166 *Bressman/Rubin/Stack*, The Regulatory State, 59 ff. führen die folgenden allgemeinen „limitations of common law adjudication" auf: retrospektiv, reaktiv verbleibende Rechtsunsicherheiten, Grenzen der institutionellen Leistungsfähigkeit gerichtlicher Verfahren, Abkoppelung der Richter von der Politik und fehlende „political accountability", mangelnde Erfassung aller interessierten Personen, Abhängigkeit gerichtlicher Verfahren von privater Klageerhebung.

167 Dazu die Aufstellungen bei *Sunstein*, Rights Revolution, 24 ff.

fassen.[168] „As a result, lawyers who operate in the regulatory state (which is to say nearly all lawyers) need to have an understanding of legislation".[169]

II. Ausgewählte Tatbestände verwaltungsrechtlicher Gesetze

54 Vor diesem Hintergrund liegt es nahe, sich mit den Gesetzen des Fachverwaltungsrechts und ihren Tatbestandsstrukturen zu beschäftigen. Ausgewählt werden Beispiele aus dem Umweltrecht (1) und dem Migrationsrecht (2). Sie zeigen: Das Erscheinungsbild und der innere Aufbau amerikanischer Verwaltungsgesetze sind anders als ihre deutschen Entsprechungen.[170] Sie folgen einer außerordentlich detaillierten Regelungstechnik, für die Definitionen und Zuständigkeitsvorschriften eine wichtige Rolle spielen. Doch ist nicht alles Verfahren und Organisation. Die Aufgaben und Befugnisse der Behörden werden auch durch materielle Tatbestandsmerkmale umschrieben, deren Präzisionsgrad – nicht anders als in Deutschland – natürlich von den Eigenheiten des geregelten Sachbereichs abhängt. Weniger ausgeprägt ist allerdings die Vorstellung, dass sich über allgemein gefasste Tatbestandsmerkmale wirklich eine weitgehende Rechtsanwendungsgleichheit erzielen lasse. Empirisch z. B. im Asyl- und im Sozialverwaltungsrecht feststellbare Entscheidungsdivergenzen zwischen Amtsträgern, die denselben Tatbestand anwenden („interdecisional inconsistency"), lassen nach zusätzlichen (bürokratischen) Steuerungsmechanismen suchen.[171]

---

168 *Sunstein*, ebd., 29 f. (auch zum Hintergrund der veränderten Gesetzgebungstechniken: „Congress largely abandoned the New Deal faith in administrative autonomy. Bureaucracy was the problem rather than the solution").

169 *Bressman/Rubin/Stack*, The Regulatory State, 89.

170 *Lepsius*, Verwaltungsrecht, 128 ff.; ders., Was kann die deutsche Staatsrechtslehre von der amerikanischen Rechtswissenschaft lernen?, in: Schulze-Fielitz (Hrsg.), Staatsrechtslehre als Wissenschaft, DV Beiheft 7 (2007), 319, 325 f.

171 Vgl. *Hickman/Pierce*, 366 ff.

1. Umweltrecht: Clean Air Act (CAA)

In etwa 200 oft mehrseitigen Vorschriften enthält der Clean Air Act die wesentlichen Regelungen des föderalen Immissionsschutzrechts.[172] In seinem Zentrum steht die Festlegung von Umweltqualitätsstandards.[173] Mit der administrativen Durchführung des Gesetzes ist die Environmental Protection Agency (EPA) betraut. Zwar werden auch die Gliedstaaten in mehrfacher Hinsicht in den Vollzug einbezogen.[174] Aber die Schlüsselrolle spielen die EPA und ihr Direktor („Administrator").[175] Zu letzterem heißt es in 42 U.S.C. § 7601 (a)(1): „The Administrator is authorized to prescribe such regulations as are necessary to carry out his functions under this Chapter". Das ist eine weit gefasste Kompetenzvorschrift, der über ihren zuständigkeitsbegründenden Gehalt hinaus kaum inhaltliche Aussagen zu entnehmen sind.[176] 55

Es wäre jedoch verfehlt, aus dem Text dieser Vorschrift ganz generell auf eine nur geringe Steuerungskraft des Clean Air Act zu schließen. Das Gesetz kennt vielmehr zahlreiche Vorschriften, die die Regelungsbefugnisse des Administrators detaillierter fassen. Das gilt schon für die allgemeine Klausel, Luftqualitätsstandards festzulegen. 42 U.S.C. § 7409 (b)(1) gibt dafür das Ziel vor, die Standards müssten erforderlich sein, „to protect the 56

---

172 Kodifiziert 42 U.S.C. §§ 7401 seq.; ergänzend das Verordnungsrecht in CFR Title 40. Im Einzelnen *Vanderver*, Clean Air Law and Regulation; *Percival/Schroeder/Miller/Leape*, Environmental Regulation, 499 ff.; knappe präzise Darstellung auch bei *Elshorst*, Bürgervollzugsklagen, 99 ff.; *M. Schulte*, Umweltrecht, in: H. D. Assmann (Hrsg.), Handbuch das US-amerikanischen Handels-, Gesellschafts- und Wirtschaftsrechts, Bd. 1, 2001, 623 ff.

173 „National Ambient Air Quality Standards" (NAAQS); dazu *Percival/Schroeder/Miller/Leape*, Environmental Regulation, 551 ff. Zu weiteren Instrumenten vgl. den Überblick bei *Mezger*, Umweltverträglichkeitsprüfung, Umweltschutz und räumliche Planung in den USA, 23 ff.

174 42 U.S.C. § 7410; vgl. *Nash*, Environmental Law, 55: „It also relies on considerable input from, and action by, individual states". Zur Einbeziehung Privater in die Rechtsdurchsetzung („private law enforcement") → 2/128 ff.

175 Die EPA ist als „independent executive agency" aus der üblichen Departmentsstruktur herausgenommen. Sie wird anders als die „independent regulatory commissions" nicht von einem Kollegialgremium, sondern von einem Direktor geleitet, der vom Präsidenten mit Zustimmung des Senats nach Art. II sect. 2 der U.S.Verf. ernannt wird und vom Präsidenten nach seinen politischen Vorstellungen („at will") auch wieder entlassen werden kann; dazu *Strauss*, Justice, 175 f. Die EPA hat ca. 17.000 Bedienstete. Ihr Sitz ist Washington; sie verfügt über 10 Außenstellen im ganzen Lande. Vgl. *Kubasek/Silverman*, 100 ff.

176 Zu den einzelnen Aufgaben der EPA vgl. *Kubasek/Silverman*, 156 ff.

public health" „and allowing an adequate margin of safety". Noch genauer sind die gesetzlichen Vorgaben des CAA dort, wo es darum geht, Emissionsstandards für besonders gefährliche Stoffe zu schaffen.[177] Die einschlägige Bestimmung (42 U.S.C. § 7412) ist mit einem Umfang von 50 Seiten ein eigenes Gesetz im Gesetz. Sie listet die Schadstoffe, für die Standards vorgeschrieben werden sollen, selbst auf (b)(1) und gibt vor, an welchen Kriterien sich die EPA bei der Festsetzung ausrichten soll (d)(2).[178] Die Vorgaben stehen in ihrem Genauigkeitsgrad den Verordnungsermächtigungen des deutschen Immissionsschutzrechts (§§ 7, 34 BImSchG) nicht nach.

57 Der Clean Air Act lässt es auch nicht dabei bewenden, in seinen wesentlichen Bestimmungen nur Verfahrensrecht festzulegen. Die prozedurale Umhegung der Entscheidungskompetenzen spielt zwar eine wichtige Rolle. Aber daneben stehen materielle Vorgaben, zu deren Konkretisierung auf die in 42 U.S.C. § 7401 dargestellten Ausgangsüberlegungen des Gesetzgebers („findings and purposes") zurückgegriffen werden kann. Hinzu kommen die zahlreichen und detaillierten gesetzlichen Definitionen. Solche Definitionen werden in der Literatur gelegentlich als Ausdruck typischen common law Denkens genommen. Das mag in historischer Perspektive zutreffen, ist im Umweltrecht aber auch der technisch komplizierten Materie geschuldet und findet sich ähnlich im deutschen Recht. Definitionen sind nützliche Elemente auch, wenn es darum geht, den materiellen Steuerungsgehalt von Normen herauszuarbeiten.

2. Migrationsrecht: Immigration and Nationality Act (INA)

58 Ging es im Umweltrecht des CAA vorrangig um den Vollzug von Gesetzen mittels Festlegung allgemeiner Regelungen, so steht beim Vollzug des Immigration and Nationality Act (INA)[179] der Erlass von Einzelentscheidungen im Vordergrund: die Erteilung von Visa, die Gewährung von Asyl, die Entscheidung über Einbürgerungsanträge oder auch über Rückführungen. Die materiellen Voraussetzungen dieser Entscheidungen sind im INA de-

---

177 Dazu *Nash*, Environmental Law, 63 f.; *Breyer/Stewart*, 83.

178 Beispielhaft: „maximum degree of reduction", „taking into consideration the cost and any non-air-quality health and environment impact". Vgl. § 3 Abs. 6 BImSchG: „allgemein hohes Schutzniveau".

179 In der kodifizierten Fassung 8 U.S.C. §§ 1101 seq.

tailliert geregelt.[180] Die Systematik des Gesetzes und die Übersichtlichkeit der Vorschriften mögen – nicht zuletzt durch vielfache Novellierungen – defizitär sein.[181] Das Bemühen um Genauigkeit der Gesetzestatbestände ähnelt der Situation im deutschen Asyl- und Aufenthaltsrecht; eher werden noch mehr Einzelheiten geregelt.[182] „Over the twentieth century, Congress developed a detailed, rule-bound immigration code".[183] Jedenfalls bestätigt der Detaillierungsgrad des INA weder die Unfähigkeit noch den Unwillen des Kongresses, komplizierte und umstrittene Fragen selbst zu entscheiden. In diese Beurteilung müssen auch hier die ausgreifenden und äußerst genauen Definitionsvorschriften einbezogen werden. Sie enthalten zwar unmittelbar keine Ermächtigungsbestimmungen. Aber sie unterstreichen die gesetzgeberische Durchdringung des Regelungsbereichs; denn Definitionen, Einbeziehungen und Ausgrenzungen, lassen sich nicht festlegen, ohne genaue Kenntnisse der Sache selbst zu besitzen.

Das Migrationsrecht ist im Kern ein Gebiet der Vollzugsverwaltung. Der 59
praktische Vollzug liegt weitgehend bei den US Citizenship and Immigration Services (USCIS).[184] Die Statusentscheidungen werden verbindlich von „immigration judges" getroffen, die von dem Justizministerium ernannt werden und in ihren Entscheidungen unabhängig sind.[185] Die Entscheider haben die Tatbestandsmerkmale der einschlägigen Gesetzesvorschriften Punkt für Punkt auszulegen und anzuwenden. Bekanntgemachte Präzedenzentscheidungen sind dabei zu beachten. Dass diese Vorgänge gleichwohl nicht als Subsumtionsmechanismen missverstanden werden

---

180 Es finden sich sogar Bestimmungen, die z.B. Höchstzahlen für die jährliche Zuwanderung festlegen (8 U.S.C. §§ 1151–1153).

181 Vgl. die Kritik von *S. H. Legomsky*, Restructuring Immigration Adjudication, in: 59 Duke L. J. 1635, 1638 (2010): „The labyrinth known as the Immigration and Nationality Act".

182 Vgl. z. B. die Gründe für die Versagung eines Aufenthaltstitels in 8 U.S.C. § 1182 mit §§ 5–11 AufenthG. Speziell für die Gewährung von Asyl 8 U.S.C. § 1158; hier dürften die Regelungen, die das AsylG selbst trifft, etwas ausführlicher sein.

183 *A. Cox/C. Rodrígues*, The President and Immigration Law, in: 119 Yale L. J. 458, 463 (2009).

184 USCIS ist eine Bundesbehörde im Geschäftsbereich des Homeland Security Departments mit 19.000 Bediensteten, die ihren Sitz in Washington hat und über etwa 250 Außenstellen verfügt. Grundlage ist der Homeland Security Act von 2002 (Pub. L. No. 107–296).

185 Die „immigration courts" sind nicht Teil der rechtsprechenden Gewalt i. S. Art. III der U.S.-Verf., sondern gehören zur Exekutive. Eingebunden sind sie in das Executive Office for Immigration Review (EIOR) und das dortige Office of the Chief Immigration Judge.

dürfen, sondern etwa von der Variationsbreite prognostischen Entscheidens und auch von den Vorverständnissen des zuständigen Beamten geprägt sind, ist empirisch wiederholt dargetan worden.[186]

60 Die zuständigen Stellen suchen, den Gefahren von „interdecisional inconsistency" dadurch vorzubeugen, dass sie die Entscheider vor Ort durch Interpretationsleitlinien und Handbücher und andere „guidance documents" auf eine einheitlichere Vollzugspraxis festlegen. Gerade von den USCIS heißt es, sie nutzten diese Instrumente in ausufernder Weise und machten nicht deutlich, welche normative Bedeutung solche Vorgaben haben.[187] Die Praxis der norminterpretierenden Verwaltungsvorschriften ist auch in Deutschland gängig und begegnet vergleichbaren Einwänden. Unterschiedlich sind aber die Reaktionen: Während man in Deutschland darauf setzt, dass die Gerichte im Streitfall der „richtigen" Gesetzesauslegung zum Siege verhelfen werden, sucht man in den USA die Lösung auf der Ebene der Verwaltung und verlangt, dass der Erlass solcher Vorschriften nach dem Maß ihrer faktischen Bindungswirkung an bestimmte prozedurale Standards geknüpft wird.[188]

III. Methoden der Gesetzesanwendung

61 Allgemeine Ausführungen zur Auslegung und Anwendung von Rechtstexten finden sich in den amerikanischen Verwaltungsrechtslehrbüchern nicht eben häufig.[189] Die systematische Behandlung dieser Themen bleibt der Rechtstheorie und der Methodenliteratur überlassen (1). Wohl aber stellt die Frage, wie sich speziell die Gesetzesanwendung durch die Exekutive vollzieht, einen wichtigen Behandlungsgegenstand der verwaltungsrechtlichen Standardwerke dar. Die Erörterungen stehen regelmäßig im Zusammenhang mit der Frage, wieweit die Verwaltung auf diesem Felde von den Gerichten kontrolliert werden kann; dazu wird insbesondere die *Chevron*-Entscheidung des Supreme Court breit diskutiert (2).

62 Spätestens an dieser Stelle wird deutlich, dass die Gleichsetzung der administrativen mit der richterlichen Gesetzesanwendung, wie sie die

---

186 Vgl. nur *Miller/Keith/Holmes*, Immigration Judges and U.S. Asylum Policy 53 ff.

187 Ausführlich *J. Family*, Administrative Law through the Lens of Immigration Law, in: 64 Admin. L. Rev. 565, 586 (2012).

188 *Family*, ebd., 610 ff.; vgl. → 3/106.

189 Ausführlich etwa *Bressman/Rubin/Stack*, The Regulatory State, 175 ff.

deutsche Lehre vornimmt,[190] in Amerika kaum auf Verständnis rechnen kann. Das amerikanische Rechtsdenken betont die unterschiedlichen Aufgaben und Entscheidungssituationen der beiden Gewalten bei der Gesetzesanwendung. „What decision-procedures should particular institutions, with their particular capacities, use to interpret this text?"[191]

1. Allgemein zu Methodenfragen

Umfassendere Darstellungen der Rechtsanwendung, auf die für verwaltungsrechtliche Fragen zurückgegriffen werden kann, finden sich in rechtstheoretischen, methodologisch ausgerichteten Werken.[192] „Statutory Law" und „Common Law" werden heute gleichermaßen intensiv behandelt. Der *Syllogismus* der Rechtsanwendung spielt allerdings keine zentrale Rolle.[193] Doch werden die wichtigsten der in Deutschland in diesem Zusammenhang behandelten Auslegungskriterien auch in der amerikanischen Lehre diskutiert. In welchem Rang sie zueinander stehen, ist ähnlich ungewiss wie in Deutschland.[194] 63

---

190 Vgl. etwa *Maurer/Waldhoff*, Verwaltungsrecht, § 7 Rn. 5; *Schoch*, Verwaltungskontrollen, GVwR III, § 50 Rn. 255: „Identität von Handlungsanweisung und Kontrollnorm".

191 So *Vermeule*, Judging, 1. Im Ergebnis ebenso *O. Lepsius* (Fn. 170), in: H. Schulze-Fielitz (Hrsg.), Staatsrechtslehre als Wissenschaft, DV 2007 Beiheft 7, 319, 320 ff.

192 *Greenawalt*, Interpretation; *Strauss*, Legal Methods; *Eskridge/Frickey/Garrett*, Legislation and Statutory Interpretation; *Brugger*, Einführung, 194 ff.; vergleichend *Melin*, Gesetzesauslegung in den USA und in Deutschland, mit zusammenfassenden Feststellungen 50 ff. und 304 ff.

193 Zum *deutschen* Recht: *Rüthers/Fischer/Birk*, Rechtstheorie, Rn. 190 ff. und 677 ff (Syllogismus), Rn. 731 ff. (Auslegungskriterien: Wortlaut, systematische Auslegung, historische Auslegung), ferner *Röhl/Röhl*, Allgemeine Rechtslehre, § 78. Zum *amerikanischen* Recht: Auch hier wird der Begriff „canon" in diesem Zusammenhang benutzt, ist aber nicht auf die klassischen Kriterien festgelegt; vgl. *Strauss*, Legal Methods, 267 ff. (in Abgrenzung zu „maxims of interpretation"); *Greenawalt*, Interpretation, 117 ff. (canons als „principles of interpretation", mit der Unterscheidung von „linguistic" und „substantive canons").

194 Dazu *Greenawalt*, Interpretation, 140: „In examining text, intent, canons, precedents, coherence with other laws, subsequent legislative action, and other variables, we have seen how powerful is the position that multiple considerations are relevant for statutory interpretation and that no neat categorization of these consistently produce simple answers when the force of statutory language is not evident". Speziell zur Bedeutung der Entstehungsgeschichte vergleichende Bemerkungen bei *A. Milstein*, Urteilsanmerkung NVwZ 2015, 984 ff.

64 Die Grundpositionen sind durch die Begriffe „text" und „intent" ausgedrückt.[195] Eine gewisse Orientierung kann ein Gruppierungsvorschlag geben, der zwischen „Textualists", „Intentionalists" und „Purpositivists" unterscheidet.[196] Textualisten beharren auf einer eng am Wortlaut des Gesetzestextes ausgerichteten Auslegung. Intentionalists und Purpositivists wollen entscheidend auch auf den vom Kongress verfolgten Regelungszweck abstellen, erstere mehr auf den Zweck der konkreten Norm, letztere stärker auf den weitergesteckten politischen Zweck.[197] Der Textualismus hat in jüngerer Zeit zwar an Boden gewonnen, aber eine einheitliche oder dominante Auslegungslehre lässt sich in der Judikatur nach wie vor nicht nachweisen.[198] Die Rechtsprechung vermeidet eindeutige Festlegungen,[199] so prononciert auch einzelne Richter für die eine oder andere Methode votieren mögen.[200]

65 Gemeinsam ist allen Ansätzen das Bemühen, an erster Stelle aus dem Wortlaut des Gesetzes Erkenntnis zu gewinnen.[201] Dabei ist es üblich, umfangreich auf Wörterbücher zuzugreifen, um den allgemeinen Sprachge-

---

195 Dazu *Greenawalt*, ebd., 43 ff.; *Bressman/Rubin/Stack*, The Regulatory State, 330 ff.

196 *Bressman/Rubin/Stack*, ebd., 1056 ff.; *Eskridge/Frickey/Garrett*, Legislation and Statutory Interpretation, 219 ff. Das gilt für die Interpretation von Verfassungsrecht und von einfachem Gesetzesrecht. Auf erstere ist der politische Diskurs zur Zeit besonders ausgerichtet; vgl. *Brugger*, Einführung, § 16; *J. Reich*, „Originalism" als methodologischer Scheinriese und verfassungspolitische Konterrevolution, in: JöR 65, 2017, 713 ff.; *O. Lepsius*, The Second Amendment and the Debate on Originalism, in: Kaiser/Petersen/Saurer (eds.), The U.S. Supreme Court and Contemporary Constitutional Law, 149 ff.

197 Ausführlich zur Rolle der Gesetzesgeschichte *Greenawalt*, Interpretation, 77 ff.

198 *Gellhorn*, 1057. In der Sache ausführlich begründet bei *Vermeule*, Judging, pass.: als „formalism", der durch ein „institutional argument" gestützt ist.

199 Dazu die Interviews von 42 Richtern an Bundesgerichten, *A. R. Gluck/R. A. Posner*, Statutory Interpretation on the Bench: A Survey of forty-two Judges on the Federal Courts of Appeals, 131 Harv. L. Rev. 1298 (2018).

200 Beispiele bei *Gellhorn*, 1047; etwa 512 U.S. 218 (1994) *MCI Telecommunications Corp. v. American Telephone and Telegraph Co.*: Scalia, J. für die Mehrheit 225, dagegen Steven, J., Blackmun, J. und Souter, J. diss. 235: „The Court today abandons that approach in favor of a rigid literalism that deprives the FCC of the flexibility Congress meant it to have in order to implement the core policies of the Act in rapidly changing conditions."

201 Vgl. z. B. 482 F. 2d 672 (D.C. Cir. 1973) *National Petroleum Refiners Ass'n v. FTC* (abgedr. bei *Breyer/Stewart*, 479): „As always, we must begin with the words of the statute creating the Commission and delineating its powers".

brauch und seine Varianten auszuloten.[202] Die Judikatur besteht an dieser Stelle zunächst einmal aus harter Begriffsarbeit. Dass die Verpflichtung auf den Gesetzestext für einen aus der common law Tradition kommenden Juristen ungewohnt sein mag, wird in der Literatur herausgestellt; ebenso wird aber auch die Unverzichtbarkeit einer solchen Arbeit betont, wenn es um das Verwaltungsrecht und das dort besonders wichtige „statutory law" geht.[203]

2. Speziell zur administrativen Gesetzesauslegung

Die Gesetzesauslegung speziell durch die Verwaltung bildet einen eigenen 66
Untersuchungsgegenstand.[204] Gerade in diesem Kontext wird auch die verfassungsrechtliche Basis der Methodenlehren diskutiert. Zum klassischen Thema, dem Verhältnis des Richters zum Gesetzgeber als „faithful agent or independent actor", tritt hier die Stellung der Exekutive als einer eigenständig legitimierten Gewalt.[205] Die amerikanische Literatur ist in diesem Punkte differenzierter als die meisten deutschen Methodenlehren, die ihre Beispiele regelmäßig aus dem Privatrecht beziehen und – mehr oder weniger unausgesprochen – die Perspektive des Zivilrichters einnehmen.

---

202 Statistische Nachweise dazu bei *Gellhorn*, 1058. Dass dabei allerdings nicht notwendig der allgemeine Sprachgebrauch den Ausschlag gibt, sondern das Gesetz mit seinem eigenen, durch das Regelungsziel bestimmten Begriffsverständnis zu erfassen ist, zeigt das von Richter Gorsuch verfasste Mehrheitsvotum (Roberts, Ginsburg, Breyer, Sotomayor, Kagan) in *Bockstock v. Clayton County* 590 U.S.__(2020)(slip op. at 4–9). Scharfe Kritik daran von Richter Alito, der eine Veränderung des traditionellen Verständnisses befürchtet (dort slip op. at 3: „The Court's opinion is like a pirate ship").

203 *Strauss*, Legal Methods, 61 (von den Denkgewohnheiten der aus dem common law Denken kommenden amerikanischen Studenten ausgehend): „They are tempted to handle statutes with the freedom of paraphrase that they are encouraged to use in stating case law principles. Of course statutes may leave issues in doubt. ... Yet one must begin with the authoritative text." Zu verbleibenden Unterschieden zwischen common law und civil law Juristen im Umgang mit den Gesetzestexten → 1/9.

204 Vgl. nur die bei *Cane*, Controlling, 237 Fn. 114 nachgewiesenen jüngeren Stellungnahmen.

205 *Strauss*, Justice, 484 ff.; *Vermeule*, Judging, 183 ff.; *Greenawalt*, Interpretation, 141 ff. (mit Hinweis auf die andere Ausgangslage in parlamentarischen Regierungssystemen).

67 Die unterschiedlichen Zugänge beider Rechtsordnungen lassen sich an der *Chevron*-Entscheidung des Supreme Court aus dem Jahre 1984 verdeutlichen.[206] Die Entscheidung betrifft den administrativen Umgang mit dem Gesetz zwar nicht in ganzer Breite, sondern nur die Fälle, in denen eine Fachbehörde das für sie einschlägige Fachrecht auslegt („agency-administered statutes"). Weil das in der amerikanischen Verwaltung aber eine Standardsituation ist, hat *Chevron* hohe Signifikanz und wird in der verwaltungsrechtlichen Literatur nach wie vor als Leitentscheidung für die vorliegende Problematik behandelt.[207] In der Sache geht das Urteil von einer zweigeteilten Interpretationskompetenz aus („Chevron two-step test"): Auf der ersten Stufe ist zu fragen, ob das Gesetz selbst eine eindeutige Entscheidung getroffen hat; inwieweit das der Fall ist, haben letztverbindlich die Gerichte festzustellen. Erst wenn sich zeigt, dass der Kongress die Sache offen gelassen hat, geht die Kompetenz zur verbindlichen Auslegung an die Verwaltung über. Es sei – wie klar gesagt wird – in einer solchen Situation nicht Sache der Gerichte, sondern der fachlich zuständigen Behörde, über Fragen der politischen Gewichtung und eines vernünftigen Interessenausgleichs zu entscheiden.[208] Fachbehörden sind regelmäßig auch intensiv in die parlamentarischen Vorbereitungen der sie betreffenden Gesetze eingebunden und haben damit einen besonderen Zugang zu den Erwägungen, die den Kongress zu den umstrittenen gesetzlichen Formulierungen bestimmt haben. Expertise und demokratische Verantwortung der jeweiligen Fachbehörde für die Konkretisierung des von ihr zu vollziehenden Fachgesetzes bilden die Grundannahmen, die die Zurückhaltung der Gerichte („deference") indizieren.

68 Die USA weichen damit nicht nur von der deutschen, sondern auch von der englischen Rechtsauffassung ab, die die letztverbindliche *Auslegung* der Gesetze durchgängig den Gerichten vorbehalten.[209] Die *Chevron*-Doktrin gilt als ein Eckpfeiler im Konzept des „administrative state" amerikanischer Prägung, für das die besondere Sachkunde der Verwaltung von Anfang an

---

206 467 U.S. 837 (1984) *Chevron U.S.A., Inc. v. Natural Resources Defence Council (NRDC)*. Dazu im Einzelnen → 4/124–135.

207 Vgl. nur *Aman*, 776 ff.; *Bressman/Rubin/Stack*, The Regulatory State, 679 ff.; *Eskridge/Frickey/Garrett*, Legislation and Statutory Interpretation, 322 ff.; *Gellhorn*, 1056 ff.; *Gifford*, Administrative Law, 66 ff.

208 467 U.S. 837, 865 (1984) *Chevron U.S.A., Inc. v. NRDC*: „Judges are not experts in the field, and are not part of either political branch of the Government".

209 *E. Schmidt-Aßmann*, Die Chevron-Doktrin auf dem Rückzug?, EurUP 2019, 395, 398 f. Zum engl. Recht *Cane*, Controlling, 211 ff.

ein zentraler Baustein war.[210] Ihre Verabschiedung oder erhebliche Einschränkung, für die es in jüngster Zeit deutliche Anzeichen gibt, wäre weit mehr als die Korrektur einer überkommenen, gefestigten Rechtsansicht (→ 6/37–40).

Zweiter Abschnitt Die Bundesstaaten und die Gemeinden im Verwaltungssystem der USA

A. *Vergleichende Ausgangsüberlegungen*

Die engen Beziehungen zwischen Verwaltungsrecht und föderalem Staats- 69
aufbau liegen auf der Hand. Die Rechtsetzungs- und Vollzugsbedingungen einer bundesstaatlichen Verfassung sind daher notwendig ein prägendes Element des Verwaltungsrechts. Bundesstaatlichkeit und Gewaltenteilung verfolgen beide die Ziele eines die bürgerlichen Freiheiten schützenden Verwaltungsrechts.[211] So selbstverständlich sind die Beziehungen, dass sie in den Lehrbüchern des Verwaltungsrechts beider Länder kaum eine eigene geschlossene Behandlung erfahren.[212] Sie bilden zwar die Folie, vor der die verwaltungsrechtlichen Standardthemen (Handlungsformen, Verfah-

---

210 Dazu nur *Landis*, The Administrative Process, 23 f.; referierend *Waldo*, The Administrative State, 89 ff.; krit. *Freedmann*, Crisis and Legitimacy, 44 ff. Speziell zu „legal profession" vgl. *Ernst*, Tocqueville's Nightmare, 28 ff.

211 Zu diesen Zusammenhängen *Tribe*, American Constitutional Law, § 2–4; *Morstein Marx*, Amerikanische Verwaltung, 41 ff.; *W. Heun*, Der Föderalismus in den USA, in: Härtel, Handbuch Föderalismus IV, § 96; *Hestermeyer*, Eigenständigkeit und Homogenität in föderalen Systemen, 152 ff. Vgl. auch *J. Isensee*, Idee und Gestalt des Föderalismus im Grundgesetz, in: HStR VI, § 126 Rn. 257 ff. (auch mit Hinweis auf die ältere verfassungsstaatlich-föderale Tradition der USA).

212 Unter den *amerikanischen* Lehrbüchern sind es am ehesten diejenigen, die sich mit dem Verwaltungsrecht der Bundesstaaten und Kommunen beschäftigen, so *Mandelker/Wegner/Griffith/Bond/Tyson*, State and Local Government in a Federal System, Chap. 7. Die auf das Verwaltungsrecht der Bundesebene konzentrierten Lehrbücher greifen die bundesstaatliche Dimension des Verwaltungsrechts allenfalls kurz auf, so *Strauss*, Justice, 19 ff. und 192 ff.; meistens werden nur einzelne Aspekte angesprochen, wenn in anderen Zusammenhängen auch föderale Fragen eine Rolle spielen.
In der *deutschen* Lehrbuchliteratur finden sich bundesstaatliche Erörterungen meistens bei der Darstellung der Verwaltungsorganisation, vgl. *Maurer/Waldhoff*, Verwaltungsrecht, § 22; *T. Groß*, Die Verwaltungsorganisation als Teil organisierter Staatlichkeit, in: GVwR I, § 13 Rn. 39 ff. und *H. Wißmann*, Verfassungsrechtliche Vorgaben der Verwaltungsorganisation, in: GVwR I, § 15 Rn. 65 ff. Systema-

ren, Rechtsschutz) abgehandelt zu werden pflegen. Ihre Darstellung aber bleibt dem Verfassungsrecht überlassen. Dabei mangelt es eigentlich nicht an Fällen typisch *föderal-verwaltungsrechtlichen* Gehalts: Immer wieder streitig sind Konstellationen, in denen es um den Ausschluss einzelstaatlicher Regelungsbefugnisse durch Bundesrecht geht („preemption").[213] Aber auch die Zulässigkeit von Dotationsauflagen oder die Formen intensiver Zusammenarbeit zwischen Bundes- und Landesbehörden (bis hin zu einem „executive federalism") haben Relevanz für das Verwaltungsrecht.[214]

70 Doch soll über den richtigen Standort dieser Themen in der verwaltungs- oder in der verfassungsrechtlichen Literatur hier nicht weiter gerechtet werden.[215] Unbestreitbar sind die bundesstaatlichen Komponenten des Verwaltungsrechts intensiv durch die jeweilige Verfassung geprägt und damit in besonderer Weise traditionsbestimmt. „Discerning the proper division of authority between the Federal Government and the States [is] perhaps our oldest question of constitutional law" – so eine gern zitierte Feststellung von Justice O'Connor in der Entscheidung *New York v. United States* aus dem Jahre 1992.[216] Sie gilt ähnlich für die deutsche Verfassung.

---

tisch aufteilend Ehlers/Pünder, Verwaltungsrecht: allgemein zur Bedeutung des Bundesstaatsprinzips für das Verwaltungsrecht *Ehlers*, § 6 Rn. 10 ff., und sodann speziell zur Verwaltungsorganisation *Burgi*, § 7 Rn. 21 ff.; ähnlich auch *Wolff/Bachof/Stober/Kluth*, Verwaltungsrecht I, § 18 Rn. 6 und Verwaltungsrecht II, § 80 Rn. 73 ff.

213 Zur „preemption" nach der Supremacy Clause des Art. VI cl. 2 US Verf. vgl. nur 496 U.S. 72, 78–79 (1990) *English v. General Electric Co.*: Drei Tatbestände von preemption: (1.) wenn der Kongress es ausdrücklich angeordnet hat, (2.) wenn er ein Rechtsgebiet erschöpfend geregelt hat, so dass kein Raum für Staatenrecht bleibt, und (3.) wenn die Anwendung des Bundes- und des Staatenrechts nebeneinander dazu führen würde, dass Private nicht wissen, wie sie sich verhalten sollen. Daran anknüpfend 587 U.S. __ (2019) *Virginia Uranium, Inc. v. Warren*, Ginsburg J. conc. (slip op. at 5–6). Zu Einzelfragen *Tribe*, American Constitutional Law, § 6–28 bis § 6–32.

214 Aus der Aufsatzliteratur dazu vgl. nur *G. Metzger*, Federalism and Federal Agency Reform, 111 Colum. L. Rev. 1 (2011); *J. Bulman-Pozen*, Executive Federalism Comes to America, 102 Va. L. Rev. 953 (2016).

215 Die Frage, inwieweit die aus dem allgemeinen Verwaltungsrecht bekannten Schutzmechanismen, z.B. das notice-and-comment Verfahren, genutzt werden können, um einzelstaatlichen Interessen besser gerecht zu werden, und das Verwaltungsrecht insofern in die Rolle eines föderalen Schutzrechts hineinwachsen kann, untersucht *G. Metzger*, Administrative Law as the New Federalism, 57 Duke L. J. 2023 (2008).

216 505 U.S. 144, 149 (1992) *New York v. United States.* Zu diesem Topos vgl. *M. Greve*, in: Tushnet/Graber/Levinson, U.S. Constitution, 431 ff., 431.

Allerdings weichen beide Verfassungen in den Regelungsstrukturen und der Regelungsdichte erheblich voneinander ab: Das *Grundgesetz* statuiert in Art. 30 in einer Generalklausel ein Regel-Ausnahme-Verhältnis zwischen Länderkompetenzen und Bundeskompetenzen und dekliniert diese Grenzziehung sodann für die Gesetzgebung, die Verwaltung und die Justiz in eigenen Abschnitten im Einzelnen durch. Gerade die administrativen Beziehungen sind dabei in den Abschnitten über den Vollzug der Bundesgesetze (Abschnitt VIII), über Gemeinschaftsaufgaben und Verwaltungszusammenarbeit (Abschnitt VIIIa) und über das Finanzwesen (Abschnitt X) außerordentlich detailliert geregelt. Neu auftretende Regelungsbedürfnisse sind durch zahlreiche Verfassungsänderungen immer wieder eingearbeitet worden.[217] 71

Auch die *amerikanische Verfassung* widmet zahlreiche ihrer Bestimmungen bundesstaatlichen Problemen.[218] Für die Legislative und die Judikative des Bundes ergeben sich die wichtigsten Kompetenzen bereits aus Art. I und III. Dazu tritt das X. Amendment, das (jedenfalls auf den ersten Blick) eine dem Art. 30 GG ähnliche Grundlinie formuliert. Einige Zusatzartikel erweitern die Zuständigkeiten des Bundes, so vor allem das nach dem Bürgerkrieg eingefügte XIV. Amendment. Andere schränken sie ein.[219] Die Fragen des administrativen Gesetzesvollzuges sind nicht eigenständig thematisiert. Art. VI sect. 2 U.S.-Verf. trifft nur eine dem Art. 31 GG vergleichbare Vorrangregelung und hebt die Bindung der Richter der Gliedstaaten an das Bundesrecht gesondert hervor. Die föderalen Finanzbeziehungen sind in mehreren verstreuten Vorschriften geregelt, speziell die Frage von Finanzhilfen des Bundes an die Staaten in der „spending clause" des Art. I sect. 8 cl. 1 U.S.-Verf., die immer wieder zu Streitigkeiten Anlass gegeben hat.[220] 72

Trotz hoher Regelungsdichte in Details wirken die bundesstaatlichen Vorschriften der amerikanischen Verfassung unvollständig und schwer zu handhaben. Das kann auch gar nicht anders sein, denn die erschwerte Ab- 73

---

217 Ausgreifend die Finanzreform von 1969, die Föderalismusreformen I (2006) und II (2009) sowie das Gesetz vom 13. 7. 2017 (BGBl I. S. 2347).

218 *W. Heun* (Fn. 211), in: Härtel, Handbuch Föderalismus IV, § 96 Rn. 4 ff.

219 So das 1798 in Kraft getretene XI. Amendment, das Klagen vor Bundesgerichten, die ein Bürger *eines* Bundesstaates gegen einen *anderen* Bundesstaat erhebt, einschränkt; dazu *Nowak/Rotunda*, § 2.11.

220 Dazu *Th. Kingreen*, Vereinigte Staaten: Die Europäische Union im Lichte der Zäsuren des Föderalismus in den USA, in: AöR 141, 2016, 485 ff.; ferner → 2/87–88.

änderbarkeit der Verfassung zwang und zwingt immer wieder dazu, neu entstehende Regelungsnotwendigkeiten in einen alten Text einzupassen. Alles das, was in Deutschland durch Verfassungsänderung aufgefangen werden konnte, muss im Rahmen der amerikanischen Verfassung interpretativ bewältigt werden. „Der alte Text und die neuen Probleme" ist daher ein oft anzutreffendes Argumentationsmuster, wenn es um Fragen des Bundesstaates geht. „The debate over the extent to which the Constitution itself protects the integrity and autonomy of the states in our federal system can perhaps never be fully resolved because there were so many conflicting forces at work at the time of the founding and because so much happened politically and technologically since the adoption of the Constitution".[221] Diese Beobachtung legt drei Folgeüberlegungen nahe, die – unbeschadet aller sogleich zu erörternden Texte und Judikate – die Grundeinstellung zu den Rechtsproblemen des amerikanischen Föderalismus prägen:

- das Bemühen, die Definitionen der einschlägigen Verfassungsbegriffe offen zu halten, weil jede Fixierung und Verrechtlichung doch immer nur zeitgebunden sein kann;
- die Bereitschaft, in Zweifelsfällen einer politischen Lösung vor einer gerichtlichen Entscheidung den Vorzug zu geben;
- die Neigung, angesichts neuer Herausforderungen letztlich doch eine nationale Lösung zu bevorzugen.

74 Die rechtliche Bedeutung föderaler Argumente haben in der mehr als 200-jährigen Geschichte der Verfassung zwar mehrfach geschwankt:[222] der staatenfreundlichen Judikatur der Jahrzehnte um die Wende des 19. zum 20. Jahrhunderts folgte mit dem New Deal eine Periode, in der weitreichende Gestaltungsbefugnisse des Kongresses akzeptiert wurden und die erst ab 1995 durch eine erneut staatenfreundliche Rechtsprechung abgelöst worden ist. *Politisch* verfügen die Bundesstaaten der USA über ein hohes Maß an Eigenständigkeit. Der *normative Gehalt* des föderalen Prinzips aber ist im Vergleich zu Deutschland um einige Grade zurückgenommen. Das Bundesverfassungsgericht hat die Position der Länder in zahlreichen rich-

---

221 So *Shapiro*, Federalism, 107 f.

222 Vgl. nur *M. Greve*, in: Tushnet/Graber/Levinson, U.S. Constitution, 431, 437 ff.; *H.-H. Trute*, Zur Entwicklung des Föderalismus in den Vereinigten Staaten von Amerika, in: ZaöRV 49, 1989, 191, 204 ff.; *Th. Kingreen* (Fn. 220), AöR 141, 2016, 485, 494 ff.

tungweisenden Entscheidungen immer wieder zu stärken gesucht.[223] Seine ursprünglich zurückhaltende Handhabung der Bedürfnisklausel (Art. 72 Abs. 2 GG a.F.) ist 1994 im Wege einer Verfassungsänderung korrigiert worden.[224] Der verfassungsändernde Gesetzgeber setzte damit bewusst auf eine intensivere verfassungsgerichtliche Kontrolle und damit auf eine stärkere Juridifizierung bundesstaatlicher Konflikte.[225] Diese im Vergleich zu den USA unterschiedliche Akzentsetzung muss bei der Behandlung bundesstaatlicher Einzelprobleme im Auge behalten werden.

B. „Government of enumerated powers" und die Stellung der Gliedstaaten

„A basic principle of American Government is that Congress may act if 75
there is express or implied authority to act in the Constitution; states however, may act unless the Constitution prohibits the action". „Yet this classical formulation of governmental powers does not fully reflect the reality of the federal government's authority". Mit diesen Sätzen kennzeichnet eines der führenden Lehrbücher des Verfassungsrechts die ambivalente Stellung des Prinzips begrenzter Ermächtigung.[226]

I. Frühe Prägung und wechselnde Praxis

Die Entwicklung ist bereits in der ersten grundlegenden Entscheidung vor- 76
gezeichnet, die der Supreme Court zu Fragen des Föderalismus 1819 in der Rechtssache *McCulloch v. Maryland* traf.[227] Es ging um das Problem, ob die Bank of America der Besteuerung durch einen der Bundesstaaten unterliege. Im vorliegenden Zusammenhang interessieren zwei Argumente, die der Supreme Court bei der Frage behandelt, ob der Bund eine Bank überhaupt habe schaffen dürfen, obwohl in der Verfassung von einer solchen

223 BVerfGE 12, 205 (Fernsehurteil), 61, 149 (Staatshaftungsgesetz), 119, 331 (gemeinsame sozialrechtliche Aufgabenwahrnehmung).

224 Von der Bedürfnis- zur Erforderlichkeitsklausel vgl. BVerfGE 106, 62, 135 ff. und 128, 1, 34.

225 Die Schaffung eines besonderen Verfahrens in Art. 93 Abs. 1 Nr. 2a GG unterstreicht diesen Befund.

226 *Chemerinsky*, § 3.1; vgl. ferner *W. Heun* (Fn. 211), in: Härtel, Handbuch Föderalismus IV, § 96 Rn. 7 ff.

227 17 U.S. (4 Wheat.) 316 (1819); zum Folgenden *Tribe*, American Constitutional Law, § 5-3.

Einrichtung nicht die Rede war. So eng wollte das Gericht die Verfassung jedoch nicht interpretiert wissen:[228] „In considering this question, then, we must never forget that it is a constitution we are expounding". Dieser Satz ist zu einer oft genutzten Formel geworden, wenn es darum geht, die Kompetenzbestimmungen des Bundes, insbesondere den Katalog des Art. I sect. 8 der U.S.-Verf. auf neue gesellschaftliche Bedürfnisse einzustellen. Mit derselben Zielrichtung interpretierte der Supreme Court auch die Schlusspassage des Katalogs, die den Kongress ermächtigt, „to make all laws which shall be necessary and proper for carrying into execution the forgoing powers". Diese Klausel – so statuiert das Gericht – sei nicht als Begrenzung der Kompetenzausübung zu verstehen; „necessary" meine hier nicht unverzichtbar, sondern sinnvoll oder wünschbar. Das war die verfassungsgerichtliche Geburtsstunde der implied powers Doktrin.[229]

77 In der Folgezeit orientierte sich die Judikatur aber stärker an der Idee eines *„dual federalism"* und akzentuierte die einzelstaatlichen Rechte („state rights").[230] Bund und Gliedstaaten übten nach dieser Vorstellung ihre Kompetenzen nebeneinander in getrennten Sphären aus. Dieser theoretische Rahmen wurde mit unterschiedlichen Akzentsetzungen das ganze 19. Jahrhundert auch in der Zeit des Bürgerkrieges und der Reconstruction Amendments beibehalten. Erst mit dem New Deal änderten sich die Präferenzen des Supreme Court erneut. Jetzt erwies sich vor allem die „interstate commerce clause" (Art. I sect. 8 cl. 3 der U.S.-Verf.) als Hebel, um dem Bund eine weitreichende Sozialgestaltung zu ermöglichen.[231] Dem *„cooperative federalism"* genügte es, wenn der zwischenstaatliche Handel nur mittelbar Gegenstand der getroffenen Regelung war.[232] Einwände, den Staaten könnten so wesentliche Aufgaben entzogen werden, begegnete der Supreme Court mit dem Hinweis, es gebe keine festen Bereiche, die der

228 17 U.S. (4 Wheat.) 316, 407 (1819).

229 So *Th. Kingreen* (Fn. 220), AöR 141, 2016, 485, 498.

230 *Greve*, in: Tushnet/Graber/Levinson, U.S. Constitution, 431, 437 ff.: „side by side in different spheres"; *Trute* (Fn. 222), ZaöRV 49, 1989, 191, 220 ff.

231 Die Klausel gibt dem Kongress die Kompetenz, "to regulate commerce with foreign nations, and among the several states, and with the Indian tribes". Dazu *Nowak/Rotunda*, § 4.1 und 4.10; *R. A. Shapiro/W. W. Buzbee*, Unidimensional Federalism: Power and Perspective in Commerce Clause Adjudication, 88 Cornell L. Rev. 1199 (2003).

232 *Chemerinsky*, § 3.4.4; *M. Greve*, in: Tushnet/Graber/Levinson, U.S. Constitution, 446 ff.

Souveränität der Gliedstaaten überlassen seien. „The political process ensures that laws that unduly burden the States will not be promulgated".[233]

Die 1995 einsetzende jüngere Rechtsprechung verfolgt zwar (wieder) eine restriktivere Linie und verlangt seit den Entscheidungen *United States v. Lopez* und *United States v. Morrison* einen „substantial effect" auf den zwischenstaatlichen Handel.[234] Doch bleibt, der Breite der Tatbestandsmerkmale „commerce" und „interstate" entsprechend, der Kompetenzbereich des Bundes weit. Ähnliches gilt für die Kompetenzen nach der „taxing and spending clause" (Art. I sect. 8 cl. 1 U.S.-Verf.) und für die Befugnisse des Kongresses, die Rechtsgleichheit in den Staaten zu sichern (XIV. Amendment sect. 5).[235] Dieser Auftrag spiegelt die Erfahrung wieder, dass es in der Geschichte der USA immer wieder einzelne Staaten waren, die die Rechte von Bürgern zu beschneiden und diskriminierende Regelungen durchzusetzen versuchten. Es dürften diese Erfahrungen sein, die den Interventionen des Bundes eine besondere Legitimität verschafft und der Tendenz Vorschub geleistet haben, im Zweifelsfalle für eine weite Fassung der Bundeszuständigkeiten zu optieren.[236] Ob sich mit der Entscheidung vom 28. Juni 2012 zum Affordable Care Act Präsident Obamas ein grundlegender Wandel andeutet, ist angesichts der sehr differenzierten Voten der einzelnen Mitglieder des Supreme Court unsicher.[237] 78

II. Speziell zur Bedeutung des X. Amendment

Das schon 1791 in Kraft getretene X. *Amendment* wirkt zentralisierenden Tendenzen nur teilweise entgegen, obwohl der Text einen kräftigeren Schutz der Gliedstaaten erwarten lassen sollte: „The powers not delegated to the United States by the Constitution, nor prohibited by it to the States, are reserved to the States respectively, or to the people". Mit diesem Verweis 79

233 So Justice Blackmun für die Mehrheit des Gerichts, in: 469 U.S. 528, 556 (1985) *Garcia v. San Antonio (Metropolitan) Transit Authority*.

234 514 U.S. 549, 563, 565 (1995) und 529 U.S. 598, 610 (2000).

235 Das 1868 nach dem Bürgerkrieg in Kraft getretene Amendment trifft u. a. Regelungen zur Staatsbürgerschaft und verwehrt den Staaten Eingriffe in Rechte, die Staatsbürgern nach der Verfassung zustehen; Sec. 5 bestimmt sodann: „The Congress shall have power to enforce, by appropriate legislation, the provisions of this article". Dazu *Chemerinsky*, § 3.7.

236 Zu diesen Zusammenhängen vgl. *M. Greve*, in: Tushnet/Graber/Levinson, U.S. Constitution, 442 ff.

237 567 U.S. 519 (2012) *National Federation of Independent Business (NFIB) v. Sebelius*.

auf andere Bestimmungen der Verfassung ist zunächst einmal für den Bund das Prinzip der „enumerated powers" fixiert. Inwieweit die Klausel darüber hinaus einen eigenständigen Schutzgehalt zugunsten der Staaten besitzt und inwieweit dieser Schutz mit Hilfe der Gerichte durchgesetzt werden kann, ist umstritten.[238]

80 Hier liegt ein Vergleich mit Art. 30 GG nahe. Auch diese Vorschrift verweist auf andere Bestimmungen der Verfassung, die die Zuständigkeiten des Bundes näher regeln; sie wirkt aber darüber hinaus in der Art einer Generalklausel zugunsten der Länder dort, wo die Kompetenzlage unklar ist.[239] Dem X. Amendment soll diese Wirkung dagegen nicht zukommen. Die Bestimmung gilt – wie Justice O'Connor es für das Gericht ausdrückt – als „essentially a tautology", die zur Frage der Kompetenzverteilung nichts sage, was nicht in anderen Verfassungsbestimmungen normiert worden sei.[240] Immerhin deutet der Supreme Court in derselben Entscheidung aber eine Art Kompetenzausübungsschranke an, die es dem Bund verwehrt, die Staaten beliebig in den Vollzug der Bundesgesetze einzuspannen.[241] Die Fortführung dieses Gedankens in *Printz v. United States* zeigt, dass dem X. Amendment mindestens die Bedeutung zukommt, den Wert des föderalen Prinzips zu akzentuieren. Es steht für die „residual state sovereignty", die ihren guten Grund hat: „The Framers' experience under the Articles of the Confederation had persuaded them that using the States as the instruments of federal governance was both ineffectual and provocative of federal-state conflict".[242]

III. Das föderale Vollzugskonzept

81 Gerade in dieser Aussage, die Staaten seien nicht „the instruments of federal governance", sind die Urteile *New York v. United States* und *Printz v.*

---

238 Zu Folgenden *Chemerinsky*, § 3.10.

239 Im Einzelnen schwanken die Formulierungen in Judikatur Schrifttum („Regel-Ausnahme-Verhältnis", „Kompetenzvermutung"); gänzlich abgesprochen wird ein eigener normativer Gehalt dem Art. 30 GG selten; vgl. die Nachweise bei *Jarass/Pieroth*, GG, Art. 30 Rn. 1.

240 So 505 U.S. 144, 156 (1992) *New York v. United States*.

241 Vgl. *Nowak/Rotunda*, § 4.10 (d): „These decisions do not prevent the federal government from regulating interstate commerce, but they do prohibit the federal government from regulating the states' regulation of interstate commerce".

242 521 U.S. 898, 919 (1997) *Printz v. United States* (Justice Scalia für die Mehrheit des Gerichts).

United States für das Verständnis des amerikanischen Verwaltungsrechts und seiner Vollzugsstrukturen wichtig. Anders als das Grundgesetz enthält die US-Verfassung nämlich keine genaueren Regelungen darüber, wie die Bundesgesetze vollzogen werden. Die allgemeine Betrauung des Präsidenten mit der exekutiven Gewalt (Art. II sect. 1) und die „take care clause" des Art. II sect. 3 U.S.-Verf. zeigen aber immerhin eine Grundlinie: Bundesgesetze werden durch eine eigene Exekutive des Bundes vollzogen. Entsprechend groß und vielgestaltig ist die Bundesverwaltung, in der regelmäßig Zentralbehörden, meistens umgeben von einem Kreis von Außenstellen, die gewaltigen Dimensionen des Verwaltungsraumes der USA abzudecken suchen. Das ist das Gegenteil von dem, was Art. 83 GG vorschreibt. Der Vollzug der Bundesgesetze ist in den USA gerade *nicht* Angelegenheit der Länder/Staaten, und schon gar nicht ihre *eigene* Angelegenheit. Im verfassungsrechtlichen Ausgangspunkt verfolgen die USA und Deutschland klar getrennte Vollzugsmodelle.[243]

Mit der grundsätzlichen Option für den Vollzug des Bundesrechts durch 82
eigene Behörden ist allerdings noch nicht entschieden, ob der Bund die Staaten zum Vollzug heranziehen darf (1). Ein Vergleich der Regelungstechniken zeigt, dass das amerikanische Recht dabei eher an individuellen Lösungen, das deutsche Recht dagegen an Vollzugsgleichheit und an festen Vollzugstypen ausgerichtet ist (2).

1. Vollzug von Bundesrecht durch die Staaten als Ausnahme

Anerkannt ist, dass die Staaten und die lokalen Behörden in gleicher Weise 83
wie Private an Bundesrecht gebunden sind und ihnen *insoweit* auch Vollzugspflichten auferlegt werden können. Durch Regelungen dieser Art sind

243 Vgl. *M. Bothe*, Die Kompetenzstruktur des modernen Bundesstaates in rechtsvergleichender Sicht, 224 ff.; *D. Halberstam*, Comparative Federalism and the Issue of Commandeering, in: Nicolaidis/Howse (eds.), The Federal Vision, 213 ff. (Vergleich USA, EU, Deutschland). Vgl. aber auch *Ruffert*, Law of Administrative Organization, 203 ff., der auf Tendenzen eines „cooperative federalism" und eines „executive federalism" aufmerksam macht.

die Staaten nicht in ihrer Hoheitsfunktion betroffen.[244] Insoweit sind sie auch nicht vor finanziellen Folgelasten geschützt.[245]

84 Wie aber sieht es dort aus, wo der Vollzug von Bundesgesetzen die Staaten „in their sovereign capacity" betrifft, also im eigentlichen Sinne Verwaltungsvollzug ist? In *Printz* untersucht Justice Scalia diese Frage in einem ersten Schritt seiner Argumentation historisch. Wenn sich nämlich nachweisen ließe, dass die Staaten auch früher schon zum Vollzug von Bundesgesetzen herangezogen wurden, so wäre das mindestens ein wichtiges Indiz für die Verfassungsmäßigkeit solcher Vorgänge.[246] Das Ergebnis ist jedoch negativ; die Verfassungsgeschichte spricht eher für das Gegenteil.

Die weiteren Argumente in *Printz* sind verfassungsstruktureller Art: Sie setzen beim Gedanken der Machtverteilung an, der eine horizontale und eine vertikale Dimension besitzt: Zum einen zeigt er sich in der „dual sovereignty", die den Staaten die in der Verfassung nicht übertragenen Kompetenzen erhalten hat.[247] Die Aufteilung der Kompetenzen soll sicherstellen, dass die Funktionsträger der jeweiligen Ebene ihrer Wählerschaft verantwortlich bleiben. Dürfte der Kongress beim Vollzug seiner Gesetze auf die Beamten der Staaten zurückgreifen, würde das diese Machtverteilung in erheblicher Weise verschieben und die Verantwortlichkeiten verwischen. Zum anderen hat die Verfassung die Aufgaben zwischen dem Kongress und dem Präsidenten in einer Weise verteilt, die letzterem den Gesetzesvollzug zuweist. Die Heranziehung von Beamten der Staaten würde dazu führen, dass ein Aktionsraum entstünde, der vom Präsidenten nicht kontrolliert werden könnte. Mit diesen Argumenten bestätigt die Mehrheit des Gerichts die schon in *New York v. United States* getroffene Feststellung: „The Federal Government may not compel the States to enact or administer a federal regulatory program".[248]

---

244 528 U.S. 141, 151 (2000) *Reno v. Condon*: they „not require the States in their sovereign capacity to regulate their own citizens". Das Urteil betrifft den behördlichen Umgang mit Informationen nach Regeln, die auch für Private gelten.

245 *Nowak/Rotunda*, § 4.10 (d)(i) (S. 208): „And, Congress may use the Commerce power to impose burdens on the states if the states are subject to ‚generally applicable' laws".

246 521 U.S. 898, 905 (1997) *Printz v. United States*.

247 Ebd., 921.

248 Ebd., 900, 929 („not commandeer state government"); ausf. erneut 567 U.S. 519, 575–585 (2012) *NFIB v. Sebelius*. Die Abgrenzung zwischen einem „regulatory program" und den Tatbeständen der allgemeinen Vollzugspflichten kann freilich schwierig sein.

In dieser Ausrichtung auf das Ziel, konkrete Verantwortungszusammenhänge transparent zu erhalten, weichen die föderalen Vollzugsvorstellungen des amerikanischen Rechts grundlegend von denen des deutschen Rechts ab. Art. 83 GG geht wie selbstverständlich davon aus, dass die Länder Gesetze vollziehen, für die sie ihrer Wählerschaft gegenüber nur eine reduzierte, auf ihre Mitwirkung im Bundesrat begrenzte politische Verantwortung tragen. Diese Mitwirkung ist es aber auch, die die Länder anders als in den USA in ihren Interessen absichert.[249] Der Vorrang der Länder beim Vollzug von Bundesgesetzen gilt als ein bewährtes Element deutscher Bundesstaatlichkeit, an das bei Schaffung des Grundgesetzes angeknüpft werden konnte.[250] 85

Das Verbot, die Staaten in den Vollzug des Bundesrechts einzuspannen, gilt allerdings auch in den USA nicht absolut, sondern nur dort, wo Staaten gegen ihren Willen herangezogen werden sollen. Nicht untersagt ist es dem Kongress, die Staaten auf andere Weise dazu zu bringen, sich im Vollzug von Bundesrecht zu engagieren.[251] Dazu stehen mehrere Mittel zur Verfügung: Denkbar ist es etwa, dass Staaten, die sich zum Vollzug von Bundesrecht durch ihre eigenen Behörden entschließen, ein eigener Gestaltungsspielraum eingeräumt wird, der nicht besteht, wenn die entsprechenden Regelungen von Bundesbehörden durchgesetzt werden. Durch solche prozeduralen Vorkehrungen können Staaten z. B. in die Lage versetzt werden, im Rahmen bundesgesetzlicher Vorgaben durch die Wahl eigener Regelungsstrategien eine in Grenzen variable Umweltpolitik zu betreiben. Wichtig ist nur, dass jedem Staat die Option verbleibt, ob er sich beteiligt oder nicht. In dieser Entscheidung muss jeder Staat frei sein, und sie muss er vor seiner Wählerschaft verantworten. 86

Das praktisch wichtigste Mittel, Staaten und Lokalverwaltungen in den Vollzug von Bundesgesetzen einzubinden, sind finanzielle Zuwendungen. Die „*spending clause*" des Art. I sect. 8 cl. 1 U.S.-Verf. wird als ein weit gefasster Kompetenztitel verstanden, der den Einsatz von Geldmitteln „for the common defence and general welfare of the United States" gestattet.[252] 87

---

249 Dazu *Halberstam* (Fn. 243), in: Nicolaidis/Howse, The Federal Vision, 213, 235 ff.

250 *S. Oeter*, Integration und Subsidiarität, 126 f.

251 Auch lokale Verwaltungsträger können auf diese Weise für den Vollzug gewonnen werden.

252 Zum Folgenden *Chemerinsky*, 288 ff.; *Th. Kingreen* (Fn. 220), AöR 141, 2016, 485, 505 ff.; *Hestermeyer*, Eigenständigkeit und Homogenität in föderalen Systemen, 155 ff.

Die Mittelvergabe darf dabei an bestimmte Bedingungen geknüpft werden. Auf diese Weise kann der Kongress auch Regelungsinteressen verfolgen, für die er keine Gesetzgebungskompetenz besitzt.[253] Unzulässig ist es nur, Dinge zusammenzuspannen, die in keinem sachlichen Zusammenhang mit dem zugrundeliegenden Bundesinteresse stehen. Hier scheint der Gedanke eines Koppelungsverbots auf, das einer kollusiven Verwaltungspraxis vorbeugen soll.[254]

88 Die Gefahren, die von einer solchen Politik des „goldenen Zügels" ausgehen, werden natürlich auch in den USA gesehen.[255] Man versucht aber weniger, ihnen mit allgemein gehaltenen Schranken für Finanzhilfen (vgl. Art. 104a – 104d GG),[256] sondern durch die konkrete Fassung der Bewilligungsbedingungen zu begegnen.[257] Eine Mittelvergabe unter Auflagen ist danach zulässig, „so long as the conditions are expressly stated, have some relation to the purpose of the spending program, and are not unduly coercive".[258] Die Ausformung solcher Konditionen wird als eine besondere Aufgabe gerade des Verwaltungsrechts angesehen, das so die Funktion eines *subkonstitutionellen föderalen Schutzregimes* erhält.[259]

Auch hier geht es darum, konkrete Verantwortlichkeiten zu erhalten. „Where Congress encourages state regulation rather than compelling it, state governments remain responsive to the local electorate's preferences; state officials remain accountable to the people".[260] Ganz überzeugend wirken die Begründungen zum „encouraging" freilich nicht; denn wenn (wie in *Printz* ausgeführt) das Verbot, die Staaten in den Vollzug der Bundesgesetze einzubeziehen, Machtzusammenballungen verhindern soll, dann stellt die Bedingung, dass die Einbeziehung mit dem Willen der Staaten erfolgen muss, noch nicht notwendig ein geeignetes Gegenmittel dar. Immerhin erleichtert es die Freiwilligkeit aber, die Fragen der Aufsicht über die im Vollzug tätigen Verwaltungsstellen zwischen der Bundesregierung

---

253 Vgl. (die Judikatur zusammenfassend) 483 U.S. 203 (1987) *South Dakota v. Dole.*

254 *Mandelker/Wegner/Griffith/Bond/Tyson*, State and Local Government in a Federal System, 634 f. („federal interest and relatedness").

255 *Thürer*, Bund und Gemeinden, 148 ff.; *Th. Kingreen* (Fn. 220), AöR 141, 2016, 485, 515.

256 Vgl. *H. H. v. Arnim*, Finanzzuständigkeit, in: HStR VI, § 138 Rn. 43 ff.

257 Zu einzelnen Ansätzen einer stärker strukturgestützten Eingrenzung des Subventionswesens des Bundes *Thürer*, Bund und Gemeinden, 155 f. (Federal Grant and Cooperative Agreement Act von 1977).

258 So *Chemerinsky*, § 3.5 (S. 288): Zusammenfassung der Judikatur.

259 *G. Metzger* (Fn. 215), 57 Duke L. J. 2023, 2047 ff., 2109 (2008).

260 So 505 U.S. 144, 168 (1992) *New York v. United States.*

und den Staaten einvernehmlich zu regeln und dadurch der Gefahr kontrollfreier Räume entgegen zu wirken.

2. Regelungstechniken im Vergleich

Vergleicht man die Regelungstechniken der beiden Vollzugsmodelle, so erscheint das deutsche Modell exakter durchkonstruiert, aber in höherem Maße statisch:[261] Es ist an Vollzugstypen orientiert und fixiert in deren Rahmen Rechtspositionen: Positionen *der* Länder, *der* Gemeinden, *des* Bundes. Der damit festgelegte Rahmen erleichtert die Orientierung und die standardmäßige Beantwortung von Rechtsfragen. Es besteht ein *einheitliches Vollzugsprofil*, das an feste Organisations- und Rechtsformen anknüpft. 89

Das amerikanische Modell ist weit weniger durchgeformt und damit offener. Hier werden nicht Rechtspositionen gegeneinandergesetzt, sondern interessengeleitete Funktionsweisen der Beteiligten situationsabhängig bewertet. Von den einschlägigen Entscheidungen des Supreme Court, die die Elemente des Vollzugskonzepts bilden, heißt es, sie seien „modest countermeasures", „less like impassable roadblocks placed in Congress pathway", sondern „traffic bumps" „that merely slow down legislative traffic".[262] Welche Regelungen des Bundes als „commandeering" angesehen werden und welche dieses Maß an Vollzugszwang („coercion") noch nicht erreichen, bleibt der Einzelbeurteilung zugänglich. Diese Flexibilität des Modells wird noch dadurch gesteigert, dass es den einzelnen Staaten (und gegebenenfalls auch den einzelnen kommunalen Verwaltungsträgern) überlassen bleibt, ob sie sich auf das Angebot des Bundes einlassen. Die Verfassung legt folglich keine einheitliche Vollzugsstruktur fest, sondern gestattet ein Netz variabler Zuständigkeiten. 90

Die Vielfalt und Dichte der Verwaltungsbeziehungen, die zwischen dem Bund und den Gliedstaaten etwa im Gesundheitswesen und beim Umweltschutz bestehen, werden als Zeichen dafür genommen, dass die Vorstellung eines „dual federalism" mehr und mehr durch die Praxis eines 91

---

261 Ähnlich *Thürer*, Bund und Gemeinden, 295: „Das deutsche Grundgesetz hat in dem ihm eigenen Hang zur perfekten Durchnormierung des staatlichen Lebens auch die Ausgestaltung des Bundesstaates im einzelnen kodifiziert".

262 *Nowak/Rotunda*, § 4.10 (d)(i) (S. 206), unter Bezugnahme auf Formulierungen von W. van Alstyne.

„cooperative federalism“ abgelöst worden ist, die allerdings mit besonderen Schutzmechanismen für die Staaten ausgestattet werden muss.[263] Dass die „anti-commandeer“ Formel des Supreme Court dazu ausreicht, wird bezweifelt; vorgeschlagen wird ein förmliches Recht des einzelnen Staates, die Kooperation aufzukündigen („exit right“).[264] Die amerikanische Schutzperspektive ist staatenbezogen *individuell*, die deutsche *institutionell* ausgerichtet.

C. *Verfassungsfragen kommunaler Verwaltung*

92 Die Erörterung von Verfassungsfragen speziell der kommunalen Verwaltung gehört nicht zu den Standardthemen der verwaltungsrechtlichen Lehrbücher. Auch in den Zeitschriften der führenden Law Schools findet man selten einschlägige Beiträge. Die Behandlung bleibt wie in Deutschland einem besonderen Literatursegment überlassen, dem *Local Government Law*. Es verfügt über eigene Lehrbücher und über große handbuchartige Darstellungen, die sich vor allem an die in den kommunalen Verwaltungen tätigen Juristen wenden.[265] Die Untersuchungen sind nicht so sehr an theoretischen als an praktischen Fragen orientiert, insoweit aber nicht weniger gehaltvoll als die Lehrbuchliteratur zum (allgemeinen) Verwaltungsrecht.

93 Local Government Law wird dabei weit verstanden. Erörtert werden nicht nur die Standardthemen (Status, Territorium, Binnenorganisation, Handlungsformen, Finanzen und Personal der Gemeinden), sondern auch die wichtigsten Aufgabenfelder kommunaler Verwaltung: u. a. „Zoning“, „Planning“, „Public Housing“, „ Regulation of Trade and Business“ und „Local Controls on Criminal Activity“. Wenn das amerikanische Administrative Law wesentlich enger gefasst ist als das deutsche Verwaltungsrecht, so verhält es sich beim Local Government Law gerade umgekehrt. Hier

---

263 *P. J. Weiser*, Towards a Constitutional Architecture for Cooperative Federalism, 79 North Carolina L. Rev. 663 (2001).

264 *P. J. Weiser*, ebd., 704 ff.

265 *O. M. Reynolds, Jr.*, Local Government Law; *ders.*, Handbook of Local Government Law; *L. A. Baker/C. P. Gillette*, Local Government Law. Cases and Materials; *R. Briffault/L. Reynolds*, State and Local Government Law. Cases and Materials; *G. E. Frug/R. T. Ford/D. J. Barron*, Local Government Law. Cases and Materials; *S. M. Stevenson*, Antieau on Local Government Law; *J. Martinez*, Local Government Law; *E. McQuillin*, The Law of Municipal Corporations.

sind auch die Materien des Fachverwaltungsrechts einbezogen. Dadurch wird anschaulich, wie sich Verwaltung auf der untersten Ebene vollzieht[266] — einer Ebene, auf der in den USA mehr als 85.000 Verwaltungsträger („units of local government“) tätig sind.[267]

94 Die Verfassungsfragen der lokalen Verwaltungsebene werden meistens in den einleitenden Abschnitten behandelt. Die beiden großen Themen sind der Schutz der lokalen Verwaltungen vor Eingriffen seitens der Staaten bzw. des Bundes einerseits und ihre Bindung an das Recht der beiden höheren Ebenen andererseits. Dabei müssen vielfache Verschränkungen der Schutz- und Bindungsprobleme in Rechnung gestellt werden.[268] Um sie besser zu verstehen, löst man sich am besten ein Stück weit von der deutschen Diskussion, die im Wesentlichen im Lichte der zentralen bundesverfassungsrechtlichen Garantie des Art. 28 Abs. 2 GG geführt wird.[269] Eine solche umfassende Garantie gibt es in der *U.S.-Verfassung* nicht; nur einzelne Klauseln lassen sich u.U. auch für die lokalen Verwaltungseinheiten aktivieren (I). Umso mehr besteht Veranlassung, sich mit dem Schutz der lokalen Verwaltungsebene durch die *einzelstaatlichen Verfassungen* zu beschäftigen (II).

I. Geringer Schutz durch die U.S.-Verfassung

95 Das Fehlen einer umfassenden Garantie kommunaler Verwaltung wird üblicherweise mit der besonderen Interessenlage erklärt, die die Entstehungs-

---

266 Hierzu auch das mehrbändige Erläuterungswerk von *T. A. Matthews/B. S. Matthews*, Municipal Ordinances, das Textvorschläge und Erläuterungen für die lokale Rechtsetzung bietet.

267 Vgl. *Reynolds*, Law, § 2.3 – 2.8: Einteilung in *Municipalities* (cities, towns, villages), *Quasi-Corporations* (counties, townships) und *Special Function Districts* (Zweckverbände, zu denen vor allem die school districts gehören). Zum Überblick vgl. auch *B. Hoppenstedt*, Kommunale Selbstverwaltung, 28 ff.

268 Ausdifferenziert bei *Reynolds*, Handbook: Limits of State Control of Municipalities (Chap. 4–6), Relationship of Municipalities to Federal Government (Chap. 7), Powers of Municipalities (Chap. 8); *Briffault/Reynolds*, Local Government in the American Constitutional Order (Chap. 2), State-Local Relation (Chap. 4), State and Local Finance (Chap. 6). Zusammengefasst bei *Frug/Ford/Barron*, The Relationship between Cities and States and Between Cities and the Federal Government.

269 Rechtsvergleichend *Thürer*, Bund und Gemeinden, 10 ff. (Deutschland), 101 ff. (USA), 194 ff. (Schweiz), 290 ff. (zusammenfassend).

zeit der Verfassung prägte:[270] Eine seinerzeit einflussreiche politische Theorie wollte die Ausübung öffentlicher Verwaltung im lokalen Raum als ein natürliches Recht der örtlichen Gemeinschaft verstanden wissen. Dem Verfassungsgeber dagegen musste es darum gehen, zunächst einmal ein handlungsfähiges Gemeinwesen zu schaffen und eine zu starke Zersplitterung der politischen Kräfte zu vermeiden. Eine verfassungsrechtliche Garantie lokaler Selbstverwaltung erschien in diesem Lichte nicht angezeigt, denn sie hätte sich in den Gliedstaaten als ein Instrument einer überzogenen Dezentralisierung auswirken können.

1. „Hegemony of states legislation"

96 Die Idee einer „inherent home rule" ist im 19. und zu Beginn des 20. Jahrhunderts immer wieder einmal aufgegriffen worden, konnte sich aber nicht durchsetzen.[271] Vielmehr galt es, die „hegemony of states legislation" zu stärken. Dieses Ziel beherrschte in der Folgezeit Judikatur und Lehre. 1907 stellt der Supreme Court in der Entscheidung *Hunter v. City of Pittsburgh* bündig fest: „Municipal corporations are political subdivisions of the state, created as convenient agencies for exercising such of the governmental powers conferred upon these corporations and the territory over which they shall be exercised rests in the absolute discretion of the state".[272] Eingriffe in den Aufgabenbestand, in die Art und Weise der Aufgabenerfüllung und in den territorialen Zuschnitt der „local units" sind den Staaten und, sofern er über entsprechende Regelungskompetenzen verfügt, auch dem Bund daher ohne größere Umstände möglich.[273]

97 Die Abhängigkeit kommunaler Verwaltung von externer normativer Zuerkennung hatte *John Dillon* schon 1872 auf eine Formel gebracht:[274] „It is a general and undisputed proposition of law that the municipal corporation possesses and can exercise the following powers, and no others: First,

270 *Martinez*, § 3.8: „In this historical context, it is significant that the framers of state and federal Constitutions included no provisions protecting local government units against assertions of majoritarian power".

271 *Reynolds*, Handbook, § 25; *Hoppenstedt*, Kommunale Selbstverwaltung, 59 ff.

272 207 U.S. 161, 176 (1907).

273 Typische Felder, auf denen der Bund mehr und mehr Einfluss auf die kommunale Verwaltung gewonnen hat, bei *Reynolds*, Law, Chap. 7: u.a. police, taxation and revenues, federal aids.

274 *J. Dillon*, Municipal Corporations, § 55.

those granted in express words; second, those necessarily or fairly implied in or incident to the powers expressly granted; third, those essential to the accomplishment of the declared objects and purposes of the corporation, – not simply convenient, but indispensable". Selbst wenn der Supreme Court in späteren Entscheidungen weniger restriktiv formulierte und sich in der Literatur auch immer wieder gemeindefreundliche Stimmen fanden,[275] die *„Dillon's Rule"* erwies sich als außerordentlich einflussreich.[276]

Eine eigene *umfassende* Schutzposition, wie sie Art. 28 Abs. 2 GG einräumt 98
und als ein verteidigungsfähiges Recht ausweist, besitzen die kommunalen Verwaltungsträger in der US-Verfassung nicht.[277] Schon der Ansatz der Fragestellung ist anders: während im deutschen Recht der Schutz der Gemeinden vor staatlicher Intervention ins Zentrum gerückt wird, fragt das amerikanische Recht zunächst einmal danach, woraus sich die Regelungsgewalt der „municipalities" eigentlich herleitet.[278] Nicht ein geschichtlich überkommener Verwaltungsträger, dessen Legitimität schon durch seine Tradition bewährt ist, sondern sich nach und nach konstituierende lokale Einheiten, die ihre Hoheitsgewalt erst einmal darlegen müssen, sind Gegenstand der Erörterungen.[279] Dabei wird der Dillon's Rule eine restriktive Auslegung kommunaler Ermächtigungen entnommen.[280] Traditionen schlagen sich nicht in einer generell gemeindefreundlichen Handhabung dieser Regeln nieder. Sie zeigen sich nur in gewissen *regional* unterschiedlichen Akzentsetzungen. In den weiter westlich gelegenen Bundesstaaten, in

---

275 Darstellung bei *Briffault/Reynolds*, 107 ff.: „Local Government as autonomous, democratic Polity" wird vor allem in Entscheidungen deutlich, die das kommunale Wahlrecht betreffen. Insgesamt ist das jedoch nur ein kleinerer Ausschnitt; es dominiert das Konzept des „Local Government as Agent of the State".

276 *Frug/Ford/Barron*, 138: „Dillon's Rule is a very important aspect of local government law; it has been cited in hundreds and hundreds of cases".

277 Dazu die Nachweise bei *Martinez*, § 3.1; vgl. auch *McQuillin*, Chap. 4 § 4.3: „However, it should be noted that the United States Supreme Court has held that there is no place in the federal system for sovereign cities, largely on federalism grounds". *Hoppenstedt*, Kommunale Selbstverwaltung, 84 ff.

278 *Reynolds*, Law, § 8.1: „Quite aside from any problems of conflicts and relationship between municipalities, on the one hand, and state and federal government, on the other hand, the question must be asked: What powers does a municipality possess, and what is the source of these powers".

279 Die Grundbedingungen „Local Government Foundation and Boundary Change" spielen im amerikanischen Kommunalrecht auch heute noch eine ungleich größere Rolle als im deutschen; vgl. *Briffault/Reynolds*, 187 ff; vgl. auch *Reynolds*, Law, Chap. 12: „Territorial Composition of Municipalities".

280 *Reynolds*, Handbook, Sec. 49; *Frug/Ford/Barron*, 139.

denen lokale Gemeinschaften oft lange auf sich gestellt waren, finden Vorstellungen eines eigenständigen Kommunalwesens eher Befürworter als in den Staaten der Ostküste.

2. Einzelne Ansätze inzidenten Schutzes

99 Trotzdem sind die Gemeinden der Hoheitsgewalt der Staaten und des Bundes nicht gänzlich schutzlos ausgeliefert.[281] Die als Grenzen staatlicher Eingriffe in Betracht kommenden Bestimmungen der U.S.-Verfassung haben allerdings unterschiedliche Strukturen, unterschiedliche Bindungsadressaten und unterschiedliche Bindungsberechtigte; thematisch betreffen sie zudem weit auseinander liegende Regelungsgegenstände.[282]

100 Auf die „privileges and immunities", die der XI. Zusatzartikel den Staaten zuerkennt, können sich Gemeinden nicht berufen.[283] Immerhin kann der Bundesgesetzgeber Kommunalverwaltungen aber nicht gegen ihren Willen in den Vollzug von Bundesgesetzen einspannen. Weiter könnte man daran denken, die *Grundrechte* der Bill of Rights und (im Blick auf eine Bindung der Staaten) die Rechte des XIV. Amendment für den Schutz kommunaler Verwaltungen zu aktivieren. Das Ergebnis ist jedoch enttäuschend. Als verlängerter Arm der Staatsorganisation gelten lokale Verwaltungsträger grundsätzlich nicht als schutzberechtigt. Eine Ausnahme davon kann nur für solche Gegenstände angezeigt sein, die im privat genutzten Eigentum einer Gemeinde stehen.[284] Die Argumentation, mit der in diesen Fällen der Schutz versagt wird, bewegt sich in den Bahnen dessen, was in Deutschland zu Art. 19 Abs. 3 GG erörtert wird: wer als verlängerter Arm des Staates („political subdivision of the state") agiert, befindet sich diesem gegenüber eben nicht in einer „grundrechtstypischen Gefährdungslage". Nur mittelbar können Gemeinden von Grundrechten profitieren, wenn sie durch staatliche Vorgaben zu einem Verhalten veranlasst werden, das eine Verletzung individueller Grundrechtsträger darstellt. So darf eine lokale Verwaltung nicht zu einer Gestaltung ihrer Schulver-

---

281 364 U.S. 339, 344 (1960) *Gomillion v. Lightfoot* („...not that the State has plenary power to manipulate in every conceivable way, for every conceivable purpose, the affairs of its municipal corporations").

282 Zum Folgenden *Martinez*, § 3.7, § 3.8; *McQuillin*, § 4.18.

283 Vgl. im Einzelnen *Stevenson*, § 12.2 (3)(i).

284 *McQuillin*, § 4.21; vgl. auch *Reynolds*, Handbook, Sec. 27 mit Hinweisen auf einzelstaatliche Verfassungen.

hältnisse veranlasst werden, die sich rassendiskriminierend auswirkt.[285] Das sind einzelne Ansätze, aus denen sich ein Schutz der kommunalen Verwaltungen allenfalls *mosaikartig* gewinnen lässt. Insgesamt aber gilt: „The federal Constitution has seldom been held to protect municipal corporations from legislative interference".[286]

II. Schutz durch die Verfassungen der Bundesstaaten

Gerade weil der Schutz durch die Bundesverfassung schwach ausgeprägt 101
ist, sind die Staaten immer wieder gedrängt worden, in ihrem eigenen Recht Vorschriften vorzusehen, die die Kommunen mit hinreichend breiten Kompetenzen ausstatten und sie gegen den Zugriff der Landesgewalt absichern, d.h. ihnen normativ verbindlich *„home rule"* zu garantieren.[287] Das ist in der Zwischenzeit geschehen — mindestens durch Regelungen des einfachen Rechts, meistens sogar durch entsprechende Vorschriften der einzelstaatlichen Verfassungen.[288] In diesen Bestimmungen hat sich die politisch-philosophische Selbstverwaltungsidee normativ verdichtet. Sie bilden heute die Basis der *„local autonomy"*.[289]

Substantiell meint *„home rule"* eine Doppelgarantie:[290] zum einen das 102
Recht des Zugriffs auf bestimmte Aufgaben („initiative") und zum andern ein Abwehrrecht gegen staatliche Beschränkungen („immunity"). Wieweit der Staatseinfluss damit zurückgedrängt ist, hängt wiederum von den unterschiedlichen Garantienormen ab. Von der Beachtung der allgemeinen staatlichen Gesetze sind die Kommunen generell nicht freigestellt. Einige Staaten nehmen außerdem bestimmte Materien ausdrücklich aus oder se-

285 458 U.S. 457, 475 (1982) *Washington v. Seattle School District No. 1.*

286 *McQuillin*, § 4.18.

287 Vgl. *M. E. Libonati*, Home Rule: An Essay on Pluralism, 64 Wash. L. Rev. 51 (1989); *D. J. Barron*, Reclaiming Home Rule, 116 Harv. L. Rev. 2255 (2003); *F. R. Guenthner*, Reconsidering Home Rule and City-State Preemption in Abandoned Fields of Law, 102 Minn. L. Rev. 427, 435–445 (2017).
Zum „Home Rule-Movement", das bereits um 1870 begann und bis heute einflussreich ist, vgl. *Reynolds*, Law, § 6.2 (S. 102).

288 Angaben dazu bei *Stevenson*, § 21.1.

289 Treffend *Martinez*, § 4.1: „Grants of home rule, whether of statutory or constitutional provenance, are the legal expression of powerful underlying historical, social, political, and psychological demands that those affected by public action ought to have a significant say in decisions which hit them where they live".

290 *Martinez*, § 4.9; vgl. auch *Hoppenstedt*, Kommunale Selbstverwaltung, 71 ff.

hen bei ihnen einen abstrakten Vorrang staatlicher Regelungen vor. Im Übrigen aber können die Kommunen eigenständig Rechtsvorschriften erlassen.

103 Bei Konflikten zwischen kommunalen und staatlichen Regelungen ist zu fragen, inwieweit die Angelegenheit „of statewide concern" ist. Das wiederum soll davon abhängen, ob ein „need for uniformity and consistency" nachweisbar ist. Bei Aufgaben der Gefahrenabwehr und bei anderen typischen Hoheitsaufgaben wird das regelmäßig bejaht. Die Regelung der gemeindlichen Willensbildung, der Binnenorganisation und wirtschaftlicher Aktivitäten gelten dagegen als „of purely local concern".[291] Die Rechtsprechung der einzelstaatlichen Gerichte hat hier ein reiches, mit immer wieder neuen Themen aufwartendes Betätigungsfeld:[292] Dürfen Gemeinden durch Planungsrecht („zoning regulations") auf ihrem Gebiet das Fracking unterbinden, das wirtschaftsrechtlich erlaubt ist? Inwieweit können sie Alkoholverbote oder waffenrechtliche Kontrollvorschriften erlassen? Die Antworten hängen davon ab, inwieweit sich das staatliche Recht Ausschlusswirkung („preemption") beigelegt hat,[293] und wie die „home rule" gewährleistet ist. Ein „gemeindespezifisches Aufgabenverteilungsprinzip", wie es das Bundesverfassungsgericht für Art. 28 Abs. 2 GG annimmt,[294] ist schon angesichts der unterschiedlichen Fassungen der Garantienormen nicht auszumachen. Die Gerichte unterziehen die konfligierenden staatlichen Regelungsansprüche auch keiner strengen Prüfung der Verhältnismäßigkeit. Die unvermeidbaren Wertungen und Abwägungen sind offen und weniger von Schutzüberlegungen zugunsten der kommunalen Ebene dominiert. Als Rechtsgebiet aber kann das Kommunalrecht wesentlich dazu beitragen, die Vielgestaltigkeit der Verwaltung vor Ort anschaulich zu machen. Es ist eine geradezu notwendige Ergänzung zu der im Wesentlichen auf die Bundesverwaltung konzentrierten Sicht des klassischen „administrative law".

---

291 So die Angaben bei *Reynolds*, Law, § 6.3.

292 Vgl. dazu nur *F. R. Guenthner* (Fn. 287), 102 Minn. L. Rev. 427, 429–430 (2017).

293 Zur jüngeren Praxis einzelner Staaten, ihre Ausschlussmöglichkeiten extensiv wahrzunehmen, vgl. *E. A. Scharff*, Hyper Preemption: A Reordering of the State-Local Relationship, 106 Georgetown L. J. 1469 (2018).

294 BVerfGE 79, 127, 147–150.

Dritter Abschnitt „The Province of Administrative Law“

„Administrative Law“ und „Verwaltungsrecht“ sind in den USA wie in Deutschland Sammelbezeichnungen für eine Vielzahl von Vorschriften, Prinzipien und Instituten, die aus ganz unterschiedlichen Rechtsquellen und Rechtskreisen stammen und sich an unterschiedliche Adressaten richten: Im Kern geht es um ein Sonderrecht für *Behörden* (A). Der sachliche Regelungsbereich reicht jedoch darüber hinaus. „The Constitution constrains governmental action by whatever instruments or in whatever modes that action may be taken“.[295] Folglich sind auch die Rechtsstellung und die Bindungen der in der und für die Verwaltung tätigen *Privatpersonen und Unternehmen* einzubeziehen (B). Klar getrennt, aber doch funktional aufeinander bezogen sind die Tätigkeiten, die Behörden und Private speziell bei der Rechtsdurchsetzung wahrnehmen. So unterschiedlich sie rechtlich ausgestattet sind, *public* und *private law enforcement* lassen sich als auf ein gemeinsames Ziel gerichtete Regulierungsstrategien verstehen (C). „*The province of administrative law*“ besitzt also keine einheitlichen Außengrenzen, sondern ist ein nach dem Anwendungskontext variierendes Regelungsgefüge.[296] Das ist in Deutschland letztlich nicht anders; auch hier muss die Reichweite der Verwaltungsbindungen von Fall zu Fall nach Maßgabe der einschlägigen Anwendungsregeln bestimmt werden.[297] 104

A. Verwaltungsrecht als Sonderrecht

Diese Anwendungsregeln ergeben sich primär aus dem einfachen Recht (I). Sie können aber auch aus Erkenntnissen folgen, die die Judikatur unter Rückgriff auf die Verfassung entwickelt hat (II).[298] 105

295 So 513 U.S. 374, 392 (1995) *Lebron v. National Railroad Passenger Corp.* – „Amtrak“ – unter Bezugnahme auf 100 U.S. 339, 346 (1879) *Ex Parte Virginia.*

296 Zum Folgenden die Beiträge in: *M. Taggart (ed.)*, The Province of Administrative Law.

297 *Schmidt-Aßmann*, Ordnungsidee, Kap. 1 Rn. 2 mit Verweis auf Art. 1 Abs. 3, Art. 19 Abs. 4 und Art. 20 Abs. 2 und 3 GG.

298 Vgl. *J. Beermann*, in: Taggart, Province, 171 ff.

I. Anwendungsregeln des einfachen Gesetzesrechts

106 Eine große Rolle spielen hier die *Legaldefinitionen*. Amerikanische Gesetze beginnen regelmäßig mit einem Katalog von Definitionen, der sich oft über mehrere Seiten des Gesetzblattes hinzieht und den Anwendungsbereich der folgenden Vorschriften detailliert festlegt. Auch innerhalb eines Gesetzes können immer wieder Definitionen auftauchen, die nur für einen einzelnen Unterabschnitt oder eine einzelne Bestimmung gelten. Das kann die Übersichtlichkeit erschweren, zeigt aber andererseits, wie genau der Regelungsbereich im Gesetzgebungsverfahren durchkonstruiert worden ist.

107 Soweit es dabei um das *Fachrecht*, d. h., um die einzelnen Gebiete des Besonderen Verwaltungsrechts, geht, ergibt sich der Anwendungsbereich regelmäßig aus den Vorschriften, die die betreffende Verwaltungsaufgabe umschreiben. Bei der Vorliebe des amerikanischen Kongresses, auf neue Anforderungen mit neuen Gesetzen und neuen Vollzugsbehörden zu reagieren, sind der gesetzliche Anwendungsbereich und der behördliche Zuständigkeitsbereich oft identisch. Eine Behörde hat „ihr" Gesetz, für dessen Interpretation sie als in besonderer Weise kompetent gilt (→ 2/12).

108 Auch die Gesetze, die als *allgemeine Verwaltungsgesetze* verstanden werden, der Administrative Procedure Act (APA) und der Freedom of Information Act (FOIA), haben ihre eigenen Anwendungsregeln. Sie erfassen nicht schlechthin alle Organisationen und Einrichtungen, die in dem einen oder anderen Sinne für die Regierung tätig werden, sondern nur solche Verwaltungseinheiten, die dem Begriff „agency" unterfallen. Beide Gesetze definieren diesen Schlüsselbegriff unterschiedlich:[299]

- § 551(1) APA zählt dazu „each authority of the Government of the United States, whether or not it is within or subject to review by another agency". Die Rechtsprechung hat diese weite, erkennbar auf die organisatorische Zuordnung abstellende Begriffsbestimmung enger gefasst und rechnet zu den agencies nur solche Stellen, deren Entscheidungen Außenwirkung haben können; Beratungsgremien werden dagegen nicht als agencies i. S. von § 551 APA qualifiziert. Ebenfalls ausgenom-

299 Zum Folgenden *Hickman/Pierce*, 5 ff.; *Lawson*, 1 ff.

men sind die Handlungen des Präsidenten und seines Executive Office.[300]

- § 552(f) APA (= FOIA) knüpft an die Definition in § 551(1) APA an, erweitert diese aber, indem er „any executive department, military department, Government corporation, Government controlled corporation, or other establishment in the executive branch of the Government (including the Executive Office of the President), or any independent regulatory agency" in den Anwendungsbereich einbezieht. Dem Kongress kam es darauf an, den mit dem FOIA angestrebten Zugang zu Verwaltungsinformationen in möglichst weitem Umfange zu gewährleisten. Die Art der von einer Behörde oder sonstigen Stelle ausgeübten Tätigkeit ist dafür nicht entscheidend. Vielmehr geht es um Transparenz im gesamten Verwaltungsgefüge und darüber hinaus.[301] Das Executive Office ist hier ausdrücklich einbezogen. Nach der Rechtsprechung ausgenommen sind nur die persönlichen Mitarbeiter des Präsidenten („immediate personal staff") und rein interne Beratungsstellen („units whose sole function is to advise or assist the President").[302]

II. Verfassungsgebotene Erweiterungen

Mit den fachgesetzlichen Anwendungsregeln und den Schlüsselbegriffen der zentralen Gesetze des (allgemeinen) Verwaltungsrechts ist jedoch der Bereich des administrative law nicht vollständig erfasst. Der Kongress hat es zwar in der Hand, den Anwendungsbereich seiner Gesetze zu festzulegen. Er ist aber nicht dazu in der Lage, durch Definitionen und Formenveränderungen Bindungen abzustreifen, die sich aus der Verfassung ergeben.[303] Mit dieser Formulierung des Supreme Court in *Lebron v. Amtrak*, die sich nahezu gleichlautend in der *Fraport*-Entscheidung des Bundesver- 109

300 505 U.S. 788, 800–801 (1992) *Franklin v. Massachusetts*: Mit Rücksicht auf die Gewaltenteilung und seine herausgehobene Stellung hätte es einer ausdrücklichen Entscheidung des Gesetzgebers bedurft, um den Präsidenten den Regeln des APA zu unterwerfen.

301 Vgl. 425 U.S. 352, 361 (1976) *Department of Air Force v. Rose*.

302 445 U.S. 136, 156 (1980) *Kissinger v. Reporters Committee for Freedom of the Press*.

303 513 U.S. 374, 397 (1995) *Lebron v. National Railroad Passenger Corporation*: „It surely cannot be that government, state or federal, is able to evade the most solemn obligations imposed in the Constitution by simply resorting to the corporate form".

fassungsgerichts von 2011 findet,[304] ist eine systematische und eine inhaltliche Aussage getroffen:

110 (1) Das Verwaltungsrecht ist ein Recht, das sich an spezifische Adressaten richtet und für diese spezifische Bindungen und Befugnisse festlegt.[305] Lässt sich das amerikanische Verwaltungsrecht damit als Teilgebiet des öffentlichen Rechts in Sinne der kontinental-europäischen Unterscheidung verstehen, die stark auf den *Sonderrechtscharakter* abhebt? Das ist in historischer Perspektive schwierig.[306] Gern wird auf die common law Tradition der USA verwiesen, die eine solche Unterscheidung nicht kenne.[307] Das positive Recht unterstreicht die Einheitsvorstellung, insoweit es ein monistisch organisiertes Gerichtswesen vorschreibt, das im Grundsatz nach einem einheitlichen Prozessrecht verfährt. Zu berücksichtigen ist außerdem, dass amerikanische Behörden keine eigene Vollstreckungsbefugnis besitzen und sich für die zwangsweise Durchsetzung ihrer Entscheidungen wie jedermann an die Gerichte wenden müssen (→ 5/8).

111 Es gibt jedoch gewichtige Gründe, die *für* ein differenzierendes Konzept und *für* den Sonderrechtscharakter des Verwaltungsrechts sprechen: Die Gerichtsorganisation ist weniger einheitlich, als es der erste Blick nahelegt, und das für alle geltende Prozessrecht ist für Prozesse gegen die Verwaltung durch die §§ 701–706 APA in einer Weise überlagert, dass Strukturen eines eigenen „Verwaltungsprozessrechts" erkennbar sind (→ 4/51). Ähnliches gilt für das Vertragsrecht (→ 3/147–149) und für das Haftungsrecht der Verwaltung (→ 4/137–147). Das Informationsrecht schließlich legt der Verwaltung mit der Idee des „freedom of information" Pflichten auf, die nur sie, nicht aber Private treffen (→ 5/17–18). Misst man den Sonderrechtscharakter des Verwaltungsrechts eher an den Sonderbindungen als an den Sonderberechtigungen der Verwaltung, so ist auch das amerikanische Verwaltungsrecht ein *Sonderrecht*.

112 Unbeschadet aller Traditionen und positiv-rechtlichen Festlegungen lässt sich die Unterscheidung von öffentlichem und privatem Recht zudem als *Theorierahmen* nutzen, um die spezifischen verfassungsrechtlichen Anfor-

---

304 BVerfGE 128, 226, 245.

305 So *Schwartz*, § 1.1: „Administrative law is that branch of law that controls the administrative operations of government".

306 Zur historischen Entwicklung vergleichend *E. Zoller*, Introduction to Public Law.

307 Zu den Gründen *Pierce*, Process, § 1.2. Krit. zum „Mythos des fehlenden Verwaltungsrechts" im common law *Kischel*, Rechtsvergleichung, § 5 Rn. 197 f.

derungen an besondere Funktionsträger zu beschreiben und zu analysieren. „Although the private-public law distinction has not become a staple of American administrative law scholarship, scholars have used the distinction to analyze legal developments in administrative and constitutional law".[308] Es geht darum, Mischformen und Übergangserscheinungen zwischen organisierter Hoheitsgewalt und privaten Akteuren zu erfassen. Die Unterscheidung von öffentlichem Recht und Privatrecht bietet dazu ein Analyseraster und erste Orientierungen. Auch ein Land mit einem monistischen Justizsystem wie die USA ist dazu angehalten, das Verwaltungsrecht als ein besonderes Recht zu verstehen, das „public values" zu dienen bestimmt ist. Gerade seine demokratischen Wurzeln legen das nahe. Die jüngeren Privatisierungsdiskussionen haben die Bedeutung dieser Werte für das amerikanische Verfassungsdenken erneut herausgestellt.[309]

(2) In der Sache ist mit *Lebron v. Amtrak* der Grund für eine Erweiterung 113
des Verwaltungsrechts gelegt, die sich in Deutschland auf die allgemeine Bindungsklausel des Art. 1 Abs. 3 GG stützen kann, die bei aller Zurückhaltung gegenüber einer „Über-Konstitutionalisierung" aber auch für das amerikanische Recht unausweichlich ist: die besonderen Pflichten derjenigen privaten Akteure, die in einer spezifischen Nähebeziehung zum Staat stehen, weil sie in die Erfüllung öffentlicher Aufgaben eingebunden oder vom Staat beherrscht sind.

B. *Private in der öffentlichen Verwaltung*

Die Gründung und die Heranziehung privater Organisationen zu Verwal- 114
tungszwecken sind in den USA ebenso wie in Deutschland eine seit Langem geübte Praxis. Die Entwicklung verlief in Wellen.[310] Ihren jüngsten

308 *Pierce*, Process, § 1.2 (S. 4). Zum Hintergrund 500 U.S. 614, 620 (1991) *Edmonson v. Leesville Concrete Co., Inc*: „the ‚essential dichotomy' between the private sphere and the public sphere".

309 Dazu die Beiträge des Symposiums „Public Values in the Era of Privatization", abgedr. 116 Harv. L. Rev. 1212 ff. (2003), insbes. *J. Freeman*, Extending Private Law Norms through Privatization, dort 1285 ff., (der die „public law perspective" betont und dazu die Figur der „publicization" einführt) sowie die Beiträge des Symposiums „New Forms of Governance", abgedr. 49 UCLA L. Rev. 1687 ff (2002).

310 Vgl. 513 U.S. 374, 386–392 (1995) *Lebron v. National Railroad Passenger Corporation*; zur jüngeren Entwicklung vgl. Beispiele bei *G. E. Metzger*, Privatization as Delegation, 103 Colum. L. Rev. 1367, 1377 ff. (2003).

Höhepunkt erreichte sie unter Präsident G. W. Bush, als im Zusammenhang mit dem Irak-Krieg in großem Stil auch militärische und andere sicherheitsrelevante Aufgaben privaten Unternehmen übertragen wurden.[311] Die Vorgänge haben breite juristische Diskussionen ausgelöst.[312] Aus verfassungspolitischer Perspektive wird vor allem ein Verlust an demokratischer Verantwortlichkeit, an Transparenz und an Verfahrensfairness befürchtet.[313] Gefragt wird, inwieweit das Verfassungsrecht bestimmten Privatisierungen schlechthin entgegensteht. Für diese Probleme der *Privatisierungverbote* wird vor allem auf die Appointments Clause des Art. II sect. 2 cl. 2 der Verfassung Bezug genommen, die die Ernennung und Kontrolle der Amtsträger einem komplizierten Zusammenspiel zwischen dem Präsidenten und den gesetzgebenden Instanzen unterwirft und nicht dadurch umgangen werden darf, dass Amtsaufgaben in beliebigem Umfang auf Private übertragen werden.[314] Der verfassungsrechtliche Ansatz ist zwar ein anderer als in Deutschland, insofern Gesichtspunkte der Gewaltenteilung und der Delegationsgrenzen im Vordergrund stehen.[315] Die Ergebnisse sind jedoch der am Funktionsvorbehalt des Art. 33 Abs. 4 GG ansetzenden deutschen Diskussion nicht unähnlich:[316] Privatisierungsverbote lassen sich nur sehr selten zwingend begründen. Noch am ehesten sind sie dort

---

311 Dazu nur die Beiträge in: *Freeman/Minow (eds.)*, Government by Contract. Outsourcing and American Democracy; *J. D. Michaels*, The (Willingly) Fettered Executive: Presidential Spinoffs in National Security Domains and Beyond, 97 Va. L. Rev. 801, 833–858 (2011).

312 Zum Diskussionsstand *J. Freeman*, Extending Public Law Norms through Privatization, 116 Harv. L Rev. 1285, 1291–1301 (2003); allg. auch *D. Barak-Erez*, Three Questions of Privatization, in: Rose-Ackerman/Lindseth/Emerson, Comparative Administrative Law, 533 ff.

313 *Freeman*, ebd., 1301: „for what they regard as liberal democratic norms of accountability, due process, equality, rationality and the like"; *M. H. Lemos*, Democratic Enforcement? Accountability and Independence for the Litigation State, 102 Cornell L. Rev. 929 (2017).

314 *P. R. Verkuil*, Outsourcing and the Duty to Govern, in: Freeman/Minow, Government by Contract, 310, 318 ff.

315 Das gilt ähnlich für den Vorschlag, die Delegation von Verwaltungsaufgaben an private Organisationen an der „Vesting Clause" des Art. II sect. 1 cl. 1 und die „Take Care Clause" sect. 3 U.S.-Verf. zu messen, so *D. Mishra*, An Executive-Power Non-Delegation Doctrine for the Private Administration of Federal Law, 68 Vanderbilt L. Rev. 1509 (2015).

316 Vgl. BVerfGE 130, 76, 108 ff.; *P. R. Verkuil* (Fn. 314), in: Freeman/Minow, Government by Contract, 310, 326, unter Bezugnahme auf das Circular A-76 des Government Accountability Office (GAO) im Office of Management and Budget (OMB), das die Grenzziehungen der Appointment Clause im Begriff „inherently governmental activities" auffängt. Die notwendige Flexibilität wird in den

anzunehmen, wo es um den Kern hoheitlicher Aufgaben geht, der nach deutscher Vorstellung von Sachgehalt und Grundrechtsrelevanz der erfassten Aufgabe, nach amerikanischer Vorstellung durch die Funktionen der Aufgabenerfüllung bestimmt wird.[317]

Für den vorliegenden Zusammenhang sind allerdings nicht die Privatisie- 115
rungsverbote, sondern die Konsequenzen interessant, die sich für den Anwendungsbereich des Verwaltungsrechts dann ergeben, wenn eine typischerweise von der öffentlichen Hand wahrgenommene Tätigkeit Privaten übertragen wird. Dabei bietet es sich an, zwischen öffentlichen Unternehmen (I) und Privaten als „state actors“ (II) zu trennen. In den Kategorien der deutschen Privatisierungsdiskussion geht es bei der ersten Fallgruppe um Organisationsprivatisierungen, während die zweite Fallgruppe die komplizierte Grenzziehung zwischen Beleihung und funktionaler Privatisierung betrifft.[318]

I. Government Corporations

In der Frage, inwieweit öffentliche Unternehmen öffentlich-rechtlichen 116
Vorschriften unterliegen, trennt das amerikanische Recht strikter als das deutsche zwischen einfachrechtlichen (1) und verfassungsrechtlichen Vorgaben (2).[319]

1. Bindungen an das einfachrechtliche Verwaltungsrecht

Soweit es um das einfache Recht geht, wird ganz positivistisch argumen- 117
tiert:[320] In den FOIA sind öffentliche Unternehmen einbezogen, weil sie dem bewusst weit gefassten Begriff der „agency“ unterfallen (§ 552(f) APA). In den APA sind sie angesichts der enger gefassten „agency“-Defini-

---

USA durch die weitreichende Befugnis des Kongresses zur Delegation, in Deutschland durch die Auslegung des Tatbestandsmerkmals „in der Regel“ in Art. 33 Abs. 4 GG hergestellt.

317 Ähnlich *D. Barak-Erez* (Fn. 312), in: Rose-Ackerman/Lindseth/Emerson, Comparative Administrative Law, 533, 541 f. („institutional-based analysis“ und „rights-based analysis“).

318 Vgl. nur *M. Burgi*, in: Ehlers/Pünder, Verwaltungsrecht, § 10 Rn. 7 ff.

319 Vgl. *Hickman/Pierce*, 75 ff.

320 *J. Beermann*, in: Taggart, Province, 173 ff.

tion des § 551(1) APA dagegen nur dann einbezogen, wenn der Kongress das in dem entsprechenden Gründungsstatut, der „corporate charter", vorgeschrieben hat. Umgekehrt gilt: Wenn der Kongress festgelegt hat, ein Unternehmen sei keine agency, so ist der APA auch dann nicht anwendbar, wenn das Unternehmen in der Sache öffentliche Aufgaben wahrnimmt. Fehlt es an einer gesetzlichen Regelung, soll die gewählte Unternehmensform eine Vermutung dafür begründen, dass die Anwendung des APA nicht gewünscht ist. Damit sind Unternehmensentscheidungen dann nicht nur von den Verfahrensvorschriften des APA, sondern auch von dem in §§ 701–706 APA gewährleisteten Rechtsschutz in Verwaltungssachen ausgenommen.[321]

2. Bindungen an verfassungsrechtliche Vorschriften

118 Unbeschadet dieser einfachrechtlichen Ergebnisse stellt sich freilich die Frage, inwieweit öffentliche Unternehmen die für Verwaltungen einschlägigen Bestimmungen der US-Verfassung, z. B. die Due Process Garantien des V. und des XIV. Amendment, zu beachten haben. Die amerikanische Verfassung kennt zwar keine zentrale Bindungsklausel nach Art des Art. 1 Abs. 3 GG, in deren Rahmen die Problematik umfassend und systematisch diskutiert werden könnte. Der Supreme Court setzt in *Lebron v. Amtrak* gleichwohl nicht bei einer einzelnen Verfassungsbestimmung an, sondern formuliert breit aus dem Freiheitsverständnis der Verfassung heraus. Es geht um die „most solemn obligations imposed in the Constitution", die nicht umgangen werden dürfen.

119 Das Bundesverfassungsgericht gelangt auf dieser Grundlage ohne größere Umschweife dazu, dass gemischtwirtschaftliche Unternehmen, wenn sie von den öffentlichen Anteilseignern beherrscht werden, zu den Grundrechtsadressaten zu rechnen und unmittelbar an Grundrechte gebunden sind.[322] Für den Supreme Court stellte sich die Lage insofern komplizierter dar, als das einschlägige Gesetzesrecht dem Staat zwar beherrschenden Einfluss einräumte, Amtrak aber als „for profit corporation" einstufte, die gerade keine „agency" sei. Trotzdem gelangte das Gericht dazu, die Gesellschaft als staatliche Einrichtung im Sinne des Verfassungsrechts einzustu-

---

321 Zur Frage, inwieweit stattdessen Rechtsschutz nach dem Unternehmensrecht besteht, vgl. *J. Beermann*, ebd., 180 ff.

322 BVerfGE 128, 226, 250 („Fraport").

fen; indem es die gesetzliche Zielsetzung, mit der Amtrak gegründet wurde, in die Betrachtung einbezieht.[323] Ob damit ein Kriterium eingeführt ist, das *neben* dem Beherrschungskriterium erfüllt sein muss, um ein Unternehmen als „establishment of the United States“ anzuerkennen, ist nicht ganz klar. Mehr spricht dafür, dass die Beherrschung letztlich das entscheidende Argument darstellt und das Unternehmensziel nur herangezogen worden ist, um die gesetzliche Einstufung von Amtrak als „for profit corporation“ zu überwinden.[324] Deutlich ist jedenfalls, dass das Ziel öffentlicher Aufgabenwahrnehmung nicht das *alleinige* Kriterium für die Qualifizierung eines Unternehmens als „government actor“ sein kann. Erst recht macht der Umstand, dass ein Unternehmen aus öffentlichem Interesse einer intensiven Regulierung unterliegt, dieses nicht zu einer staatlichen Instanz, die den Verfassungsbindungen der Exekutive unterliegt.[325]

II. Privatpersonen als „state actors“

Für Privatpersonen gelten die Bindungen, die die amerikanische Verfassung staatlichen Instanzen auferlegt, grundsätzlich nicht.[326] Das folgt aus dem Grundanliegen der Verfassung, private Freiheitsausübung zu schützen. „One great object of the Constitution is to permit citizens to structure their private relations as they choose subject only to the constraints of statutory or decisional law“.[327] Anders als im amerikanischen Recht sind Grundrechte im deutschen Recht nicht *nur* gegen den Staat gerichtet, son- 120

323 513 U.S. 374, 398 (1995) *Lebron v. National Railroad Passenger Corporation*: „Moreover, Amtrak is not merely in the temporary control of the Government (as a private corporation whose stock comes into federal ownership might be); it is established and organized under federal law for the very purpose of pursuing federal governmental objectives, under the direction and control of federal governmental appointees“.

324 So erneut auch 135 S. Ct. 1225 (2015) *Department of Transportation v. Association of American Railroads* („the practical reality of federal control and supervision“); im Ergebnis auch *J. Beermann*, in: Taggart, Province, 177 ff. („key factor“).

325 Vgl. *J. Beermann*, ebd., 179.

326 500 U.S. 614, 620 (1991) *Edmonson v. Leesville Concrete Co., Inc.*: „With a few exceptions, such as the provisions of the Thirteenth Amendment, constitutional guarantees of individual liberty and equal protection do not apply to the actions of private entities“.

327 Ebd., 619.

dern können u. U. mittelbare Drittwirkungen unter Privaten entfalten.[328] In den Grundannahmen eines *den Staat* in Pflicht nehmenden Verständnisses der Verfassung stimmen beide Rechtsordnungen – bis in die Formulierungen höchstrichterlicher Urteile hinein – jedoch überein. „Der Bürger findet durch die Grundrechte Anerkennung als freie Person, die in der Entfaltung ihrer Individualität selbstverantwortlich ist".[329] Die damit anerkannte *kategoriale Differenz* zwischen freiheitlichem Bürgerstatus und gebundener staatlicher Kompetenz legt nicht nur für die deutsche, sondern auch für die amerikanische Rechtsordnung eine Unterscheidung zwischen dem allgemeinen privaten und einem besonderen öffentlichen Rechtskreis mindestens nahe (vgl. → 2/110–112).

121 Beide Rechtsordnungen kennen allerdings besondere Konstellationen, in denen Private so intensiv in die staatliche Sphäre hineingenommen sind, dass sich die Frage ihrer Bindung an die für staatliches Handeln geltenden Verfassungsvorschriften anders stellt. „This is the jurisprudence of state action, which explores the 'essential dichotomy' between the private sphere and the public sphere, with all its attendant constitutional obligations".[330] Die damit aufgerufene *state action* Doktrin besteht aus einer Folge von Tests, nach denen die Judikatur darüber entscheidet, ob die Verwaltung die Aktivitäten der beteiligten Privaten so nachhaltig steuert, dass diese in der Frage der Verfassungsbindung als Teile des Staates angesehen werden müssen.[331]

122 Die Doktrin wurde zunächst im Rahmen des XIV. Amendment entwickelt, der ausdrücklich „states" als Bindungsadressaten nennt. Sie ist dann aber auch auf andere Verfassungsvorschriften übertragen worden. Ihre Anwendung folgt einem zweistufigen Prüfungsschema:[332] Zunächst wird nach den Grundlagen der Aktivitäten im staatlichen Recht gefragt, und danach geht es um die Enge der Beziehungen zwischen dem Privaten und dem Staat. Der Schwerpunkt liegt auf der zweiten Stufe. Der erforderliche *nexus*

---

328 Mit weiteren Nachw. BVerfGE 148, 267 Rn. 31 ff. („Stadionverbot"). Zu neueren Ansätzen einer Grundrechtsgeltung im "public space" vgl. *G. E. Metzger*, State Action and the Public/Private Distinction, 123 Harv. L.Rev. 1248 (2010).

329 BVerfGE 128, 226, 244.

330 So 500 U.S. 614, 620 (1991) *Edmonson v. Leesville Concrete Co., Inc.*

331 Zum Folgenden die (krit.) Darstellung von *G. E. Metzger* (Fn. 310), 103 Colum. L. Rev. 1367, 1410 ff. (2003).

332 457 U.S. 922, 936–937 (1982) *Lugar v. Edmondson Oil Co., Inc.*

kann durch verschiedene Kriterien indiziert sein:[333] „whether the private party is performing a public or government function, whether the government compelled or significantly encouraged the challenged action, whether the government jointly participated in the action; and whether there is a symbiotic interdependence between the government and the private party“.

123 Die Kriterien sind ihrerseits allerdings sehr allgemein gefasst. Eindeutige Aussagen darüber, ob ein Privater als state actor einzustufen ist und bei seinen Entscheidungen etwa die Due Process Klausel beachten muss, sind auf dieser Basis nur schwer möglich. Das räumt die Judikatur selbst ein.[334] In der Literatur wird Abhilfe durch eine Ausrichtung an einer reformulierten *Private Delegation Doctrine* empfohlen:[335] Danach soll gefragt werden, ob der Private zu einem „Acting on the Goverment´s Behalf and Agency“ ermächtigt ist. Wenn das zu bejahen ist, soll nicht automatisch der volle Bestand der für die Verwaltung beachtlichen verfassungsrechtlichen Vorgaben anzuwenden sein; vielmehr müsse es nur darum gehen, elementare Anforderungen an Neutralität und Verfahrensfairness zu sichern; das könne auch durch einfach-rechtliche Ausgestaltungen der Delegation geschehen; dabei komme den Möglichkeiten einer aktiven behördlichen Beaufsichtigung der privaten Aufgabenwahrnehmung eine besondere Rolle zu.[336]

124 Mit Überlegungen der deutschen Privatisierungsdiskussion begegnet sich dieser Vorschlag darin, dass er die Frage nach den übertragenen Aufgaben (und nicht nach den staatlichen Einwirkungen) in den Vordergrund stellt. Ähnlich verfährt das deutsche Recht, wenn es nach *Beleihungen* fragt. Beleihungen setzen eine gesetzliche Ermächtigung voraus. Ihr Nachweis kann schwierig sein; aber das Kriterium ist klar: Es müssen „Befugnisse“ übertragen sein.[337] Damit ist aus der Vielzahl von Privatisierungsvorgängen ein

---

333 *G. E. Metzger*, in: Freeman/Minow, Government by Contract, 306, 412, unter Bezugnahme auf 526 U.S. 40, 52–58 (1999) *American Manufacturers Mutual Insurance Co. v. Sullivan*.

334 500 U.S. 614, 640 (1991) *Edmonson v. Leesville Concrete Co., Inc.*, Justice *O'Connor* diss.: „Unfortunately, our cases deciding when private action might be deemed that of the state have not been a model of consistency“.

335 *G. E. Metzger* (Fn. 310), 103 Colum. L. Rev. 1367, 1461 ff. (2003); *dies.*, in: Freeman/Minow, Government by Contract, 291 ff.; mit anderer Akzentsetzung auch *D. Mishra* (Fn. 315), 68 Vanderbilt L. Rev. 1509, 1541–1557 (2015).

336 *G. E. Metzger*, in: Freeman/Minow, Government by Contract, 306 ff.

337 *M. Burgi*, in: Ehlers/Pünder, Verwaltungsrecht, § 10 Rn. 26 („ohne Befugnisse keine Beleihung“).

schmaler, aber qualifizierter Ausschnitt erfasst, für den dann konsequent auch die verfassungs- und einfachrechtlichen Vorgaben für hoheitliches Handeln gelten: Beliehene sind wie Verwaltungen umfassend an das öffentliche Recht gebunden.[338]

125 Das Spektrum derjenigen Privaten, deren Handeln als „Acting on the Goverment´s Behalf and Agency“ eingestuft werden kann, geht allerdings über die Fälle der Beleihung hinaus und erfasst auch Fallgruppen, die in Deutschland als *funktionale Privatisierung* oder auch als „Verwaltungshilfe“ bezeichnet werden.[339] Auch in diesem Bereich staatlich-gesellschaftlicher Kooperation sind grundlegende Standards des öffentlichen Rechts zur Geltung zu bringen. Allerdings muss das nicht notwendig dadurch geschehen, dass die Regeln des öffentlichen Rechts wie bei Beliehenen in toto auf das Handeln der Verwaltungshelfer erstreckt werden. Vielmehr sind flexiblere Lösungen angezeigt. Die deutsche Literatur rekurriert hier auf eine „Gewährleistungsverantwortung“ und eine „Strukturverschaffungspflicht“ des Staates, die in einem „Privatverfahrensrecht“ weiter auszuformen sind.[340] In den USA nimmt man den Due Process Gedanken als Bezugspunkt, dessen Anforderungen den spezifischen Gefahren *privater* Aufgabenwahrnehmung entsprechend umformuliert werden.[341] Dieser Ansatz hat den Vorzug größerer Anschaulichkeit, weil er an die Fallgruppen der klassischen Due Process Konstellationen anknüpft.

126 Fragt man allgemein danach, wie die Grenzen des Verfassungs- und Verwaltungsrechts angesichts einer kaum überschaubar vielgestaltigen staatlich-gesellschaftlichen Kooperation zu ziehen sind, so folgen beide Rechtsordnungen ähnlichen Grundlinien: Jenseits eines engeren Privatisierungsbereichs, in dem die privaten Aufgabenträger unmittelbar den öffentlichrechtlichen Regeln unterworfen sind, existiert eine breite Zone flexibler Anforderungen, die auf unterschiedliche Weise unter Einschluss des privaten Vertrags- und Haftungsrechts erfüllt werden können.

127 Nicht in den Anwendungsbereich des Verwaltungsrechts fallen in beiden Rechtsordnungen die Rechtsverhältnisse gesellschaftlicher Organisationen zu ihren Mitgliedern oder zu Dritten, selbst wenn diese Organisationen wie z. B. Berufsverbände erhebliche soziale und ökonomische Macht besit-

---

338 *M. Burgi*, ebd., Rn. 28; speziell zur Haftung Beliehener *B. Grzeszick*, dort § 44 Rn. 11.

339 Dazu grundlegend *M. Burgi*, Funktionale Privatisierung und Verwaltungshilfe.

340 Dazu *I. Appel*, Privatverfahren, in: GVwR II, § 32 Rn. 77 ff.

341 *G. E. Metzger*, in: Freeman/Minow, Government by Contract, 298 ff.

zen.[342] Ihre Kontrolle folgt in den USA den Regeln des common law, in Deutschland aus der mittelbaren Drittwirkung der Grundrechte insbesondere über die Generalklauseln des Zivilrechts.[343]

C. *Private law enforcement*

Wesentlich häufiger als in Deutschland engagieren sich in den USA Privatpersonen für die Durchsetzung staatlichen Rechts:[344] private law enforcement durch einzelne Bürger, Unternehmen oder Verbände.[345] 128

I. Fester Bestandteil der amerikanischen Rechtsordnung

Bekannte Einsatzfelder sind das Wettbewerbsrecht, das Kapitalmarktrecht und das Produkthaftungsrecht. Aber auch im Umweltrecht und im Antidiskriminierungsrecht spielt diese Art der Rechtsdurchsetzung eine wichtige Rolle. Das zentrale Instrument des private law enforcement sind gerichtliche Klagen, unter denen wiederum die *class action* nach Rule 23 der Federal Rules of Civil Procedure (FRCP) besonders prominent ist.[346] Die Klagen richten sich häufig auf Schadensersatz, u.U. auch in den verschärften Formen eines Strafschadensersatzes („punitive damages“) oder verdreifach- 129

---

342 *J. Beermann*, in: Taggart, Province, 194 f.

343 BVerfGE 148, 267 Rn. 31 ff. („Stadionverbot“).

344 Für die deutsche Rechtslage repräsentativ sind allerdings nicht nur Gebiete wie das Wettbewerbsrecht, in die Instrumente der privaten Rechtsdurchsetzung im Wesentlichen erst in jüngerer Zeit in Vollzug von Vorgaben des EU-Rechts eingeführt worden sind. Eine eigenständige Form gerade im Verwaltungsrecht sind die seit Langem anerkannten bau- und immissionsschutzrechtlichen Nachbarklagen sowie sonstige *Drittklagen* (Gewerberecht, Beamtenrecht). Ihre traditionelle Ausrichtung auf eine Schutznormverletzung und damit auf den Schutz subjektiver Rechte nimmt ihnen nicht den Effekt, auch für die Rechtsdurchsetzung als solche zu wirken. Heute zeichnen sich hier zudem Weiterentwicklungen ab, die von der Vorstellung „prokuratorischer“ Rechte getragen sind; dazu → 4/93–95.

345 Zum Folgenden vgl. nur den instruktiven Überblick von *M. Reimann*, Präventiv-Administrative Regulierung oder Private Law Enforcement?, in: Privatautonomie in der transnationalen Marktwirtschaft, Bitburger Gespräche Bd. 50, 2008, 105 ff.; *Strauss*, Justice, 289 f.

346 Dazu *Schlacke*, Überindividueller Rechtsschutz, 425 ff.; *H. Beuchler*, Class Actions und Securities Class Actions in den Vereinigten Staaten von Amerika, 2008; auch *M. Orgel*, Class Arbitration, 2013, 11 ff.

ter Schadenssummen („treble damages"). Je nach dem einschlägigen Recht sind aber auch Unterlassungsklagen und Klagen auf behördliches Tätigwerden statthaft. So räumen zahlreiche Umweltgesetze jedermann die Befugnis ein, auf Einhaltung ihrer Regelungen zu klagen, und ermöglichen es damit, sowohl gegen umweltgefährdende Betriebe als auch gegen Behörden vorzugehen, die ihre umweltrechtlichen Pflichten nicht erfüllen.[347] In diesem Rahmen sind auch Klagen auf den Erlass administrativer Normen denkbar (→ 3/100).

130 Private law enforcement hat in den USA eine lange Tradition.[348] Es gilt als ein typischer Ausdruck des amerikanischen Verfassungsverständnisses, das individueller Selbstverantwortung und gesellschaftlicher Selbstorganisation einen besonderen Rang einräumt. Auch alte und neue Vorbehalte gegenüber staatlicher Macht, insbesondere gegenüber der Verwaltung und ihrer Objektivität („agency capture") dürften sich hier niedergeschlagen haben. Jedenfalls ist „private law enforcement" ein integraler Bestandteil des amerikanischen Konzepts von Rechtsvollzug.

131 Diese Feststellung schließt freilich nicht aus, dass die Aktivitäten privater Rechtsdurchsetzung im verfassungsrechtlichen Rahmen immer wieder auch kritisch überprüft werden müssen. Art. II der U.S.-Verf. überträgt die vollziehende Gewalt dem Präsidenten und damit einer politisch verantwortlichen Instanz. Er ist es, der dafür zu sorgen hat, „that the law be faithfully executed". Private sind der Öffentlichkeit gegenüber nicht rechenschaftspflichtig. Kritiker befürchten, dass mit ihrer Einschaltung in die Durchsetzung des staatlichen Rechts die demokratische Verantwortlichkeit Schaden nimmt.[349] Es sind die Argumente, die gegenüber der Privatisierung staatlicher Aufgaben auch sonst ins Feld geführt werden (→ 2/114). Im Zusammenhang speziell mit dem „law enforcement" sind sie zwar durch gegenläufige Traditionen teilweise überlagert. Aber sie halten be-

---

347 *J. G. Miller*, Citizen Suits, 1987; *Elshorst*, Bürgervollzugsklagen, 2002; *J. R. May*, Now More than Ever: Trends in Environmental Citizen Suits, in: 10 Widener R. Rev. 1 (2003) mit stat. Angaben; *Percival/Schroeder/Miller/Leape*, Environmental Regulation, 1054 ff.; weiter dazu → 4/87.

348 Vgl. nur *M. Reimann*, Bitburger Gespräche, 141 ff.

349 *M. C. Stephenson*, Public Regulation of Private Enforcement, in: 91 Va. L. Rev. 93, 119 (2005); vgl. auch *D. Mishra* (Fn. 315), in: 68 Vanderbilt L. Rev. 1509, 1545 ff. (2015).

wusst, dass private Rechtsdurchsetzung nur in geringem Maße steuerbar ist und deshalb in ihrem Werte nicht überschätzt werden darf.[350]

II. Verhältnis zur behördlichen Rechtsdurchsetzung

In der Praxis bestimmen die Instrumente privater Rechtsdurchsetzung das 132
Feld nicht allein, sondern müssen im Zusammenhang mit den Instrumenten des „public law enforcement“ betrachtet werden.[351] Die „Mischungsverhältnisse“ zwischen beiden Durchsetzungsregimen variieren in den einzelnen Rechtsgebieten. Das Umweltrecht etwa wird vorrangig von der EPA und den mit ihr kooperierenden Behörden der Bundesstaaten vollzogen. Klagen Privater sind hier eine zusätzliche Durchsetzungshilfe, u.U. auch, indem sie auf Aktionen der EPA dringen.[352] Ähnliches gilt für das Arzneimittelrecht und die Rolle der für dieses Gebiet verantwortlichen Food and Drug Administration (FDA). Aber auch auf Rechtsgebieten, die wie das Wettbewerbsrecht und das Kapitalmarktrecht als klassische Domänen privater Durchsetzung angesehen werden, bestehen wichtige behördliche Kompetenzen – hier sogar besonders einflussreicher und aktiver Behörden wie der Federal Trade Commission (FTC), der Securities and Exchange Commission (SEC) oder des Department of Justice (DOJ).[353] Untersagungsverfügungen, Bußgelder und die Erhebung von Strafklagen sind typische Instrumente dieses zweiten Pfeilers der Rechtsdurchsetzung. Selbst wenn die Behörden grundsätzlich keine eigene Vollstreckungsbefugnis besitzen und auf die Mithilfe der Gerichte angewiesen bleiben, sind sie es, die hier die aktive Position innehaben.

Rechtspolitisch geht es um Fragen von „regulatory choice“ und um das 133
richtige Mischungsverhältnis zwischen private und public law enforcement.[354] Zu entscheiden ist auch, ob beide Regime nebeneinander einsetz-

---

350 Vgl. nur *M. H. Lemos*, Privatizing Public Litigation, in: 104 Georgetown L. J. 515 (2016).

351 *M. Reimann*, Bitburger Gespräche 110 ff.; zur historischen Entwicklung *Lepsius*, in: Fehling/Ruffert, Regulierungsrecht, § 1 Rn. 41 ff.

352 Vgl *Percival/Schroeder/Miller/Leape*, Environmental Regulation, 115 f., 145 ff. und 1011 ff.; *Elshorst*, Bürgervollzugsklagen, 131 ff.; ferner → 4/87.

353 Vgl. *M. Minzer*, Should Agencies Enforce?, in: 99 Minn. L. Rev. 2113 f. (2015).

354 Dazu *M. Reimann*, Bitburger Gespräche, 127 ff. Beim public law enforcement ist weiter zu bedenken, ob die Kompetenz dezentral bei den jeweiligen Fachbehörden oder bei einer zentralen Behörde liegen soll, dazu *M. Minzer* (Fn. 353), 99 Minn. L. Rev. 2113.

bar sein sollen, oder die private gegenüber der öffentlichen Rechtsdurchsetzung subsidiär sein soll.[355] Der Mehrwert eines mit zahlreichen Instrumenten ausgestatteten Durchsetzungssystems, den das amerikanische Recht für sich in Anspruch nehmen kann, ist nur die *eine* Seite. Auf der *anderen* Seite muss den Betroffenen ein Mindestschutz gegen übermäßige Sanktionierungen zuerkannt werden.[356] Die Ausbalancierung der gegensätzlichen Interessen ist primär eine Aufgabe des Gesetzgebers. Im Rahmen der gesetzlichen Vorgaben haben aber auch die zuständigen Fachbehörden regelmäßig einen erheblichen Spielraum, wie sie ihre eigenen Instrumente (auch im Zusammenspiel mit der privaten Rechtsdurchsetzung) einsetzen. Die Rechtsprobleme der Durchsetzungsebene lassen sich nicht auf den Einzelfall konzentrieren. Sie stellen sich vielmehr auch im größeren Rahmen einer *behördlichen Vollzugspolitik*. Zutreffend wird in der Literatur daher verlangt, dass dabei Transparenz und Verantwortlichkeit in ähnlicher Weise gesichert werden, wie das für die administrative Rechtsetzung anerkannt ist.[357]

---

355 Vgl. *Percival/Schroeder/Miller/Leape*, Environmental Regulation, 1101 f. („preclusion").

356 Zu den Gefahren exzessiver Nutzung privater Klagen *M. Reimann*, Bitburger Gespräche, 128 ff.

357 *M. H. Lemos* (Fn. 313), 102 Cornell L. Rev. 929, 944 ff. (2017).

Drittes Kapitel Verfahren und Handlungsformen

„The courtroom trial is a ubiquitious part of our legal culture; a constant source of social fascination, dramatic inspiration, and political as well as legal commentary".[1] Die Verfassung liefert dazu mit der Due Process Klausel des V. und des XIV. Zusatzartikels einen zentralen Bezugspunkt. Gesetzgebung und Judikatur haben die Institute und Erscheinungsformen des Verfahrensrechts weiter ausdifferenziert und ergänzt. 1

Dem Verwaltungsverfahren werden mehrere Funktionen zugeschrieben:[2] „promoting accuracy in agency factfinding; securing agency conformance to statutory directives; enhancing the quality of agency policy judgements; permitting persons affected by decisions to have their say; facilitating judicial review". Ähnliche Funktionszuschreibungen finden sich auch in der deutschen Literatur.[3] Die Akzente werden jedoch etwas anders gesetzt. Das an erster Stelle stehende „factfinding" unterstreicht die besondere Rolle, die das amerikanische Recht den Fragen der Sachverhaltskonstitution zumisst.[4] Nicht zufällig wird bei der Due Process Garantie besonderer Wert auf das „evidentiary hearing" und auf die Möglichkeiten der Beteiligten gelegt, die Beweisaufnahme aktiv mitzugestalten. 2

Erster Abschnitt Die Rechtsquellen des Verwaltungsverfahrensrechts

Man darf sich durch die Existenz einer so traditionsreichen Erscheinung wie der Due Process Klausel allerdings nicht täuschen lassen: „Das" Verwaltungsverfahrensrecht der USA besteht in einem nur lockeren Gefüge von 3

1 *Mashaw/Merrill/Shane*, 312; ähnlich *Freedman*, Crisis and legitimacy, 21: „The American people traditionally have regarded the adversary procedures as of the judicial process as one of the finest achievements of Anglo-American development".

2 *Breyer/Stewart*, 457 ff.

3 Vgl. nur *Fehling*, Verwaltung zwischen Unparteilichkeit und Gestaltungsaufgabe, 36 (mit weit. Nachw.); *Schmidt-Aßmann*, Ordnungsidee, 6. Kap. Rn. 49 ff.

4 Dazu *O. Lepsius*, Was kann die deutsche Staatsrechtslehre von der amerikanischen Rechtswissenschaft lernen?, in: Schulze-Fielitz (Hrsg.), Staatsrechtslehre als Wissenschaft, DV Beiheft 7, 2007, 319 (320 f.).

Regelungen, die sich in Herkommen, Rechtsqualität, Inhalt und Anwendungsbereich erheblich unterscheiden, sich teilweise ergänzen, aber auch Lücken zwischen sich lassen. Seine wichtigsten Rechtsquellen sind die Verfassung, die Fachgesetze, vor allem also die „organic statutes" der einzelnen Behörden, der Administrative Procedure Act, das richterrechtlich geschaffene Verfahrensrecht, die Executive Orders der Präsidenten und schließlich die Verfahrensregelungen, die sich die Behörden selbst gegeben haben.[5]

4 Die Due Process Klausel bildet zwar die zentrale Referenz. Sie ist aber nicht dazu da, alle Lücken zu schließen. Die Verfassung kennt weitere prozedurale Rechtssicherungen: Ein zweiter Ankerpunkt ist das IV. Amendment (1791), das die Privatsphäre gegen „unreasonable search and seizure" schützen soll und Eingriffsmaßnahmen an eine richterliche Entscheidung („warrant") bindet. Die Sicherungen betreffen zwar vor allem das Strafverfahren (unter Einschluss polizeilicher Ermittlungen), haben aber auch bei typisch verwaltungsrechtlichen Sachverhalten, z.B. bei gewerberechtlichen Aufsichtsmaßnahmen und Inspektionen, Bedeutung (→ 5/9–14). Eine weitere prozedurale Garantie bietet das V. Amendment (1791) mit dem Schutz gegen Selbstbezichtigung.[6] Auch sie bezieht sich primär auf Strafverfahren, kann Vorwirkungen aber auch schon in Verwaltungsverfahren entfalten.[7]

5 Bereits auf Verfassungsebene zeigt sich damit: Das Verwaltungsverfahrensrecht ist jeweils auf bestimmte Entscheidungssituationen zugeschnitten. In der Entwicklung solcher für spezifische Eingriffslagen „maßgeschneiderter" Gestaltungen beweist das amerikanische Recht eine hohe Sensibilität für das, was eine der jeweiligen Gefährdungssituation eines Rechts adäquate prozedurale Reaktion ist.[8] „Due process is flexible and calls for such procedural protections as the particular situation demands".[9] Situationsgerechtigkeit, Flexibilität und Sensibilität haben allerdings auch eine Kehrseite: Sie erschweren es, sich in den unterschiedlichen Schichten des einschlägi-

---

5 *Pierce*, Process, § 6.1; ähnlich *Breyer/Stewart*, 457; *Lawson*, 303; knappe, präzise Erläuterungen zu den einzelnen Rechtsquellen bei *Strauss*, Justice, 259–274.

6 „No person shall be compelled in any criminal case to be a witness against himself".

7 Zur Anwendung der Klausel in Verwaltungsverfahren vgl. *Gellhorn*, 98 f. Zum deutschen Recht *Wolff*, Selbstbelastung und Verfahrenstrennung.

8 So 397 U.S. 254, 269 (1970) *Goldberg v. Kelly*: „The opportunity to be heard must be tailored to the capacities and circumstances of those who are to be heard".

9 So 424 U.S. 319, 334 (1976) *Mathews v. Eldridge*.

gen Rechts zu orientieren und die Ergebnisse richterlicher Entscheidungen vorherzusehen.

Eine umfassende Darstellung des amerikanischen Verwaltungsverfahrens- 6
rechts müsste die Regelungen der unterschiedlichen Rechtsquellen, ihre Beziehungen zueinander und die von ihnen in unterschiedlicher Weise erfassten Verwaltungshandlungen matrixartig behandeln. Das ist hier jedoch weder zu leisten noch auch nur anzustreben. Vielmehr geht es im Folgenden darum, vier Rechtsquellen vorzustellen, ihre Eigenheiten aufzuzeigen und sie gelegentlich zu parallelen bzw. abweichenden Entwicklungen in Deutschland in Beziehung zu setzen.

- Die Due Process Klausel steht für eine Verankerung verfahrensrechtlicher Elementaranforderungen in der amerikanischen Verfassung mit einem tatbestandlich zwar weiten, aber nicht grenzenlosen Anwendungsbereich (A).
- Der Administrative Procedure Act (APA) von 1946 steht für eine Kodifikation des einfachrechtlichen Verwaltungsverfahrensrechts der Verwaltung des Bundes, das die beiden wichtigsten administrativen Handlungsformen („rules“ und „orders“) und das Verwaltungsinformationsrecht erfasst (B).
- Die Einzelstaaten verfügen über eigene Verwaltungsverfahrensgesetze, die sich vielfach an einem Model State Administrative Procedure Act (MSAPA) ausrichten, der mehrfach modernisiert worden ist und heute in der Fassung von 2010 vorliegt (C).
- Schließlich ist auf die praktische Bedeutung der Verfahrensregelungen hinzuweisen, die sich jede Behörde selbst gegeben hat (D).

A. *Die Rolle der Due Process Garantie*

„No person shall be ... deprived of life, liberty, or property without due 7
process of law“. So hat es die Verfassung der USA in ihrem V. Amendment von 1791 für die Staatsgewalt des *Bundes* und in ihrem XIV. Amendment von 1868 für die öffentliche Gewalt der *Gliedstaaten* unverbrüchlich festgelegt.[10] Nicht ohne Stolz wird an die lange anglo-amerikanische Tradition der Garantie, an ihre historischen Vorläufer in der Magna Charta, an ihre

---

10 Zu den beiden Gewährleistungsschichten, dem „*procedural* due process“ und dem „*substantial* due process“ vgl. → 2/45. Ergänzt um eine Darstellung der historischen Entwicklung des deutschen Verwaltungsverfahrensrechts finden sich

Bewährung in der amerikanischen Unabhängigkeitsbewegung und an ihre Flexibilität erinnert, auch auf die Herausforderungen des modernen Verwaltungsstaates zu reagieren.[11] „As a government of limited purposes and insignificant means was transformed into a modern administrative state, the elaboration of the notion of due process of law has been a primary mechanism for the redefinition".[12]

8 Selbst wenn die Judikatur heute nur verhältnismäßig selten direkt auf die Klausel zurückgreift, sondern die meisten verfahrensrechtlichen Probleme nach Maßgabe des einfachen Rechts löst, ist die verfassungsrechtliche Due Process Garantie *eine* (wenn nicht *die*) zentrale Referenz des amerikanischen Verwaltungsverfahrensrechts.[13] Ohne Beachtung der erforderlichen Verfahrenssicherungen darf die Exekutive in die geschützten Rechte nicht eingreifen, die Legislative zu solchen Eingriffen nicht ermächtigen. Die Garantie wirkt präventiv als Handlungssperre und repressiv als Sanktionsnorm. Sie beeinflusst administrative Verfahren ebenso wie Gerichtsverfahren.

9 Allerdings ist die Due Process Klausel kein Passepartout zur Lösung jedweden verfahrensrechtlichen Problems. Ausgangspunkt aller Überlegungen müssen vielmehr die *Tatbestandsmerkmale* der beiden verfassungsrechtlichen Garantienormen sein. Was von den Tatbestandsmerkmalen nicht erfasst wird, kann sich auf den besonderen Schutz, den die Due Process *Klausel* gewährt, nicht berufen. Davon zu trennen ist die allgemeine Due Process *Idee* eines fairen Verfahrens, die unbestreitbar auch jenseits des Garantiebereichs der Klausel eine beachtliche Argumentationskraft in rechtspolitischen Diskussionen besitzt.[14] Zwischen diesen beiden Wirkungsbereichen lassen sich zwar Übergangszonen finden. Im Rahmen der vorliegenden Untersuchung, in der es um das Verwaltungsverfahrensrecht in seiner positivrechtlichen Gestalt geht, sind beide Bereiche jedoch auseinander zu

---

größere Teile der folgenden Ausführungen schon in meinem Beitrag „Due Process und Grundrechtsschutz durch Verfahren", AöR 142, 2017, 325 ff.

11 Zur Geschichte *Gilligan*, Due Process and Fair Procedures, 165 ff.; *Sullivan/Massaro*, The Arc of Due Process in American Constitutional Law, 1 ff.

12 *Mashaw*, Due Process in the Administrative State, 1 f. und 8.

13 *Pierce*, Treatise, § 9.1; ähnlich *Strauss*, Justice, 74 f.

14 Rechtsvergleichend *Rose-Ackerman/Egidy/Fowkes*, Due Process of Lawmaking. Zur Erstreckung des Gedankens auf trans- und internationale Sachverhalte; *Cananea*, Due Process of Law Beyond the State. Requirements of Administrative Procedure; *Hovell*, The Power of Process. The Value of Due Process in Security Council Sanctions Decision-Making.

halten. Das verlangt eine Auseinandersetzung zunächst mit den Tatbestandsmerkmalen, die den Schutzbereich festlegen, und sodann mit den Rechtsfolgen der Klausel (II).[15]

I. Die Tatbestandsmerkmale des Schutzbereichs

Die Due Process Klausel schützt nur bestimmte Rechtsgüter (1), und sie 10
schützt sie nicht gegen jede Art von Beeinträchtigung, sondern nur gegen solche, die sich als „deprivation“ qualifizieren lassen (2).

1. Die Schutzgüter: „life, liberty, or property“

Die Begriffe *„life, liberty, or property"* wurden zunächst statisch als aus sich 11
heraus bestehende Rechte interpretiert. Dazu unterschied die ältere Judikatur zwischen geschützten „rights“ und nicht geschützten „privileges“. Zu Letzteren zählten staatlich gewährte Vergünstigungen:[16] Gewerbeerlaubnisse, Berufszulassungen, Beschäftigungsverhältnisse im öffentlichen Dienst und vor allem der große Bereich staatlicher Sozialleistungen. Ihre Gewährung, aber auch ihr Entzug unterfiel nicht der Due Process Garantie.[17]

Die entscheidende Erweiterung des Schutzbereichs brachte die Entschei- 12
dung *Goldberg v. Kelly* aus dem Jahre 1970.[18] Der Supreme Court sprach darin einem Empfänger von Sozialhilfe ein Recht darauf zu, in qualifizierter Weise seinen Standpunkt darlegen zu können, bevor die Behörde darüber entscheidet, die Unterstützung vorläufig zu suspendieren. Zur Begründung wird auf die aktuelle Notlage der Empfänger solcher Leistungen, aber auch auf die hohe Bedeutung von Sozialhilfe generell verwiesen: sie solle es demjenigen, der nicht über die notwendigen Mittel verfüge, ermöglichen „to participate meaningfully in the life of the community“; von „the Nation‘s basic commitment....to foster dignity and well-being“ ist die

---

15 *Chemerinsky*, 573 ff.; *Pierce*, Process, § 6.3; *Brugger*, Einführung, 222 ff.

16 *Schwartz*, § 5.11.

17 Für den ausländerrechtlichen Status war schon lange anerkannt, dass der Entzug einer solchen Position und die Deportation unter die Due Process Garantie fallen; vgl. 189 U.S. 86 (1903) *Kaoru Yamataya v. Fischer*, der sog. Japanese Immigrant Case.

18 397 U.S. 254, 263–265 (1970) *Goldberg v. Kelly*.

Rede. Sozialhilfe ist folglich „not mere charity", sondern stellt eine Rechtsposition dar, die den Schutz der Due Process Klausel genießt. Die sozialphilosophisch inspirierten Formulierungen des Supreme Court stehen denen der Fürsorgepflicht-Entscheidung des Bundesverwaltungsgerichts von 1954 nicht nach.[19] Ersichtlich bedarf es solcher Ausgriffe, um radikalen Veränderungen im Verständnis der Verwaltungsaufgaben auch richterrechtlich Rechnung tragen zu können. Die Literatur sprach in der Folgezeit von einer „due process revolution".[20] Jedenfalls war der Due Process mit *Goldberg v. Kelly* im modernen Leistungsstaat angekommen.[21]

13 Eine völlige Ablösung von den Tatbestandsmerkmalen, die von Teilen der Literatur in der Folgezeit empfohlen wurde,[22] hat die Rechtsprechung jedoch nicht vorgenommen.[23] Nach wie vor prüft sie die drei Begriffe jeweils getrennt und versucht, zwischen ihnen und den geltend gemachten Interessen ein spezifisches Band herzustellen.[24] Eine pauschal geltend gemachte Interessenbetroffenheit reicht nicht aus.[25] Notwendig ist eine wertende Bestimmung, welche Interessen die Rechtsordnung als so essentiell ansieht, dass sie ihnen die individualrechtlichen Schutzmöglichkeiten eröffnet. Dabei spielen die Nähe des Interesses zu schon anerkannten Schutzpositionen und die Intensität der Beeinträchtigung eine Rolle.

14 Eine so weit gespannte Auffangposition, wie sie Art. 2 Abs. 1 GG in der deutschen Grundrechtsdogmatik darstellt, bietet die Due Process Klausel nicht. Bei der Interpretation der drei Schlüsselbegriffe „life, liberty, or property" verfolgt der Supreme Court eine mittlere Linie zwischen Öffnung und Bewahrung. Die Klausel fungiert so als „eine elastische Grund-

---

19 Vgl. BVerwGE 1, 159, 161: „vorverfassungsmäßiges Gesamtbild", „Menschenwürde".

20 *Sullivan/Massaro*, 43.

21 *Schwartz*, § 5.13: „The privilege concept developed at a time when the role of government was relatively restrained".

22 Nachweise bei *Pierce*, Treatise, § 9.4 (S. 754 ff.).

23 Vgl. *Nowak/Rotunda*, § 13.2: „One might assume (incorrectly as it turns out) that the phrase ‚life, liberty or property' was to include all aspects of an individual's life in society, but the Supreme Court has given the phrase a more restrictive meaning".

24 Das ist die Frage nach dem „entitlement"; dazu Einzelheiten bei *Mashaw/Merrill/Shane*, 351.

25 Vgl. *Pierce*, Treatise, § 9.4 (S. 797), gefordert wird „a significant adverse impact on an individual".

norm, deren Inhaltsbedeutung einem ständigen Wandel unterworfen ist".[26] Positiv kann man das Pragmatismus nennen. Die dabei immer wieder notwendigen Grenzziehungen werden in der Praxis aber auch als Einfallstore für manche Unsicherheiten wahrgenommen, die sich negativ vor allem dann auswirken, wenn der Supreme Court über längere Zeit gespalten ist. „As a result of persistent strong disagreement among the Justices and inconsistency in the view expressed by each Justice, it is difficult to predict the outcome of a dispute over whether an interest affected by government action is subject to due process protection."[27]

2. Der Eingriff: „deprivation"

15 Das Tatbestandsmerkmal „deprivation" leitet zu Fragen, die in Deutschland mit dem Begriff des „Eingriffs" verbunden sind. „Deprivation" meint ein bewusstes Handeln der Verwaltung. Beeinträchtigungen, die nur beiläufig oder aus Unachtsamkeit des verantwortlichen Beamten auftreten, lösen den Schutz der Klausel nicht aus.[28] Bewusstes Handeln verlangt allerdings keine bestimmte Rechtsform. Auch informale Handlungen sind einbezogen.[29] Entscheidend ist, dass der Vorgang in seiner Belastungsintensität so stark ist, dass er als „deprivation" gewertet werden kann.

16 Nicht erfasst sind dagegen Auswirkungen, die Verwaltungsentscheidungen auf Drittbeziehungen haben. Deshalb können sich etwa Nachbarn, die sich gegen die Genehmigung eines sie beeinträchtigenden Gewerbebetriebs wenden, nicht auf die Klausel berufen. Ihre verfahrensmäßigen Rechte folgen allein aus dem einfachen Recht.[30] Die multipolare Grundrechtskonstellation, die zu *Mülheim-Kärlich* und damit zur Leitentscheidung des „Grundrechtsschutzes durch Verwaltungsverfahren" führte,[31] wäre also gerade kein Fall für den Due Process des amerikanischen Verfassungsrechts gewesen.

---

26 *Loewenstein*, Verfassungsrecht und Verfassungspraxis der Vereinigten Staaten, 511: die Gerichte beschränkten sich absichtlich darauf, die Klausel „pragmatisch zu handhaben".

27 So *Pierce*, Treatise, § 9.4 (S. 797).

28 *Chemerinsky*, 574 f.

29 *Funk/Shapiro/Weaver*, 197.

30 *Strauss*, Justice, 263.

31 BVerfGE 53, 30, 57–61 und die abw. Voten der Richter *Simon* und *Heußner* 69–96.

17 Keine „deprivation“ im Sinne der Due Process Klausel sind ferner alle Eingriffe, die nicht den Einzelnen, sondern die Allgemeinheit betreffen. Der Anwendungsbereich der Klausel sind also Einzelentscheidungen.[32] Diese wichtige Weichenstellung vollzog der Supreme Court Anfang des 20. Jahrhunderts in den Urteilen *Londoner v. Denver* (1908) und *Bi-Metallic Investment Co. v. State Board of Equalization* (1915).[33] Der tragende Grund für die enge Definition des Eingriffsbegriffs ist praktischer Art: „Where a rule of conduct applies to more than a few people, it is impracticable that everyone should have a direct voice in its adoption“.[34] Gegen Belastungen allgemeiner Art müssen sich die Betroffenen politisch zur Wehr setzen. Die administrative Rechtsetzung wird folglich im Regelfall nicht erfasst.[35] Ihr Verfahrensrecht ergibt sich allein aus dem einfachen Recht (→ 3/65–89). Da außerhalb des Schutzbereichs der Due Process Klausel liegend, darf es von den Gerichten auch nicht mit weiteren prozeduralen Anforderungen aufgeladen werden.

II. Welche Verfahrensregeln sind geboten?

18 „The literal meaning of due process is *fair procedure*. The test of procedural due process is fairness“.[36] Den Kern eines fairen Verfahrens bildet die Gelegenheit zur Anhörung, die ihrerseits von weiteren spezifischen Verfahrensgestaltungen umgeben ist. Um den Gesamtbestand besser zu erfassen, ist es hilfreich, sich das Herkommen der Klausel aus dem gerichtlichen Verfahren gegenwärtig zu halten. „Administrative procedure has acquired many of the attributes of courtroom procedure“.[37] Trotz aller Beteuerungen, die Due Process Klausel verlange nicht in allen Fällen ein „trial-type hearing“,[38] bleibt der gerichtliche Due Process doch das Grundmodell, von dem her gedacht wird, wenn es darum geht, die Einzelheiten festzulegen. Die Frage lautet dann: „When a hearing is required, what kind of hearing

---

32 Manche Lehrbücher des Verwaltungsrechts behandeln den Due Process daher nicht in einem eigenen Kapitel, sondern in der Rechtsformenlehre bei den „adjudications“.

33 Zum Folgenden *Funk/Shapiro/Weaver*, 251 ff.; *Pierce*, Treatise, § 9.2.

34 Vgl. 239 U.S. 441, 445 (1915) *Bi-Metallic Investment Co. v. State Board of Equalization*.

35 *Asimow/Levin*, § 2.5; *Strauss*, Justice, 260 f.

36 *Schwartz*, § 5.1 (S. 224 kursiv im Original).

37 *Schwartz*, § 5.1 (S. 225).

38 So 397 U.S. 254, 267 (1970) *Goldberg v. Kelly*.

must it be? Specifically, how closely must it conform to the judicial model? "[39] Vor diesem Hintergrund stellen sich manche Gestaltungen des administrativen Verfahrens als Einschränkung eines an sich garantierten Standards dar, die in Deutschland als Ausgestaltung des prozeduralen Grundrechtsschutzes angesehen würden.

1. Auflistung der wichtigsten Garantieelemente

19 In den Lehrbüchern wird an dieser Stelle eine Liste von Garantieelementen herangezogen, die der Richter *Henry J. Friendly* vor mehr als 40 Jahren bei einem Vortrag in der Universität von Pennsylvania vorgestellt hatte.[40] Genannt werden:[41] (1) An unbiased tribunal. (2) Notice of the Proposed Action and the Grounds Asserted for it. (3) An Opportunity to Present Reasons why the Proposed Action should not be taken. (4) The Right to present Evidence, including the Right to call Witnesses. (5) The Right to know opposing evidence. (6) The right to cross-examine adverse witnesses. (7) A Decision based exclusively on the evidence presented. (8) Right to Counsel. (9) Requirement that the tribunal prepare a record of the evidence presented. (10) The availability of a statement of reasons for the decision. (11) Public attendance und (12) Judicial review.

20 Die Auflistung soll die Vielfalt der prozeduralen Rechte aufzeigen, die in der Due Process Vorstellung zusammengefasst sind. Einen Schwerpunkt bilden die Instrumente, die eine besonders sorgfältige Sammlung der entscheidungserheblichen *Tatsachen* sicherstellen und dem Berechtigten darauf Einfluss geben sollen. Dabei verbergen sich hinter den einzelnen Begriffen Verfahrensgestaltungen von unterschiedlicher Komplexität. Einige, so etwa „the right to call witnesses", bezeichnen relativ einfache Vorgänge. Andere dagegen sind nur die Kurzbezeichnung für einen Tatbestand, der seinerseits aus vielen Einzelregelungen zusammengesetzt ist. Um beispielsweise beurteilen zu können, ob eine Verwaltung „unbiased" ist, sind Fragen mentaler Voreingenommenheit, Verwandtschaftsverhältnisse und sonstige individuelle und institutionelle Kriterien zu prüfen, zu denen ein gro-

---

39 *H. J. Friendly*, „Some Kind of Hearing", in: 123 U. Pa. L. Rev. 1267, 1268 f. (1975).

40 *H. J. Friendly*, ebd., 1279 ff. Zu Friendly vgl. *D. M. Dorsen*, Henry Friendly, greatest judge of his era, 2012.

41 *Gellhorn*, 836 ff.; *Mashaw/Merrill/Shane*, 316; *Pierce*, Process, § 6.3.4.; *Strauss*, Justice, 91; auch *Schwartz*, § 5.1 (S. 225).

ßer Bestand von Präjudizien vorliegt.[42] Ähnliches gilt für die Mitteilung („notice"), mit der die Behörde den potentiellen Adressaten eines belastenden Verwaltungsakts über den beabsichtigten Erlass informieren muss. Dass diese Mitteilung einen zentral wichtigen Baustein des „hearing" darstellt, ist allgemein anerkannt.[43] Welche Form und welchen Inhalt sie haben muss, ist damit jedoch noch nicht gesagt. Hier sind weitere Überlegungen, seien sie theoretischer oder praktischer Art, notwendig.

2. Konkretisierung nach Maßgabe unterschiedlicher Tests

21 Für diese schwierige Konkretisierungsarbeit hat die Rechtsprechung bestimmte Prüfungsraster ausgebildet, die fallgruppenspezifisch angewandt werden müssen, letztlich aber auf eine Abwägung der beteiligten Verfahrensinteressen hinauslaufen. Das wichtigste Raster hat der Supreme Court 1976 in der Entscheidung *Mathews v. Eldridge* entwickelt.[44] Wie in der weichenstellenden Entscheidung *Goldberg v. Kelly* handelte es sich um einen sozialrechtlichen Fall. Konkret ging es um die Suspendierung (nicht den endgültigen Widerruf) bisher gewährter Sozialleistungen und um die Frage, welche Verfahrenssicherungen bereits bei einer solchen nur vorläufigen Maßnahme verlangt werden.

22 Während *Goldberg* den üblichen Verfahrensstandard des „judicial trial" nahezu ohne Abstriche angewandt wissen wollte, geht *Mathews* in einer dreigliedrigen Prüfungsabfolge vorsichtiger vor:[45]

- Zunächst ist die Interessenposition des Adressaten der behördlichen Maßnahme genauer zu bestimmen. Dazu genügt es nicht, das Eingriffsobjekt allgemein z.B. als Sozialleistungsanspruch zu bezeichnen. Vielmehr werden die besondere Art der Leistung, ihre Bedeutung für den Leistungsempfänger und ihre Stabilität nach Maßgabe der einschlägi-

---

42 Vgl. *Pierce*, Treatise, § 9.8, wo die Anforderungen an einen „neutral decision maker" auf mehr als 30 Seiten erläutert werden.

43 *Schwartz*, § 6.4 (die Rechtsprechung zitierend): „It is universally agreed that adequate notice lies in the heart of due process".

44 424 U.S. 319 (1976) *Mathews v. Eldrige*; dazu *Gellhorn*, 841 ff., 851 ff. und 867 ff.

45 424 U.S. 319, 335 (1976) *Mathews v. Eldrige*; referierend *Pierce*, Treatise, § 6.3.5: the private interest affected, the value of additional procedures, the cost of additional procedures. Von einer „effizienzorientierten Abwägung im Einzelfall", die „Züge einer ökonomischen Analyse trägt", spricht *M. Fehling*, Eigenwert des Verfahrens im Verwaltungsrecht, in: VVDStRL 70, 2011, 278, 323.

gen Rechtsvorschriften Punkt für Punkt herausgearbeitet. Die besondere analytische Sorgfalt, die die Gerichtsmehrheit in *Mathews* schon auf dieser ersten Stufe des Tests aufwendet, erklärt sich auch aus dem Bemühen, schon im Tatsächlichen eine Abgrenzung zu *Goldberg* zu finden. Im Ergebnis wird die betroffene berufsunfallrechtliche Leistung als weniger existentiell eingestuft als die Hilfe zum Lebensunterhalt, um die es in *Goldberg* ging.[46] Nicht in Zweifel gezogen wird aber, dass schon der vorläufige Entzug einer solchen Leistung eine „deprivation" darstellt.

- In einem zweiten Schritt wird sodann das Risiko einer behördlichen Fehlentscheidung bei Zugrundelegung des eingeschlagenen Verfahrens verglichen mit dem Risiko bei Zugrundelegung eines im Lichte des Due Process Gedankens breiter ausgestalteten Verfahrens. Dazu müssen die Gerichte die Effektivität prozeduraler Varianten nach Plausibilitätskriterien bewerten.[47] In *Mathews* gelangte das Gericht zu der Auffassung, dass die Beurteilung der Berufsunfähigkeit vorwiegend medizinische Fragen betreffe und daher weniger von einer mündlichen Anhörung des Betroffenen profitiere als Beurteilungen der sozialhilferechtlichen Bedürftigkeit.
- Als dritter Faktor des Tests soll als öffentliches Interesse berücksichtigt werden, welchen Aufwand die Verwaltung betreiben muss, um den zusätzlich verlangten Verfahrensvorkehrungen zu entsprechen:[48] Kosten allein könnten zwar nicht der entscheidende Gesichtspunkt sein; aber es müsse in Rechnung gestellt werden, dass die finanziellen Mittel jedes Sozialprogramms begrenzt sind, so dass ein zusätzlicher Aufwand zu Lasten anderer Leistungsberechtigter gehe.

Im Ergebnis führt die dreigliedrige Prüfungsabfolge zu einem *Bilanzierungsmodell*, das dazu anhält, die Intensität des behördlichen Eingriffs, die Schutzwirkungen der im Streit befindlichen Verfahrenselemente und die 23

46 424 U.S. 319, 340 (1976) *Mathews v. Eldrige*: „The potential deprivation here is generally likely to be less than in Goldberg, although the degree of difference can be overstated". Letztere sei ganz an der Bedürftigkeit orientiert, während berufsunfallrechtliche Leistungen unabhängig von weiteren Einkünften des Betroffenen gewährt würden. Die dissentierenden Richter *Brennan* und *Marshall* nennen diese Annahme „speculative" (ebd., 350).

47 Ebd., 344: „But procedural due process rules are shaped by the risk of error inherent in the truth-finding process as applied to the generality of cases, not to rare exceptions".

48 Ebd.: „But the Government's interest, and hence that of the public, in conserving scarce fiscal and administrative resources is a factor that must be weighed".

dazu notwendige Ressourceninanspruchnahme möglichst konkret zu bestimmen, zueinander in Beziehung zu setzen und abzuwägen. Private und öffentliche Interessen werden in ein konkretes Verhältnis zueinander gesetzt.

24 Hier tut sich ein breites Feld möglicher Varianten auf, dessen richterrechtliche Bestellung notwendig mit erheblichen Unsicherheiten verbunden ist. Gerade die detaillierten Analysen der Belastungswirkungen des Verwaltungseingriffs und der einschlägigen Verfahrensabläufe, mit denen *Mathews* den kontinentalen Leser beeindruckt, sind für jeden Folgefall eine Quelle weiterer Unsicherheiten.[49] Das Gericht hat es zwar vermieden, auf die ganz konkrete Situation des Klägers abzustellen, und stattdessen (auch unter Nutzung statistischen Materials) eine typisierende Betrachtungsweise zugrunde gelegt. Nicht der individuelle, sondern der typische Einzelfall soll danach der Referenzpunkt sein. Trotzdem bleibt die Entscheidungssituation in beträchtlichem Maße offen: Jedes administrative Förderprogramm, jede dort vorgesehene Verfahrenskonstellation, jede Beeinträchtigungsart – so unterschiedlich sie sein mögen – können Anlass sein, die Gewichte anders zu setzen und andere Verfahrenselemente als Due Process Gebote zu dekretieren.[50]

3. Unsicherheiten verfassungsgebotener Verfahrensanforderungen

25 Die verfassungsnotwendige Grundstruktur des Anhörungsrechts ist die „Gelegenheit zur Anhörung“, die ihrerseits voraussetzt, dass sich der Betroffene über das Vorgehen der Verwaltung informieren kann. Ob aber auch eine mündliche Präsentation, die Gestellung von Zeugen, „cross examination“ und eine förmliche Beweisaufnahme dazugehören, lässt sich nicht sicher sagen. Das ist allerdings kein Defizit, das, wenn sich Rechtsprechung und Lehre nur gehörig anstrengten, behoben werden könnte. Es liegt vielmehr zu einem ganz erheblichen Teil in den Struktureigenheiten des in Bezug genommenen Mediums „Verfahren“ selbst begründet. Verfahren sind Vorgänge strukturierter Informationsgewinnung und -verarbeitung, die aus einer Vielzahl von Handlungen und Interaktionen bestehen und ihre eigene, nicht in allen Punkten vorhersehbare Entwicklungsdynamik haben. Verfahrenssteuerung ist folglich *Kontextsteuerung*, die nicht linear-

49 Zum Folgenden vgl. auch *Strauss*, Justice, 88 ff.
50 Zum Folgenden meine Ausführungen in AöR 142 (2017), 325, 353–358.

kausal in fest umrissene Einzelschritte aufgegliedert werden kann. Der rechtsschützende Effekt einer bestimmten Verfahrensgestaltung lässt sich daher selbst bei genauer Analyse des Entscheidungszusammenhanges nicht im Wege einer juristischer Subsumtion feststellen. Notwendig ist Erfahrungswissen im Umgang mit Institutionen.

Es wundert daher nicht, dass das Anhörungsrecht dort seine größte verfas- 26
sungsrechtliche Dichte hat, wo es um *gerichtliche* Verfahren geht. Gerichtsverfahren folgen bei allen Unterschieden im Einzelnen einem einheitlichen Strukturtyp, mit dem Juristen zudem an ehesten vertraut sind. Auf dem Felde *administrativer* Verfahren sieht das ganz anders aus. Hier herrscht das Bild großer Vielfalt der Verfahrenszwecke, der Verfahrensbeteiligten und der Verfahrensstrukturen. Das kann angesichts der Vielfalt der Aufgaben und Erscheinungsformen moderner Verwaltung auch gar nicht anders sein. Entsprechend vielfältig und diffus verteilt ist das Erfahrungswissen über die Interaktionen der Beteiligten und die Effekte bestimmter Verfahrensarrangements. Ein Urteil darüber, was auf diesem Felde verfassungsrechtlich geboten ist, wird immer mit erheblichen Bewertungsunsicherheiten belastet sein. Es ist daher nicht verwunderlich, dass die Probleme der Due Process Klausel in dem Augenblick besonders drängend wurden, als der Supreme Court sich anschickte, sie auf neue Verwaltungsagenden zu erstrecken.

„A not-at-all-surprising result is to encourage judges to accept resolution of 27
procedural issues by legislature or others better placed to make these complex yet general assessments".[51] Mit diesen kommentierenden Bemerkungen zu *Mathews v. Eldridge* zeigt *Peter Strauss* einen Funktionszusammenhang auf, der auch in der deutschen Rechtsentwicklung nachweisbar ist: Praktisch handhabbares Verfahrensrecht lässt sich im Verwaltungsrecht ohne die Konkretisierungsleistungen der Gesetzgebung nicht gewinnen.[52] Die Due Process-Klausel und der Grundrechtsschutz durch Verwaltungsverfahren geben nur einen weit gespannten Rahmen, innerhalb dessen die Gesetzgebung eigenständig agiert. Wird das nicht beachtet, kann die beeindruckende Vielfalt der Gewährleistungselemente, über die die Due Process-Klausel in ihrer historischen Bindung an das *gerichtliche* Verfahren ver-

---

51 So *Strauss*, Justice, 89 f; vgl. auch *Fehling* (Fn. 45), VVDStRL 70, 2011, 278, 323 f.

52 BVerfGE 60, 253, 295: „Dem Gesetzgeber kommt dabei in Bezug auf Organisation und Verfahren eine weite Gestaltungsfreiheit zu. Aus den materiellen Grundrechten lassen sich hierfür nur elementare, rechtsstaatlich unverzichtbare Verfahrensanforderungen ableiten".

fügt, zur Belastung werden, wenn es um ihre Anwendung in der *administrativen* Handlungsformenvielfalt geht.

B. Der Administrative Procedure Act von 1946

28 Die wichtigste gesetzliche Referenz für das allgemeine Verfahrensrecht der Bundesverwaltung ist der Administrative Procedure Act von 1946. Das Gesetz regelt das behördliche Verfahren. Es trifft aber auch die grundlegenden Festlegungen für den gerichtlichen Rechtsschutz in Verwaltungssachen. Eine Reihe von Novellierungen hat den APA außerdem zu einer wichtigen Quelle des Verwaltungsinformationsrechts gemacht.

I. Kompromiss zwischen konträren Verwaltungskonzepten

29 Der APA ist das Ergebnis einer bis an den Beginn der dreißiger Jahre zurückreichenden stark politisierten Rechtsentwicklung, in der es zentral um die Legitimität des *„administrative state"* ging.[53] Angesichts der deutlichen Ausweitung administrativer Aktivitäten im New Deal war der Ruf nach einem Ausgleich durch einschränkende Verfahrenssicherungen immer lauter geworden. Prominent engagiert war die American Bar Association. Ein mit diesem Ziel von ihr unterstütztes und vom Kongress verabschiedetes Gesetz hatte Präsident Franklin D. Roosevelt jedoch an seinem Veto scheitern lassen.[54]

---

53 Ausführlich *G. B. Shepherd*, Fierce Compromise: The Administrative Procedure Act emerges from New Deal Politics, in: 90 Nw. U. L. Rev. 1557 (1996); *M. D. McCubbins/R. G. Noll/B. R. Weingast* (acronym McNollgast), The Political Origins of the Administrative Procedure Act, 15 JLEO 180 (1999); *Morstein Marx*, Amerikanische Verwaltung, 164: „ein Waffenstillstand zwischen wichtigen Einflüssen, die in der Öffentlichkeit um Anerkennung rangen". Kurze Darstellungen der Entstehungsgeschichte auch bei *Breyer/Stewart*, 34 ff.; *Lawson*, 304 f.; *Pierce*, Treatise, § 1.4; *Becker*, Verwaltungsverfahren, 146 ff.; *Erath*, Verwaltungsverfahren, 80 ff.

54 Das Gesetz galt ihm als Ausdruck von „repeated efforts by a combination of lawyers who desire to have all the process of government conducted through lawsuits and of interests which desire to escape regulation" (zitiert nach *Breyer/Stewart*, 36). Anschaulich zu den zeitgenössischen Auseinandersetzungen aus politikwissenschaftlicher Sicht *L. E. Lynn jr.*, The Myth of the Bureaucratic Paradigm, 61 PAR 144 ff. (2001).

Zur Versachlichung der rechtspolitischen Diskussionen trug dann das 1939 berufene *Attorney General's Committee on Administrative Procedure* bei, das sich zunächst einmal intensiv bestandsaufnehmend mit der Praxis der einzelnen Bundesbehörden beschäftigte.[55] Sein 1941 vorgelegter Schlussbericht kannte zwar noch ein verwaltungsfreundliches Mehrheitsvotum und ein auf weitere Regelungen dringendes Minderheitsvotum.[56] Die Gegensätze konnten in den Folgejahren jedoch weiter abgebaut werden. Anfang 1946 fand das Gesetzgebungsprojekt in Senat und Repräsentantenhaus breite Zustimmung und konnte nach Unterzeichnung durch Präsident Truman mit Datum vom 11. Juni 1946 veröffentlicht werden.[57] Damit waren die wichtigsten Eckpunkte des Verwaltungsverfahrensrechts und des gerichtlichen Verwaltungsrechtsschutzes des Bundes gesetzlich geregelt. Im selben Jahr erging außerdem der Federal Tort Claims Act, in dem die USA auf einen wesentlichen Teil der ihnen zustehenden „sovereign immunity" in Staatshaftungssachen verzichteten (→ 4/149–153). Diese Zusammenhänge zwischen primärem und sekundärem Verwaltungsrechtsschutz sollten bei der Bewertung der amerikanischen Verwaltungsrechtsentwicklung stärker als bisher beachtet werden.[58] 30

Der APA ist ein Kompromiss am Ende eines Weges, der von Auseinandersetzungen um grundlegende Fragen gekennzeichnet war.[59] Positiv ist das Gesetz „a formula upon which opposing social and political forces have come to rest".[60] Kritisch lässt sich sagen: „The APA's development was not primarily a search for administrative truth or efficiency...Instead, the fight over the APA was a pitched political battle for the life of the New Deal".[61] Verglichen damit verlief die deutsche Entwicklung, die zum Verwaltungsverfahrensgesetz von 1976 führte, wesentlich unpolitischer. Sie hatte auf 31

---

55 Zur Arbeit des Gremiums vgl. *Shepherd* (Fn. 53), 90 Nw. U. L. Rev. 1557, 1594 ff. (1996).

56 Final Report of Attorney General's Committee on Administrative Procedure, 1941; dazu *G. B. Shepherd*, ebd., 1632 ff.

57 Pub. L. 79–404; 60 Stat. 237.

58 Treffend *Schwartz*, § 9.18: „Tort Suits as Review Actions"; ebenso *Strauss*, Justice, 521 ff.

59 Den Kompromiss aufschlüsselnd *M. Shapiro*, APA: Past, Present, Future, 72 Va. L. Rev. 447, 452 ff. (1986): Die Bestimmungen über Einzelfallentscheidungen (adjudication) als Erfolg der Konservativen, die Bestimmungen über die administrative Normsetzung (rulemaking) als Sieg liberaler New Dealer.

60 So U.S. 435, 519, 547 (1978) *Vermont Yankee Nuclear Power Corp. v. Natural Resources Defense Council, Inc.* unter Bezugnahme auf 339 U.S. 33 (1950) *Wong Yang Sung v. McGrath.*

61 *Asimow/Levin*, 4.

Landesebene zwar früher während der Weimarer Zeit begonnen,[62] blieb aber auf konventionelle Ziele begrenzt.[63] Streitige Themen wie die zeitgenössische Bürokratiekritik waren nicht ihr Gegenstand.[64]

32 Die amerikanische Verfahrensgesetzgebung setzte dagegen wesentlich breiter an. Das 1947 herausgegebene Attorney General's Manual on the Administrative Procedure Act nennt vier Ziele des APA:[65]

> „1. To require agencies to keep the public currently informed of their organization, procedures and rules (sec. 3).
>
> 2. To provide for public participation in the rule making process (sec. 4).
>
> 3. To prescribe uniform standards for the conduct of formal rule making (sec. 4 (b)) and adjudicatory proceedings (sec. 5), i.e., proceedings which are required by statute to be made on the record after opportunity for an agency hearing (secs. 7 and 8).
>
> 4. To restate the law of judicial review (sec. 10)."

Hier stehen die Aufgaben administrativer Politikgestaltung sowie deren öffentliche Kommunikation und deren Einbindung in das Gefüge der Staatsfunktionen im Vordergrund. „Adequate public information" war von Anfang an ein wichtiges Ziel das auf das gesamte Verwaltungsrecht ausstrahlen sollte.[66] Dass dabei auch der Einzelfall zu seinem Recht kommen muss, wurde nicht übersehen. Zugleich aber wurden der größere Rahmen, in

---

62 Vgl. dazu nur die Angaben bei *Schmidt-Aßmann* (Fn. 10), AöR 142, 2017, 325, 339–348.

63 Vgl. die Amtliche Begründung zum VwVfG-Entwurf von 1970, Bundestags-Drs. VI/1173 S. 24 f. Es geht um Rechtsvereinheitlichung, Verwaltungsvereinfachung und die Rechtsstellung des Einzelnen in seinen alltäglichen Kontakten zur Verwaltung. Interessant dort S. 28 die Bemerkungen zum APA der USA: „Dieses Gesetz ist mit kontinentaleuropäischen Verfahrensgesetzen nur schwer vergleichbar, da ihm eine ganz andere Konzeption zugrunde liegt".

64 Zu den in Politik und Wissenschaft seinerzeit dazu durchaus vorhandenen Auseinandersetzungen *P. Cancik*, Zuviel Staat? – Die Institutionalisierung der „Bürokratie"-Kritik im 20. Jahrhundert, in: Der Staat 56, 2017, 1 ff. Dazu → 6/44–49.

65 Attorney General's Manual, I. Fundamental Concepts unter c).

66 Final Report of Attorney General's Committee on Administrative Procedure, 1941, Chap. 2 S. 25: „An important and far-reaching defect in the field of administrative law has been a simple lack of adequate public information concerning its substance and procedure".

den die Einzelfälle eingebunden sind, und die auf seine Ausgestaltung einwirkenden politischen Kräfte in das Verfahrenskonzept einbezogen. Zur individual-rechtsstaatlichen trat die demokratische Funktion des Verwaltungsverfahrens. Konsequent bildete daher die Normsetzung der Verwaltung von vorneherein einen integralen Teil des APA.[67] „Rulemaking" und „adjudication" wurden als zwei komplementär wirkende Handlungsformen verstanden, die der Verwaltung bei der Erfüllung ihrer Aufgaben zur Verfügung stehen.[68]

Nicht alles war neu. Der Gesetzgeber konnte für zahlreiche Fragen auf das Fachrecht, auf eine eingespielte Verwaltungs- und Gerichtspraxis und auf Regelungen zurückgreifen, die sich einzelne Behörden selbst gegeben hatten.[69] Neu waren die systematische Aufarbeitung des Stoffes und das daraus entstandene Regelungskonzept. Heute gilt der APA als Dokument, das traditionelle Vorbehalte gegenüber staatlicher Regulierung abzubauen geholfen hat.[70] Manche sehen in ihm sogar ein *„superstatute"*, das weit in die fachgesetzliche Rechtsetzung ausstrahle und einen quasi-konstitutionellen Rang einnehme.[71] Ob dem Gesetz damit auch ein besonderer Interpretationsstatus zuerkannt werden sollte, ist allerdings zweifelhaft.[72] Der historisch bedingte Kompromisscharakter des APA mahnt zur Vorsicht.[73] Die Hintergrundspannungen können immer wieder aufbrechen, wenn die Rechtsentwicklung einseitig vorangetrieben wird. Das zeigen im Augenblick die Bestrebungen konservativer Rechtspolitik, den APA durch eine Verschärfung der Verfahrensanforderungen an die Rechtsetzung der Behör- 33

---

67 Zu entsprechenden Aktivitäten der American Bar Association vgl. *Vanderbilt*, Minimum Standards of Judicial Administration, 454, 461: „The importance of the administrative rule-making power and the need for its exercise under modern conditions have led to increasing emphasis upon safeguards necessary to ensure against abuses".

68 Vgl. *Pierce*, Treatise, § 6.8 (S. 495 ff.). Zur Ausklammerung der Handlungen des Präsidenten und seines Verwaltungsstabes → 2/108.

69 Vgl. *Mashaw*, Creating the Administrative Constitution, 311 f.

70 *G. B. Shepherd* (Fn. 53), 90 Nw U. L. Rev. 1557, 1678 (1996): „The APA was the bill of rights for the new regulatory state".

71 Dazu *K.E. Kovacs*, Superstatute Theory and Administrative Common Law, 90 Ind. L. J. 1207, 1223–1237 (2015).

72 Zu Besonderheiten der Interpretation eines „superstatute" (allerdings ohne spezielle Bezugnahme auf den APA) *W. N. Eskridge/J. Ferejohn*, Super-Statutes, 50 Duke L. J. 1215, 1249 (2001).

73 Dagegen *Kovacs* (Fn. 71), 90 Ind. L. J. 1207, 1242–1254 (mit dem Argument, der APA werde nicht von einer einzigen Behörde vollzogen, so dass es an der erforderlichen deliberativen Rückkoppelung an die Öffentlichkeit mangele).

den und durch eine Intensivierung der gerichtlichen Kontrolle zu einer gegen den „administrative state“ gerichteten Bastion umzuformen.[74]

II. Das Verfahrenskonzept des APA

34 Der APA verband von Anfang an klassische rechtsstaatliche Bauformen mit partizipatorischen-politischen Regelungselementen und bildete sie zu zwei Verfahrensmodellen aus.[75]

1. Ausrichtung an Formen des Verwaltungshandelns

35 Ein erstes Kennzeichen des APA ist seine Ausrichtung an bestimmten Formen des Verwaltungshandelns.[76] Die vorgesehenen Verfahrensvorschriften sind grundsätzlich nur dann einschlägig, wenn es um Normsetzung („rulemaking“) oder um den Erlass von Einzelfallentscheidungen („adjudication“) geht. Die empirischen Vorarbeiten zum APA hatten zu der Erkenntnis geführt, dass „rules“ und „orders“ zwar nicht die einzigen, wohl aber besonders wichtige Handlungsformen der Verwaltungen darstellten.[77] Auf sie konzentrierten sich die weiteren Arbeiten. Dass andere ebenfalls wichtige Arten des Verwaltungshandelns, vor allem die Verträge der Verwaltung, nicht erfasst sind, stieß von Anfang an auf Kritik.[78] Auch die schwierige Aufgabe, für die immer wieder neuen Erscheinungen des informalen Verwaltungshandelns adäquate Sicherungen zu finden, bleibt dem amerikanischen so wenig wie dem deutschen Verwaltungsrecht erspart.[79]

---

74 Vgl. *C. R. Sunstein/A. Vermeule*, Libertarian Administrative Law, 82 U. Chi. L. Rev. 393, 464–468 (2015); auch → 1/39–47 und →6/16–40.

75 Vgl. nur *Lawson*, 304 ff. Zur späteren Einbeziehung des Verwaltungsinformationsrechts → unter III und im 5. Kap.

76 Vgl. Attorney General's Manual, S. 14: „More broadly, the entire Act is based upon a dichotomy between rule making and adjudication“; *H.D. Jarass*, Besonderheiten des amerikanischen Verwaltungsrechts im Vergleich, DÖV 1985, 377, 380.

77 *Gellhorn*, 34: „the two basic categories of agency action“.

78 z. B. *Gellhorn*, ebd.

79 Vgl. → 3/163–166. Speziell zu „guidance documents“ → 3/102–107.

2. Modell: „trial-type procedure"

Wichtige Elemente, aus denen sich die im APA vorgesehenen Verfahren zusammensetzen, sind dem gerichtlichen Verfahren entnommen. Das ist historisch naheliegend, weil der Richter der Urtyp des hoheitlichen Entscheiders, das Gerichtsverfahren das Grundmodell fallbezogener staatlicher Entscheidung ist. Die elementaren Gebote des „audi et alteram partem" und des „nemo iudex in causa sua" sind zunächst für gerichtliche Verfahren entwickelt worden – oder anders formuliert: sie stammen aus Zeiten, in der zwischen administrativem und judikativem Handeln noch kein strikter Trennstrich gezogen wurde. Anleihen des Verwaltungsverfahrensrechts beim gerichtlichen Prozessrecht sind folglich ein vielfach feststellbarer Befund. 36

Für das amerikanische Rechtsdenken ist er besonders prägend.[80] Konsequent stellt der APA das zentrale Regelungselement des gerichtlichen *Verfahrens*, das *„Hearing"*, in den Mittelpunkt.[81] Es ist in seinem Ablauf und in seinen Wirkungen strikt formaler Natur (§§ 556–557 APA): betrieben von Parteien, die mit festen prozessualen Rechten ausgestattet sind, durchgeführt von einem in seiner Rechtsstellung herausgehobenen „presiding officer" und einmündend in einen Untersuchungsbericht, der die Grundlage der zu treffenden Verwaltungsentscheidung und gegebenenfalls auch einer späteren gerichtlichen Kontrolle bildet. 37

Das justizförmige Verfahren ist freilich aufwändig und mit den Anforderungen moderner Verwaltungen nicht leicht in Einklang zu bringen. Das wurde bereits bei der Ausarbeitung das APA zutreffend erkannt. Das Modell der „trial-type procedures" ist zwar repräsentativ. Aber es ist nur anzuwenden, wenn das im Fachrecht besonders vorgesehen ist.[82] Solche Vorschriften sind jedoch in der Gesetzespraxis nicht eben häufig anzutreffen. Die große Masse der *Einzelentscheidungen* („orders"), das sozusagen alltägliche Geschäft der Behörden, wird vom APA folglich nicht erfasst. Darin liegt ein wesentlicher Unterschied zum deutschen VwVfG, dessen allgemei- 38

80 *Freedman*, Crisis and legitimacy, 21 ff.; ferner *Erath*, Verwaltungsverfahren, 64 ff. und 80 ff.

81 Vgl. *Pierce*, Treatise, § 7.2 (S. 562) zu §§ 556 und 557 APA: „procedures closely analogous to a judicial trial"; und weiter dort § 8.2 (S. 702–703). Ähnlich *Funk/Shapiro/Weaver*, 196.

82 So für „rules" § 553(c): „required by statute to be made on the record after opportunity for an agency hearing". Ähnlich für „orders" § 554(a). Weiter dazu → 3/119.

ne Vorschriften (Teile II-IV) als „Standardverfahren“ subsidiär überall dort Anwendung finden, wo das Fachrecht keine eigenen Regelungen getroffen hat.[83]

3. Modell: „notice-and-comment“

39 Auch für die *Normsetzung* ist das formelle Verfahren der §§ 556 und 557 APA nicht zum Standardverfahren geworden.[84] Hier hatte der APA jedoch schon von Anfang an auch noch ein zweites Verfahrensmodell vorgesehen: das „notice-and-comment“ Verfahren. Die Anwendung der entsprechenden Regelungen in § 553(b)-(d) APA ist nicht davon abhängig, dass die Vorschriften fachgesetzlich besonders in Bezug genommen werden. Das Verfahren ist entgegen seiner Ausflaggung als „informal rulemaking“ allerdings alles andere als einfach und formlos. Zwar ist die Strenge des gerichtsähnlichen förmlichen Verfahrens gemildert; aber das Grundanliegen eines einsichtigen, neutralen und fairen Verfahrens ist erhalten geblieben und um Elemente einer breiten Öffentlichkeitsbeteiligung ergänzt worden. Die Ziele der Transparenz, der Partizipation und der Rationalität geben dem Verfahren sein Profil und machen es zu „dem“ Repräsentanten demokratischer Entscheidungsfindung. Es ist dieses Verfahren, das dem APA auch im Rechtsvergleich große Beachtung sichert (→ 3/89–92).

III. Die weitere Entwicklung

40 Nach dem Inkrafttreten des APA setzte zunächst eine Phase der Konsolidierung ein. Die Gerichte waren damit beschäftigt, eine Reihe von Streitfragen zu klären und die im Gesetz normierten Verfahrensbestimmungen weiter auszudifferenzieren. Seit den 1970er Jahren zeichneten sich auf den Gebieten des Sozialrechts, des Umweltrechts und der Bürgerrechte allerdings neue Entwicklungen ab, die auch auf das allgemeine Verfahrensrecht durchschlugen. Einerseits ging es um praktische Fragen: Bei der umweltrechtlichen Normsetzung etwa zeigte sich ein Bedürfnis nach Flexibilisierung der vorgesehenen Verfahrenstypen. Vor allem aber wurden Verände-

83 Zum Konzept des Standardverfahrens vgl. *J.-P. Schneider*, Strukturen und Typen von Verwaltungsverfahren, in: GVwR II, § 28 Rn. 14 ff.

84 *Schwartz*, § 4.11 (S. 193): „Trial-type procedures, with a requirement of basis on the record, are out of place in rulemaking“.

rungen in den gesellschaftlichen Vorstellungen deutlich, die grundsätzlicher ansetzten und allgemein eine Veränderung der Kommunikation der Verwaltung mit den Bürgern einforderten.

Eine Zeit der Novellierung setzte ein. Der Kern des APA blieb erhalten. Es 41
wurde jedoch eine Reihe ergänzender Gesetze geschaffen und in den APA integriert, mit denen der Kongress auf die skizzierten neuen Herausforderungen reagierte. Zwei im Jahre 1990 erlassene Gesetze, der „Negotiated Rulemaking Act" und der „Administrative Dispute Resolution Act", erweitern seither das Spektrum der verfügbaren Verfahren. Ihre praktische Relevanz wird allerdings heute eher gering eingeschätzt.[85] Wichtiger waren die Novellen, die sich dem großen Thema der Verwaltungskommunikation widmeten. Hier konnte an die allgemeine Informationspflicht in Sect. 3 der ursprünglichen Fassung des APA angeknüpft werden. Dieser Ansatz wurde durch den „Freedom of Information Act" (FOIA) von 1967 zu einem eigenständigen Regelungssystem ausgebaut (§ 552 APA). Damit waren deutliche Veränderungen im Umgang der Verwaltung mit Informationen auf den Weg gebracht. In gewisser Weise das Widerlager dazu bildete der „Privacy Act" von 1974 (§ 552a APA). So steht der APA heute für eine *zweigliedrige Systematik*, in der die klassischen entscheidungsbezogenen Verfahren und das allgemeine Verwaltungsinformationsrecht ihren Platz haben.[86]

Mit diesen Regelungsgehalten hat der APA in der Verwaltungspraxis der 42
Bundesbehörden seinen festen Platz. Die insgesamt positive Einschätzung der Gesetzesentwicklung schließt es freilich nicht aus, dass der APA auch immer wieder scharfe Kritik erfahren hat und erfährt: „Rather, it emerges from the conception of government that prevailed in premodern times, and that survives in contemporary governance as the rationale for common law".[87] Der Vorwurf, eher rückwärtsgewandt als innovativ zu sein, wird allerdings auch gegenüber dem deutschen Verwaltungsverfahrensgesetz erhoben.[88] Er ist unter den heutigen Bedingungen langwährender Gesetzgebungsvorarbeiten und komplizierter Abstimmungsprozesse wahrscheinlich unvermeidlich. Der wichtigste Zugewinn eines Kodifikationsprojekts ist (neben der praktischen Konzentrationswirkung) die von ihm ausgelöste

85 In kodifizierter Form 5 U.S.C. §§ 561–570a und §§ 571–584.
86 Dazu → 5. Kap. 2. und 3. Abschnitt.
87 *E. Rubin*, It's Time to make the Administrative Procedure Act Administrative, 89 Cornell L. Rev. 95, 104 f. (2003).
88 Vgl. *Schmidt-Aßmann*, Ordnungsidee, 6. Kap. Rn. 139–142.

umfassende Aktivierung des wissenschaftlichen und politischen Diskurses. In diesem Punkte hat der APA, wie der eindrucksvolle Schlussbericht des *Attorney General's Committee on Administrative Procedure* von 1941 beweist, früh Maßstäbe gesetzt.

C. Das Verfahrensrecht der Bundesstaaten und der Model State Administrative Procedure Act (MSAPA)

43 Das Verfahrensrecht der einzelstaatlichen Behörden ist noch vielfältiger als das der Bundesbehörden: Bundesrechtlich unmittelbar anwendbar sind nach dem XIV. Zusatzartikel vor allem die Due Process Klausel und die Garantien des IV. Zusatzartikels mit ihren Sicherungen z.B. gegen Durchsuchungen. Der APA des Bundes hat für die Verwaltungen der Staaten dagegen keine Geltung. Da die USA keine den Art. 84 und 85 GG vergleichbare Regelung der föderalen Vollzugsstruktur kennen (→ 2/81–88), ist auch eine Subsidiaritätsklausel, wie sie § 1 Abs. 2 BVwVfG enthält, undenkbar. Staaten oder Gemeinden können sich allerdings, z.B. bei der Durchführung finanzieller Bundesprogramme, freiwillig zur Einhaltung einfachrechtlichen Bundesverfahrensrechts verpflichten. Im Übrigen ergibt sich das Verfahrensrecht für die Staatenbehörden aus dem Recht des jeweiligen Staates unter Einschluss der jeweiligen Verfassung, deren Gewährleistungen oft den Garantien der Bundesverfassung nachgebildet sind, diese u.U. aber auch erweitern oder ganz neue Verfahrensrechte vorsehen.[89]

44 Eine Vereinheitlichung des Staaten-Verfahrensrechts ist durch Kodifikationsinitiativen erreicht worden, die zeitgleich mit der Schaffung des APA des Bundes einsetzten. Diese Form der Selbstkoordination erfolgt im Rahmen der *National Conference of Commissioners on Uniform State Laws*.[90] Die *Uniform Law Commission* vereinigt Juristen unterschiedlicher Berufsfelder, die von den Staaten ernannt werden. Sie hat das Ziel, den Staaten parteiübergreifend erarbeitete Gesetzgebungsvorschläge in Form von Modellgesetzen zur Verfügung zu stellen. Die Staaten sind in ihrer Entscheidung darüber, ob und in welchem Umfang sie ihre Gesetzgebung nach den Modellvorschlägen ausrichten, vollkommen frei.

---

89 Vgl. allg. *Briffault/Reynolds*, Sect. D 3 g.

90 Vgl. *R. A. Stein*, Strengthening Federalism. The Uniform State Law Movement in the United States, in: 99 Minn. L. Rev. 2253 ff. (2015).

Auf dem Gebiete des allgemeinen Verwaltungsverfahrensrechts hatte die Kommission bereits 1946 einen ersten *Model State Administrative Procedure Act (MSAPA)* vorgelegt, der bis 1960 von zwölf Staaten übernommen wurde. In den Jahren 1961, 1981 und zuletzt 2010 folgten Neufassungen des Model Act.[91] Die Kommission nimmt dabei auf die unterschiedlichen Traditionen und Vorstellungen, die gerade auf dem Gebiet der Verwaltung zwischen den Staaten bestehen, besondere Rücksicht. Zu viele Detailvorgaben reduzieren die Bereitschaft der Staaten, den Vorschlägen zu folgen. Den in dieser Hinsicht zurückhaltenden Entwurf von 1961 nahm immerhin mehr als die Hälfte der Staaten als Vorlage für ihre Verfahrensgesetze, während der sehr detaillierte Entwurf von 1981 Gefolgschaft nur bei zehn Staaten fand. Der MSAPA 2010 steuert einen mittleren Kurs. Er ist deutlich kürzer als sein Vorgänger, obwohl er sich neu mit der Rolle des Internet im Verwaltungsverfahren auseinandersetzen musste. 45

Die Arbeiten der *Uniform Law Commission* haben eine Grundstruktur in das allgemeine Verwaltungsverfahrensrecht der Staaten gebracht, die die Orientierung und das Auffinden der wichtigsten Themen erleichtert. Im Zentrum stehen vier große Regelungsbereiche, in der Literatur auch als „major principles" bezeichnet:[92] einleitend eine allgemeine Informationsverpflichtung der Behörden gegenüber der Öffentlichkeit, sodann in zwei getrennten Abschnitten das Verfahrensrecht der beiden wichtigsten Handlungsformen der Verwaltung, schließlich Bestimmungen zum gerichtlichen Rechtsschutz. Mit diesem Aufbau kam der MSAPA von 1946 dem im selben Jahr erlassenen APA des Bundes sehr nahe. Zwischen den Verfassern beider Akte bestand in der Vorbereitungsphase ein reger Gedankenaustausch.[93] Die späteren Entwürfe des MSAPA hielten an dieser Grundstruktur fest. Die Verfahrensgesetzgebung der Staaten ist ihr weitgehend gefolgt. 46

Als Ziele der angestrebten Regelungen werden „fairness, efficency, and ensuring public access to agency information" genannt.[94] Nach wie vor bilden die Verfahrensregelungen für „rules" und „orders" den Kern des MSAPA. Die einzelnen Verfahrensphasen sind präziser gefasst als im APA, der in diesem Punkte gegenüber seiner ursprünglichen Fassung von 1946 47

---

91 Revised Model State Administrative Procedure Act, drafted by the National Conference of Commissioners on Uniform States Laws, 2010. Vgl. dort S. 1 ff. zu den folgenden Angaben; ferner *Strauss*, Justice, 369 ff.

92 Vgl. *Cooper*, State Administrative Law, I 13.

93 Dazu im Detail *Cooper*, ebd., 9 ff.

94 MSAPA 2010, Prefatory Note, 2 f.

kaum geändert worden ist. Die jüngeren Fassungen des MSAPA haben dazu die Erfahrungen, die mit dem bisherigen Recht gemacht worden sind, ausgewertet und nutzen den hier sichtbaren Variantenreichtum für ihre eigenen Vorschläge. Ihren Hauptzweck sehen sie darin, „best practices" aufzuzeigen. Die Begründungen liefern viel Anschauungsmaterial auch für die Wandlungen und Wellenbewegungen der Verwaltungspolitik in Verfahrensfragen.

48 Das Verwaltungsinformationsrecht bleibt eigenständigen Gesetzen vorbehalten. 1980 legte die Uniform Law Commission 1980 einen „*Uniform State Information Practice Code*" vor. Ausführlich wird darin der Grundkonflikt zwischen der Publizität von Verwaltungsinformationen einerseits und den Interessen des Datenschutzes andererseits thematisiert. Einige Staaten sind diesem integrativen Ansatz gefolgt, der die Ambivalenz des modernen Verwaltungsinformationsrechts besonders gut aufzeigt.[95] Der MSAPA 2010 lässt diese Vorschriften unberührt. Er konnte sich darauf beschränken, unter der Überschrift „Public Access to Agency Law and Policy" die Pflichten der Behörden, über ihre Tätigkeit, ihre Vorhaben und ihre Entscheidungen öffentlich zu informieren, genauer zu fassen und die entsprechenden Vorgänge auf Internet-Kommunikation einzustellen (§ 201–203).

Die folgenden Erörterungen werden auf den MSAPA vor allem dort eingehen, wo er gegenüber dem APA eigenständige, innovative Lösungen anbietet.

D. Das von den Behörden selbst erlassene Verfahrensrecht

49 Noch umfangreicher als das Verfahrensrecht der Fachgesetze und des APA bzw. MSAPA sind die Vorschriften, die sich die Behörden zur Regelung ihres Verfahrens selbst geben.[96] Für Deutschland ist das eine ungewohnte Vorstellung. Soweit eine untergesetzliche Konkretisierung des Verfahrensrechts angezeigt ist, geschieht sie hier üblicherweise durch Rechtsverordnung der Regierung auf Grund entsprechender Ermächtigung im Gesetz,

---

95 So verfügt Hawaii seit 1988 über einen Uniform Information Practices Act. Treffend dort 92 F 2(2): „The policy of conducting government business as openly as possible must be tempered by a recognition of the right of the people to privacy, as embodied in section 6 and section 7 of Article I of the Constitution of the State of Hawaii".

96 *Strauss*, Justice, 274.

eventuell auch durch Verwaltungsvorschriften vorgesetzter Behörden. Nach amerikanischem Verständnis besitzen die Behörden eine weit gefasste Befugnis, im Rahmen des einschlägigen Gesetzesrechts eigene Verfahrensregelungen zu treffen.

Oft verlangen die Gesetze eine solche *Selbstprogrammierung in Verfahrensangelegenheiten* ausdrücklich. Schon der APA in seiner ursprünglichen Fassung von 1946 verpflichtete die Behörden, im Federal Register den Verfahrensgang „including the nature and requirements of all formal and informal procedures" zu veröffentlichen (sec. 3(a)(2)). Die Fachgesetze und das allgemeine Verwaltungsinformationsrecht haben diese Pflicht intensiviert und verfeinert.[97] Für das behördliche Verfahrensrecht der Staaten schafft § 205 MSAPA 2010 die Möglichkeit einer Vereinheitlichung. Dazu kann der Governor des Staates „standard procedural rules" erlassen. Die Behörden müssen ihre Verfahrensregelungen dann daran ausrichten und dürfen nur abweichen, wenn sie Gründe dafür benennen können. Die Vorgabe von standardisiertem Verfahrensrecht hat auch den Zweck, gerade kleinere Behörden zu unterstützen. Neben dieser Möglichkeit halten die Regierungen vielfach Handbücher („manuals") vor, in denen sich die Behörden bis ins Detail darüber informieren können, welche einzelnen Schritte sie zu vollziehen haben.[98] 50

Die Rechtsetzungstätigkeit der Behörden in Verfahrensfragen bedient sich unterschiedlicher *Rechtsformen*: Teilweise werden Verfahrensregelungen in der Form einer Verordnung („regulation") getroffen. Bei ihrem Erlass sind, soweit gesetzlich nichts anderes bestimmt ist, die Vorschriften des APA über das „rulemaking" einzuhalten. Sehr viel häufiger sind allerdings Normen, die dieses Maß an Verbindlichkeit nicht anstreben: norminterpretierende Vorschriften, Hinweise auf eine bestehende Verwaltungspraxis, Verlautbarungen über Beteiligungsmöglichkeiten, Merkblätter und Verfahrenshandbücher. Sie gehören zu den „guidance documents", mit denen eine Behörde die Öffentlichkeit über ihre Politik und die Art ihres Vorgehens informiert (→ 3/102–107). 51

97 Vgl. für den Informationszugang § 552(a)(1)(B) und (C) APA.
98 Z. B. State of New York, State Department: Rule Making in New York (May 2012).

Zweiter Abschnitt Das Verfahrensrecht einzelner Handlungsformen

52 Die Ausrichtung auf bestimmte Handlungsformen der Verwaltung teilen APA und MSAPA mit kontinentalen Verfahrensrechtskodifikationen, während das englische Recht den Formen administrativen Handelns kaum Beachtung schenkt.[99] Eine so prominente Stellung, wie sie die Handlungsformen im deutschen Recht besitzen, ist damit allerdings nicht indiziert. Die Formen haben im APA vorrangig verfahrensrechtlichen Zuweisungsgehalt. Sie werden dazu zwar gesetzlich definiert. Eine klare Profilierung als Rechtsformen, wie sie das VwVfG für Verwaltungsakte und Verwaltungsverträge durch Einschluss der wichtigen Bestandskraftlehren bietet, erfahren sie nicht.

53 Lebendig ist dagegen die Einsicht, dass die Handlungsformen *Konstrukte* sind, die die Vielfalt des administrativen Handelns immer nur unvollständig erfassen können.[100] *Otto Mayer* sah die Situation ähnlich realistisch, als er davon sprach, dass der Rechtsstaat die „flutende Masse der Verwaltungstätigkeit" nicht nur eingedämmt habe, sondern „auch noch mitten drin fort und fort feste Punkte auftauchen [lasse], welche dem Einzelnen Halt gewähren und ihn darüber sicherstellen, wohin es geht".[101] Die Formen sind „feste Punkte"; aber sie bilden nicht die gesamte Verwaltungsrealität ab. APA und MSAPA selbst nennen neben „rules" und „orders" als andere Handlungsweisen der Verwaltung („administrative actions"), u.a. noch „inspections" und „sanctions", die praktische Verbindungen von faktischen und rechtlichen Elementen darstellen und für die punktuelle Regelungen geboten werden, die auf bestimmte Gefährdungssituationen reagieren.[102]

54 Schärfer als in Deutschland wird in den USA die *Bewirkungsdimension* der Handlungsformen herausgearbeitet.[103] Die Formen sind nicht nur die Wegweiser für das jeweils einschlägige Verfahrensrecht, sondern sie sind

---

99 Vgl. *Jarass* (Fn. 76), DÖV 1985, 377, 380; *M. Glaser*, Die Entwicklung des Europäischen Verwaltungsrechts aus der Perspektive der Handlungsformenlehre, 2013, 106 ff. (zu England).

100 *Strauss*, Justice, 257 f.

101 *Mayer*, Deutsches Verwaltungsrecht Bd. 1, 92 f.

102 Vgl. *Gellhorn*, 66 ff. Zur Bedeutung von „soft law" *Strauss*, Justice, 207 f., 303 ff., 355 f.

103 Allg. zur Bedeutung dieser Dimension vgl. nur *W. Hoffmann-Riem*, Rechtsformen, Handlungsformen, Bewirkungsformen, GVwR II, § 33; *Schmidt-Aßmann*, Dogmatik, 82 ff.

Instrumente, mit denen Regulierungszwecke erreicht werden sollen. Bevor eine Behörde zu einer bestimmten Handlungsform greift, wird sie sich die Regelungssituation genau ansehen und überlegen, welche Optionen sie hat. „Regulatory choice", das Ermessen der Formenwahl, ist ein integraler Bestandteil der Darstellung der Handlungsformen.[104] Die Abwägung von Vorzügen und Nachteilen des „rulemaking" im Vergleich zur Praxis der Einzelfallentscheidung gehört daher zu den Standardthemen der Lehrbücher:[105] Dabei werden nicht nur die rechtsstaatlichen Effekte einer gleichmäßigen, transparenten Steuerung der Praxis, sondern auch Gesichtspunkte der Effizienz und Flexibilität in die Überlegungen eingestellt: Wann sollte eine Behörde zur Normsetzung greifen? Wann muss sie es sogar tun? Sind die vorgeschriebenen Rechtsetzungsverfahren zu kompliziert geworden? Haben der Kongress und die Gerichte die Anforderungen nicht immer weiter gesteigert und damit bewirkt, dass die Behörden heute in informelle Steuerungstechniken ausweichen?[106]

A. *„Rules" und „rulemaking"*

„Rules" und „rulemaking" sind heute der wichtigste Zugang zum Handlungssystem der Verwaltung im amerikanischen Recht.[107] Das war nicht immer so. Zunächst stellten wie in Deutschland auch in Amerika Einzelentscheidungen die vorherrschende Form administrativen Handelns dar. Mehr und mehr sind die Behörden jedoch dazu übergegangen, ihre Aktivitäten auf die Normsetzung auszurichten. Gern wird zur Bestätigung und Einordnung dieser Entwicklung ein Wort des späteren Richters des Supreme Court *Antonin Scalia* zitiert, der darin einen Strukturwandel des Verwaltungsrechts sehen wollte.[108] 55

---

104 Dazu nur *Gellhorn*, 385 ff.; *Hickman/Pierce*, 417 ff.; ferner *Breyer/Stewart*, 14 ff.

105 Vgl. die Auflistung bei *Asimow/Levin*, 229–232; ferner die Erörterungen bei *Pierce*, Treatise, § 6.8 und 6.9.

106 Dazu nur *Pierce*, Process, § 6.4.6d: „disincentives to use rulemaking". Dazu → unten 3/64.

107 Die Executive Orders des Präsidenten (dazu → 2/27–30) gehören nicht in diesen Kontext.

108 „The increased use of rulemaking has changed the whole structure of administrative law"; zitiert nach *Asimow/Levin*, § 5.1; ähnlich die Beobachtung von *Mashaw*, Administration and Democratic Legitimacy, 31: „a strategic agency shift of regulatory action"..

I. Abgrenzungsprobleme

56 Wenn die Formenbegriffe „rules“ und „orders“ ihre Zuweisungsfunktion erfüllen sollen, müssen sie voneinander (1) und von anderen Handlungsweisen der Verwaltung (2) abgegrenzt werden.

1. Die Grenzziehung zwischen „rules“ und „orders“

57 Ungeachtet der großen Bedeutung, die den *„rules“* zugeschrieben wird, ist ihre Definition allerdings nach wie vor umstritten – auch zwischen den beiden einschlägigen Verfahrensgesetzen:[109] Der MSAPA stellt ähnlich wie das deutsche Recht auf das Kriterium der Allgemeinheit ab.[110] Der APA definiert „rule“ dagegen als „statement of general or particular applicability and future effect“ (§ 551(4)). Erfasst werden sollen damit nicht nur generell-abstrakte Normen, sondern auch bestimmte, auf eine konkrete Situation bezogene Entscheidungen, sofern sie nur das zentrale Kriterium erfüllen, nämlich „future effect“ zu haben. Damit bezieht der APA eine Reihe von Entscheidungen in den Begriff „rules“ ein, die im Aufgabenbestand der großen Bundesbehörden eine besondere Rolle spielen: Entscheidungen auf dem Gebiete der Wirtschaftsregulierung (Tarifgenehmigungen, Preisfestsetzungen und Verfügungen, die Unternehmen zu finanzieller oder organisatorischer Restrukturierung verpflichten).

58 Die Definition des APA hat in der Literatur oft Kritik erfahren.[111] Trotzdem fragt es sich, ob das Kriterium *„future effect“* das Wesen der administrativen Normsetzung nicht besser erfasst, als es die traditionellen Definitionen tun. Normen sind ein Instrument nicht des Vollzuges, sondern der Gestaltung komplexer Regelungssituationen. Sie haben einen spezifischen Auftrag, dessen Wirkungen sich erst in der Zukunft zeigen werden. Sie müssen Entwicklungen prognostizieren. Ihre im Vergleich zu Einzelfallentscheidungen größere Offenheit gegenüber der Zukunft lässt die Optio-

---

109 Erläuternd *Schwartz*, § 4.2: der „time test“, dem der APA folgt, und der „applicability test“, dem der MSAPA folgt.

110 § 102 MSAPA 2010 definiert „rule“ als „agency statement of general applicability“ (30) und *„order“* als Verwaltungsentscheidung, die Rechte oder Interessen „of a specific person“ betrifft (23). In Grenzfällen soll jedoch auch im MSAPA darauf geschaut werden, „what the effect of the statement will be in future“ (so die Erläuterungen ebd.).

111 Vgl. etwa *Pierce*, Treatise, § 6.1 (S. 402 f.).

nenwahl deutlicher hervortreten. „Rules“ sind damit vor allem eine Ausdrucksform, in denen Behörden „policy“ formulieren.

Das deutsche Recht setzt die Akzente anders: Nicht die Norm, sondern die Einzelfallregelung, nicht die politische Gestaltung, sondern der Gesetzesvollzug ist das Zentrum der Handlungsformenlehre. Mit der Allgemeinverfügung (§ 35 S. 2 VwVfG) wird der Wirkungsbereich des Verwaltungsakts auch auf Zwischenformen erstreckt.[112] Tarifgenehmigungen und andere Regulierungsentscheidungen sind danach als Verwaltungsakte einzustufen.[113] Damit gewinnen sie zwar ein klares, auf Stabilität ausgerichtetes Formenprofil. Die Offenheit des zugrundeliegenden gesetzlichen Entscheidungsprogramms aber wird nicht angemessen erfasst. Die Rechtsform des Vollzugsaktes nährt die Vorstellung eines neutralen, eher technischen Vorgangs, die den gestalterischen Gehalt verdeckt.[114] 59

2. „Legislative rules“ und „nonlegislative rules“

In der Frage der Bindungswirkungen geht der APA von einem weiten Begriff der „rules“ aus.[115] „The definition of rule is not limited to substantive rules, but embraces interpretative, organizational and procedural rules as well“.[116] Das verlangt allerdings im Folgenden Differenzierungen.[117] 60

Nur ein kleinerer Teil administrativer Normen hat die Kraft, Privatpersonen und Gerichte in einer dem parlamentarischen Gesetz vergleichbaren 61

---

112 Zur historischen Entwicklung des Instituts *Wandschneider*, Die Allgemeinverfügung in Rechtsdogmatik und Rechtspraxis, 2009.

113 *U. Stelkens*, in: Stelkens/Bonk/Sachs, VwVfG, § 35 Rn. 296 f.; ebenso Festbetragsfestsetzungen für Arzneimittel nach § 35 Abs. 5 SGB V, vgl. BVerfGE 106, 275, 305 f.

114 Zur Neigung der Praxis, auch andere politisch schwierige Entscheidungen in die Form der Allgemeinverfügung zu fassen, *F. Walla*, Kapitalmarktrechtliche Normsetzung durch Allgemeinverfügung?, DÖV 2010, 853 ff.

115 Anders dagegen der MSAPA 2010: Der Begriff „rules“ wird hier von vorneherein auf Normen begrenzt, die rechtliche Verbindlichkeit haben (§ 102(30): „has the force of law“). Normen des Innenrechts („which does not affect private rights“) werden ausgeklammert; → zu „guidance documents“ (§ 102(14)MSAPA) vgl. → 3/102–107.

116 So Attorney General's Manual, S. 12, mit dem Hinweis, dass allerdings nicht alle von ihnen den für das rulemaking in Sec. 4 vorgesehenen Verfahrensanforderungen unterliegen.

117 Zum Folgenden *Strauss*, Justice, 298 ff.

Weise zu binden („force of law"). Die Literatur bezeichnet sie als „legislative rules" oder auch als „substantive rules".[118] Dafür steht die Form der Verordnung („regulation") zur Verfügung. „Legislative rules" müssen in dem vorgeschriebene Rechtsetzungsverfahren erlassen und im gesetzlich festgelegten Publikationsorgan veröffentlicht worden sein.[119] Außerdem müssen sie auf einer gesetzlichen Grundlage beruhen, die erkennen lässt, dass gerade Rechtsetzungsmacht übertragen ist.[120] Da den Anforderungen der „nondelegation" Doktrin jedenfalls nach der bisher herrschenden Auffassung aber auch durch weit gefasste Klauseln genügt wird,[121] ist die begrenzende Wirkung dieser Voraussetzung gering.[122] „Legislative rules" gestatten den Behörden folglich eine recht eigenständige Politikgestaltung. Dieser Effekt wird noch dadurch erhöht, dass Behörden in Fällen unbestimmter Gesetzesbegriffe nach der *Chevron* Doktrin eine Interpretationsprärogative besitzen, die gerichtlich zu respektieren ist (→ 2/67–68). Behörden können auf diese Weise auch Politikwechsel vollziehen, indem sie ihre bisherige Interpretation ändern. Sie müssen dazu die bisherige Verordnung in einem actus contrarius förmlich aufheben und durch eine neue ersetzen.[123] Dazu ist freilich erneut das vorgeschriebene Verfahren zu durchlaufen. Bremsend wirken weniger die Tatbestandsmerkmale der gesetzlichen Ermächtigung als das Verfahren, das auch dann, wenn es das „informal rulemaking" ist, immer noch aufwändig ist.

62 Ebenso wie das deutsche kennt das amerikanische Verwaltungsrecht neben den soeben behandelten Normen behördliche Vorschriften und Verlautbarungen in großer Zahl, die nicht in der Form von Verordnungen erlassen werden, aber doch für das Entscheidungsverhalten der Behörde und oft mindestens mittelbar auch für das Bürger-Staat-Verhältnis Bedeutung ha-

---

118 Vgl. *Schwartz*, § 4.8; *Hickman/Pierce*, 417 f.

119 Für die „regulations" der Bundesbehörden ist das das *Federal Register (F. R.)*; kodifiziert im *Code of Federal Regulations (CFR)*, der in der Abfolge seiner Titel parallel zum United States Code (U.S.C.) aufgebaut ist. Vgl. *Gellhorn*, 65.

120 *Schwartz*, § 4.3 (S. 169): „They [the agencies E. S.] have no inherent or common law powers". „Without a statutory delegation, an agency does not have power to promulgate substantive rules and regulations".

121 Vgl. 351 U.S. 192, 203 (1956) *United States v. Storer Broadcasting Co.*: „The Communications Act must be read as a whole and with appreciation of the responsibilities of the body charged with its fair and efficient operation.". Ferner → 2/33–37.

122 Beispiele für entsprechende Klauseln bei *Hickman/Pierce*, 417 ff.; vgl. auch *Breyer/Stewart*, 478.

123 347 U.S. 260, 265 f. (1954) *United States ex rel. Accardi v. Shaughnessy*; 418 U.S. 683, 695 f. (1974) *United States v. Nixon*.

ben: „*nonlegislative rules*". Hierher gehören „interpretative rules", „rules of agency organization, procedure, or practice", „general statements of policy", „advice letters", „circulars" und „staff manuals".[124] Das sind die Themen, die in Deutschland regelmäßig in Verwaltungsvorschriften behandelt werden.[125]

Solche „guidance documents" sind zunächst einmal Erscheinungsformen legitimer Selbstprogrammierung und Selbstdarstellung der Behörden in einer Rechtsordnung, die gerade besonderen Wert darauf legt, dass Behörden die Öffentlichkeit über ihre Aufgaben, ihre Organisation und ihre Arbeitsabläufe informiert. Die Behörden bedürfen dazu keiner gesetzlichen Ermächtigung.[126] Vom notice-and-comment Verfahren sind sie ausgenommen.[127] Es fehlt ihnen deshalb aber auch die förmliche Bindungskraft der „legislative rules". Die Gerichte respektieren die getroffenen behördlichen Festlegungen, etwa die behördliche Auslegung von Gesetzesbegriffen durch „interpretative rules", aber als „a body of experience and informed judgment to which courts and litigants may properly resort for guidance".[128] Entscheidend ist, dass die behördliche Auslegung von dem zugrundeliegenden Gesetzesbegriff begrifflich umfasst („fairly encompassed") ist und Überzeugungskraft besitzt („persuasive weight").[129] Dieser „*Skidmore* respect" bildet gegenüber „nonlegislative rules" das Minimum an richterlicher Zurückhaltung.[130] 63

124 Zur verwaltungspolitischen Diskussion vgl. Office of Budget and Management (OMB), Final Bulletin for Agency Good Guidance Practices, Federal Register Vol. 72, No 16, Jan. 2007, S. 3432.

125 Zur Typologie (organisatorische, norminterpretierende, ermessenlenkende und normkonkretisierende Verwaltungsvorschriften) *F. Ossenbühl*, Autonome Rechtssetzung der Verwaltung, in: HStR V, § 104 Rn. 18 ff.; *Knauff*, Regelungsverbund, 350 ff.; *M. Möstl*, in: Ehlers/Pünder, Verwaltungsrecht, § 20 Rn. 22.

126 *Hickman/Pierce*, 417.

127 § 553(b)(A) APA; zu diesen und weiteren Ausnahmen systematisch *Breyer/Stewart*, 534 ff.; *Gellhorn*, 178 ff.; *Hickman/Pierce*, 539 ff.

128 323 U.S. 134, 140 (1944) *Skidmore v. Swift & Co.*

129 Vgl. *Gellhorn*, 197 f. unter Bezug auf eine Formulierung des Court of Appeals D. C. Cir. in der Rechtssache *Paralyzed Veterans of America v. D. C. Arena*, 117 F.3d 579, 588 (1997).

130 In einigen jüngeren Urteilen deutete sich an, dass sich die Gerichte unter bestimmten Umständen noch weiter zurückhalten könnten. Vgl. die (allerdings auch untereinander divergierenden) Voten der die Minderheit bildenden Richter in 529 U.S. 576 (2000) *Christensen v. Harris County* und 533 U.S. 218, 230 (2001) *United States v. Mead Corp.*; dazu *Pierce*, Process, § 7.4; *Strauss*, Justice, 497 ff. Ob sich eine solche Tendenz fortsetzt, ist angesichts der gegenläufigen

64 Die Verwaltungspraxis bedient sich der „nonlegislative rules" besonders gern.[131] Das Bestreben, auf diese Weise größeren Verfahrensaufwand zu vermeiden, hat zu Ausweichstrategien geführt.[132] Behörden sind bemüht, die Tatbestände ihrer „regulations" bewusst weit und undeutlich abzufassen, um sich den Spielraum zu erhalten, sie später durch „interpretative rules" oder „policy statements" zu ergänzen und dabei gegebenenfalls auch zu verändern.[133] Jedenfalls gibt es immer wieder Rechtsstreitigkeiten, in denen Betroffene sich dagegen wehren, durch „nonlegislative rules" mit Pflichten belegt zu werden, die nur durch „regulation" hätten getroffen werden dürfen.[134] Die Gerichte müssen dann prüfen, ob sich die von der Behörde erlassene Vorschrift von ihrem Zuschnitt her im Rahmen der Ausnahmetatbestände des § 553(b)(A) APA hält oder aber darüber hinausgeht.[135] Will eine Behörde etwa mit einem „guidance document" Unternehmen in Ermittlungsverfahren zu einem kooperativen Verhalten bewegen, so kommt es auf die Intensität der Sanktionen an, die sie im Fall einer Weigerung der Zusammenarbeit in Aussicht stellt.[136] Endgültig geklärt sind die Kriterien, nach denen die Unterscheidung vorzunehmen ist, nicht.

II. Das Standardmodell des notice-and-comment Verfahrens

65 Das wichtigste Verfahrensmodell der administrativen Rechtsetzung ist in den USA das notice-and-comment Verfahren des § 553 APA. Es bildet das Standardverfahren, das die Verwaltungen (vorbehaltlich fachrechtlicher Regelungen) einzuhalten haben, wenn sie verbindlich Recht setzen wol-

---

Entwicklung, die die Kontrollintensität in anderen Fällen von „deference" (→ 4/111–113) in jüngster Zeit durchläuft, allerdings sehr zweifelhaft.

131 Empirische Untersuchungen dazu bei *C. Raso*, Agency Avoidance of Rulemaking Procedures, 67 Admin. L. Rev. 65 (2015), mit statistischen Angaben im Anhang S. 128 ff.

132 Dazu Lit. bei *Gellhorn*, 188 ff.

133 Kritisch dazu *Gellhorn*, 189 und 199: „promulgate mush". Die jüngsten Einschränkungen zur „*Auer* deference" (→ 4/112 und 6/35–36) machen diese Strategie allerdings für die Behörden künftig weniger attraktiv; so treffend *J. Mathews*, Presidential Administration in the Obama Era, in: Kaiser/Petersen/Saurer (eds.), The U.S. Supreme Court and Contemporary Constitutional Law, 67, 75 ff.

134 *Hickman/Pierce*, 523 ff.

135 Vgl. *Gellhorn*, 191 ff.; ausf. *Pierce*, Treatise, § 6.4 (Interpretative Rules) und § 6.5 (Procedural Rules).

136 174 F.3d 206 (D.C. Cir. 1999), *Chamber of Commerce of the USA v. U.S. Department of Labor*, zit. bei *Strauss*, Justice, 353.

len.[137] In ihm sind die demokratischen Wurzeln des amerikanischen Verwaltungsrechts besonders präsent. Seine Grundstruktur war bereits in der ursprünglichen Fassung des APA festgelegt worden und hat sich bis heute erhalten. Auch eine moderne Kodifikation wie der MSAPA 2010 modifiziert und exemplifiziert zwar Einzelheiten, hält aber am Grundmodell unverbrüchlich fest. Das notice-and-comment Verfahren ist *der* Repräsentant der amerikanischen Verwaltungskultur – empfohlener Kandidat für den Rechtsexport ebenso wie Kristallisationspunkt mancher Kritik.[138] „The rule making process is construed around the fundamental belief that the people of this state have a right to participate in the development of its laws".[139] Ein solcher Satz ist in einer Darstellung der Verordnungsgebung in Deutschland schwerlich zu finden.

Die Grundstruktur des Verfahrens ist ein einfacher Dreischritt:[140] (1) Die 66
Behörde kündigt ihre Regelungsabsicht öffentlich an. (2) Die Öffentlichkeit erhält die Möglichkeit zur Äußerung. (3) Die Behörde erlässt die Regelung unter exakt dokumentierter Berücksichtigung der beigebrachten Argumente. Was in der ursprünglichen Fassung des APA noch in wenigen relativ knappen Sätzen ausgedrückt werden konnte, ist unter dem Einfluss der Judikatur und zwischenzeitlich gewonnener Erfahrungen allerdings zu einem komplizierten Regelungsgefüge geworden, das den Behörden durch regierungsamtliche Handreichungen erläutert wird.[141] Der MSAPA 2010 fängt es unter Wahrung des Grundmodells in nicht weniger als siebzehn Einzelbestimmungen ein.[142]

---

137 Ausgenommen: militärische und außenpolitische Materien nach § 553(a)(1) APA; Management- und Personalangelegenheiten und verwandte Materien („public property, loans, grants, benefits, or contracts") nach § 553(a)(2) APA. Zu weiteren Ausnahmen nach Maßgabe der „good cause" Klausel des § 553(b)(B) vgl. *Pierce*, Process, § 6.4.7d (enge Interpretation, aber anerkannt u.a. für Notfälle).

138 *Strauss*, Justice, 300: „This is the procedure to which Americans generally refer when they speak of rulemaking".

139 So State of New York, State Department: Rule Making in New York, Mai 2012, S. 5.

140 Zum Folgenden *Hickman/Pierce*, 458 ff.; vergleichend *Rose-Ackerman/Egidy/Fowkes*, Due Process of Lawmaking, 77 ff. und 191 ff.; *Pünder*, Exekutive Normsetzung, 118 ff. und 140 ff.

141 *Gellhorn*, 119: „over the years the courts have added a quite significant gloss to the § 553's spare statutory terms".

142 Dazu *R. Beal*, Rulemaking: Procedure as it relates to Substance under the 2010 Model State Administrative Procedure Act, in: 20 Widener L. J. 741 (2011); *R.*

1. Die drei prägenden Verfahrensschritte

67 Die drei prägenden Verfahrensschritte bilden nicht nur eine zeitliche Abfolge, sondern einen inneren Funktionszusammenhang, der der Idee nach durch eine Beteiligung der Öffentlichkeit zu einer qualitativ besseren Rechtsetzung führen soll.[143]

a) „General notice"

68 Nach § 553(b) APA hat das Verfahren mit der öffentlichen Bekanntmachung *(„general notice")* des Rechtsetzungsvorhabens im Federal Register zu beginnen. Für die Bekanntmachung ist ein Mindestinhalt gesetzlich vorgegeben. Sie muss Zeit und Ort des Verfahrensablaufs angeben, die Ermächtigungsgrundlage der geplanten Verordnung nennen und den Verordnungsvorschlag enthalten, mindestens aber seinen Inhalt beschreiben. Die Angaben müssen so gefasst sein, dass sie der Öffentlichkeit eine gehaltvolle Partizipation ermöglichen. Dazu ist es notwendig, auch über die Regelungsabsichten, die zugrunde gelegten Methoden und gegebenenfalls über wissenschaftliche Gutachten und Expertenaussagen zu informieren, auf die sich die Behörde stützen will („expanded notice doctrine").[144]

69 Bereits früh wurde gegen die mit der Bekanntmachung beginnende erste Verfahrensphase eingewendet, sie setze zu spät ein; wenn die Behörde einen Entwurf der vorgesehenen Verordnung erarbeitet habe, sei sie gegenüber Anregungen und Bedenken nicht mehr aufgeschlossen.[145] Die Kritik hat dazu geführt, dass neuere Fassungen des Verfahrens der Bekanntmachung i.S.d. § 553(b) APA eine Phase vorschalten, in der ein erster Austausch zwischen Behörde und Öffentlichkeit über ein Verordnungsprojekt stattfindet, bevor ein Entwurf vorgelegt wird. Für die Bundesbehörden ist dieses im Fachrecht und in Executive Orders der Präsidenten vorgese-

---

M. Levin, Rulemaking under the Model State Administrative Procedure Act, dort 855.

143 Vgl. nur *Schwartz*, § 4.12 (S. 193): „Its purpose is to encourage ‚openness, explanation, and participatory democracy' in the rulemaking process and educate the agency, thereby helping to ensure informed rulemaking".

144 Im Einzelnen *Pierce*, Process, § 6.4.6a.

145 *Strauss*, Justice, 302.

hen.[146] Mit vergleichbarem Ziel findet sich in § 303(a) MSAPA 2010 das Institut „advance notice of proposed rulemaking".

b) „Comment"

70 Nach der Bekanntmachung muss die Behörde gem. § 553(c)(1) APA jeder interessierten Person Gelegenheit zur Äußerung („through submission of written data, views, or arguments") geben. Eine Begrenzung des Kreises der Äußerungsberechtigten kennt das amerikanische Recht nicht. Dahinter steht ein pluralistisches Gemeinwohlkonzept: nicht nur bestimmte Gruppen, Verbände oder sonst von der Behörde herangezogene Repräsentanten, sondern *alle* sollen mit ihren Äußerungen zu einer guten Rechtsetzung beitragen können.[147]

71 Innerhalb welcher Frist die Äußerungen abzugeben sind, wird nicht gesagt.[148] Auch die Entscheidung darüber, ob eine Präsentation in Form einer Anhörung vorgesehen werden soll, überlässt der APA dem Ermessen der Behörde. Im Fachrecht und in den Verfahrensgesetzen der Bundesstaaten finden sich Beispiele für eine obligatorische Anhörung. Ein solches „hearing" kann zwar die Qualität der Informationen verbessern, insbesondere dann, wenn es mit der Möglichkeit verbunden ist, Sachverständige zu befragen und sich mit ihnen kritisch auseinanderzusetzen. Es lässt aber die im APA gezogenen Grenzen zwischen „informal" und „formal rulemaking" verschwimmen und führt zu einer neuen Art eines „hybrid rulemaking", das das notice-and-comment Verfahren unnötig verkompliziert.[149]

72 Heute zeichnet sich noch eine zweite ambivalente Entwicklung ab.[150] Unter dem Einfluss des E-Government Act von 2002 ist das Verfahren zu

---

146 Z. B. sec. 6(a)(1) der von Präsident Clinton erlassenen Executive Order 12866 „Regulatory Planning and Review", F.R. Vol. 58, No. 190, 4. Oct. 1993; weiter dazu *Pierce*, Process, § 6.4.6c; *W. Funk*, Public Participation and Transparency in Administrative Law, 61 Admin. L. Rev. 171, 191 ff. (2009).

147 Zur Unterscheidung zwischen einem pluralistischen und einem neo-korporatistischen Beteiligungsmodell *F. Bignami*, From Expert Administration to Accountability Network: A New Paradigm for Comparative Administrative Law, in: 59 Am. J. of Comp. L. 859, 885–887 (2011).

148 § 306 MSAPA 2010 nennt eine Frist von 30 Tagen.

149 So *Strauss*, Justice, 307; *Pierce*, Process, § 6.4.10a.

150 *Breyer/Stewart*, 508 ff.

einem öffentlichen Forum geworden, auf dem die Beteiligten die Argumente der Verwaltung Punkt für Punkt durchgehen und sich darüber auch untereinander austauschen können. Die vom Internet geförderte Intensität der Kommunikation kann positiv als Zeichen eines lebendigen demokratischen Prozesses gedeutet werden. Sie birgt aber auch Gefahren:[151] Zum einen überfordert sie die Fähigkeit der Behörden, die massenhaft eingehenden Informationen in angemessener Zeit zu verarbeiten. Zum anderen kann sich eine Dynamik entwickeln, die das gesetzlich vorgesehene Verfahren der Informationsgewinnung in ein Referendum umschlagen lässt und dadurch den Verantwortungsbereich der zuständigen Behörde verkürzt.

c) „Consideration of the relevant matter"

73 Nach Abschluss der „comment" Phase muss sich die Behörde mit den beigebrachten Argumenten auseinandersetzen und danach über die endgültige Fassung der Verordnung entscheiden.[152] Dieses Auseinandersetzen ist der springende Punkt. Es soll der Öffentlichkeit zeigen, dass ihre Beiträge ernst genommen werden („meaningful opportunity to participate"), und es soll als Verfahrensergebnis einen Norminhalt garantieren, in dem alle verfügbaren Informationen umfassend und gründlich verarbeitet sind. § 553(c)(2) APA verlangt dazu, dass die Behörde in die Norm „a concise general statement of their basis and purpose" inkorporiert. So einleuchtend diese Vorgabe ist, so hat gerade dieses Tatbestandsmerkmal die meisten und kompliziertesten Ausformungen in der Rechtsprechung erfahren.[153]

74 Das gilt vor allem für die Rechtsetzung in technisch komplizierten und kontroversen Materien wie dem Umweltrecht. Es hat von diesen Gebieten des Fachverwaltungsrechts aber auch auf den Zuschnitt des Verfahrens allgemein ausgestrahlt. Das notice-and-comment Verfahren ist so ein gutes Beispiel, um den Einfluss der Referenzgebiete auf die Lehren des allgemeinen Verwaltungsrechts zu zeigen. Auch ein *„rulemaking record"*, in dem die

---

151 *Strauss* Justice, 319: „giving the process a plebiscitary air that is arguably inappropriate to its rationale".

152 Entschließt sie sich zu Änderungen des ursprünglich veröffentlichten Entwurfs, so wird eine erneute Beteiligung der Öffentlichkeit notwendig, es sei denn, die beabsichtigte Änderung ist bereits im ursprünglichen Entwurf mit angelegt: „a logical outgrowth of the rule proposed in the notice" (§ 308 MSAPA 2010).

153 *Hickman/Pierce*, 489 ff. Als Leitfall dient die Entscheidung *United States v. Nova Scotia Food Products Corp.* 568 F.2d 240 (2d Cir. 1977).

Behörden von Beginn an alle den Rechtssetzungsvorgang betreffenden Materialien dokumentieren und öffentlich zugänglich halten müssen, gehört in diesen Zusammenhang. Der APA erwähnt ihn nicht. Doch ist er heute ein unverzichtbarer Teil der Normsetzung und zugleich eine Grundlage für die gerichtliche Kontrolle (§ 302 und § 507(a) MSAPA 2010).[154]

Zum „*concise explanatory statement*", das der endgültigen Fassung der Norm beizufügen und mit dieser zu publizieren ist, zählen u.a. „the agency's reasons for adopting the rule, including the agency's reasons for not accepting substantial arguments made in testimony and comments" (§ 313 MSAPA 2010). Gerade der zweite Halbsatz veranlasst die Behörden zu ausgreifender Darstellung und Erörterung.[155] Bei umstrittenen Rechtsetzungsakten kann allein die Präambel mehrere Dutzend dreispaltig bedruckter Seiten im Federal Register ausmachen. Das Ausmaß, ja *Übermaß* an verfahrensrechtlichem Aufwand, der in der Zwischenzeit das „informal rulemaking" kennzeichnet, und die entsprechenden Strategien der Behörden, das Verfahren deshalb zu vermeiden, sind ein Dauerthema der Kritik.[156] 75

2. Das Auf und Ab der Anforderungen

Der Aufschwung, den das „rulemaking" der Bundesbehörden insbesondere in den Gebieten des Umwelt- und Gesundheitsrechts in den 60er und 70er Jahren nahm, aber auch manche Kritik an der Unabhängigkeit der Behörden haben dazu angeregt, die knappen Formulierungen des APA kreativ auszulegen und sie um Verfahrenselemente anzureichern, die nach überkommenem Verständnis nicht dazugehörten.[157] Für diese Tendenz stand besonders die Judikatur des Court of Appeals (D.C. Circuit).[158] 76

---

154 Dazu Judikatur bei *Pierce*, Process, § 6.4.6b; vgl. auch *Hickman/Pierce*, 466 f.; *Mashaw*, Reasoned Administration and Democratic Legitimacy, 60 ff.

155 Vgl. *Hickman/Pierce*, 490; *Pierce*, Process, § 6.4.6d.

156 Vgl. nur *W. Wagner*, in: Bignami/Zaring, Comparative Law and Regulation, 109, 114 ff., dort auch der Vergleich mit der EU-Rechtsetzung, 120 ff.

157 Vgl. die Darstellung der vielschichtigen Entwicklung, an der auch der Kongress und die Präsidenten mit ihren Executive Orders beteiligt waren, und die in der Literatur als „transformation" oder auch als „evolution of informal rulemaking" bezeichnet wird, bei *Strauss*, Justice, 307 ff.; *Hickman/Pierce*, 465 ff.

158 Markant 486 F.2d 375 (1973) *Portland Cement Association v. Ruckelshaus*; weitere Urteile bei *Hickman/Pierce*, 495 ff.

77 Richterliche Reaktionen dieser Art sind zumal dann nicht ungewöhnlich, wenn es um Verwaltungsentscheidungen geht, die politisch besonders umstritten sind. Hier liegt es nahe, die Anforderungen an die behördliche Aufbereitung des gesammelten Informationsstandes mit der Begründung zu steigern, den Gerichten müsste ein tragfähiger Ansatz für ihre Kontrollaufgaben geboten werden.[159] Ähnliche Rechtsprechungsentwicklungen hat es auch in Deutschland gegeben. Auch die Erfahrung, dass es dabei zu Überzeichnungen kommen kann, ist beiden Rechtsordnungen gemeinsam. In Deutschland haben die immer weiter verschärften Anforderungen, die Oberverwaltungsgerichte an das Verfahren der Bauleitplanung stellten, die Praxis der Gemeinden eine Zeit lang erheblich belastet. Für die USA lautet der Befund: „A typical major rulemaking requires five to ten years to complete and tens of thousands of hours of agency staff work. At the end of that process, courts remand approximately forty percent of agency rules“.[160] In der Literatur ist von „ossification" die Rede.[161] Ob sie sich wirklich als Folge überzogener gerichtlicher Anforderungen deuten lässt, ist allerdings umstritten.[162]

a) „Vermont Yankee v. NRDC“

78 Es ist die Aufgabe der höchstinstanzlichen Gerichte, solche Entwicklungen einzufangen und zu korrigieren. Das Bundesverwaltungsgericht sah sich seinerzeit zu der Bemerkung veranlasst, die Gerichte sollten sich nicht „gleichsam ungefragt“ auf Fehlersuche begeben.[163] In den USA war es die Entscheidung *Vermont Yankee Nuclear Power Corp. v. Natural Resources Defence Council*, mit der der Supreme Court 1978 den Court of Appeals in den Arm fiel:[164] In § 553 APA habe der Kongress seinen Willen zum Ausdruck gebracht, für das „informal rulemaking“ das Höchstmaß dessen festzulegen, was die Gerichte an Verfahrensanforderungen von den Behörden

---

159 Vgl. *Pierce*, Process, § 6.4.6b.

160 *Pierce*, ebd., § 6.4.6d (S. 290) unter Bezugnahme auf eine empirische Studie von 1990.

161 Zu diesem Phänomen vgl. *Gellhorn*, 1006 ff.; *Hickman/Pierce*, 590 ff.

162 *C. Coglianese*, Empirical Analysis and Administrative Law, in: U. Ill. L. Rev. 1111, 1125 ff. (2002).

163 Vgl. die Nachweise in BVerwGE 116, 188, 196 f.

164 435 U.S. 519 (1978) *Vermont Yankee Nuclear Power Corp. v. Natural Resources Defense Council, Inc.*; mit harschen Worten (549): the Court of Appeals should „not stray beyond the judicial province“.

verlangen könnten; die Behörden selbst seien zwar frei, den Beteiligten mehr Rechte einzuräumen; „but reviewing courts are generally not free to impose them if the agencies have not chosen to grant them".[165] An dieser Linie soll vor allem aus praktischen Gründen vorhersehbarer Verfahrensgestaltung festgehalten werden.[166]

Dass es sich im entschiedenen Falle um eine Verordnung handelte, die den 79
Umgang mit radioaktiven Abfällen und damit ein höchst umstrittenes Thema betraf, genügte dem Supreme Court nicht, um einen solchen Sonderfall anzunehmen und verschärfte Verfahrensmaßstäbe anzulegen. Anders als in der in denselben Jahren ergangenen *Mülheim-Kärlich* Entscheidung des Bundesverfassungsgerichts spielten auch grundrechtliche Erwägungen keine Rolle.[167] Eine schutzrechtliche Dimension der Grundrechte, die in Deutschland zu einer beträchtlichen Aufwertung des Verfahrensrechts geführt hatte, ist in den USA nicht anerkannt. Auch die Due Process Klausel des V. und des XIV. Zusatzartikels war nicht einschlägig, denn sie bezieht sich nach der *Bi-Metallic* Judikatur nur auf Einzelfälle, nicht aber auf die generell-abstrakte Rechtsetzung (→ 3/17). Die „Verfahrenseuphorie" des Court of Appeals (D.C. Circuit) speiste sich allein aus funktionalen Argumenten des einfachen Rechts, und sie wurde in *Vermont Yankee* mit eben solchen Argumenten wieder eingefangen.

b) „Hard look" Doktrin

Anerkannt sind dagegen Verschärfungen, die sich vorwirkend aus den An- 80
forderungen an die gerichtliche Kontrolle ergeben. Den Ausgangspunkt bildet der *arbitrary-and-capricious* Standard des § 706(2)(A) APA, der hier

165 435 U.S. 519, 524 und 543 (1978) *Vermont Yankee Nuclear Power Corp. v. Natural Resources Defense Council, Inc.* unter Bezugnahme auf ältere Judikatur, u.a. 423 U.S. 326, 333 (1976) *FPC v. Transcontinental Gas Pipe Line Corp.*

166 435 U.S. 519, 546 (1978) *Vermont Yankee Nuclear Power Corp. v. Natural Resources Defense Council, Inc.*: „If courts continually review agency proceeding to determine whether the agency employed procedures which were, in the court's opinion, perfectly tailored to reach what the court perceives to be the ‚best' or ‚correct' result, judicial review would be totally unpredictable".

167 BVerfGE 53, 30, 55 ff. und abw. Votum der Richter Simon und Heußner dort 69 ff.

nach Maßgabe eines „hard look“ angewandt wird. Die Leitentscheidung ist das Urteil des Supreme Court aus dem Jahre 1983 in *State Farm.*[168]

81 Die Doktrin besteht aus zwei Komponenten:[169]

- Zum einen müssen die *Behörden* selbst im Normsetzungsverfahren alle relevanten Faktoren in Erwägung ziehen, sie sorgfältig unter Berücksichtigung alternativer Lösungsmöglichkeiten abwägen und das Ergebnis dokumentieren. Das ist die verwaltungsverfahrensrechtliche Seite des „hard look“. Sie betrifft allerdings nicht die einzelnen Schritte des äußeren Verfahrensablaufs. Daher steht sie auch nicht in direktem Widerspruch zu *Vermont Yankee.*[170] Vielmehr ähnelt sie dem, was in der deutschen Literatur als „inneres“ Verfahren bezeichnet wird.[171] Die Leitidee ist die einer „reasoned analysis“.
- Zum andern haben sich auch die *Gerichte* die Erwägungen der Behörden genau anzusehen. Verlangt wird, dass sie sich mit den Tatsachen, die die Verwaltung ihrer Entscheidung zugrunde gelegt hat, und mit den Schlussfolgerungen, die sie daraus gezogen hat, sorgfältig auseinandersetzen. Schon in *Citizens to Preserve Overton Park, Inc. v. Volpe* hieß es dazu:[172] „To make this finding, the court must consider whether the decision was based on a consideration of the relevant factors and whether there has been a clear error of judgment“. Das Gericht muss sich Punkt für Punkt mit den von der Behörde vorgelegten Unterlagen und vorgetragenen Erwägungen beschäftigen und sie auf ihre Konsistenz befragen. „Hard look“ zielt zwar nicht auf eigene Feststellungen des Gerichts in der Sache. Wohl aber ist verlangt, dass sich das Gericht in die Sachfragen, wie sie sich nach den Prozessunterlagen darstellen, umsichtig und intensiv einarbeitet; denn anders ist eine substantielle Analyse der behördlichen Begründungen nicht möglich. „This inquiry into the facts

168 463 U.S. 29 (1983) *Motor Vehicle Manufacturers Association of the United States, Inc. v. State Farm Mutual Automobile Insurance Co.* Zur Entwicklung der Doktrin vgl. *Hickman/Pierce*, 560 ff. Ferner 556 U.S. 502, 517 (2009) *FCC v. Fox Television Station, Inc.*

169 *Breyer/Stewart*, 346 ff. mit der Unterscheidung von *procedural* und *substantive* „hard look“. Weiter → 4/107 und 127.

170 So sehr deutlich 463 U.S. 29, 50 (1983): „We do not require today any specific procedures“.

171 Dazu *H. Hill*, Das fehlerhafte Verfahren und seine Folgen im Verwaltungsrecht, 61 ff.; ähnlich die Grundsätze der Umweltprüfungen: „Ermittlung, Beschreibung, Bewertung“ (§ 3 UVPG).

172 401 U.S. 402, 416 (1971) *Citizens to Preserve Overton Park v. Volpe*.

is to be searching and careful".[173] *State Farm* zeigt, wie genau der Prozessstoff in allen Varianten durchzugehen ist.[174] Erst wenn es um die eigentliche Abwägung geht, ist Zurückhaltung angesagt: „the ultimate standard of review is a narrow one". Die Gerichte sind nicht befugt, ihre Ansicht an die Stelle der Ansicht der Behörde zu setzen.[175] Sie sollen auch nicht versuchen, lückenhafte Feststellungen der Behörde ihrerseits aufzubessern.[176]

Können die Erwägungen der Behörde das Gericht nicht überzeugen, so 82
wird die Norm aufgehoben. Gründe, die nicht schon bei Erlass der Vorschrift vorlagen, kann die Behörde nicht mehr einführen; anders als eine Erläuterung der bisherigen Gründe ist „post hoc rationalization" nicht gestattet.[177] Das amerikanische Recht ist hier strikter als die deutsche Lehre zur Zulässigkeit des „Nachschiebens von Gründen". An dieser Stringenz scheiterte etwa jüngst der spektakuäre, höchst umstrittene Versuch der Trump Administration, zwei von der Obama Regierung auf den Weg gebrachte ausländerrechtliche Programme (DACA und DAPA) zurückzufahren: die Entscheidung des Department of Homeland Security wurde vom Supreme Court im Juni 2020 aufgehoben, denn sie litt an einem Ermessensdefizit und konnte durch beigebrachte neue Argumente nicht gerechtsfertigt werden.[178] Ein gerichtliches Aufhebungsurteil hindert die Behörde allerdings nicht daran, einen identischen Rechtsakt nach entsprechend gründlichen neuen Analysen und Erwägungen erneut zu erlassen.[179] Die „hard look" Doktrin führt also nicht notwendig dazu, dass das Rechtsetzungsprojekt als solches scheitert. Dieses Ventil mäßigt den vom „hard look" aufgebauten Druck. Mit erheblichem Verfahrensaufwand ist die Doktrin trotzdem verbunden.

---

173 Ebd.

174 463 U.S. 29, 46–57 (1983) *Motor Vehicle Manufacturers Association of the United States, Inc. v. State Farm Mutual Automobile Insurance Co.*

175 401 U.S. 402, 416 (1971) *Citizens to Preserve Overton Park v. Volpe*: „The court is not empowered to substitute its judgment for that of the agency".

176 Vgl. 463 U.S. 29, 50 f. (1983) *Motor Vehicle Manufacturers Association of the United States, Inc. v. State Farm Mutual Automobile Insurance Co.*: „The reviewing court should not attempt itself to make up for such deficiencies; we may not supply a reasoned basis for the agency's action that the agency itself has not given".

177 401 U.S. 402, 420 (1971) *Citizens to Preserve Overton Park v. Volpe*.

178 591 U.S. __(2020)(slip. op. at 16) *Department of Homeland Security v. Regents of the University of California.*

179 *Breyer/Stewart*, 347.

c) Ambivalente Gesetzgebung

83 Es sind aber nicht nur die Gerichte, die zum Auf und Ab der Verfahrensanforderungen beitragen. Auch die Gesetzgebung hat immer wieder unterschiedliche Signale zur Bedeutung des Verfahrensrechts ausgesandt. Auf der einen Seite stand der Wunsch, das notice-and- comment Verfahren in politisch sensiblen Bereichen fachgesetzlich mit weiteren Verfahrensfinessen anzureichern. Auf der anderen Seite finden sich Versuche, die Bedeutung des Verfahrensrechts einzuschränken. Das zeigen die „harmless error doctrine" (→ 4/101) und die folgenden Regelungstechniken.

84 Quantitativer Zuwachs an Vorschriften und Einschränkungen ihrer Wertigkeit können Hand in Hand gehen. Auf den Ausbau der Öffentlichkeitsbeteiligung in der kommunalen Planung folgten in Deutschland schnell die Sonderregelungen der §§ 214–215 BauGB. Auch die amerikanischen Gesetze kennen solche Regelungen, und sie bedienen sich ähnlicher Techniken:

- *Rügefrist*: Gerichtlicher Rechtsschutz gegen eine Norm wegen Verletzung von Verfahrensvorschriften muss innerhalb einer Frist von 2 Jahren nach Erlass der Vorschrift nachgesucht werden. Verletzungen des materiellen Rechts können dagegen jederzeit gerügt werden.[180]
- *Bagatellfehler*: Bei bestimmten Verfahrensvorschriften wird ausdrücklich vorgesehen, dass ihre Verletzung die Gültigkeit der Norm nicht beeinträchtigt.[181]
- *Ergänzendes Verfahren*: Die Gerichte sehen sich für befugt an, bei Feststellung eines Verfahrensfehlers die Norm (zunächst) nur als unwirksam zu behandeln und der Behörde Zeit zu geben, den Fehler in einem ergänzenden Verfahren zu beheben.[182]

3. Das aktuelle Profil des Verfahrens: Art 3 MSAPA 2010

85 Auch *Vermont Yankee* hat keine Rückkehr zu einem einfachen, im Wesentlichen vom verfahrensleitenden Ermessen der Behörde bestimmten „infor-

---

180 So § 503(a) MSAPA 2010; entsprechende Regelungen gab es schon in MSAPA 1961 und 1981.

181 Beispiele: § 305(f) MSAPA 2010, § 3–105(f) MSAPA 1981 (betr. Mängel der regulatory analysis); ein weiteres Beispiel ist § 3–113(a)(2) MSAPA 1981 (betr. fehlende Bekanntmachung des Normsetzungsvorhabens gegenüber einzelnen Personen), ähnlich § 214 Abs. 1 Nr. 2 HS 2 BauGB.

182 *R. J. Pierce*, Making Sense of Procedural Injury, 62 Adm. L. Rev. 1, 11 (2010).

mal rulemaking“ gebracht. Die Transformation des notice-and-comment Konzepts zu einem ausdifferenzierten, komplexen und aufwändigen Verfahrensmodell ist vielmehr eine Entwicklung, die nicht auf die Bundesebene begrenzt ist. Sie lässt sich besonders gut im Verfahrensrecht der Staaten nachweisen. Schon der MSAPA 1961 konzentrierte sich auf dieses Verfahren, und der MSAPA 2010 folgt ihm darin. Er kennt nur ein *Standardverfahren* (a), dem für einige besondere Situationen, z.B. für Eilfälle, vereinfachende *Verfahrensvarianten* an die Seite gestellt sind (b).

a) Standardverfahren mit zusätzlichen Elementen

In die Grundstruktur des notice-and-comment Verfahrens sind einige Elemente eingeflochten worden, die das Modell abrunden, ihm aber ein so stark formalisiertes Gepräge geben, dass es zu Recht nicht mehr als „informal rulemaking“ bezeichnet wird: 86

- „Rulemaking docket“ (§ 301) und „rulemaking record“ (§ 302).
- „Advance notice of proposed rulemaking“ (§ 303).
- „Regulatory analysis“ (§ 305): Eine Kosten-Nutzen-Analyse für Rechtsetzungsakte, die größere ökonomische Auswirkungen haben.
- „Concise explanatory statement“ (§ 313): Es soll dokumentieren, dass die Behörde ihre Aufgabe, alle eingegangenen Informationen und Anregungen zu prüfen, ernst genommen hat.
- „Time limit on adoption of rule“ (§ 307(b)): Die Vorschrift muss innerhalb einer bestimmten Frist erlassen werden; eine nicht fristgerecht angenommene Norm ist ungültig (§ 307(d)).

b) Verfahrensvarianten

An drei Stellen bietet der MSAPA Verfahrensvarianten an, die das Standardverfahren vereinfachen und damit vor allem die Verfahrensdauer verkürzen sollen:[183] 87

- *Emergency rules* (§ 309): Sie können ohne notice-and-comment Verfahren erlassen werden, sind aber nur eine begrenzte Zeit gültig. Der Be-

183 Zum Folgenden vgl. *R. M. Levin* (Fn. 142), 20 Widener L. J. 855, 871 (2011).

griff „emergency" ist weit gefasst.[184] Der APA enthält dagegen keine ausdrückliche Regelung dieser Verfahrensvariante. Bundesbehörden können „emergency rules" nur auf die „good cause" Ausnahme des § 553(b)(B) APA stützen. Sie müssen dazu in einem kurzen Statement darlegen, dass das normale notice-and-comment Verfahren im vorliegenden Fall „impractical, unnecessary, or contrary to the public interest" wäre.[185]

- *Direct final rules* (§ 310): Sie sind für unstreitige Fälle vorgesehen. Die Behörde hat dazu den Text der beabsichtigten Norm mit einer kurzen Begründung öffentlich bekannt zu machen. Dabei muss sie auch darauf hinweisen, dass sie von einem unstreitigen Fall ausgeht und die Norm in Kraft treten wird, wenn nicht innerhalb von 30 Tagen Einwendungen erhoben werden. Für Bundesbehörden gibt es auch insoweit nur den Weg über § 553(b)(B) APA.
- *Negotiated rulemaking* (§ 303(b)(c)): Ein Verfahren, in dem ein Kollegialgremium Vorschläge für eine einvernehmliche Regelung sucht, die die Behörde ihrem Vorschlag zugrundelegen kann. Bei der Bestellung des Gremiums muss die Behörde darauf sehen, dass alle betroffenen Interessen angemessen repräsentiert sind. Die Sitzungen des Gremiums sind öffentlich. Das Verfahren hat Vorbilder in den §§ 561–570 APA, die 1990 mit dem Negotiated Rulemaking Act eingeführt wurden.[186] Die Vorzüge des Verfahrens sind rechtspolitisch umstritten; seine praktische Bedeutung soll eher rückläufig sein.[187]

4. Kritik, Konsolidierung und Bewährung

88 In Art. 3 MSAPA 2010 hat das notice-and-comment Verfahren seine gegenwärtige, konsolidierte Form gefunden. Dazu sind Erfahrungen aus der Behördenpraxis analysiert und Vorgaben der Judikatur eingearbeitet worden. Vieles war auch schon im MSAPA von 1981, manches bereits im MSAPA 1961 vorgesehen. Eine wichtige Referenz bildete nach wie vor die bundesrechtliche Ausgestaltung des Verfahrens im APA. Indem das alles erneut

---

184 Dazu gehören sollen „imminent peril to public health, safety or welfare", aber auch „loss of federal funding for an agency program".

185 Zur schwankenden Behandlung dieser Voraussetzungen in der Judikatur vgl. *Hickman/Pierce*, 524 ff.

186 Vgl. die Darstellung bei *Schnöckel*, Negotiated Rulemaking, 20 ff.

187 Vgl. dazu *Coglianese* (Fn. 162), in: U. Ill. L. Rev. 1111, 1131 ff. (2002); *Breyer/Stewart*, 572 ff.

durchdacht, abgewogen und normierungstechnisch auf den Begriff gebracht worden ist, kann Art. 3 MSAPA 2010 als repräsentativ gelten.

Das vorgesehene Verfahren ist alles andere als einfach.[188] Aber es ist in der Rechtspraxis akzeptiert – nicht nur für große Behörden, die über die erforderlichen Personalressourcen verfügen, sondern erkennbar auch für die sehr unterschiedlichen Verwaltungsverhältnisse in den Bundesstaaten. Das haben die Beratungen des MSAPA 2010 erneut gezeigt. „In many, perhaps most, respects the upshot of this reappraisal was the conclusion, that the dominant rulemaking model in this country, as exemplified by the federal system, furnished a satisfactory baseline, and there was no particular reason why the states should depart from it".[189] Die Bilanz fällt positiv aus und eröffnet eine Perspektive: The MSAPA's 2010 rulemaking provisions „will enhance reasoned policymaking by state agencies in the twenty-first century".[190] 89

5. Von Amerika lernen? – Zur Übertragbarkeit des notice-and-comment Verfahrens

Die Frage liegt nahe, ob und inwieweit sich die Grundstrukturen des notice-and-comment Verfahrens in die deutsche Rechtsordnung übertragen lassen. Das ist vor längerer Zeit für die umweltrechtliche Normsetzung empfohlen worden,[191] hat dort allerdings nur eine verhaltene Aufnahme gefunden.[192] Die bisherigen Diskussionen zum allgemeinen Verwaltungsrecht sind noch zurückhaltender.[193] 90

---

188 Speziell zu Wegen und Verfahrensweisen, wie Behörden ihre bestehenden Rechtsvorschriften überprüfen und geänderten Situationen anpassen, *W. Wagner/W. West/Th. McGarity/L. Peters*, Dynamic Rulemaking, in: 92 N.Y.U. L. Rev. 183 (2017).

189 *R. M. Levin* (Fn. 142), in: 20 Widener L. J. 855, 886 (2011); ähnlich *R. Beal*, (Fn. 142) dort 799.

190 So *R. Beal* (Fn. 142), in: 20 Widener L. J. 741, 799 (2011).

191 *Rose-Ackerman*, Umweltrecht und -politik, 246 ff. (allerdings nicht pauschal, sondern differenzierend, z. B. für technische Anweisungen).

192 Zur Diskussion und zur Rezeption vgl. den Entwurf der Unabhängigen Sachverständigenkommission zum Umweltgesetzbuch vom *Bundesministerium für Umwelt, Naturschutz und Reaktorsicherheit (Hrsg.)*, 1998, Text §§ 11–24, Begründung bes. 480.

193 Dazu *Pünder*, Exekutive Normsetzung, 202 ff., 232 ff. (mit differenziert zurückhaltenden Empfehlungen 293 f., 297); ders., Democratic Legitimation of Delegated Legislation – a Comparative View on the American, British and German

a) Die Ausgangslage in Deutschland

91 Vergleicht man die Verfahrensgesetze von Staaten mit unterschiedlicher politischen Systemen, so zeigt sich, dass die Rechtsetzung der Exekutive intensiver in Präsidialsystemen wie dem amerikanischen als in parlamentarischen Regierungssystemen durch prozedurale Vorschriften gebunden ist. Das wird in der Literatur darauf zurückgeführt, dass parlamentarische Systeme über stärkere ex post Kontrollen verfügen, so dass ex ante Kontrollen nicht so notwendig erscheinen.[194] Die Unterschiede in der verfassungsrechtlichen Rechtsstellung der Delegationsempfänger – in Deutschland dem Parlament verantwortliche Ministerien, in den USA Behörden mit einem unterschiedlich weit ausgeprägten Unabhängigkeitsstatus – weisen in eben diese Richtung.[195]

92 Auf der anderen Seite ist unverkennbar, dass die Werte, für die das notice-and-comment Verfahren steht, Transparenz, Partizipation und Deliberation, in der jüngeren Verwaltungsrechtsentwicklung auf nationaler und internationaler Ebene auch sonst eine beachtliche Innovationskraft entfaltet haben. Im Rahmen dieses weit ausgreifenden Diskurses erscheint das Verfahren als ein wichtiger Kandidat des amerikanischen Rechtsexports.[196] Verwiesen sei auf den Musterentwurf eines EU-Verwaltungsverfahrensrechts, den das *Research Network on EU Administrative Law* 2014 vorgelegt

---

Law, in: 58 ICLQ 353–378 (2009); *M. C. Orlowski*, Der Erlass von Rechtsverordnungen nach amerikanischem Recht, DÖV 2005, 133, 142 (konsensuales Vorverfahren, nicht aber strenge Öffentlichkeitsbeteiligung zur Rezeption empfohlen); *Möllers*, Gewaltengliederung, 196 f. (restriktiv); *U. Stelkens*, Rechtsetzungen der europäischen und nationalen Verwaltungen, VVDStRL 71, 2012, 369, 387 ff. (ablehnend).

194 *Chr. B. Jensen/R. J. McGrath*, Making Rules about Rulemaking: A Comparison of Presidential and Parliamentary Systems, in: 64 Political Research Quarterly 656–667 (2011); *Rose-Ackerman/Egidy/Fowkes*, Due Process of Lawmaking, 13 ff.; *Cane*, Controlling, 316.

195 Vgl. *H. Pünder* (Fn. 193), in: 58 ICLQ 353, 359 f. (2009); ähnlich *Cane*, Controlling, 312 f. (in England „the elected executive", in den USA „appointed bureaucrats"). Zu Unterschieden zwischen den europäischen Rechtsordnungen vgl. *C. Möllers*, Verwaltungsrecht und Politik, in: IPE V, § 93 Rn. 38.

196 *Rose-Ackerman/Egidy/Fowkes*, Due Process of Lawmaking, 93 („a strength of the American legal system", „these U.S. practices have lessons for executive rulemaking in parliamentary systems").

hat und in dem für die Sekundärrechtsetzung der EU ein Verfahren vorgeschlagen wird, das sich bewusst an das US-Modell anlehnt.[197]

In Deutschland hat die exekutive Rechtsetzung lange Zeit nicht im Zentrum öffentlicher Diskussionen gestanden. Das heißt zwar nicht, dass sie nicht immer wieder gründliche wissenschaftliche Behandlung erfahren hätte.[198] Aber zu einem politischen Willen, sie zum Gegenstand allgemeiner Regelungen zu machen, haben sich alle Aktivitäten nicht verdichten lassen. Vorhanden sind aber komplexe Verfahrensregelungen in wichtigen Gebieten des Besonderen Verwaltungsrechts. 93

- *Raumrelevante Normsetzung*: Das deutsche Verwaltungsrecht ist in besonderem Maße raumbezogen. Viele seiner Instrumente sind darauf ausgerichtet, räumlich definierte lokale und regionale Konflikte zu regeln. Bauleitpläne, Gebietsfestlegungen des Naturschutz- und des Wasserrechts und (funktional äquivalent) Planfeststellungen für Infrastrukturmaßnahmen teilen dieselbe Regelungssituation: Sie stoßen auf eine Vielzahl divergierender und konkurrierender Interessen, und sie müssen diese Interessen durch eine Abwägung zum Ausgleich bringen, die durch das einschlägige Fachrecht und seine „finale Programmierung" nur weitläufig determiniert wird. Die kompensatorische Bedeutung von Verfahrensrecht ist auf diesem Felde anerkannt. Die EU-Richtlinien zur Umweltverträglichkeitsprüfung haben diese Entwicklung vertieft und vereinheitlicht. Heute existiert für die raumbezogene exekutive Normsetzung ein Verfahrensrecht, das ganz ähnliche Schritte wie das notice-and-comment Verfahren festlegt.
- *Sozialrechtliche Normsetzung*: Ein zweiter großer Bereich, in dem die exekutive Normsetzung eigenständige Strukturen ausgebildet hat, ist das Sozialversicherungsrecht.[199] Ein Beispiel bilden die Richtlinien des Gemeinsamen Bundesausschusses nach § 92 SGB V. Das Verfahren sieht für Beteiligte je nach zu regelndem Sachbereich differenzierte Rechte der Stellungnahme vor, die auch eine mündliche Präsentation umfassen. Für das weitere Verfahren sind die Stellungnahmen und eingeholten Gutachten in einer zusammenfassenden Dokumentation darge-

---

197 *Schneider/Hofmann/Ziller*, ReNEUAL-Musterentwurf für ein EU-Verwaltungsverfahrensrecht, 2015, 31 ff., zum APA dort 40.

198 Vgl. aus jüngerer Zeit nur *v. Bogdandy*, Gubernative Rechtsetzung, 2000; *Saurer*, Die Funktionen der Rechtsverordnung, 2005; *Sauerland*, Die Verwaltungsvorschrift im System der Rechtsquellen, 2005.

199 *P. Axer*, Normsetzung der Exekutive in der Sozialversicherung, 2000.

stellt.[200] Man mag einwenden, hier sei nur eine gruppenplurale, aber keine umfassende Öffentlichkeitsbeteiligung gewährleistet. Das breite Spektrum der Gruppenrepräsentanz wirkt jedoch darauf hin, dass sich faktisch jeder Interessierte Informationen über den Stand der Richtlinienerarbeitung verschaffen kann.

94 Die beiden untersuchten Bereiche repräsentieren zwei große und wichtige Felder gestaltender Verwaltung. Sie werfen ein Licht auch auf die verfahrensrechtliche Rechtslage allgemein:[201] Die exekutive Normsetzung hat auch in Deutschland anerkanntermaßen eine prozedurale Seite. Der Verfahrensgedanke ist auch hierzulande nicht auf Einzelakte beschränkt, sondern umgreift den Erlass von Rechtsverordnungen, Satzungen, Verwaltungsvorschriften und Plänen unterschiedlicher rechtsförmiger Gestalt. Das Verfahrensrecht der exekutiven Normsetzung verfügt über eigenständige Bauformen (Publizitäts-, Kommunikations-, Deliberations- und Begründungspflichten) und verfolgt Ziele rechtsstaatlicher und demokratischer Rationalität.[202]

95 Die Existenz eines solchen Verfahrensrechts auf einzelnen wichtigen Feldern der Verwaltungspolitik dürfte mit dafür ursächlich sein, dass sich ein großer rechtspolitischer Druck, ein solches Recht allgemein zu schaffen, in Deutschland bisher nicht aufgestaut hat. Konflikte, die eine hohe öffentliche Aufmerksamkeit auf sich ziehen, werden – wie die raumrelevante Planung und die sozialrechtliche Normsetzung zeigen – im Verfahrensrecht der Einzelgebiete abgearbeitet. Die Verordnungsgebung der Ministerien als solche steht dagegen nicht im Fokus verfahrensrechtlicher Diskussionen. Zahlreiche politisch konfliktträchtige Entscheidungen, z.B. im Umweltrecht und im Recht der technischen Sicherheit, sind zudem auf die EU-Ebene abgewandert und damit substantieller Regelung durch Rechtsverordnungen des nationalen Rechts nur noch in geringem Umfang zugänglich.

b) Impulse statt Rezeption

96 Trotzdem wird die Entwicklung weitergehen. Die kommunikative Grundsituation zwischen Bürger und Verwaltung hat sich gewandelt. Der freie

200 Verfahrensordnung vom 18. 12. 2008, abgdr. im BAnz 2009 Nr. 84a (Beilage).
201 Vgl. auch *Rose-Ackerman/Egidy/Fowkes*, Due Process of Lawmaking, 195 ff.
202 Vgl. zum Folgenden *v. Bogdandy*, Gubernative Rechtsetzung, bes. 391 ff.

Informationszugang für jedermann bildet den Standard. Eine herausragende Rolle spielt das Internet. Seine Nutzung ist zur Normalität der Behördenpraxis geworden. Das gilt auch für die Verfahrensabläufe, in denen Normen heute erarbeitet werden. Das Verwaltungsrecht muss lernen, mit diesen Veränderungen umzugehen. Dieser durch endogene Entwicklungskräfte angestoßene Lernprozess wäre schlecht beraten, würde er nicht auch Beispiele aus anderen Rechtsordnungen einbeziehen. In eben diesem Rahmen ist das notice-and-comment Verfahren interessant. Dabei geht es nicht darum, ein in sich geschlossenes fremdes Modell *en bloc* in die deutsche Rechtsordnung zu übernehmen. Die positiven ebenso wie die negativen Erfahrungen, die sich in den USA mit diesem Verfahren seit seiner Einführung vor mehr als 70 Jahren verbunden haben, können die deutsche Diskussion aber bereichern. Aufgabe ist es, die Eigendynamik prozeduraler Arrangements besser zu verstehen. So bietet etwa die Verfahrensvariante des „negotiated rulemaking" Anschauungsmaterial dafür, welche Probleme eine förmliche Beteiligung organisierter Interessen bereiten kann.[203]

97 Einzelne Verfahrenselemente vergleichend heranzuziehen bedeutet nicht, automatisch auch die in den USA mit dem notice-and-comment Verfahren verbundene Vorstellung zu übernehmen, der schwachen Steuerung der exekutiven Normsetzung durch den Kongress mittels einer möglichst breiten Partizipation jedermanns aufzuhelfen. Für das deutsche Verfahrensrecht steht die Gewährleistung von Rationalität im Vordergrund, die gleichermaßen demokratisch *und* rechtsstaatlich begründet ist. Ohne die Unterschiede zwischen beiden Vorstellungen zu überzeichnen, wird damit doch ein anderer Akzent gesetzt als der einer Stärkung von „democratic legitimacy".[204] Ziel ist es, das Verfahren der exekutiven Normsetzung in allen Gebieten auf eine Struktur festzulegen, die die Entscheidungsbildung der Verwaltung Schritt für Schritt nachvollziehbar macht.

98 Dazu sind aus dem amerikanischen Recht des notice-and-comment Verfahrens mindestens drei Regelungen interessant:[205] die *öffentliche Bekanntgabe von Entwürfen* mit einer knappen Darstellung der Grundlagen und der Re-

---

203 Dazu *Schnöckel*, Negotiated Rulemaking, 104 ff. und 152 ff. Eine Orientierung an diesem Verfahren empfiehlt *Orlowski* (Fn. 193), DÖV 2005, 133, 142.

204 Mit diesem Ziel die allerdings sehr vorsichtig formulierten Vorschläge von *Rose-Ackerman/Egidy/Fowkes*, Due Process of Lawmaking, 271 ff.; auch *Ziamou*, Rulemaking, Participation and the Limits of Public Law in the USA and Europe, dort 166 ff. zur Rolle der Gerichte.

205 Ähnlich *H. Pünder* (Fn. 193), in: 58 ICQL 353, 378 (2009); vgl. auch *Schmidt-Aßmann*, Ordnungsidee, 6. Kap. Rn. 87.

gelungsabsichten (vgl. § 553(b) APA),[206] die *Begründung der beschlossenen Norm*, die sich mit den Argumenten pro und contra substantiell auseinandersetzt (vgl. § 553(c)(2) APA)[207] und die umfassende *Dokumentation des Normsetzungsprozesses* unter Einschluss der für die Entscheidungsbildung wichtigen Materialien (vgl. § 302 MSAPA 2010). Dagegen erscheint ein Einwendungsverfahren mit festen Fristen, wie es § 306(a) MSAPA 2010 vorsieht, nicht angezeigt. Der Prozess der Informationsgewinnung und der Verwaltungskommunikation sollte vielmehr so offen wie möglich gehalten werden. Auch eine Erweiterung gerichtlicher Verfahrenskontrollen sollte kein Ziel einer Reform sein;[208] denn anders als in den USA bleiben Rechtsnormen auch nach dem Abschluss eines aufwändigen administrativen Verfahrens einer intensiven Gerichtskontrolle in der Sache unterworfen.

99 Nach wie vor divergieren die Vorstellungen über die Aufgaben des Normsetzungsverfahrens diesseits und jenseits des Atlantiks. „The European institutional tradition tends to rely on the administration to ensure that policy-making is informed by a balanced representation of interests, while the American one places more trust in market-style free competition between interest groups to achieve fair representation".[209] Aber die Unterschiede werden in der Informationsgesellschaft geringer.

III. Ansprüche auf Rechtsetzung

100 Zur Frage, inwieweit Ansprüche auf Normsetzung existieren und wie sie durchgesetzt werden können, bietet das amerikanische Recht nur wenige weiterführende Erkenntnisse.[210] Der APA verpflichtet die Behörden zwar, jeder interessierten Person das Recht zuzugestehen, den Erlass, die Ergänzung oder Aufhebung einer Norm zu beantragen. Eine solche „petition for adoption of a rule" (heute § 553(e) APA) war schon in der ersten Fassung

206 Ansätze dazu finden sich in §§ 47 Abs. 3, 48 i. V. m. § 62 Abs. 2 der Gemeinsamen Geschäftsordnung der Bundesministerien 2011. Kritik allerdings am engen Kreis der Beteiligten bei *v. Bogdandy*, Gubernative Rechtsetzung, 407 f. Zur gebotenen Einbeziehung der Vorbereitung von Normsetzungsakten in den Anwendungsbereich des § 1 Abs. 1 IFG *Schoch*, IFG, § 1 Rn. 122.

207 Schon heute gehören Begründungen in zahlreichen Rechtsgebieten zur Normsetzung; auch im Unionsrecht sind sie gem. Art. 296 Abs. 2 AEUV Pflicht.

208 Anders *Rose-Ackerman/Egidy/Fowkes*, Due Process of Lawmaking, 267 ff.

209 So *S. Smismans*, Regulatory procedure and participation in the European Union, in: Bignami/ Zaring, Comparative Law and Regulation, 129 (153).

210 Zum Folgenden *Asimow/Levin*, § 6.3.

des APA von 1946 vorgesehen, sollte aber gerichtlich nicht durchsetzbar sein.[211] Heute ist eine Klage zwar statthaft, führt aber nur zum Erfolg, wenn der Kläger eine in der Sache begründete Klagebefugnis besitzt, z.B. dartun kann, dass ihm das Unterlassen der Normsetzung einen Schaden zufügt. In *Massachusetts v. Environmental Protection Agency* hat der Supreme Court die Klagebefugnis, von der EPA ein Einschreiten gegen bestimmte Schadstoffemissionen zu verlangen, anerkannt – allerdings nur in einer knappen 5:4 Entscheidung und unter Würdigung der besonderen Stellung des klagenden Staates.[212] Ein breites Normsetzungsermessen der Behörden ist in Rechnung zu stellen, dem gegenüber die Gerichte größte Zurückhaltung üben.[213] Auf keinen Fall können sie den Inhalt von Vorschriften detailliert vorgeben. Sie können die ablehnende Entscheidung der Behörde nur aufheben. Es ist dann deren Sache, über den Antrag auf Normerlass unter Beachtung der Rechtsauffassung des Gerichts neu zu befinden.

Das deutsche Recht ist in dieser Frage traditionell noch restriktiver. An- 101
sprüche auf Rechtsetzung sollen allenfalls in Ausnahmefällen existieren.[214] In einzelnen Gebieten sind sie sogar ausdrücklich ausgeschlossen.[215] Breiter erörtert werden die Probleme im prozessrechtlichen Gewande als Frage nach der richtigen Verfahrensart für eine „Normerlassklage".[216] Anerkannt ist, dass auch das normsetzende Handeln der Exekutive Ausübung öffentlicher Gewalt i.S.d. Art. 19 Abs. 4 GG ist, gegen die das Prozessrecht geeignete Rechtsschutzformen zur Verfügung stellen muss.[217] Unter dem Einfluss des EU-Rechts haben die Ansprüche auf Normsetzung zugenommen und werden das künftig noch stärker tun.[218]

---

211 So Attorney General's Manual, S. 39. In § 318 MSAPA 2010 ist diese Möglichkeit zwar weiter ausgebaut worden: Die Behörde muss innerhalb einer [60 Tage]-Frist den Antrag begründet zurückweisen oder ein entsprechendes Verfahren einleiten. Ein Anspruch auf den Erlass einer Norm mit bestimmtem Inhalt folgt daraus nicht.

212 549 U.S. 497, 510 (2007) *Massachusetts v. EPA*: „It is of considerable relevance that the party seeking review here is a sovereign State and not, as in Lujan, a private individual". Noch restriktiver die dissentierenden Richter, dort 520.

213 *Strauss*, Justice, 349: „highly permissive, yet still operative".

214 Vgl. *F. Ossenbühl*, in: HStR V, § 103 Rn. 52.

215 So in § 1 Abs. 3 S. 2 BauGB für einen Anspruch auf Aufstellung von Bauleitplänen.

216 Vgl. BVerwG NVwZ 2010, 1300 ff.; *Hufen*, Verwaltungsprozessrecht, § 20.

217 BVerfGE 115, 81, 92 f.

218 Richtungsweisend EuGH Urt. vom 25. 7. 2008, Rs. C-237/07, NVwZ 2008, 984 *Janecek/Freistaat Bayern* (Luftreinhalteplanung); BVerwGE 128, 278, 284 ff.; zur

IV. Ein Konzept für „guidance documents“ (§ 311 MSAPA 2010)

102 Klarer als in Deutschland werden in den USA der Wandel der Verwaltungskommunikation und seine Konsequenzen erfasst. Das traditionelle Konzept des „Innenrechts“, das der internen Steuerung des Verwaltungspersonals dient und erst auf diesem Wege mittelbar gewisse Bedeutung für das „Außenrecht“ erhält, wird mehr und mehr ergänzt um eine Sichtweise, die die Informationsfunktion betont, die diese Normen für die Öffentlichkeit besitzen. § 311 MSAPA 2010 unternimmt es, die wichtigsten Rechtsprobleme der „guidance documents“ im Zusammenhang zu behandeln.[219]

103 „Guidance document means a record of general applicability developed by an agency which lacks the force of law but states agency's current approach to, or interpretation of, law, or describes how and when the agency will exercise discretionary functions“. Der MSAPA 2010 legt mit dieser Legaldefinition in § 102(14) einen zwar weiten, aber keinen grenzenlosen Begriff zugrunde. Regelungen für das interne Behördenmanagement sind ausdrücklich ausgeklammert. Auch rein berichtende Verlautbarungen gehören nicht dazu. Es geht vielmehr um Dokumente, die das Publikum über künftiges Behördenhandeln informieren und so Orientierung für eigenes Verhalten bieten. Auf die äußere Erscheinungsform und Bezeichnung kommt es nicht an.

104 Was eine Behörde dazu zählen will, bleibt letztlich ihr selbst überlassen. Wenn sie aber die Steuerungseffekte anstrebt, wie sie mit dieser Handlungsform verbunden sind, dann kann sie das nur erreichen, wenn sie den Publizitätsvorschriften des § 202(a)(6) und § 311(e) MSAPA nachkommt: sie muss einen aktuellen Index aller ihrer „guidance documents“ auf ihrer Internet-Website vorhalten und alle darin aufgeführten Dokumente der Öffentlichkeit zugänglich machen. Ohne entsprechende Publikation kann sie ein „guidance document“ Dritten nicht entgegenhalten.[220] Der indirekten Art der Steuerung, die „guidance documents“ eignet, entspricht die indirekte Art, in der die Behörden zu einem auf Publizität und auf Überschaubarkeit angelegten Informationsverhalten veranlasst werden. In diesem Zu-

---

weiteren Entwicklung vgl. *W. Kahl/F. Gärditz*, Umweltrecht, 11. Aufl. 2019, § 7 Rn. 178 ff.; *S. Schlacke*, Umweltrecht, 7. Aufl. 2019, § 9 Rn. 33 ff.

219 Vgl. dazu *R. M. Levin* (Fn. 142), in: 20 Widener L. J. 855, 875 ff. (2011).

220 § 311 (e) MSAPA 2010: „The agency may not rely on a guidance document, or cite it as precedent against any party to a proceeding, unless the guidance document is published on its Internet website“. Die Begründung zu dieser Vorschrift verweist auf § 552(a)(2) APA.

sammenhang hat die Indizierung besondere Bedeutung. Sie erleichtert der Öffentlichkeit das Auffinden von Dokumenten, und sie zeigt, welche Dokumente aus der großen Zahl behördlicher Verlautbarungen die herausgehobene Relevanz von „guidance documents“ haben. Damit wird auf das Übermaß behördlicher Verlautbarungen reagiert, die das Internet heute ermöglicht.[221]

„Guidance documents“ sind gleicherweise für die Bediensteten der Behörde *und* für das Publikum bestimmt. Die Begründung des MSAPA 2010 sagt deutlich: „both its employees and the public“.[222] Beide Steuerungsmodi sind zwar miteinander verzahnt, verlangen aber doch jeweils eigene Regelungen: Die *Weisungssteuerung* drückt sich in der in § 311(c) festgelegten Bindung der normalen Verwaltungsbediensteten innerhalb der Behördenhierarchie („mandatory instructions to agency staff“) und in der Relativierung dieser Bindung für ganz bestimmte Amtsträger in § 311(f) aus.[223] Die *Informationssteuerung* zeigt sich zum einen an den genannten Publizitätspflichten der § 202(a)(6) und § 311(e) und zum andern an der Pflicht der Behörde, ihr Vorgehen in einem Bericht darzustellen und diesen zu öffentlicher Einsichtnahme bereitzuhalten. „Guidance documents“ sind in § 311(a) zwar vom notice-and-comment Verfahren, nicht aber von den Anforderungen des „rulemaking docket“ (§ 301) und des „rulemaking record“ (§ 302(a) MSAPA 2010) freigestellt. 105

Wichtig sind die Rechtsvorkehrungen, die § 311 MSAPA 2010 speziell für die Auswirkungen von „guidance documents“ auf die Rechtssphäre Dritter („rely on a guidance document to the detriment of a person“) festlegt: 106

- An erster Stelle steht die Pflicht der Behörde, dem Betroffenen die Möglichkeit einzuräumen, die Rechtmäßigkeit oder die Sinnhaftigkeit („legalitity or wisdom“) der getroffenen Regelung streitig zu stellen (§ 311(b)). Die Verwaltung darf sich nicht bedingungslos auf eine einmal begründete Praxis berufen. Sie muss sich bewusst sein, dass sie durch das „guidance document“ nicht wie an „legislative rules“ gebun-

221 Für Bundesbehörden ähnlich Office of Budget and Management (OMB) Final Bulletin for Agency Good Guidance Practices, Federal Register Vol 72, No 16, Jan. 2007, S. 3433: „Moreover, GCP clarify what does and what does not constitute a guidance document to provide greater clarity to the public“.

222 MSAPA 2010, Comment S. 44; ebenso OMB Final Bulletin, S. 3432: „to inform the public and to provide direction to their staffs“.

223 § 311(f) lautet: „A guidance document may be considered by a presiding officer or final decision maker in an agency adjudication, but it does not bind the presiding officer or the final decision maker in the exercise of discretion“.

den ist, sondern abweichen kann. Wie die Möglichkeit einer Gegenvorstellung im Einzelnen beschaffen ist, bleibt zu entscheiden der Behörde überlassen.[224]

- Klar formuliert sind auch Pflichten der Behörde in Situationen, in denen sie aus eigenen Stücken im Einzelfall von einer im „guidance document" festgelegten Position abweichen will. § 311(d) verlangt eine vernünftige Erklärung für die Abweichung. Wenn sich ein Dritter berechtigter Weise auf die festgelegte Position verlassen hat, müssen auch die Gründe dafür angeben werden, warum das öffentliche Interesse an einer Abweichung das private Vertrauensinteresse überwiegt. Der hier eingeflochtene Gedanke des Vertrauensschutzes wird auf die Judikatur zu rückwirkenden Rechtsänderungen gestützt. Über einen Entschädigungsausgleich ist nichts gesagt.[225]

107 Nicht alle der vorgeschlagenen Regelungen sind neu. § 311 MSAPA 2010 schöpft vielmehr aus dem Verfahrensrecht der Bundesstaaten, aus der Judikatur und aus einer reichen verwaltungspolitischen Diskussion.[226]. Entstanden ist so ein Regelungsgefüge, das „guidance documents" *neben* „legislative rules" als eine weitere administrative Handlungsform mit einem eigenen Profil ausweist und den Behörden zeigt, welche rechtlichen Konsequenzen sie bei ihrem Einsatz in Rechnung stellen müssen.

B. „Orders" und „adjudication"

108 Die zweite administrative Handlungsform, auf die sich APA und MSAPA konzentrieren, sind die Einzelfallentscheidungen („orders"). Zum Verständnis der Gesetzessystematik sind zunächst einige Weichenstellungen wichtig (I). Für das amerikanische Rechtsdenken repräsentativ ist die Ausrichtung am Modell der „trial-type procedures" (II). Das Alltagsgeschäft der Verwaltung wird von diesen stark formalisierenden Regelungen jedoch nicht erfasst. Das dafür einschlägige Verfahrensrecht muss vielmehr außerhalb des APA aus dem Fachrecht, aus der Due Process Garantie und aus den von der Behörde selbst erlassenen Verfahrensregeln zusammengestellt

224 Vgl. im Einzelnen MSAPA 2010, Comment S. 46.

225 Vgl. MSAPA 2010, Comment S. 47.

226 Vgl. ACUS Recommendation 92–2 Agency Policy Statements, 57 F. R. 30103 (July 8, 1992); ferner ACUS Recommendation 2014–3 Guidance in Rule Making Process sowie OMB, Final Bulletin, S. 3432.

werden (III). Daneben existieren zahlreiche Zwischenformen und Varianten der Grundmodelle, vor allem für „licences“ (IV).

I. Definitionen und Weichenstellungen

Der Begriff der Einzelfallentscheidung („order“) ist zwar weit gefasst (1). 109
Eng sind dagegen die Anwendungsbedingungen für die besonderen Verfahrensvorschriften. Die „gateway provisions“, die darüber entscheiden, welche „order“ welchem Verfahrensmodell unterfällt, sind im APA und im MSAPA unterschiedlich weit (2 und 3).

1. Der Begriff „order“

Nach § 551(6) APA ist „order“ ex negativo jede abschließende Behörden- 110
entscheidung „in a matter other than rulemaking but including licensing“. Über die Gründe dieser Definition ist bereits oben gesprochen worden (→ 3/57–59). Leichter fassbar ist der Charakter der Einzelfallentscheidung in § 102(23) MSAPA umschrieben. „Order“ ist danach „an agency decision that determines or declares the rights, duties, privileges, immunities, or other interests of a specific person“. In der Begründung heißt es zu den Adressaten noch genauer: „particular, identified persons in particular circumstances“.[227] Der Regelungsgehalt ist etwa so gefasst wie in § 35 VwVfG. „Order“ und „Verwaltungsakt“ haben jedenfalls ganz ähnliche Einsatzfelder. Sie sind die klassische Rechtsform, in der die Verwaltung verbindliche Entscheidungen über Einzelfälle trifft. Belastende Verfügungen gehören ebenso dazu wie die Erteilung, Versagung und Entziehung von Genehmigungen oder Entscheidungen über die Gewährung von Geld- oder Sachleistungen in der Sozialverwaltung. Keine „orders“ im diesem Sinne sind die „*Executive Orders*“ des Präsidenten (→ 2/27–30).

227 MSAPA Comment S. 15.

2. Enger Anwendungsbereich des APA: „formal adjudication"

111 Anders als das VwVfG erfasst der APA in seinen Kernbestimmungen nur eine geringe Zahl von Einzelfallentscheidungen.[228] Die §§ 556 und 557, die ein gerichtsähnliches Verfahren vorschreiben, sind nach § 553(c) nur anwendbar, wenn in einer anderen Rechtsvorschrift vorgesehen ist, dass die Entscheidung „on the record after opportunity for an agency hearing" getroffen werden muss. Hier ist auf die Fachgesetze, vor allem auf die Gründungsgesetze („organic statutes") der jeweiligen Behörde, rückverwiesen, die in ihrer Wortwahl allerdings oft nicht hinreichend präzise sind, sondern nur allgemein ein „hearing" vorsehen, ohne über den „record" etwas auszusagen.[229] Das führt in schwierige Auslegungsprobleme, zu deren Lösung vor allem die gesetzgeberische Regelungsabsicht zu ermitteln ist. Auch die Intensität der Rechtsbeeinträchtigung, die mit der vorgesehenen Entscheidung verbunden ist, z.B. die Auferlegung einer Sanktion, kann ein Indiz für die Notwendigkeit eines förmlichen Verfahrens sein.[230] Die Auffassung, ein solches Verfahren sei immer dann geboten, wenn der Fall unter die Due Process Klausel falle,[231] hat sich allerdings nicht durchgesetzt. Schon die einführenden Erläuterungen zum APA von 1946 wollten das ausgeschlossen wissen.[232]

112 Die Gerichte neigen dazu, der Auffassung der Behörde zu folgen, wenn nicht eindeutig erkennbar ist, dass der Gesetzgeber das förmliche Verfahren hat vorsehen wollen.[233] Das schränkt den Anwendungsbereich der besonderen Verfahrenssicherungen, die §§ 556 und 557 APA bieten sollen, erheblich ein. Verwaltungspraktisch mag das willkommen sein; rechtspolitisch ist es unbefriedigend. In diesen Zusammenhang gehört der Vorschlag der American Bar Association, den APA um eine weniger aufwändige, dafür aber breiter anwendbare Verfahrensvariante zu ergänzen („Type B").[234] Die tiefgreifende Spannung, die das gesamte Recht der Einzelfallentscheidungen durchzieht, wird hier besonders deutlich: „Finally, structuring ad-

---

228 *Strauss*, Justice, 287: „Perhaps the most striking aspect of the APA's provisions on adjudication is their basic failure to specify procedures for the great bulk of administrative adjudications, those for which an on-the-record hearing is not statutorily required".

229 Vgl. *Hickman/Pierce*, 343; *Aman*, 204 ff.

230 *Breyer/Stewart*, 467 ff.

231 So 339 U.S. 33, 49–51 (1950) *Wong Yang Sung v. McGrath*.

232 Attorney General's Manual, S. 41.

233 *Hickman/Pierce*, 349 f.; *Gellhorn*, 274 ff.

234 *Hickman/Pierce*, ebd.

ministrative adjudication confronts a crucial competition between bureaucratic management and individualized justice".[235]

3. Breiterer Anwendungsbereich der MSAPA: „contested case procedure"

113 Das einzelstaatliche Verfahrensrecht ist nicht ganz so restriktiv wie der APA. Die unterschiedlichen Fassungen des MSAPA zeigen, wie sehr um einen Mittelweg zwischen Formalität und Flexibilität über Jahre hin gerungen worden ist.

a) Der MSAPA 1981

114 Am stärksten war der MSAPA 1981 von dem Bestreben bestimmt, kodifizierte Verfahrensrechte auf einen möglichst großen Kreis von Einzelfallentscheidungen anzuwenden. Festgelegt war deshalb, dass eine Behörde vor dem Erlass einer „order" grundsätzlich ein Verwaltungsverfahren durchzuführen habe (§ 4–101). Eine besondere Anwendungsanordnung war nicht notwendig. Um den erforderlichen Verwaltungsaufwand in Grenzen zu halten, wurden die Behörden aber nicht auf einen einzigen Verfahrenstyp festgelegt. Das förmliche Verfahren mit seinen besonderen Sicherungen sollte zwar das Regelverfahren bleiben (§ 4–201). Es wurden aber einige Verfahrensvarianten zur Verfügung gestellt, die nicht so aufwändig ausgestaltet sein sollten: zum einen das „conference adjudicative hearing" für einfachere Fälle, insbesondere für Fälle, in denen die Tatsachen unbestritten sind (§ 4–401), und zum andern die „summary adjudicative proceedings", z.B. für den Erlass von Verwarnungen, ferner für Vergabeangelegenheiten und überhaupt für Maßnahmen mit nur geringem Belastungsgehalt (§ 4–502). Für notwendige Eilmaßnahmen waren zudem die vereinfachten „emergency adjudicative proceedings" vorgesehen (§ 4–501).

115 Mit diesem Konzept eines umfassenden, aber typenvariablen Verfahrensrechts wich der MSAPA 1981 zwar vom APA und von dem MSAPA 1961 ab. Doch waren seine Vorschläge nicht ohne Vorbild im Verfahrensrecht einzelner Bundesstaaten, auf die sich der Entwurf in den Begründungen beziehen konnte. So gut durchdacht das Konzept auch erscheinen mag, es

235 *Mashaw/Merrill/Shane*, 315; vgl. ferner *Funk/Shapiro/Weaver*, 194 ff.

fand jedoch kaum Zustimmung und trug dazu bei, dass der MSAPA 1981 insgesamt nur von wenigen Staaten rezipiert wurde.[236]

b) Der MSAPA 2010

116 Der MSAPA 2010 hat dieses Konzept deshalb wieder aufgegeben. Seine Verfahrensregelungen sollen nicht für alle, sondern – ähnlich wie im APA – nur für bestimmte Einzelakte gelten, die in einem „contested case“ getroffen werden.[237] Diesen Schlüsselbegriff definiert § 102(7) als „an adjucation in which an opportunity for an evidentiary hearing is required by the federal constitution, a federal statute, or the constitution or a statute of this state“. Das wiederum lässt fragen, was ein *„evidentiary hearing“* sein soll. § 102(11) nennt es „a hearing for the receipt of evidence on issues on which a decision of the presiding officer may be made in a contested case“. Die leicht zirkuläre Definition entlastet den Rechtsanwender auch künftig nicht davon, die einschlägigen Rechtsvorschriften daraufhin durchzugehen, ob sie der Sache nach ein Hearing verlangen, das als *„evidentiary hearing“* eingestuft werden kann. Nicht alle Anhörungsmöglichkeiten, die im Fachrecht vorgesehen sind, erfüllen die dazu erforderlichen Voraussetzungen. Die Literatur will darauf abstellen, ob die Anhörung in einem klar strukturierten Verfahren stattfindet und von einem Beamten durchgeführt wird, der in den Verwaltungsvorgang sonst nicht involviert ist.[238] Die Auslegungsprobleme, die ähnlich aus der Anwendung des APA bekannt sind, werden sich auch im Rahmen des MSAPA 2010 nicht umgehen lassen.

117 Was den MSAPA 2010 vom APA unterscheidet, ist die Anerkennung eines breiteren Kreises von Rechtsgrundlagen, aus denen sich die Pflicht zu einem „evidentiary hearing“ ergeben kann. Vor allem die (ausdrückliche) Einbeziehung des Verfassungsrechts ist folgenreich. Auf diese Weise erhält vor allem die Due Process-Klausel Einfluss auf die Anwendung des MSAPA

---

236 *M. Asimow*, Contested Issues in Contested Cases: Adjudication under the 2010 Model State Administrative Procedure Act, in: 20 Widener L. J. 707, 710 (2010–2011) („overambitious“).

237 § 401 MSAPA 2010: „This [article] applies to an adjudication made by an agency in a contested case“.

238 *M. Asimow* (Fn. 236), in: 20 Widener L. J. 707, 718 (2010–2011) (in Abgrenzung zu „conferences“ und „public hearings“, in denen allgemeine Einwendungen erhoben werden können, ohne dass die Beteiligten feste Rechte bei der Beweisaufnahme haben).

und führt dazu, dass deutlich mehr Einzelfallentscheidungen der Verwaltung von dem in Art. 4 MSAPA 2010 normierten Verfahrensmodell erfasst werden.[239] Dem deutschen Betrachter erscheint diese Aktivierung des Verfassungsrechts für die Handhabung des einfachen Rechts eigentlich selbstverständlich: Bei der Auslegung der Verfahrensrechte der §§ 28, 29 und 39 VwVfG sind natürlich gegebenenfalls auch grundrechtliche Schutzinteressen zu berücksichtigen. Für das amerikanische Recht stellt sich die Einbeziehung des Verfassungsrechts und vor allem der Due Process Garantien jedoch komplizierter dar:[240] Hier ist das Standardmodell (Art. 4 MSAPA 2010) nicht ein einfaches, sondern ein förmliches Verfahren. Wird es durch verfassungsrechtliche Vorgaben ausgelöst, so ist das mit einem erheblichen Aufwand verbunden. Ein solcher Aufwand erscheint jedoch dort nicht angemessen, wo es sich um Fälle handelt, die in der einen oder anderen Weise zwar grundrechtlich relevant sein mögen, insgesamt aber nur einen geringen Belastungsgehalt aufweisen. Das Bemühen, diese Sachverhalte durch die Aktivierung des Verfassungsrechts nicht automatisch an die Verfahrensstandards des Art. 4 zu binden, durchzieht folglich alle Auslegungsüberlegungen zum Begriff *„contested case"* bzw. *„evidentiary hearing"*. „It would be a mistake to attempt to prescribe procedures for the infinite range of relatively trivial interaction between government and the people".[241]

Die Einbeziehung des Verfassungsrechts – so richtig sie in der Sache ist – 118
macht die notwendige abwägende Bestimmung des Anwendungsbereichs des MSAPA 2010 nicht einfacher.

- Die „Due Process Revolution" nach *Goldberg v. Kelly* führte zunächst zu einer Ausweitung möglicherweise erfasster Fälle, die später durch einen Rückgriff auf den Bilanzierungstest nach *Mathews v. Eldridge* wieder eingefangen werden musste (→3/21–24). Die Due Process Klausel verlangt „some kind of a hearing". Nicht jedes Hearing muss ein „evidentiary hearing" sein. Die in diesem Punkte bestehenden verfassungsrechtlichen Konkretisierungsschwierigkeiten strahlen notwendig auf die De-

---

239 Vgl. MSAPA 2010, Comment S. 54: „Hearings that are required by procedural due process guarantees serve to protect life, liberty and property *interests* (kursiv im Original), which arise where a statute creates a justified expectation or legitimate entitlement".

240 Zum Folgenden *M. Asimow* (Fn. 236), in: 20 Widener L. J. 707, 720 f. (2010–2011).

241 Ebd., 716.

finition des § 102(11) MSAPA 2010 aus, ohne dass dafür im Gesetz hinreichende Klärungshilfen gegeben würden.

- Größere Klarheit bringt die Neuregelung dagegen bei den Rechtsfolgen: Geht es um eine Einzelfallregelung, die als *„contested case"* einzustufen ist, dann unterfällt sie grundsätzlich allen Verfahrensvorschriften, die in Art. 4 MSAPA 2010 vorgesehen sind. Eine weitere Erörterung, welche Sicherungsvorkehrungen das Verfassungsrecht mit seiner Due Process Klausel im Detail verlangt, erübrigt sich. Das kann die Verwaltungspraxis spürbar entlasten.

II. „Formal Adjudication" – selten genutzt, aber repräsentativ

119 „Formal adjudication" im Sinne der §§ 556, 557 APA ist das klassische Modell des „trial-type procedure" (→ 3/36–38).[242] Die Behörden müssen ihm allerdings nur folgen, wenn es durch Rechtsvorschrift eigens angeordnet ist. Dass es auf Bundesebene allenfalls 10 % der zu entscheidenden Fälle erfasst, nimmt dem Verfahren nicht seine Position, dasjenige Verfahren zu sein, das am besten die Vorstellungen des amerikanischen Rechts ausdrückt, wie Einzelfälle zu einer für alle Beteiligten fairen und akzeptablen Verwaltungsentscheidung geführt werden können. In ihm lebt die Vorbildfunktion des gerichtlichen Prozesses als des klassischen Verfahrens zur verbindlichen Entscheidung von Einzelfällen.[243] Das gilt für den APA ebenso wie für den MSAPA. Es gilt aber auch für das Fachrecht, das oft zwar nicht das Modell als solches, aber doch seine wichtigsten Elemente, vor allem die Formalitäten des „hearing" und den „administrative law judge", übernommen hat.

Die folgende Darstellung orientiert sich am MSAPA 2010, weil seine Vorschriften das ausformulieren, was (auch unter Verarbeitung von Judikatur und verwaltungspraktischer Erfahrung) „formal adjudication" nach aktuellem Stand ausmacht.

---

242 Zum Folgenden *Breyer/Stewart*, 469 ff.; *Gellhorn*, 261 ff.; *Pierce*, Process, § 6.4.3; *Strauss*, Justice, 278 ff.; vergleichend *Jarass* (Fn. 76), DÖV 1985, 377, 380 ff.; *Erath*, Verwaltungsverfahren, 146 ff.; *Fehling*, Verwaltung, 100 ff.

243 Vgl. nur *Mashaw/Merrill/Shane*, 314 f.; ähnlich *Erath*, Verwaltungsverfahren, 55 ff.

1. Das Ziel: Schaffung von Distanz

Art. 4 MSAPA widmet dem förmlichen Verfahren insgesamt 18 Bestimmungen, die dies als ein hoch formalisiertes Verfahren gerichtsähnlichen Zuschnitts ausweisen.[244] „Specifically, a party to a formal adjudication is entitled to an unbiased decisionmaker, notice of the proposed action and the basis for that action, right to counsel, opportunity to present evidence orally and to make arguments, opportunity to know the opposing evidence and to cross-examine opposing witnesses, resolution of factual issues based exclusively on evidence admitted at trial, and written findings and conclusions".[245] Die Behörde ist gezwungen, den gesamten von ihr ermittelten Sachverhalt vor einer unabhängigen Stelle auszubreiten und in der Auseinandersetzung mit den Argumenten und Beweismitteln der anderen Verfahrensbeteiligten seine Stichhaltigkeit darzutun.[246] Was dabei nicht zur Sprache gekommen und im „record" dokumentiert worden ist, kann nicht Grundlage für die Entscheidung sein (§ 406).[247] Das bedeutet nicht, dass sich das förmliche Verfahren in jedem Fall lange hinziehen muss. Das *kann* so sein. Denkbar ist es aber auch, dass ein solches Verfahren kurz und komprimiert durchgeführt wird, indem die Beteiligten mit ihren Beiständen und dem „presiding officer" in dessen Diensträumen um den Tisch herum sitzen und die Angelegenheit in einem Zuge erledigen. Nach § 403(e) sind auch Telefon- und Videokonferenzen zulässige Formen, das „hearing" durchzuführen. 120

Im förmlichen Verwaltungsverfahren der §§ 63–71 VwVfG finden sich zwar einige ähnliche Ansätze, so die vorgeschriebene mündliche Verhandlung (§ 67) und das Recht auf Ablehnung befangener Amtsträger (§ 71 Abs. 3). Speziell das Planfeststellungsrecht kennt außerdem auch eine instantielle Trennung zwischen Anhörungsbehörde (§ 73) und Planfeststellungsbehörde (§ 74 VwVfG).[248] Das alles ist aber weit weniger stringent durchgeformt. In einer Rechtsordnung, die wie die deutsche von der Vorstellung einer 121

---

244 Vgl. *Schwartz*, § 7.1: („the virtual equivalent of the courtroom trial"); *Breyer/Stewart*, 469: („They establish an administrative approximation of a civil trial").

245 *Pierce*, Process, § 6.4.3 (S. 269); *Erath*, Verwaltungsverfahren, 62 ff.

246 *Pierce*, Process, § 6.4.3b (S. 271): „Again, the analogy to a judicial trial is nearly perfect. The agency files a pleading in the nature of the complaint, and the respondent files a pleading in the nature of an answer".

247 § 406(c) MSAPA 2010: „The hearing record constitutes the exclusive basis for agency action in a contested case". Zu diesem „exclusiveness of the record principle" vgl. *Schwartz*, § 7.15, S. 401.

248 Verfassungsrechtlich geboten soll sie nicht sein; so BVerwGE 120, 87, 99.

Weisungshierarchie und der Untersuchungsmaxime (§ 24 VwVfG) bestimmt ist, kann sich das nicht entfalten, was für „formal adjudications" des amerikanischen Rechts den Zentralpunkt bildet: der *Gedanke distanzierter Entscheidungsfindung.*

2. Einzelne Regelungselemente

122 An welchen verfahrensrechtlichen Regelungen dieser Gedanke im MSAPA besonders deutlich wird, sollen drei Institute zeigen: der „administrative law judge" (a), die Regelung für „ex parte" Kontakte (b) und das Verhältnis der endgültigen Entscheidung zu ihren Vorformen (c-d). Sie sind Ausdruck verwaltungsinterner Machtbegrenzung, die zum Konzept des „administrative state" gehört. Deutlich wird allerdings auch, dass kein Maximum an Entkoppelung verlangt wird, sondern auch Gesichtspunkte praktischer Verwaltungsführung bei der Ausformung der Verfahrensregeln zu berücksichtigen sind.[249]

3. Administrative Law Judge

123 Die zentrale Funktion im Verfahren hat der „administrative law judge" (ALJ) inne.[250] Er ist im Regelfall der „presiding officer", der für den Gang des Verfahrens verantwortlich ist, die Beweisaufnahme leitet, den Beteiligten Gelegenheit zur Äußerung gibt, auf die Erstellung eines umfassenden record (§ 406) achtet und schließlich einen Entscheidungsvorschlag macht. Organisationsrechtlich gehört der *„judge"* nicht zur Dritten Gewalt, sondern ist Teil der Exekutive (→ 4/27–33). Hier genießt er jedoch einen herausgehobenen Unabhängigkeitsstatus. In zahlreichen Staaten sind die ALJ's aus den Fachbehörden herausgelöst und zu einer zentralen Behörde („central panel agency") zusammengefasst worden. Der MSAPA sieht dazu

---

249 Zu den Zusammenhängen von „internal divisions and checks on administrative decisionmaking" und „effective government" im Konzept des „administrative state" *Metzger*, 1930s Redux: The Administrative State under Siege, in: 131 Harv. L. Rev. 1, 78–87 (2017).

250 *Pierce*, Process, § 6.4.3a; *Strauss*, Justice, 184 ff. Zur Bedeutung der innerbehördlichen „separation of functions" für das amerikanische Verfahrensverständnis vgl. Final Report of Attorney General's Committee on Administrative Procedure, 1941, S. 203–209 (ergänzende Vorschläge der Kommissionsmitglieder McFarland, Stason und Vanderbilt).

die Schaffung eines eigenen Office of Administrative Hearings vor, das von einem Chief Administrative Law Judge geleitet wird und die Aufgabenverteilung und Kontrolle der Richter selbstverwaltend wahrnimmt (Art. VI). Dadurch soll die Trennung der Entscheidungsfunktion von den investigativen Aufgaben der Behörden im Sinne einer inneradministrativen Gewaltenteilung noch stärker hervorgehoben werden.[251]

Besonderer Wert wird auf die Neutralität des ALJ gelegt (§ 402 MSAPA): 124
Wer in der Behörde mit dem Fall schon in anderer Funktion befasst war, z. B. Voruntersuchungen geleitet hat, kann nicht „presiding officer“ in derselben Sache sein. Sieht er Gründe, die Zweifel an seiner Unbefangenheit aufkommen lassen könnten, so hat er sie offen zu legen. Den Verfahrensbeteiligten steht ein Ablehnungsrecht zu, wenn sie die Befangenheit durch Tatsachen belegen können.

So wichtig die Unabhängigkeit der ALJ´s für eine distanzierte Entschei- 125
dungsfindung ist, so birgt sie doch auch Probleme.[252] Wenn jede Form der Einwirkung der Behördenleitung auf die Amtsführung entfällt, wie ist dann etwa einer schleppenden oder bewusst nachlässigen Amtsführung zu begegnen? Hinter solchen Fragen mögen Einzelfälle stehen, die überall vorkommen können. Aber die Weisungsfreiheit führt auch im normalen Geschäftsgang zu Befunden, die schwer zu rechtfertigen sind. Untersuchungen zur Sozialverwaltung haben ergeben, dass die Anwendung derselben Vorschriften bei *einem* ALJ in 90 % der Fälle zu einer stattgebenden, bei einem *anderen* Richter in 90 % der Fälle zu einer ablehnenden Entscheidung führt.[253] Solche Fälle von „interdecisional inconsistency“ verletzen die Gleichheit vor dem Gesetz oder (im Wertekanon der „formal adjudication“ ausgedrückt) das elementare Gebot der Fairness. In der Literatur wird daher in Zweifel gezogen, ob das gerichtsähnliche Verfahren überhaupt zum „mass character of modern government“ passe.[254] Mit dem Hinweis, Diskrepanzen und Inkonsistenzen seien in jedem auf richterlicher Unabhängigkeit basierten Justizsystem unvermeidlich, mag man sich nicht zufrieden geben. § 604 MSAPA 2010 geht die Problematik dadurch

251 Vgl. MSAPA 2010, Comment S. 98.

252 *Hickman/Pierce*, 366 ff. („interdecisional inconsistency“); auch → 2/54 und 60.

253 Vgl. die Angaben bei *Breyer/Stewart*, 721 ff.

254 *Mashaw/Merrill/Shane*, 426: „the superimposition of trial-type procedures on the process of bureaucratic implementation produces some discordant notes, for the techniques of trial are borrowed from a different institutional context“.

an, dass er dem Chief Administrative Law Judge eine Reihe von Koordinierungs- und Aufsichtsbefugnissen gibt.[255]

4. Ex parte Kontakte

126 Ein weiteres Element, eine distanzierte und unparteiische Entscheidungsfindung zu sichern, ist die Einschränkung einseitiger Kontakte der entscheidenden Amtsträger zu Beteiligten oder zu Dritten. Geheime Vorgespräche und andere Formen selektiver Einflussgabe widersprechen den Zielen der Transparenz und Fairness. Schon in seiner ursprünglichen Fassung verbot der APA dem „presiding officer" daher, die Parteien oder andere Personen „on a fact in issue" zu konsultieren.[256] Heute untersagt § 557(d)(1) APA solche Kontakte „relevant to the merits of the proceeding". Verstöße gegen das Verbot, die wissentlich begangen werden, können mit strengen Sanktionen, z. B. mit der Zurückweisung eines Antrages in der Sache, belegt werden. Ausgeschlossen sind auch Kontakte zu anderen staatlichen Stellen – eben zu allen Personen „outside the agency". Kongressausschüsse sind davon ebenso erfasst wie vorgesetzte Behörden.[257]

127 In den Beratungen zum MSAPA 2010 spielten „ex parte" Kontakte ebenfalls eine wichtige Rolle und führten zu außerordentlich detaillierten Regelungen, die einen Kompromiss darstellen.[258] Festgelegt wird in § 408(b) zunächst eine weitgefasste Grundregel, die dem „presiding officer" und demjenigen, der die endgültige Entscheidung zu treffen hat, ex parte Kontakte zu allen Personen („any person") und damit auch zu anderen Amtsträgern *derselben* Behörde untersagt.[259] An diesem Punkte setzen dann allerdings mehrere Ausnahmen an, die „staff advice" in gewissem Rahmen ermöglichen (§ 408(d) und (e)): So sind solche Kontakte u.a. dann zulässig, wenn es um Rechtsberatung durch eine dazu befugte Person, z. B. aus der

255 Darunter: „adopting a code of conduct for administrative law judges" (7); „monitoring the quality of adjudications conducted by ALJ's" (8); „disciplining [pursuant to the state merit system law] ALJ's who do not meet appropriate standards of conduct and competence" (9).

256 *Strauss*, Justice, 281 ff. und 380 ff.

257 Ob auch Einflussnahmen des Weißen Hauses dazu zählen, ist nicht endgültig geklärt; dazu *Breyer/Stewart*, 606 f.; *Gellhorn*, 702 ff.

258 Ausführlich *M. Asimow* (Fn. 236), in: 20 Widener L. J. 707, 730 ff. (2010–2011).

259 „[He] may not make to or receive from any person any communication concerning the case without notice and opportunity for all parties to participate in the communication".

Rechtsabteilung der Behörde, geht. Ist der Behördenleiter selbst der „presiding officer or final decision maker", so kann er unter einschränkenden Kautelen auch sonst mit den Bediensteten seiner Behörde kommunizieren, wenn es um wissenschaftlich-technische Fragen oder um verfahrensspezifische Probleme geht.

In der Literatur wird kritisch gefragt, ob die Maßstäbe, die eigentlich für 128
richterliche Entscheidungen gelten, wirklich in so weitem Umfang auf administrative Entscheidungen übertragen werden können, ohne den notwendigen inter- und intra-behördlichen Informationsfluss unangemessen zu unterbinden.[260] Das sind verständliche Einwände – gerade auch aus der Sicht des deutschen Rechts, das ein ausdrückliches Verbot von „ex parte" Kontakten weder im förmlichen noch im normalen Verwaltungsverfahren kennt, sondern krasse Fälle einseitiger Kommunikation als einen Tatbestand behandelt, der im Einzelfalle gem. § 21 VwVfG die Besorgnis der Befangenheit begründen kann.[261] Behörden sind auch in formalisierten Verwaltungsverfahren keine Gerichte, sondern Entscheidungsträger, die in einen ganz anderen organisatorischen Kontext eingebunden sind. Besonders die Einschränkungen behördeninterner Kontakte wirken überzogen.

Auf der anderen Seite zeigen die Beratungen des MSAPA 2010 aber auch, 129
dass das Verbot von „ex parte" Kontakten als solches ein anerkanntes Institut darstellt, das aus dem förmlichen Verwaltungsverfahren nicht wegzudenken ist. Gerade seine Bestätigung in einer Verfahrenskodifikation wie dem MSAPA, die sich an Verwaltungen in den Einzelstaaten und damit auch an kleinere Behörden richtet, zeigt, dass es Normalität ausdrückt. Die Kritik an ihm sollte daher nicht davon abhalten, die amerikanischen Vorschriften als Denkanstöße zu nutzen, auch das deutsche verfahrensrechtliche Denken gegenüber Vorfestlegungen und einseitiger Verhandlungsführung zu sensibilisieren.[262] Dass ein Minister, der im Wege der sog. Ministererlaubnis (§ 42 GWB) über eine Ausnahme von einem Kartellverbot zu entscheiden hat, sich mit einigen der am Verfahren beteiligten Unternehmen zu geheimen „Sechs-Augen-Gesprächen" trifft, ist als ein Verstoß gegen die Gebote der Neutralität und der Verfahrensfairness einzustufen, die

---

260 Vgl. etwa *Strauss*, Justice, 281 f.

261 Vgl. *K. Ritgen*, in: Knack/Henneke, Verwaltungsverfahrensgesetz, 11. Aufl. 2019, § 21 Rn. 18: (Einflussnahme Dritter auf Verfahren, Vorgespräche kein Grund für Besorgnis der Befangenheit).

262 Ähnlich *Fehling*, Verwaltung, 198 ff.

sich in einem so herausgehobenen Fall zu einem Verbot von „ex parte" Kontakten verdichten.[263]

5. „Initial", „recommended" und „final orders"

130 Hat der Behördenleiter selbst die Beweisaufnahme geleitet, so trifft er nach deren Abschluss auch eine endgültige Entscheidung. Hat aber ein ALJ diese Tätigkeit wahrgenommen, so ergeht zunächst eine vorläufige *(„initial order")* bzw. eine empfehlende *(„recommended order")* Entscheidung.[264] Dieses Gefüge von Entscheidungsvarianten nimmt den Gedanken distanzierter Entscheidungsfindung auf, stellt für die Schlussphase aber klar, dass die Gesamtverantwortung bei der Behörde liegt. Diese verfügt über die volle Entscheidungskompetenz, die sie auf der Grundlage des festgestellten Sachverhalts in Auseinandersetzung mit den Annahmen und Wertungen des ALJ eigenständig wahrzunehmen hat. Abweichungen müssen genau benannt und begründet werden.

131 Im deutschen Recht findet sich eine vergleichbare Stufung nur selten. So sieht das Planfeststellungsrecht vor, dass die Anhörungsbehörde zum Ergebnis des förmlichen Anhörungsverfahrens eine Stellungnahme abgibt und diese dann mit den sonstigen Unterlagen der Planfeststellungsbehörde zuleitet (§ 73 Abs. 9 VwVfG); Rechtswirkungen hat diese Stellungnahme aber nicht. Für das amerikanische Recht ist ein Stufenmodell dagegen konsequent. Es indiziert die große Bedeutung der Faktenbasis. Schon der APA idF 1946 legte die Stufung in sect. 8 fest; heute ist sie in § 557(a)-(b) APA normiert. Der MSAPA 2010 folgt demselben Modell, formuliert die einzelnen Schritte aber noch genauer aus: *„Initial orders"* werden automatisch zur endgültigen Entscheidung, wenn der Behördenleiter nicht innerhalb einer gesetzlich bestimmten Frist von Amts wegen oder auf Antrag ein Überprüfungsverfahren einleitet (§ 413(b) und § 414(c). *„Recommended orders"* müssen dagegen auf jeden Fall vom Behördenleiter überprüft werden; am Ende der Prüfung ergeht entweder eine endgültige Entscheidung oder die Sache wird an den „presiding officer" zurückverwiesen (§ 415(c)).

263 Dazu OLG Düsseldorf ECLI:DE:OLGD:2016:0712.VI.KART3.16V.0: „grobe Verletzung des rechtlichen Gehörs" (Rn. 80).

264 Für sie stehen nach § 413(b) MSAPA 2010 zwei Formen zur Verfügung: Ist der presiding officer mit Entscheidungsgewalt ausgestattet, so kann er *initial orders* erlassen; fehlt es ihm daran, so kann er nur *recommended orders* erlassen.

Welche Verfahrensvariante auch immer einschlägig ist, auf jeden Fall müssen alle Verfahrensbeteiligten die Möglichkeit haben, zum gesamten Streitstoff in rechtlicher und tatsächlicher Hinsicht Stellung zu nehmen. Gegen endgültige Entscheidungen können die Parteien nach § 416 MSAPA 2010 fristgebunden einen Antrag auf Überdenken stellen („petition for reconsideration"). Rechtsmittelfristen laufen nicht, solange die Behörde über diesen Antrag nicht entschieden hat. 132

6. Publizität getroffener Entscheidungen und Wirkung als „precedents"

„Orders" bedürfen einer Begründung, die die Einzelergebnisse der Tatsachenermittlung und die rechtlichen Schlussfolgerungen getrennt darstellt (§ 413(d) MSAPA 2010). Der Entscheidung dürfen nur solche Tatsachen zugrundegelegt werden, die in der Anhörung behandelt und im Protokoll vermerkt sind. Notwendig ist auch eine Rechtsbehelfsbelehrung. Rechtliche Existenz erlangt eine Entscheidung, sobald sie vom zuständigen Beamten unterzeichnet ist. In Kraft tritt sie aber erst, nachdem sie allen Beteiligten bekannt gemacht worden ist (§ 413(g)(h) MSAPA 2010). 133

Vorschriften über die Aufhebbarkeit von Verwaltungsakten, die im deutschen Verfahrensrecht traditionell zu den Standardthemen gehören (§§ 48–50 VwVfG), sind im APA und im MSAPA 2010 nur rudimentär ausgebildet.[265] Gesichtspunkte des Vertrauensschutzes und der Rechtssicherheit haben zwar durchaus Gewicht. Aber sie sind nicht in eigenen Tatbeständen ausgeformt, sondern fließen erst über die Ermessenslehre und den Gedanken der Konsistenz in das Verwaltungsrecht ein.[266] 134

Vorrangig gilt das Interesse des amerikanischen Rechts der *Publizität* des Verwaltungshandelns. Entsprechend ist mit § 418 MSAPA 2010 eine Bestimmung aufgenommen worden, die die Behörde verpflichtet, alle von ihr erlassenen endgültigen Entscheidungen in einem Index zu erfassen und zu öffentlicher Einsichtnahme bereit zu halten. Als „precedent" für künftige Entscheidungen kann die Behörde auf ergangene „orders" nur zurück- 135

---

265 § 558(c)(2) APA, § 419(b) MSAPA 2010 betreffen nur Zulassungsentscheidungen („licenses") und sind prozeduraler Natur: Die Behörde muss den Genehmigungsinhaber über ihre Absicht einer Aufhebung informieren und ihm die Möglichkeit einer Gegendarstellung geben.

266 Dazu → 4/123. Systematisch zum Gedanken der Konsistenz und ihrer Bedeutung für den Vertrauensschutz *L. H. Levinson*, The Legitimate Expectation that Public Officials Will Act Consistently, 46 Am. J. of Comp. L. 549 (1998).

greifen, wenn sie diese entsprechend ausgewiesen, indiziert und öffentlich zugänglich gemacht hat. Auf diese Weise kann eine Behörde auch ihre Einzelfallentscheidungen dazu nutzen, um für die Zukunft eine verbindliche Interpretationslinie vorzugeben und diese auch mit belastender Wirkung gegenüber Dritten anzuwenden.[267]

III. Informal Adjudication und informal Orders

137 „Informal adjudication" und „informal orders" sind negativ dadurch bestimmt, dass sie nicht den besonderen Verfahrensvorschriften der §§ 556, 557 APA bzw. der §§ 401–419 MSAPA 2010 unterfallen. Im Übrigen aber erfüllen sie alle Definitionsmerkmale, die den Begriff „order" ausmachen. Sie treffen verbindliche Aussagen über Rechts- und Interessenpositionen, sind also Entscheidungen mit Regelungscharakter.[268] Systematisch gehören sie folglich zu den formbestimmten Verwaltungsentscheidungen und nicht zu dem, was in Deutschland als informales Verwaltungshandeln bezeichnet wird.[269]

1. Ein Mosaik von Verfahrensrechtsquellen

138 Das Verfahrensrecht der „informal orders" muss aus mehreren Rechtsquellen jeweils konkret zusammengestellt werden:[270] Vorrangig zuzugreifen ist auf die Fachgesetze und die von den Behörden selbst erlassenen Verfahrensvorschriften. Aus dem APA anwendbar sind §§ 552, 555 und vor allem die Vorschriften über den gerichtlichen Rechtsschutz nach §§ 701–706.[271] Wenn „informal orders" Regelungen enthalten, die sich als „deprivation"

---

267 Vorbild dieser Regelung ist das kalifornische Verfahrensrecht; dazu *M. D. Jacobs*, Illuminating a Bureaucratic Shadow World: Precedent Decisions under California's Revised Administrative Procedure Act, 21 J. Nat'l Ass'n Admin. L. Judiciary 247 (2001). Vgl. zur Bedeutung von Entscheidungen der Verwaltung als „precedents" (mit Hinweis auf die Entscheidungen des Gerichts) auch schon Final Report of Attorney General's Committee on Administrative Procedure, 1941, S. 29 ff.

268 § 551(6) APA: „a final disposition, whether affirmative, negative, injunctive, or declaratory in form".

269 Zum informalen Handeln → 3/163–166.

270 Vgl. *Pierce*, Process, § 6.4.11; *Strauss*, Justice, 287 ff.

271 Dazu 401 U.S. 402, 410 (1971) *Citizens to Preserve Overton Park v. Volpe*; *Hickman/Pierce*, 350 ff.

darstellen, sind außerdem die Verfahrensanforderungen der Due Process Klausel zu erfüllen.[272] Damit ist allerdings kein fest fixierter Bestand von Regeln, sondern ein breites Spektrum von Verfahrensvorkehrungen aufgerufen, das von der einfachen Kenntnisgabe einer beabsichtigten Regelung bis zum vollen Sicherungsstandard eines „evidentiary hearing" reicht und nach Maßgabe der *Mathews v. Eldridge* Judikatur im Einzelfall zu ermitteln ist (→ 3/21–24).

2. Grundelemente eines allgemeinen Verfahrensrechts

Den damit verbundenen Unsicherheiten lässt sich jedenfalls teilweise dadurch entgegenwirken, dass im Fachrecht oder in dem von der Behörde selbst geschaffenen Verfahrensrecht für bestimmte Typen von Entscheidungen ein *prozeduraler Grundstandard* festgelegt wird, der die Due Process Anforderungen typisierend auffängt. Eine Analyse der gesetzlichen und administrativen Praxis zeigt bei allen Unterschieden vier *Basiselemente*:[273] 139

- „notice of issues presented";
- „an opportunity to present data and arguments in either oral or written form";
- „a decision by a neutral decisionmaker";
- „a statement of reasons for the decision".

Das sind die Kernbestandteile, die auch das Standardverfahren der § 9 ff. VwVfG für alle Verwaltungsakte prägen. Ihre Kodifikation könnte, selbst wenn sie knapp gehalten wäre, für Betroffene ebenso wie für die Verwaltungspraxis hilfreich sein. Das gilt insbesondere dann, wenn man berücksichtigt, dass „informal orders" weit mehr als förmliche Entscheidungen die Alltagserfahrung breiter Bevölkerungskreise im Umgang mit der Exekutive repräsentieren. Dem wird entgegengehalten, dass es angesichts der großen Vielfalt administrativer Handlungen kaum möglich sei, für alle Arten von „orders" einen einheitlichen Bestand von Verfahrensregeln festzulegen – eine Einsicht, die die Ausarbeitung des APA von Anfang an beglei- 140

---

272 *Pierce*, Process, § 6.4.11; *Erath*, Verwaltungsverfahren, 88 und 92 ff.

273 *Hickman/Pierce*, 357 unter Bezugnahme auf *P. Verkuil*, A Study of Informal Adjudication Procedures, in: 43 U. Chi. L. Rev. 739 (1976); ferner *P. Verkuil*, A Study of Immigration Procedures, in: 31 UCLA L. Rev. 1141 (1984); restriktiver die rechtsvergleichenden Feststellungen von *Fehling* (Fn. 45), VVDStRL 70, 2011, 278, 290 Fn. 41 (betr. Anhörungsrecht) und 292 Fn. 44 (betr. Begründungspflicht).

tete.[274] Das deutsche Verfahrensrecht zeigt jedoch, dass Vielfalt die Allgemeinheit eines Grundbestandes an elementaren Regelungen nicht ausschließen muss.[275] Das amerikanische Recht hat zwar mit den zusätzlichen Schwierigkeiten zu ringen, die sich aus der Due Process Klausel ergeben. Doch muss auch das deutsche Verfahrensrecht die Einwirkungen des Verfassungsrechts, insbesondere der Grundrechte, stets im Blick behalten. Das gelingt jedoch leichter, wenn diese Anforderungen in einen vorhandenen Gesetzestext im Wege verfassungskonformer Auslegung inkorporiert werden können und nicht freischwebend als eigenes Regelungsgeflecht konstruiert werden müssen. Der MSAPA 2010 ist immerhin ein Stück dieses Weges gegangen, indem er die „contested cases" unter Einbeziehung der Due Process Klausel definiert und für den erweiterten Anwendungsbereich ein ausformuliertes gesetzliches Regelwerk bietet.

IV. Speziell: Zulassungsentscheidungen („licenses")

141 „Formal adjudication" und „informal adjudication" sind Grundmodelle. Die Gesetzespraxis kennt zahlreiche Zwischenformen, die die hohen Anforderungen des förmlichen Verfahrens reduzieren oder umgekehrt das informale Verfahren mit zusätzlichen Sicherungen ausstatten.

1. Der Standardfall

142 Die Ausbildung von Zwischenformen ist vor allem ein Feld des Fachrechts. Aber auch die beiden Verfahrenskodifikationen selbst kennen sie. Ein Beispiel bildet das Verfahrensrecht, das die Erteilung bzw. die Aufhebung von Genehmigungen, Erlaubnissen und anderen Zulassungen („licenses") regelt. Der Begriff ist in § 551(8) APA und in § 102(19) MSAPA 2010 breit definiert. Erfasst sind personenbezogene und sachbezogene Regelungen, die im Umwelt-, Wirtschaftsverwaltungs- und Baurecht in den USA wie in Deutschland zu den Standardinstrumenten gehören.[276] Ebenso weit sind

---

274 Vgl. *Strauss*, Justice, 288.

275 Zur Bedeutung vgl. *J.-P. Schneider* (Fn. 83), in: GVwR II, § 28 Rn. 14: „Das Standardverfahren der §§ 9 ff VwVfG bildet den Ausgangspunkt der heutigen verwaltungsrechtlichen Systembildung".

276 Anders die Genehmigung von Tarifen und ähnlichen breitenwirksamen Entscheidungen, die im APA dem „rulemaking" zugeordnet werden → 3/57–59.

die Verwaltungsbefugnisse definiert, die diese Akte betreffen. Zum „licensing" gehören die Gewährung und Erneuerung, aber auch die Versagung, der Entzug und die Suspension (§ 551(9) APA bzw. § 102(20) MSAPA).

Dass Zulassungsentscheidungen dieser Art oft Vorgänge der Massenverwaltung sind und daher nicht schematisch dem förmlichen Verfahren zu unterstellen seien, sondern flexibler geregelt werden sollten, war schon bei den Vorarbeiten zum APA im Gesetzgebungsverfahren herausgestellt worden.[277] Die Abweichungen vom strengen „on the record" Verfahren, die der APA den Behörden ermöglicht, sind so weitreichend, dass von einem eigenständigen Verfahrenstypus gesprochen werden kann:[278] So darf die Behörde die Beweisaufnahme ohne mündliche Verhandlung durchführen. Sie ist außerdem befugt, die endgültige Entscheidung auch durch einen Bediensteten treffen zu lassen, der im Verfahren vorher investigative Aufgaben wahrgenommen hat. Die klassische *„trial"* Vorstellung tritt hier hinter die Interessen des Antragstellers an einer schnellen Entscheidung zurück.[279] Zudem hat der Gesetzgeber berücksichtigt, dass Behörden angesichts der vorrangig technischen Fragestellungen vieler Zulassungsentscheidungen nicht über genug fachkundiges Personal verfügen, um die im förmlichen Verfahren geforderte innerbehördliche Funktionentrennung durchzuhalten. 143

2. Mehrpolige Regelungssituationen

Auf der anderen Seite muss gesehen werden, dass gerade Genehmigungen, z. B. im Umweltrecht, oft mehrpolige Konflikte betreffen.[280] Die wissenschaftliche Diskussion benutzt dafür dieselben Topoi wie in Deutschland („bi-polar", „polycentric"). Für sie mag die zweipolige Prozesskonstellation eines gerichtsähnlichen Verfahrens nicht geeignet sein. Aber die Gewährung von Möglichkeiten, *alle* Interessenten im Verfahren zu Wort kommen zu lassen, bleibt eine wichtige Aufgabe, um eine Befriedung der Situation zu erreichen. „Procedure here is more a means of achieving 'voice' than an 144

277 Final Report of Attorney General's Committee on Administrative Procedure, 1941, S. 39 f.

278 Vgl. *Strauss*, Justice, 277, 284 ff.: § 556(d), § 554(d)(A) APA.

279 § 558(c) APA spricht ausdrücklich von einer Entscheidung „within a reasonable time".

280 *Strauss*, Justice, 286.

apt reflection of the trial analogy".[281] Trotzdem ist es mit einer Reduktion der Anforderungen des förmlichen Verfahrens nicht getan.

145 In beiden Rechtsordnungen geht es vielmehr darum, der Breitenwirkung von Einzelentscheidungen schon in frühen Verfahrensstadien Rechnung zu tragen. Lösungen werden in einer Vorverlagerung von Beteiligungsmöglichkeiten in eine Phase gesucht, in der die Interessenpositionen und Rollen noch nicht so festgelegt sind, wie das nach der Antragstellung der Fall ist.[282] Anleihen beim „informal rulemaking“ und dem dort vorgesehenen „advance notice“ Erfordernis (§ 303 MSAPA) bieten sich an. Es geht darum, ein den Formendualismus von *„rules“* und *„orders“* übergreifendes Verfahren zu entwickeln, das einen strukturierten, aber offenen, nicht schon von festen Parteirollen beherrschten Diskurs ermöglicht.

C. *Public Contracts*

146 Verträge der Verwaltung sind kein Gegenstand des APA oder des MSAPA. In den Lehrbüchern des Verwaltungsrechts werden sie selten ausführlicher behandelt; oft fehlen sie ganz.[283] Dieser erste Eindruck darf jedoch nicht zu der Ansicht verleiten, Verträge spielten in der Verwaltungspraxis und im Verwaltungsrecht der USA allenfalls eine geringe Rolle. Das Gegenteil ist der Fall. *„Public contracts“* sind eine viel genutzte Handlungsform: „procurement contracts“, „grant agreements“, „cooperative agreements“, Verträge über „interlocal relationships“. Der U.S.C. enthält einen eigenen „Public Contracts“ überschriebenen Titel, der zwar keine umfassende Regelung des Rechts der Verwaltungsverträge bietet, aber immerhin eine Reihe einschlägiger Regelungen (41 U.S.C.). Rechtsprechung und Fachliteratur sind

---

281 Ebd.

282 Vgl. § 25 Abs. 3 VwVfG („frühe Öffentlichkeitsbeteiligung“); enger in das Verfahren eingebunden die prehearing conference nach § 403 MSAPA 2010.

283 Vgl. *Strauss*, Justice, 531 f. und 252 f.: „‚Government contracts‘ is a speciality, neither administrative law nor contract law, but combining of some of the characteristics of each“. Einzelne Fragen erörtern z. B. *Asimow/Levin*, 60 (Due Process Anforderungen in Fällen von Vertragsänderungen aus öffentlichem Interesse); zu letzterem Problem auch *Gellhorn*, 886 f., dort ferner der Verweis auf das Thema „Privatization“. *Briffault/Reynolds*, 245 ff. und 581 ff. (zwischengemeindliche Verträge), 875 ff. (Langzeitverträge in der kommunalen Leistungsverwaltung).

ebenfalls vorhanden.[284] Nur im allgemein-verwaltungsrechtlichen Diskurs herrscht weitgehend Schweigen.

I. Eigenständiges Verwaltungsvertragsrecht

Nun könnte man annehmen, dieses geringe Interesse folge daraus, dass Verwaltungsverträge eben Verträge seien, für die im Großen und Ganzen das für jedermann geltende allgemeine Vertragsrecht gelte und es daher an einem hinreichend herausgehobenen Gegenstand mangele, der wissenschaftliche Aufmerksamkeit verdiene. Doch auch eine solche Ansicht wäre unzutreffend. In den USA ist das Vertragsrecht der Verwaltung von Anfang an vom privaten Vertragsrecht getrennt entwickelt worden.[285] 147

Grund dafür ist die US-Verfassung. Sie sagt zwar nicht direkt etwas über die Vertragsschlussbefugnisse des Staates.[286] Es gilt aber auch für das Vertragshandeln die Grundannahme des amerikanischen Verfassungsdenkens, dass alles Handeln staatlicher Amtsträger vom Volk abgeleitet sein muss. Die Befugnis der Verwaltung, Verträge als Gestaltungsmittel zu nutzen, folgt nicht aus einer ihr wie Privatpersonen zukommenden Vertragsfreiheit, sondern aus der Souveränität des Volkes.[287] Damit wiederum verbindet sich die Annahme, die Regierung könne sich Privaten gegenüber nicht binden, und die normalen Gerichte könnten Klagen Privater gegen den Staat folglich nicht stattgeben. Das ist die vertragsrechtliche Variante der „*sovereign immunity*" Doktrin.[288] Auf die Immunität kann allerdings ver- 148

284 Eine eigene Sektion der American Bar Association und die von dieser Sektion herausgegebene Zeitschrift *Public Contract Law Journal* unterstreichen die große Bedeutung dieser administrativen Handlungsform für die Praxis.

285 *Cane*, Controlling, 405–414.

286 Zum Sonderfall stellt die Contracts Clause (Art. 1 sect. 10 cl. 1 U.S.-Verf.), die es den Staaten verbietet, durch Gesetz auf Verträge einzuwirken, vgl. *Nowak/Rotunda*, § 11.8 (S. 515 f.).

287 Vgl. 518 U.S. 839, 884 Fn. 28 (1996) *United States v. Winstar Corp.* unter Bezugnahme auf 294 U.S. 330, 353 (1935) *Perry v. United States*; ferner *Cane*, Controlling, 409 Fn. 114 (unter Bezugnahme auf E.W. Massangale, Fundamentals of Federal Contract Law, 1991, 11): „Thus, in US law, the government's contractual capacity is an incident of sovereignty not of personhood".

288 Zur schadensersatzrechtlichen Variante → 4/143–147.

zichtet werden. Die Kompetenz dazu hat der Kongress, nicht der Präsident. Der Verzicht muss unmissverständlich ausgedrückt sein.[289]

149 Auf dieser Grundlage hat sich ein eigenständiges öffentliches Vertragsrecht entwickelt, das eigene, typisch öffentlich-rechtliche Ziele verfolgt. „Public power, whether contracting power, Constitutional power or statutory power, needs to be controlled in a way that private power is not".[290] Seine Ausgestaltung ist freilich eine Gratwanderung:[291] Einerseits soll auch die Verwaltung, wenn sie Verträge schließt, an das allgemeine Vertragsrecht, wie es sonst unter Privaten gilt, gebunden sein. Andererseits muss sie sich aber von einem Vertrag lossagen können, um auf Situationsänderungen (einschließlich Rechtsänderungen) reagieren zu können. Ob sie ihrem Vertragspartner in einem solchen Falle eine Entschädigung zu leisten hat, ist ähnlich umstritten wie beim Sonderkündigungsrecht nach § 60 Abs. 1 S. 2 VwVfG.

Zwei wichtige Einsatzfelder der „government contracts" sollen hier wenigstens in den Grundzügen vorgestellt werden: das Vergaberecht (II) und das „Outscourcing" (III).

II. Vergaberecht („public procurement law")

150 Das Vergaberecht hat in den USA eine lange Tradition.[292] Eine erste gesetzliche Regelung geht auf das Jahr 1809 zurück. Wichtige Neuerungen erfolgten 1948 und sodann mit dem Federal Procurement Policy Act von 1979, dem Competition in Contracting Act (CICA) von 1984 und dem Federal Acquisition Streaming Act von 1994.[293]

---

289 Zur Bedeutung und Reichweite der „unmistakability doctrine" als Auslegungsregel für Verwaltungsverträge vgl. die unterschiedlichen Voten in 518 U.S. 839 (1996): für die Mehrheit Souter, J. 871–890, Breyer, J. con. 910–912, Scalia, J. con. 919–922; Rehnquist C. J., diss. 924–931.

290 *Cane*, Controlling, 412.

291 *Strauss*, Justice, 532.

292 Dazu die Nachweise bei *Summann*, Vergabe, 22 f. und 145 ff.

293 Eine umfassende Darstellung des Vergabewesens einschließlich des Vergaberechtsschutzes bietet das Contract Attorneys Deskbook, 2014, herausgegeben von *The Judge Advocate General's School*, einer Einrichtung der US Army, Vol. 1. Zur Einführung *K. M. Manuel*, Competition in Federal Contracting (Congressional Research Service), 2011.

1. Rechtsgrundlagen und Ziele

Heute sind für Beschaffungsverträge der Bundesverwaltung vor allem die Vorschriften einschlägig, die sich in kodifizierter Fassung in Title 41 U.S.C. §§ 101–4712 („Federal Procurement Policy") finden. Diese schon für sich genommen außerordentlich detaillierten Vorschriften werden durch eine Rechtsverordnung weiter verfeinert, die Federal Acquisition Regulation (FAR) – ein Regelwerk, das in 53 Teilen die Voraussetzungen von Vergaben, das Verfahren und die Vertragsgestaltung in allen Einzelheiten zu erfassen versucht.[294] Beeindruckend ist dabei die enorme Zahl ausformulierter *Vertragsklauseln*, die die FAR den Verwaltungen an die Hand gibt und die im Code of Federal Regulations (CFR) allein gut 460 Seiten füllen. Wie im amerikanischen Verwaltungsverfahrensrecht auch sonst sind hier außerdem die Vorschriften zu beachten, die die Behörden selbst erlassen.[295] 151

In 41 U.S.C. § 111 werden als Vergabe definiert „all stages of the process of acquiring property or services, beginning with the process for determining a need for property or services and ending with contract completion and closeout". Dieser Kreis von Tätigkeiten wird einem „*procurement system*" unterstellt, das klassische Verfahrensvorschriften mit Organisations- und Managementregelungen verbindet (§ 112). Ein im Office for Management and Budget (OMB) eingerichtetes Office of Federal Procurement Policy ist für die Gewährleistung eines einheitlichen Vollzuges zuständig (§ 1101). Planung und Durchführung des einzelnen Beschaffungsvorgangs obliegen der jeweiligen Behörde, die einen Chief Acquisition Officer (§ 1702) und einen Advocate for Competition (§ 1705) zu bestellen hat. Auch sonst haben die Behörden darauf zu sehen, dass sie über einen in Vergabeangelegenheiten kompetenten Personalbestand verfügen (§ 1704). Hohes Gewicht wird neben den eigentlichen Vergabevorgängen dem „contract management" zugemessen.[296] 152

Ziel des Vergaberechts ist es, eine kostengerechte Beschaffung („best value") durch einen fairen Wettbewerbs sicherzustellen.[297] Transparenz spielt eine große Rolle. Daneben werden aber auch allgemein-politische Ziele 153

294 FAR in der Fassung von 2005 kodifiziert in Title 48 *Code of Federal Regulations (CFR)* Chap. 1. Die folgenden Kapitel enthalten dann weitere Regelungen, für einzelne Sektoren (Militär, Gesundheitswesen, Landwirtschaft).

295 Vgl. FAR Part 1.3. Außerdem können „Executive Orders" des Präsidenten auf das Vergaberecht einwirken; dazu *Strauss*, Justice, 148 f.

296 Dazu FAR Part 42–51.

297 Im Einzelnen *Summann*, Vergabe, 38 ff.

wie die Förderung kleiner und mittlerer Unternehmen verfolgt.[298] In ihrer Grundausrichtung sind das amerikanische und das deutsche Vergaberecht heute durchaus vergleichbar, selbst wenn sich letzteres erst unter dem Druck des EU-Rechts von seinen haushaltsrechtlichen Wurzeln verabschiedet und zu einer breiteren Definition seiner Ziele gefunden hat (§ 97 GWB).[299]

2. Verfahrenstypen

154 Eine vorgelagerte Phase des amerikanischen Vergabeverfahrens ist die Markterkundung, zu der die Behörden nach 41 U.S.C. § 3306(a)(1), § 3307 und FRA Part 10 verpflichtet sind. In diesem Rahmen ist auch darüber zu befinden, ob der festgestellte Bedarf nicht mit verwaltungseigenen Mitteln gedeckt werden kann bzw. gedeckt werden muss („make or buy"). Die Ergebnisse sind zu dokumentieren. Dieses ist auch eine Schaltstelle für Privatisierungsentscheidungen (→ 3/157).

---

298 Vgl. FAR Part 19, 22–23.

299 Auch in den USA waren Klagerechte von Konkurrenten zunächst nicht anerkannt; vgl. 310 U.S. 113, 125–132 (1940) *Perkins v. Lukens Steel Co.* Einen Durchbruch zugunsten des Drittschutzes brachte erst die Entscheidung *Scanwell Lab., Inc. v. Shaffer*, 424 F.2d 859 (D.C. Cir. 1970). Zur Entwicklung *F. W. Claybrook Jr.*, The Initial Experience of The Court of Federal Claims in Applying the Administrative Procedure Act in Bid Protest Actions, 29 Pub. Cont. L. J. 1, 4–7 (1999). Weiter zum Rechtsschutz → 4/170.

Für die Vergabe selbst stehen grundsätzlich zwei Verfahrensarten zur Verfügung:[300] 155

- „Sealed bidding" ist ein stark formalisiertes Verfahren, an dessen Beginn die Behörde ihren Bedarf sehr genau beschreibt und zur Abgabe von Angeboten öffentlich auffordert (FAR Part 14). Die verschlossen eingegangenen Angebote werden vor den Augen der Öffentlichkeit geöffnet. Den Zuschlag erhält, wer das preislich günstigste Angebot abgegeben hat. Die Bieter, die nicht zum Zuge gekommen sind, müssen innerhalb von drei Tage nach Vertragsschluss benachrichtigt werden.[301] Das Verfahren entspricht in den Grundzügen der offenen Vergabe nach § 119 Abs. 3 GWB, während die Variante des „two-step sealed bidding" dem nicht offenen Verfahren des § 119 Abs. 4 GWB nahekommt.[302]
- „Contracting by negotiation" ist ein mehrstufiges Verfahren, das damit beginnt, dass die Behörde ihren Bedarf artikuliert und zur Abgabe von Vorschlägen auffordert.[303] Die von Bietern eingereichten Vorschläge werden dann zunächst daraufhin durchgesehen, ob sie wettbewerbsfähig sind. Über diejenigen Vorschläge, für die das festgestellt wird, kann die Behörde dann mit den Bietern in Verhandlungen eintreten. Entschließt sich die Behörde zu Verhandlungen, so muss sie solche mit allen Bietern, die wettbewerbsfähige Vorschläge gemacht haben, führen. Das kann mündlich oder schriftlich geschehen. Die Verhandlungen können alle Aspekte des Vorhabens betreffen und dienen dazu, die Vorschläge mit dem Ziel optimaler Leistungserbringung zu verbessern. Dem besten Angebot wird dann der Zuschlag erteilt. Die sehr detaillierten Regelungen der Verhandlungsphase, die § 15.306(d)(e) FAR trifft, zeigen, wie sehr das Verfahren eine Gratwanderung zwischen Flexibilität und Gleichbehandlung ist. Das deutsche Recht kennt vergleichbar das Verhandlungsverfahren und den wettbewerblichen Dialog nach § 119 Abs. 5 und 6 GWB i.V.m. §§ 17 und 18 VgV. „Stets gilt es, eine rationale Mischung aus Distanz und verhandlungsfördernder Nähe zu bewahren".[304]

300 Zum Folgenden *Summann*, Vergabe, 156 ff. Neben diesen beiden Verfahren existiert eine Reihe vereinfachter Verfahren für Vergaben unterhalb bestimmter Schwellenwerte, vgl. FAR Part. 13 und *Summann*, Vergabe, 189 ff.

301 FAR § 14.409 – 1(a)(1).

302 Zu den Verfahren des deutschen Rechts vgl. *Burgi*, Vergaberecht, § 13 Rn. 12 ff.

303 FAR Part 15, ausführlich *Summann*, Vergabe, 160 ff.

304 So treffend *Burgi*, Vergaberecht, § 13 Rn. 24.

156 In den verfügbaren Verfahrenstypen ähneln sich das amerikanische und das deutsche Recht. Zur Angleichung dürfte auch die Internationalisierung des Vergaberechts beigetragen haben.[305] Unterschiede sind aber bei den Verfahrenspräferenzen festzustellen:[306] In den USA ist heute „contracting by negotiation" der bevorzugte Verfahrenstyp. Der Befund unterstreicht die generelle Tendenz zu mehr Flexibilität, die das amerikanische Vergaberecht seit den 90er Jahren bestimmt.[307] In Deutschland ist dagegen das offene Verfahren das am meisten angewandte Verfahren.[308] Verfahren mit Verhandlungselementen dürfen nur benutzt werden, wenn dies im Gesetz gestattet ist (§ 119 Abs. 2 GWB).

III. „Outsourcing" und Privatisierungsfolgenrecht

157 In ihrem Kern gehen die Auseinandersetzungen um das „Outsourcing" nicht um das Rechtsinstitut des Vertrages, sondern die Sachentscheidungen der Politik, bestimmte Aufgaben, die bisher von der Verwaltung erbracht wurden, künftig durch Private erbringen zu lassen. „Outsourcing" wird als ein Teil des großen Themas der Privatisierung behandelt. Dies ist das Feld der ideologischen und der pragmatischen Argumente, die die Diskussionen im amerikanischen noch stärker als im deutschen öffentlichen Recht beherrschen. Hier werden die ökonomischen und sozialen Vor- und Nachteile von Privatisierungen abgewogen. Hier werden die Sorgen formuliert, denen Privatisierungen aus verfassungsrechtlicher Perspektive begegnen: Sorgen um „public values", um Einbußen an demokratischer Verantwortlichkeit, an Transparenz und Verfahrensfairness (→ 2/114–115).

158 Verträge erscheinen in diesem Rahmen in einer instrumentellen Funktion. Sie sind das Mittel, mit dem Privatisierungsentscheidungen umgesetzt werden: „*Government by Contract*".[309] Folglich muss gefragt werden, inwieweit den befürchteten Einbußen und Gefahren, die im Gefolge von Privatisie-

---

305 Dazu *Audit/Schill*, Transnational Law of Public Contracts, dort bes. *L. Mastromatteo*, Internationalizing Public Contracts through Model Laws, 407–435.

306 Zum Folgenden *Summann*, Vergabe, 210 ff. (allerdings noch ohne Berücksichtigung der GWB-Novelle von 2016).

307 Vgl. dazu *Manuel*, Competition in Federal Contracting (Fn. 293), 5 ff.

308 *Burgi*, Vergaberecht, § 13 Rn. 21.

309 Vgl. *Freeman/Minow*, Government by Contract.

rungen eintreten können, durch sensible Vertragsgestaltungen entgegengewirkt werden kann: Vertragsrecht als Privatisierungsfolgenrecht.

1. Der Vorschlag: „publicization"

Überlegungen dieser Art lassen sich an Einzelpunkten festmachen:[310] So kann etwa untersucht werden, wie die Vorschriften des APA und des FOIA, die nur Verwaltungen, nicht aber Privatpersonen verpflichten, auch für private Unternehmen verbindlich gemacht werden können, die im Zuge von Privatisierungen Aufgaben der Daseinsvorsorge übernommen haben. 159

Wie bereits bei der Behandlung von Privatisierungen im Rahmen einer modifizierten „delegation doctrine" deutlich geworden ist,[311] hat das Thema aber auch eine noch weiter ausgreifende strukturelle Dimension. Systematisch hat *Jody Freeman* dazu Vorschläge entwickelt.[312] Ihr geht es nicht darum, Privatisierungen aus Rücksicht auf Gemeinwohlgründe so weit wie möglich einzuschränken. Sie möchte vielmehr die gegensätzlichen Argumente von Ökonomen und Verfassungsrechtlern und die unterschiedlichen Rationalitäten, die administratives und privates Handeln bestimmen, in einem Konzept zum Ausgleich bringen, das sie „publicization" nennt. Dazu untersucht sie nacheinander die Beiträge, die die Legislative und die Justiz, aber auch die Verwaltung selbst zu einem solchen Konzept leisten können:[313] Als gesetzgeberische Schritte werden etwa die Erstreckung des allgemeinen Verfahrensrechts auf private Vertragspartner, die Festlegung eindeutiger Maßstäbe für die zu privatisierenden Leistungen und die Anerkennung von Klagerechten der Nutzer privatisierter Dienste vorgeschlagen.[314] Den Gerichten wird nahegelegt, ihre Zurückhaltung gegenüber der Kontrolle des Vertragshandelns der Verwaltung aufzugeben und „common law contract principles" zu entwickeln. Die Exekutive wird ermutigt, z. B. 160

310 Dazu Beispiele bei *N. Mendelson*, Six Simple Steps to Increase Contractor Accountability, in: Freeman/Minow, Government by Contract, 241 ff.

311 *G. E. Metzger*, Private Delegations, Due Process and the Duty to Supervise, in: Freeman/Minow, Government by Contract, 291 ff.

312 *J. Freeman*, Extending Public Law Norms through Privatization, 116 Harv. L Rev. 1285 (2003); systematisch auch *D. Barak-Erez*, in: Rose-Ackerman/Lindseth/Emerson, Comparative Administrative Law, 533, 541 ff.

313 Ebd., 1314 ff.

314 Vgl. zu solchen Elementen auch *A. C. Aman, Jr.*, Privatization and Democracy, in: *Freeman/Minow*, Government by Contract, 261, 271 ff. (zum Recht der Einzelstaaten).

ihre Einflussmöglichkeiten bei der Vergabe öffentlicher Fördermittel („spending power") zu nutzen, um sich Kontrollrechte auszubedingen.

161 Die traditionellen Vorstellungen von „accountability", die die bisherige Privatisierungdiskussion beherrschen, hält *Freeman* für zu hierarchisch und zu formalistisch. Sie möchte die Gemeinwohlziele bei der Privatisierung öffentlicher Dienstleistungen durch ein ganzes Bündel von Maßnahmen sichern, das auch solche Management-Instrumente einschließt, die private Unternehmen längst selbst nutzen.[315] Eine entsprechende Ausformung der Privatisierungsverträge bildet in einem solchen Konzept zwar den Kern, erschöpft die „publicization" aber nicht. Es geht vielmehr auch um die Rahmenbedingungen und die Akteure aus dem Umfeld. Neben der institutionellen Seite wird die kommunikative Seite des Vertragsrechts herausgearbeitet und mit ihren Ressourcen zur Sicherung von Gemeinwohlzielen genutzt.

2. Zum Vergleich: Kooperationsverträge im deutschen Recht

162 Auch die deutsche Diskussion um ein Privatisierungsfolgenrecht schöpft ihre Argumente aus unterschiedlichen Rechtsquellen. Verträge bilden dabei einen zentralen Bezugspunkt.[316] Die Vorschriften des Verwaltungsverfahrensgesetzes, die sich mit dem öffentlich-rechtlichen Vertrag beschäftigen (§§ 54–62), tragen in ihrer derzeitigen Fassung zur Diskussion allerdings nur wenig bei. Vorschläge, die Regelungen um das Institut eines Kooperationsvertrages zu ergänzen, sind bisher nicht verwirklicht worden.[317] Immerhin hat die Literatur eine Reihe von Elementen zusammengetragen, die zu einem Recht der Privatisierungsverträge gehören sollten: Im Mittelpunkt steht die Verpflichtung der Behörde, sich in den Verträgen Einfluss auf die ordnungsgemäße Erfüllung vorzubehalten. Weitere Elemente sind die genaue Fixierung der Vertragsleistungen (mit Klauseln über nachträgliche Erweiterungen), ferner Regelungen zur Preisgestaltung, Vergütungsregelungen mit Anpassungsklauseln, Haftungsregelungen sowie Rückholoptionen und besondere Kündigungsrechte der Verwaltung.[318] Einige „com-

---

315 *Freeman* (Fn. 312), 116 Harv. L Rev. 1285, 1326 ff.: audits, monitoring, total quality management.

316 *H. Bauer*, Verwaltungsverträge, in: GVwR II, § 36 Rn. 122 ff.

317 Vgl. *Bonk/Neumann/Siegel*, in: Stelkens/Bonk/Sachs, VwVfG, § 54 Rn. 7 ff.

318 *Schuppert*, Verwaltungswissenschaft, 445 ff.; *Bauer* (Fn. 316), GVwR II, § 36 Rn. 126 ff.

mon law contract principles", wie sie *Freeman* in Erinnerung ruft, lassen sich aus dem Gedanken der Verfahrensfairness gewinnen. Amerikanische Vorschläge aufgreifend, könnte man ferner daran denken, Transparenz und Publizität des dem Vertragsschluss voraufgehenden Verfahrens auszubauen.[319] Beide Rechtsordnungen greifen hier auf ähnliche Rechtsfiguren zurück, um Privatisierungsverträge an einen Grundbestand an rechtsstaatlich-demokratischen Verwaltungsstandards rückzubinden.

D. Handlungen ohne festes Formenprofil („schlichtes Verwaltungshandeln")

Neben den rechtsförmigen Handlungen der „rules", „orders" und „contracts" beschäftigt sich das amerikanische Verwaltungsrecht auch mit Handlungsweisen der Verwaltung, die weniger stark rechtlich durchgebildet sind, sondern vor allem als Realablauf Aufmerksamkeit verlangen. Dass das Recht immer nur einen schmalen Ausschnitt aus der Fülle administrativer Aktionen in feste Formen fassen kann, ist eine Einsicht, die den Kodifikationsprozess des APA begleitet hat und die auch heute lebendig ist.[320] Die Speicherfunktionen der Formen sind geringer als im deutschen Recht. Die Zäsur zwischen rechtförmig-formalem und schlichtem Verwaltungshandeln ist weniger ausgeprägt. Die Behörden sind aufgerufen, einvernehmliche Lösungen anzustreben und dazu eigene Verfahrensregelungen zu entwickeln.[321] 163

Auf der anderen Seite wird die Notwendigkeit, auch schlichtes Verwaltungshandeln nicht gänzlich im gesetzesfreien Bereich zu belassen, sondern es in den Sicherungsauftrag des allgemeinen Rechts einzubeziehen, durchaus gesehen. Anders als das deutsche Recht, das dieses Problem im VwVfG nicht aufgreift, sondern es der Rechtsprechung und der Literatur überlässt, finden sich im APA jedenfalls Ansätze einer gesetzlichen Regelung. Das zeigt der Begriff der „agency action", der nach der Definition in § 551(13) neben rechtsförmigen Akten auch „sanctions" einbezieht. „Sanc- 164

319 Vgl. die vergaberechtlichen Vorschriften für Konzessionsverträge nach §§ 101,105 GWB.

320 Dazu → 3/52–54. Vgl. die anschauliche Schilderung des Instrumenteneinsatzes in einzelnen Feldern des Besonderen Verwaltungsrechts bei *Strauss*, Justice, 209–255.

321 So ausdrücklich § 1–106 MSAPA 1981, mit dem Kommentar: „This section expressly encourages informal settlements of controversies that would otherwise end in more formal proceedings".

tions" werden weit verstanden und umfassen nach § 551(10) APA ein Spektrum eingreifender Verwaltungsmaßnahmen, von denen einige förmliche Entscheidungen, andere aber schlichtes Verwaltungshandeln darstellen.[322]

165 Für die rechtsstaatliche Einhegung all dieser Maßnahmen hat das zwei Konsequenzen: Zum einen werden sie den Gerichtsschutzstandards der §§ 701–706 APA unterworfen, die den Rechtsweg nicht nur gegen rechtsförmige Akte, sondern allgemein gegen *agency actions* im Sinne von § 551(13) eröffnen.[323] Und zum anderen statuiert § 558(b) APA: „A sanction may not be imposed or a substantive rule or order issued except within jurisdiction delegated to the agency and as authorized by law". Die Formulierung „by law" ist bei der Abfassung des APA bewusst gewählt worden, um neben Gesetzen auch das Gewohnheitsrecht als eine geeignete Ermächtigungsgrundlage für die genannten Maßnahmen auszuweisen.[324] § 558(b) APA normiert also keinen strengen Gesetzesvorbehalt.

166 Er stellt aber trotzdem eine Disziplinierung (auch) des schlichten Verwaltungshandelns dar, insofern er es den Behörden versagt, sich ad hoc selbst zu ermächtigen.[325] Die Grundlinien, die die deutsche Dogmatik dazu entwickelt hat, wirken auf den ersten Blick strenger, wenn grundsätzlich für jede Art schlichten Verwaltungshandelns, das zu „faktischen Grundrechtseingriffen" führt, eine gesetzliche Ermächtigung verlangt wird. Dabei muss allerdings in Rechnung gestellt werden, dass sich dieses Handeln oft nur schwer in einigermaßen feste Typen fassen lässt, so dass an die Präzision der Ermächtigungsgrundlagen praktisch keine hohen Anforderungen zu stellen sind.[326] Dass schlichtes Verwaltungshandeln an elementare rechtsstaatliche Standards rückgebunden werden muss, dass dieses aber ange-

---

322 Vgl. auch § 102(4)(C) MSAPA 2010: agency action: „an agency's performing or failing to perform a duty, function, or activity or to make a determination required by law".

323 So § 701(b)(2) APA. Zu Restriktionen der Kontrolldichte vgl. *Gellhorn*, 933 f.

324 Attorney General's Manual S. 88: „commonly recognized administrative practices".

325 Attorney General's Manual S. 88: „that agencies will not appropriate to themselves powers Congress has not intended them to exercise". Im Übrigen müssen Verwaltungsmaßnahmen den Anforderungen entsprechen, die in den einzelnen Schutzklauseln der Verfassung festgelegt sind und die nicht notwendig darauf abheben, dass die Verwaltung rechtsförmig handelt. So sind für Durchsuchungsmaßnahmen im Rahmen von „inspections" die Schranken des IV. Zusatzartikels („unreasonable searches and seizures") zu beachten; dazu *Strauss*, Justice, 208 i. V. m. 66 ff. und → 5/9–14.

326 Vgl. *G. Hermes*, Schlichtes Verwaltungshandeln, in: GVwR II, § 39 Rn. 81 ff.

sichts der Vielfalt seiner Erscheinungsformen und seiner differenzierten Steuerungswirkungen nur sehr behutsam geschehen darf, sehen beide Rechtsordnungen ähnlich.

Viertes Kapitel „Judicial Review" und der gerichtliche Rechtsschutz in Verwaltungssachen

1 „In the American system, where even legislative action is subject to judicial control, there has never been any question of propriety of judicial review of agency action".[1] In den Lehrbüchern nehmen die Kapitel *„judicial control of administrative action"* breitesten Raum ein. Zugang zu Gericht, Klagebefugnis, Klagearten, Gerichtsstände, Rechtsschutzbedürfnis und die dazu entwickelten Doktrinen sind Standardthemen.[2] Besonders ausführlich behandelt werden die Fragen der Kontrolldichte und der gebotenen richterlichen Zurückhaltung („scope and deference"). Dass das Verwaltungsrecht von einer „court-centered perspective" dominiert sei, ist ein für die amerikanische wie die deutsche Rechtsordnung zutreffender Befund, der in beiden Ländern nicht nur positiv gesehen wird, weil die Ausrichtung auf den Gerichtsschutz die Aufgaben des Verwaltungsrechts, zunächst einmal Handlungsmaßstab für die Exekutive zu sein, zu sehr in den Hintergrund dränge.[3]

2 In der Behandlung der Einzelfragen des gerichtlichen Rechtsschutzes folgt das amerikanische Recht allerdings einer auf Abwägung bedachten Linie. Den positiven Effekten gerichtlicher Verwaltungskontrollen, der Durchsetzung des Gesetzesrechts und der verfassungsrechtlichen Verbürgungen, werden die Einbußen an Verwaltungseffizienz und Gefährdungen der Gewaltenteilung gegenübergestellt.[4] Vorstellungen von „sovereign immunity" sind – im haftungsrechtlichen Sekundärrechtsschutz allerdings stärker als

---

1 *Schwartz*, § 8.1; ähnlich *Strauss*, Justice, 416: „As a general matter, American law presumes that any administrative action that has reached the point of finality within executive government is susceptible of judicial examination".

2 *Pierce*, Treatise, Chap. 9–15; vgl. auch *S. Hartung*, Die gerichtliche Kontrolle der Verwaltungsentscheidungen in den Vereinigten Staaten, DÖV 1993, 323 ff.; *W. Heun*, Geschichte des Verwaltungsrechtsschutzes in den USA, in: Sommermann/Schaffarzik, Handbuch II, 1680 ff.

3 *Mashaw*, Creating the Administrative Constitution, 1 und 308 ff.; *Schmidt-Aßmann*, Ordnungsidee, 4. Kap. Rn. 73 f.

4 Vgl. z. B. *Pierce*, Process, § 5.2 (S. 120) und § 7.7; *Strauss*, Justice, 409 f. Ähnlich 555 U.S. 488, 492–493 (2009) *Summers v. Earth Island Institute*: „The law of Art. III standing, which is built on separation-of-powers-principles, serves to prevent the judicial process from being used to usurp the powers of the political branches".

im abwehrrechtlichen Primärrechtsschutz – nach wie vor virulent.[5] Die oft konträren Interessenpositionen der an den angegriffenen Verwaltungsentscheidungen Beteiligten werden herausgearbeitet. Einsichtig wird so, dass ein Mehr an gerichtlicher Kontrolle nicht notwendig das Optimum dessen ist, was der Ausgleich zwischen diesen Postionen verlangt.[6] Schließlich legen Zweifel an der Legitimation von Richtern, die Entscheidungen demokratisch gewählter Amtsträger zu korrigieren, das „*counter-majoritarian*“ Dilemma, eine abwägende Beantwortung auftretender dogmatischer Fragen nahe.[7]

3 Von einer Rechtsschutzeuphorie kann in den USA jedenfalls nicht die Rede sein. Die Kompetenzen der Gerichte bleiben ebenso wie die der anderen Gewalten Teilaspekte des umgreifenden Gewaltenteilungsthemas, für das eben auch die Schranken eine Rolle spielen.[8] In dieselbe Richtung zielen die in der Diskussion stets mitgeführten Gesichtspunkte föderaler Machtverteilung zwischen den Gerichten der Gliedstaaten und den Bundesgerichten.[9] Insgesamt ist die Diskussion um die Stellung der Dritten Gewalt in den USA differenzierter als in Deutschland, wo diese Fragen nur gelegentlich und auch dann meistens nur im Blick auf das Bundesverfassungsgericht erörtert werden. Gerade weil die politische Funktion der Justiz klarer herausgearbeitet wird, spielen auch die begrenzenden Aspekte im amerikanischen Diskurs eine wichtige Rolle.[10]

4 Das stärker auf Trennung als auf Verflechtung angelegte Verständnis von Föderalismus führt dazu, dass der Verwaltungsrechtsschutz in den USA wesentlich weniger einheitlich ausgestaltet ist als in Deutschland. Bund und Gliedstaaten haben jeweils voll ausgebaute eigene Gerichtsbarkeiten. Eine übergreifende einheitliche Prozessordnung existiert nicht. Folglich dürfen

---

5 *L. L. Jaffe*, The Right to Judicial Review, 71 Harv. L. Rev. 401 (1958); *ders.*, Suits against Governments and Officers: Sovereign Immunity, 77 Harv. L. Rev. 1 (1963); *Davis*, Administrative Law, Chap. 27; *Breyer/Stewart*, 755 ff.; *Hickman/Pierce*, 795 ff. Weiter → 4/143 ff.

6 Vgl. *Gellhorn*, 1191 f.; *Chemerinsky*, § 2.3.

7 *Pierce*, Process, § 7.1 (S. 319): „Outside the constitutional law context, the judiciary is the least appropriate branch of government to make policy decisions, since it is the least accountable to the electorate“.

8 *Cane*, Controlling, 486 f.

9 Dazu umfassend *Wright/Kane*, Federal Courts, Chap. 8. Speziell zum XI. Zusatzartikel der U.S.-Verf. und der dort festgelegten Begrenzung der Zuständigkeit von Bundesgerichten für Klagen gegen einen Einzelstaat, die von dem Bürger eines anderen Staates erhoben werden, vgl. *Nowak/Rotunda*, § 2.11.

10 *Cane*, Controlling, 99–105.

auf prozessuale Grundfragen wie auf die Fragen der Klagebefugnis oder der gerichtlichen Kontrolldichte keine die Ebenen übergreifenden einheitlichen Antworten erwartet werden. Ein vollständiges Bild von dem, was Verwaltungsrechtsschutz in den USA ausmacht, erhält man daher nur, wenn neben dem Bundesrecht und den Bundesgerichten auch die Rechtslage in den Gliedstaaten beachtet wird. Wenn sich die folgenden Ausführungen trotzdem auf die Bundesebene konzentrieren und auf den Verwaltungsrechtsschutz in den Einzelstaaten nur gelegentlich hinweisen, so sind sie mit diesem Vorbehalt zu lesen.

Die Darstellung beginnt mit Ausführungen zu Gerichtsorganisation, Instanzenzug und Rechtsweggarantien sowie einem Überblick über die Prozessvoraussetzungen (1. Abschnitt). Sodann folgt eine Erläuterung der beiden Kernthemen des Rechtsschutzes in Verwaltungssachen, der Klagebefugnis und der Kontrolldichte (2. Abschnitt). Den Abschluss bildet eine kurze Darstellung des Verwaltungsrechtsschutzes in Vertrags- und Schadensersatzangelegenheiten (3. Abschnitt). 5

Erster Abschnitt Die Organisation der Bundesgerichte und der Zugang zu Gericht

Im Folgenden geht es um zwei Eckpunkte des Verwaltungsrechtsschutzes: 6
Zunächst werden in ihren Grundzügen die Organisation und der Instanzenweg des Rechtsschutzsystems dargestellt (A). Sodann soll der Frage nachgegangen werden, durch welche Vorschriften der Zugang zum Gericht in Verwaltungsangelegenheiten gewährleistet wird (B). Ein Überblick über die Prozessvoraussetzungen schließt diesen Abschnitt ab (C).

A. Gerichtsorganisation und Instanzenzug in Verwaltungssachen

Die USA gehören nach den üblichen Einteilungen der Prozessrechtsver- 7
gleichung zu den Ländern, die einem *monistischen* Modell folgen und den Rechtsschutz in Verwaltungssachen denjenigen Gerichten anvertrauen, die auch für bürgerlich-rechtliche Streitigkeiten und Strafsachen zuständig sind, während Deutschland *dualistisch* ausgerichtet ist und zwischen Verwaltungsgerichten und ordentlichen Gerichten trennt, beide Gerichtszweige allerdings einheitlich der rechtsprechenden Gewalt zuordnet. Für die Dritte Gewalt legen beide Rechtsordnungen vergleichbare Qualitätsmaß-

stäbe zugrunde. So betrachtet ist die überkommene Unterscheidung zwischen Monismus und Dualismus für den Vergleich zwischen dem amerikanischen und dem deutschen Verwaltungsrechtsschutz wenig aussagekräftig – sie kann im Gegenteil sogar verwirren.

I. Trennung zwischen „judicial courts“ und „legislative courts“

8 Das hat damit zu tun, dass die US-Verfassung ihrerseits einen dualistischen Grundzug in den Verwaltungsrechtsschutz hineinträgt. Sie kennt nämlich neben den *Courts* des Art. III auch noch *Tribunals*, die der Kongress nach Art. I sect. 8 cl. 9 einrichten kann. Der hier aufscheinende Dualismus ist freilich ganz anderer Art als der oben genannte klassische Dualismus. Er ist nicht innerhalb der Dritten Gewalt, sondern zwischen Zweiter und Dritter Gewalt angesiedelt. Jedenfalls ist beim Umgang mit den Begriffen „judge“ und „court“ genau zuzusehen, in welchem Funktionskreis man sich bewegt. In Rechtsprechung und Literatur hat sich eingebürgert, zwischen „judicial courts“ oder „Art. III courts“ einerseits und „legal courts“ oder „Art. I courts“ andererseits zu sprechen.[11]

1. Die „judicial courts“ des Art. III der Verfassung

9 Das Gewaltenteilungsschema der ersten beiden Verfassungsartikel aufnehmend, bestimmt Art. III sect. 1: „The judicial power of the United States, shall be vested in one supreme Court, and in such inferior Courts as the Congress may from time to time ordain and establish“. Anders als in vielen Bundesstaaten der USA werden die Richter der Bundesgerichte nicht auf Zeit gewählt, sondern auf Lebenszeit ernannt. Die Ernennung erfolgt wie die der Bundesbeamten nach Maßgabe der Appointment Klausel des Art. II sect. 2 cl. 2 U.S.-Verf. Eine verfassungsrechtliche Besoldungsgarantie soll ihre Unabhängigkeit zusätzlich absichern.[12] Insgesamt hat Art. III sect. 1 zwei Schutzziele: neben den institutionellen Interessen an der Aufrechterhaltung der Gewaltenteilung auch das Interesse des Einzelnen, nicht von

---

11 Zum Folgenden *Redish/Sherry/Pfander*, Federal Courts, 217 ff.; auch *Calvi/Coleman*, Legal Systems, 47 ff.; *Strauss*, Justice, 155 ff.; *Loewenstein*, Verfassungsrecht und Verfassungspraxis der Vereinigten Staaten, 396 ff.

12 Zur Begründung dieser Elemente von Unabhängigkeit vgl. die Federalist Papers No. 78 (Hamilton).

Amtsträgern verurteilt zu werden, die nicht hinreichend neutral und unabhängig erscheinen.[13] In der Praxis bereitet allerdings das Ausmaß der Politisierung, die vor allem durch das Ernennungsverfahren in die Richterschaft hineingetragen wird, erhebliche Sorge.[14]

Während der Supreme Court verfassungsunmittelbar konstituiert ist, 10
bleibt die Einrichtung von Untergerichten dem Kongress überlassen. Die Notwendigkeit von Untergerichten war bei der Ausarbeitung der Verfassung nicht unumstritten.[15] Manche verwiesen auf die Möglichkeit, die einzelstaatlichen Gerichte mit der Entscheidung auch bundesrechtlicher Streitigkeiten zu betrauen. Eine solche Lösung, wie sie in Deutschland eine lange Tradition hat, stieß in den USA jedoch gerade mit dem Hinweis auf die Schwächen der richterlichen Unabhängigkeit in manchen der Bundesstaaten auf Widerspruch.[16] Jedenfalls eine Option für Instanzgerichte des Bundes wollte die Verfassung offen halten. Dass die Entscheidung über ihre Einführung beim Kongress zu liegen hat, war dagegen klar. Gesetzesvorbehalte für die Gerichtsorganisation, die in Deutschland erst nach und nach erstritten werden mussten, gehörten in den USA zum verfassungsrechtlichen Grundbestand.[17] Sie statteten den Kongress von Anfang an mit umfangreichen Kompetenzen für die Gestaltung des Justizsystems aus.[18]

Von seiner Einrichtungs- und Ausgestaltungsbefugnis machte der Kongress 11
in dem Judiciary Act von 1789 sogleich Gebrauch.[19] Schon hier wurde die im Kern dreistufige Struktur der Bundesgerichtsbarkeit festgelegt, in der die „district courts" und „courts of appeals" die *„lower courts"* bilden. In der Folgezeit wurde das System weiter ausdifferenziert und auf veränderte Rah-

---

13 478 U.S. 833, 848 (1986) *Commodity Futures Trading Commission v. Schor.*

14 Vgl. *J. Crowe*, The Constitutional Politics of the Judiciary, in: Tushnet/Graber/Levinson, U.S. Constitution, 197, 205: „In the late twentieth century, ideology effectively became the first and most important criterion for nominating justices to the Court, with every single appointment since William Rehnquist in 1972 sharing a partisan affiliation with the sitting president". *Ch. Nemacheck*, Strategic Selection: Presidential Nomination of Supreme Court Justices from Herbert Hoover through George W. Bush, 2007. Vgl. ferner *Strauss*, Justice, 163 f.

15 Dazu *Hoffer/Hoffer/Hull*, The Federal Courts, 13 ff.

16 Federalist Papers No. 81 (Hamilton); weiter zu den hinter der Einrichtungsklausel stehenden politischen Kontroversen vgl. *Nowak/Rotunda*, § 2.2.(a).

17 Zur Entwicklung justizorganisationsrechtlicher Gesetzesvorbehalte *F. Wittreck*, Die Verwaltung der Dritten Gewalt, 2006, 37 ff.

18 44 U.S. 236, 245 (1845) *Cary v. Curtis.*

19 1 Stat. 73 (1789); dazu *Hoffer/Hoffer/Hull*, The Federal Courts, 30 ff.

menbedingungen eingestellt.[20] Gelegentlich haben Kongress und Präsident auch versucht, die Einrichtungs- und Ausgestaltungsbefugnis zu Veränderungen von verfassungsrechtlich zweifelhaftem Wert zu nutzen. Der „court-packing plan“ und die immer wieder einmal aktuellen Versuche eines „court-stripping“ zeigen das.[21] Die Grundlinien des Systems aber sind trotz aller Veränderungen von Beginn an bis heute erhalten geblieben.[22]

12 Die in Art. III sect. 1 genannten Gerichte sind die „judicial courts“. Sie bilden die „federal judiciary“.[23] Sie sind es, die im Mittelpunkt der öffentlichen Diskussion um die Rolle des Richters in der Gesellschaft stehen.[24] Art. III sect. 2 U.S.-Verf. gibt ihrer Jurisdiktionsgewalt den Rahmen vor, den der Kongress auszufüllen hat, aber nicht überschreiten darf und der durch folgende Schlüsselbegriffe umrissen ist:

- Zentral ist der Doppelbegriff „*cases or controversies*“. Die Parteien müssen sich in einem realen Disput über gegensätzliche Interessen befinden, der sich mit Hilfe einer verbindlichen Entscheidung eines Gerichts lösen lässt.[25] Zur Beantwortung abstrakter oder hypothetischer Rechtsfragen oder zur Erteilung allgemeiner Ratschläge sind die Bundesgerichte nicht befugt. Dieser Festlegung der Verfassung wird eine hohe Bedeutung beigemessen.[26] Die Details werden in den von der Judikatur entwickelten Lehren von den Prozessvoraussetzungen, insbesondere in den Lehren zu „ripeness“, „moot“ und „standing“ greifbar.[27]

---

20 Dazu vgl. Nachw. bei *Nowak/Rotunda*, § 2.2.

21 Zum „Court-packing plan“, dem Versuch von Präsident Roosevelt, gezielt die Zahl der Richter zu erhöhen, vgl. *Shesol*, Supreme Power: Franklin Roosevelt vs. the Supreme Court; *Hoffer/Hoffer/Hull*, The Federal Courts, 291 ff. Zum „court-stripping“, dem immer wieder einmal politisch interessanten Versuch, die Jurisdiktion der Bundesgerichte insgesamt oder jedenfalls die des Supreme Court durch Gesetz einzuschränken, und zu Gegenargumenten, vor allem aus der Due Process Klausel, vgl. *Redish/Sherry/Pfander*, Federal Courts, 104 ff.

22 *Wright/Kane*, Federal Courts, 1.

23 Vgl. *Chemerinsky*, § 2.1 (S. 33); *Strauss*, Justice, 155 ff. mit Hinweis auf die vom Administrative Office of the United States Courts unterhaltene Website.

24 *Crowe*, in: Tushnet/Graber/Levinson, U.S. Constitution, 197: „The federal judiciary is perhaps the premium site of constitutional politics in America“.

25 *Tribe*, American Constitutional Law, § 3–7; *Wright/Kane*, Federal Courts, §§ 12–15.

26 547 U.S. 332, 341 (2006) *DaimlerChrysler Corp. v. Cuno*: „no principle is more fundamental to the judiciary's proper role in our system of government than the constitutional limitation of federal-court jurisdiction to actual cases or controversies“.

27 Vgl. *Strauss*, Justice, 427 ff.; *Brugger*, Einführung, 246 ff.; → 4/50 ff und 4/69 ff.

- Außerdem müssen die Streitfälle, sollen sie in die Zuständigkeit der Bundesgerichte fallen, bestimmten inhaltlichen Anforderungen entsprechen. Hier spielen die Begriffe *„federal question"* und *„diversity of citizenship"* eine wichtige Rolle.[28]

Das Erfordernis des Fallbezuges, die Konzentration auf das Bundesrecht 13
und die Ausrichtung auf ganz bestimmte Parteienkonstellationen sind Schutzelemente der vertikalen ebenso wie der horizontalen Gewaltenteilung. Sie sind konstitutiv für die Jurisdiktionsgewalt der Bundesgerichte. Über den so abgesteckten Bereich hinaus darf auch der Kongress ihre Aufgaben nicht ausdehnen. Die Bundesgerichte sind „courts of limited jurisdiction".[29] Darin unterscheiden sie sich von den Gerichten der Einzelstaaten, die generelle Jurisdiktionsgewalt haben.

2. Die „legislative courts" des Art. I der Verfassung

Nach Art. I sect. 8 cl. 9 kann der Kongress außerdem „Tribunals inferior to 14
the Supreme Court" schaffen. Er ist bei ihrer Gründung nicht an die Jurisdiktionsgrenzen des Art. III sect. 2 U.S.-Verf. gebunden.[30] Ihre Richter genießen nicht die den Richtern an den „judicial courts" von Verfassungswegen zukommenden Gewährleistungen. Der Kongress kann sie aber einfach-rechtlich mit ähnlichen Unabhängigkeitsgarantien ausstatten. Hierher gehören z. B. der United States Tax Court und der United States Court of Federal Claims.[31]

II. Zuständigkeiten und Instanzenzug der Bundesgerichte

Die Bundesgerichte formen ein eigenes Instanzengefüge, dessen Zentrum 15
der Supreme Court, die Courts of Appeals und die District Courts bil-

---

28 Zum Folgenden *Wright/Kane*, Federal Courts, §§ 17–22A und §§ 23–31; → unten 4/21–23.

29 *Wright/Kane*, Federal Courts, § 7: „The presumption is that the court lacks jurisdiction in a particular case until it has been demonstrated that jurisdiction over the subject matter exists".

30 Für sie gilt die Beschränkung auf das „cases or controversies" Erfordernis nicht, so dass sie auch Entscheidungen treffen können, die nur einen empfehlenden Gehalt haben, *Nowak/Rotunda*, § 2.1(b).

31 26 U.S.C. § 7441 und 28 U.S.C. § 171; auch → 4/168.

den.[32] Neben diesen Gerichten existieren weitere Bundesgerichte, die vom Kongress auf Grund seiner verfassungsrechtlichen Organisationskompetenzen geschaffen worden sind: so z. B. der Court of International Trade, der ein Gericht im Sinne des Art. III ist,[33] oder aber die genannten Art. I courts. Diese Gerichte sind nur erstinstanzliche Gerichte. Gegen ihre Entscheidungen ist das Rechtsmittel des „appeal" gegeben, durch das der Prozess in zweiter Instanz in den allgemeinen Instanzenzug gelangt.[34] Das Zusammenspiel der Bundesgerichte ist alles andere als einfach zu durchschauen. Die Ansicht, ein monistisch organisiertes Gerichtswesen erspare lange Überlegungen über den einzuschlagenden Rechtsweg, ist jedenfalls für die USA schon im Blick auf die Vielfalt der Bundesgerichte unzutreffend.

16 Für den *Supreme Court* zeichnet die Verfassung in Art. III sect. 2 cl. 2 U.S.-Verf. die Grundzüge der Zuständigkeitsordnung selbst vor, die in 28 U.S.C. §§ 1251–1257 einfachrechtlich weiter ausgeformt sind. Seine Hauptaufgabe ist es, über Rechtsmittel gegen Urteile der Berufungsgerichte und (unter gewissen Voraussetzungen) auch der obersten einzelstaatlichen Gerichte zu entscheiden.[35] Die Parteien haben allerdings keinen Anspruch, sondern müssen Schutz im Wege einer „petition for a writ of certiorari" nachsuchen (28 U.S.C. §§ 1254 und 1257).[36] Der Supreme Court entscheidet über die Annahme nach Ermessen. Vorrangig geht es darum, Divergenzen in

---

32 Zum Folgenden vgl. *Strauss*, Justice, 155 ff.; *Loewenstein*, Verfassungsrecht und Verfassungspraxis der Vereinigten Staaten, 442 ff.; *Hay*, US-Amerikanisches Recht, Rn. 106 ff.; *Kischel*, Rechtsvergleichung, § 5 Rn. 101 ff.

33 *28 U.S.C. §§ 251–258.* In diese Gruppe gehören ferner der U.S. Foreign Intelligence Surveillance Court (FISC) nach 50 U.S.C. Chap. 36 und der U.S. Terrorist Removal Court nach 8 U.S.C. §§ 1532–1537, die nicht über eigene Richter verfügen, sondern sich aus Richtern von „district courts" zusammensetzen; vgl. *Wright/Kane*, Federal Courts, § 5.

34 So nach 28 U.S.C. § 1295(a)(3) und (5) für die Endentscheidungen des US Court of Federal Claims und des US Court of International Trade: exklusive Zuständigkeit des United States Court of Appeals for the Federal Circuit.

35 *Schack*, US-amerikanisches Zivilprozessrecht, Rn. 7: „doppelte Funktion als oberste Revisionsinstanz"; vgl. → 4/25–26. Neben der Hauptzuständigkeit als Rechtsmittelgericht weist 28 U.S.C. § 1251 dem Supreme Court einige (wenige) Fälle von „original jurisdiction" zu, so vor allem die Zuständigkeit für Streitigkeiten zwischen Bundesstaaten. Jüngster Fall war der Versuch von Texas, die Ordnungsgemäßheit der Präsidentenwahl vom November 2020 in einigen anderen Bundesstaaten in Zweifel zu ziehen; der Supreme Court ließ den Versuch mit einem knappen Hinweis auf die nicht dargetane Klagebefugnis scheitern, 592 U.S. (Order in pending case 155, orig. December 11, 2020) *Texas v. Pennsylvania, Georgia, Michigan and Wisconsin*.

36 *Wright/Kane*, Federal Courts, § 106.

der Rechtsprechung einzudämmen. Generell wird eine restriktive Linie verfolgt.[37] Die Wahrung der Rechtseinheit ist auch angesichts der begrenzten Ressourcen des Supreme Court ein erhebliches Problem.

17 Die *Courts of Appeals*, deren Organisation in 28 U.S.C §§ 42–49 festgelegt ist, sind vor allem Rechtsmittelgerichte, die über „appeals" gegen die Endurteile der „district courts" zu entscheiden haben (28 U.S.C. § 1291).[38] Dabei geht es grundsätzlich nur noch um Rechtsfragen. Das Fachrecht kennt daneben auch erstinstanzliche Zuständigkeiten der „courts of appeals". Entschieden wird regelmäßig in der Besetzung von drei Richtern. Eine herausgehobene Bedeutung speziell im Verwaltungsrechtschutz kommt angesichts der vielen in Washington ansässigen Bundesbehörden praktisch dem Court of Appeals for the District of Columbia Circuit zu.[39]

18 Die *District Courts* bilden die Basis des föderalen Justizsystems.[40] Die Gerichtsbezirke und die Zahl der für jeden Bezirk zu ernennenden Richter sind in 28 U.S.C. §§ 81–131 im Einzelnen vorgegeben. Wie alle Richter an den „Art. III courts" werden die Richter vom Präsidenten mit Zustimmung des Senats auf Lebenszeit ernannt. Soweit nichts anderes vorgeschrieben ist, gilt für „district courts" das Einzelrichterprinzip.

III. Die Abgrenzung zu den Gerichten der Bundesstaaten

19 Ist schon das Zusammenspiel der allgemeinen mit den speziellen Bundesgerichten nicht einfach zu durchschauen, so wird die Sache noch einmal komplizierter, wenn es um die Grenzziehung zu den Gerichten der Einzelstaaten geht.[41] Die Bundesgerichte haben Jurisdiktionsgewalt nur, soweit sie ihnen durch die Verfassung oder durch die Gesetze im Rahmen der Verfassung eingeräumt ist. Soweit das nicht der Fall ist, ist eine Zuständigkeit

---

37 Supreme Court Rules, Rule 10: „A petition for a writ of certiorari is rarely granted when the asserted error consists of erroneous factual findings or the misapplication of a properly stated rule of law". Zur restriktiven Praxis *Nowak/Rotunda*, § 2.4(b) (S. 29); ähnlich *Strauss*, Justice, 160 und 168 f.

38 *Wright/Kane*, Federal Courts, § 101; *Hay*, US-Amerikanisches Recht, Rn. 108; zu den Prüfungsmaßstäben *Kischel*, Rechtsvergleichung, § 5 Rn. 103.

39 Vgl. *Strauss*, Justice, 168; *D. Halberstam*, in: Rose-Ackerman/Lindseth/Emerson, Comparative Administrative Law, 139, 141 („*de facto* ‚special tribunal' for administrative law").

40 Vgl. *Wright/Kane*, Federal Courts, § 2.

41 Vgl. nur *Hay*, US-Amerikanisches Recht, Rn. 106 ff.

einzelstaatlicher Gerichte in Betracht zu ziehen. Aber auch dort, wo eine Zuständigkeit der Bundesgerichte besteht, sind konkurrierende Zuständigkeiten der Staatengerichte denkbar, es sei denn, die Bundeszuständigkeit ist ausdrücklich oder dem Sinne nach als eine exklusive Zuständigkeit ausgewiesen.[42]

1. Ein Geflecht von Rechtswegklauseln

20 Das Feld wird beherrscht von einer Vielzahl unterschiedlich weit gefasster Rechtswegklauseln. So sind die Bundesgerichte etwa zuständig für Patent-, für Schifffahrts- und für Postangelegenheiten (28 U.S.C. § 1333, 1338 und 1339). Zuständig sind sie außerdem für alle Streitigkeiten, in denen die Vereinigten Staaten selbst Partei sind (28 U.S.C. § 1345 und 1346). Wichtige Zuständigkeiten besitzen sie außerdem für die sog. „civil rights cases“, in denen es um Verletzungen von Rechten der Bundesverfassung durch einzelstaatliches Handeln geht (28 U.S.C. § 1343).[43] Besonders weit gefasst und mit zahlreichen Auslegungsproblemen belastet sind die „federal question“ (a) und die „diversity of citizenship“ Klausel (b).[44] Eine Generalklausel, die in der Art des § 40 Abs. 1 VwGO alle Streitigkeiten in Verwaltungssachen erfassen soll, existiert dagegen nicht.

a) „federal question“

21 Die Verfassung ermächtigt, den Bundesgerichten Jurisdiktionsgewalt für alle Streitigkeiten, „arising under the Constitution, the Laws of the United States, and Treaties made, or which shall be made, under their Authority“ zu übertragen. Entsprechend bestimmt 28 U.S.C § 1331: „The district courts shall have original jurisdiction of all civil actions arising under the Constitution, laws, or treaties of the United States“. Nach welchen Kriterien das Tatbestandsmerkmal „arising under“ zu bestimmen ist, ist mit erheblichen Unsicherheiten belastet. Das wird niemanden verwundern, der zum Vergleich das deutsche Revisionsrecht und hier den § 137 Abs. 1

---

42 *Wright/Kane*, Federal Courts, § 45.

43 Dazu *Wright/Kane*, ebd., § 22A. Leitfall ist 365 U.S 167 (1961) *Monroe v. Pape;* → 4/154–157.

44 Zum Folgenden *Hay*, US-Amerikanisches Recht, Rn. 111 ff.; *Kischel*, Rechtsvergleichung, § 5 Rn. 105; *Schack*, US-amerikanisches Zivilprozessrecht, Rn. 40 ff.

VwGO heranzieht, demgemäß die Revision nur darauf gestützt werden kann, dass das angefochtene Urteil auf einer Verletzung von Bundesrecht „beruht". Die Handhabung dieses Tatbestandsmerkmals zeigt, wie sehr die Gerichte abstrakte Festlegungen vermeiden und sich auf punktuelle Aussagen beschränken. Die Fallkonstellationen, in denen Bundes- und Landesrecht sich verschränken oder das Bundesrecht sonst auf landesrechtliche Vorgänge einwirkt, sind zu vielgestaltig, als dass feste Abgrenzungskriterien geboten werden könnten. In der Literatur wird von einem „pragmatischen Umgang" gesprochen.[45]

Ein solcher Umgang kennzeichnet auch die Judikatur des Supreme Court, 22
wenn es um die „federal question" geht: Deutete sich zunächst eine weite Interpretation an,[46] so verengte sich die Auslegung in der Folgezeit auf die Normen, die für den Streitgegenstand entscheidend sind.[47] Die Relevanz des Bundesrechts muss sich schon aus der Klage ergeben („well-pleaded complaint rule").[48] Sind bundesrechtliche Normen danach erst für die Einwände des Beklagten relevant, so soll das nicht ausreichen, um eine Zuständigkeit der Bundesgerichte zu begründen. Stellt sich später heraus, dass der Kläger doch kein bundesrechtlich verbrieftes Recht hat, scheitert die Klage nicht an der Zulässigkeit, sondern an der Begründetheit. Nach neuerer Rechtsprechung soll es in den schwierigen Fällen, in denen die Klage zwar auf einzelstaatlichem Recht beruht, aber erhebliche bundesrechtliche Implikationen aufweist, auf Kriterien ankommen, die in eine Folgenabschätzung einmünden.[49]

---

45 So *M. Eichberger/J. Buchheister*, in: Schoch/Schneider/Bier, VwGO, § 137 Rn. 10.

46 So 22 U.S. 738, 823 (1824) *Osborn v. Bank of the United States*: „when a question to which the judicial power of the Union is extended by the Constitution forms an ingredient of the original cause".

47 241 U.S. 257, 260 (1916) *American Well Works Co. v. Layne & Bowler Co.*: „A suit arises under the law that creates the cause of action". Weiter gefasst dann allerdings erneut in *Smith v. Kansas City Title & Trust Company* 255 U.S. 180, 202 (1921), vgl. dort aber auch Holmes J., diss. 214–215.

48 Krit. dazu *Wright/Kane*, Federal Courts, § 18.

49 545 U.S. 308, 319 (2005) *Grable & Sons Metal Products, Inc. v. Darue Engineering & Mfg*: „Instead, the question is, does a state-law claim necessarily raise a stated federal issue, actually disputed and substantial, which a federal forum may entertain without disturbing any congressionally approved balance of federal and state judicial responsibilities".

b) „diversity of citizenship“

23 Bundesgerichtliche Zuständigkeiten können außerdem für Streitigkeiten zwischen Bürgern unterschiedlicher Bundesstaaten begründet werden (28 U.S.C. § 1332). Rechtspolitisch ist die Regelung umstritten.[50] Jedenfalls erscheint das Misstrauen in die Neutralität der einzelstaatlichen Gerichte in Fällen, in denen Bürger anderer Staaten beteiligt sind, von dem Art. III sect. 2 U.S.-Verf. ausging, heute kaum noch gerechtfertigt. Eine grundlegende Reform oder die Abschaffung der Regelung hat sich jedoch bisher nicht durchsetzen lassen, obwohl die Bundesgerichte auf diesem Wege weit in die Auslegung einzelstaatlichen Rechts hineingezogen werden. Sie haben in diesen Fällen nämlich nur die prozessualen Fragen nach Bundesrecht zu entscheiden, während für die materiell-rechtlichen Fragen nach der *Erie-Doktrin* das geschriebene und das ungeschriebene Recht des jeweiligen Einzelstaates einschlägig sein soll.[51]

c) „jurisdictional removal“

24 Auch in den Fällen ausdrücklicher Zuweisung haben die Bundesgerichte allerdings regelmäßig keine ausschließliche, sondern nur eine konkurrierende Zuständigkeit. Eine bei einem einzelstaatlichen Gericht anhängig gemachte Klage kann jedoch auf Antrag des Beklagten an die Gerichte des Bundes gebracht werden: *„jurisdictional removal“* (28 U.S.C. §§ 1441–1452).[52] Für Klagen, die bei einem Bundesgericht anhängig gemacht sind, existiert die Möglichkeit, an das zuständige einzelstaatliche Gericht zu verweisen, nicht. Sie sind, wenn das Bundesgericht seine Jurisdiktion verneint, abzuweisen.

---

50 Ausführlich *Wright/Kane*, Federal Courts, § 23.

51 304 U.S. 64, 71 (1938) *Erie Railroad Co. v. Tompkins*; *Wright/Kane*, Federal Courts, §§ 55–60; *Hay*, US-Amerikanisches Recht, Rn. 113; *Schack*, US-amerikanisches Zivilprozessrecht, Rn. 34 ff.

52 Dazu *Wright/Kane*, Federal Courts, §§ 38–41; *Schack*, US-amerikanisches Zivilprozessrecht, Rn. 48 ff.

2. Rechtsmittel gegen Entscheidungen einzelstaatlicher Gerichte

Rechtsmittel gegen Entscheidungen einzelstaatlicher Gerichte, die zu Bundesgerichten führen, sind für die amerikanischen Vorstellungen von einer föderalen Verfassungsordnung ein erhebliches Problem.[53] Dennoch waren solche Möglichkeiten in begrenztem Umfang bereits im Judiciary Act von 1789 vorgesehen. Heute gibt 28 U.S.C § 1257 dem Supreme Court die Befugnis, unter bestimmten Voraussetzungen Entscheidungen einzelstaatlicher Gerichte auf Grund einer „petition for a writ of certiorari" zu überprüfen. Erfasst sind aber nur einzelstaatliche *Höchstgerichte*. Dieser Begriff wird funktional ausgelegt. Gemeint sind Entscheidungen von Gerichten, die mit anderen Rechtsmitteln nicht mehr angegriffen werden können. Das kann u. U. auch ein Gericht sein, das im normalen Instanzenzug weit unten angesiedelt ist. 28 U.S.C § 1257 greift allerdings nur, wenn es sich um eine endgültige Entscheidung („final judgement") eines solchen Gerichts handelt. 25

Entscheidend ist, ob die einzelstaatliche Entscheidung in substantieller Weise Bundesrecht betrifft. Diese *„federal question"* kann sich aus mehreren Gründen stellen: vor allem dann, wenn die Gültigkeit von Bundesgesetzen in Zweifel gezogen wird, aber auch dann, wenn es um Rechte oder Vergünstigungen geht, die im Bundesrecht ihre Grundlage haben. Auch hier stellen sich schwierige Abgrenzungsfragen, wenn die Entscheidungsgründe des angegriffenen Urteils Bundes- und Staatenrecht miteinander verwoben haben. Lässt sich die Entscheidung auf unabhängige Gründe des einzelstaatlichen Rechts stützen, ist sie durch den Supreme Court nicht überprüfbar.[54] Hat sich das Staatengericht aber etwa durch Bundesrecht für verpflichtet gehalten, einzelstaatliches Recht in einer bestimmten Weise auszulegen, so unterfällt die Entscheidung dem 28 U.S.C § 1257.[55] Dass die Vorschrift nur ausnahmsweise zu einer bundesgerichtlichen Überprüfung einzelstaatlicher Gerichtsentscheidungen führt, liegt weniger an eng gefassten Tatbestandsmerkmalen als daran, dass der Supreme Court bei „certiorari" nach restriktiven Maßstäben verfährt. 26

---

53 *Wright/Kane*, Federal Courts, § 107 (S. 705 f.).

54 Zu dieser „Adequate and independent state ground" Doktrin *Redish/Sherry/Pfander*, Federal Courts, 1011 ff.

55 *Wright/Kane*, Federal Courts, § 107 (S. 717).

IV. Exkurs: Die Stellung des Administrative Law Judge (ALJ)

27 Nicht zum Gerichtssystem des Art. III der U.S.-Verf. zählen die Administrative Law Judges. Sie verfügen folglich auch nicht automatisch über die Garantien sachlicher und persönlicher Unabhängigkeit, die den Richtern des „judicial branch" zustehen. ALJs gehören zur Exekutive, haben dort aber einen besonderen Status.[56]

1. Entwicklungen

28 Die Frage, inwieweit den mit den Aufgaben des „hearing" betrauten Beamten in den Behörden eine neutrale, von der hauseigenen Politik abgekoppelte Stellung eingeräumt werden sollte, spielte bereits bei der Schaffung des APA eine wichtige Rolle.[57]. Sect. 11 der ursprünglichen Fassung von 1946 normierte für die *„examiners"* Grundelemente für eine unabhängigere Stellung. 1978 wurde der Begriff „examiner" durch den Begriff „administrative law judge" ersetzt. Heute finden sich die entsprechenden Vorschriften an unterschiedlichen Stellen von Title 5 U.S.C.: § 3105 verpflichtet jede Behörde, ALJs in einer dem Arbeitsanfall entsprechenden Anzahl zu bestellen. Ist das geschehen, so sollen die zur Behandlung anstehenden Fälle möglichst nach dem Rotationsprinzip verteilt werden. Ein ALJ darf keine sonstigen Tätigkeiten ausüben, die mit seinen Pflichten als Richter unvereinbar sind. § 5372 trifft Regelungen zur Besoldung der ALJs. Schließlich legt § 7521 fest, dass ein ALJ nur aus eng definierten Gründen und nur unter Beachtung besonderer Verfahrensregeln seines Amtes enthoben oder sonst disziplinarisch belangt werden darf.[58] Gegenüber einer haftungsrechtlichen Inanspruchnahme genießen ALJs wie Richter allgemein absolute Immunität.[59] Das Office of Personal Management (OPM) und das Merit Systems Protection Board sind ermächtigt, rahmensetzende Vorschrif-

---

56 *Strauss*, Justice, 184–187. Vgl. → 3/123–125.

57 Vgl. Attorney General's Committee Report S. 46: „These officials should be men of ability and prestige and should have tenure and salary which give assurance of independence of judgement". Im Einzelnen zur Entwicklung *Schwartz*, § 6.11 – 6.14; *R. L. Weaver/L. D. Jellum*, Neither Fish nor Fowl: Administrative Judges in the Modern Administrative State, 28 Windsor Yearbook of Access to Justice, 243, 247–250 (2010).

58 Dazu ergänzend die Verfahrensregelungen für das Merit Systems Protection Board in 5 C.F.R. § 1201 (2007).

59 438 U.S. 478, 513–515 (1978) *Butz v. Economou*; vgl. auch → 4/141 und 156.

ten zu erlassen und auch für die erforderliche Spezialausbildung der ALJs zu sorgen (§ 1305).

Auf einzelstaatlicher Ebene ist die Verselbständigung weiter fortgeschritten. Hier sind die ALJs oft ganz aus den Fachbehörden herausgelöst und in einer eigenen Organisation zusammengeschlossen worden.[60] Art. 6 MSAPA 2010 stellt dazu mit dem „Office of Administrative Hearings" ein Strukturmodell zur Verfügung, in dem die Ernennung der ALJs einem Chief Administrative Law Judge übertragen ist, der in Zusammenarbeit mit den jeweiligen Fachbehörden auch die Geschäftsverteilung regelt und die Aufsicht über die ALJs führt. Darin kann eine Tendenz zum Aufbau einer eigenständigen Verwaltungsgerichtsbarkeit gesehen werden, deren Richter auf Dauer ein von der Verwaltung klar abgesetztes „richterliches" Selbstverständnis entwickeln. 29

Auch für die Bundesebene sind solche „central panel"- oder „administrative court"-Modelle immer wieder vorgeschlagen worden. Eine Möglichkeit, ALJs zu einer (relativ) eigenständigen Institution zu entwickeln, könnte Art I sect 8 cl. 9 der U.S.-Verf. bieten, der es dem Kongress gestattet, „tribunals" einzurichten (→ 4/14). Entsprechende Überlegungen haben sich jedoch für die Bundesverwaltung allgemein (anders als etwa im Steuerrecht) nicht durchsetzen lassen, gerade weil man eine kategoriale Trennung des ALJ von der Verwaltung und ein Abwandern in den Bereich der Justiz nicht wollte.[61] 30

2. Aufgaben

Welche Aufgaben der ALJ innerhalb der Verwaltungsverfahren wahrzunehmen hat, ergibt sich vorrangig aus dem Fachrecht, in allgemeiner Form aus §§ 556 und 557 APA bzw. § 606 MSAPA 2010. Es sind also regelmäßig förmliche Verfahren, in denen ALJs eingesetzt werden. Die große Menge täglicher Verwaltungsentscheidungen gehören nicht dazu; die dort mit den erforderlichen Anhörungen betrauten Beamten (oft als „judges" bezeich- 31

60 Vgl. *J. F. Flanagan*, An Update on Developments in Central Panels and ALJ Final Order Authority, 38 Ind. L. Rev. 401 (2005).

61 Dazu *R. L. Weaver/L. D. Jellum* (Fn. 57), 28 Windsor Yearbook of Access to Justice, 243, 252–255 (2010); *Strauss*, Justice, 186 f.

net) sind keine ALJs; ihr Status variiert nach Maßgabe des einschlägigen Fachrechts.[62]

32 In den ihnen zugewiesenen förmlichen Verwaltungsverfahren besitzen die ALJs weitreichende Befugnisse der Verfahrensleitung. Ob darüber hinaus auch die von ihnen formulierte Sachentscheidung endgültig ist oder für die Behördenleitung nur empfehlenden Charakter hat, regelt das Fachrecht unterschiedlich. Nach § 557(b) APA erlangt eine Entscheidung des ALJ die Kraft einer endgültigen Entscheidung, wenn nicht Widerspruch eingelegt wird oder die Behörde sich nicht sonst zu einer Überprüfung entschließt.[63] Anders als man es, aus der deutschen Rechtsschutztradition kommend, erwarten sollte, sind ALJs danach keine nachgeschalteten Kontrollinstanzen, sondern vorgeschaltete Instanzen, denen Aufgaben bei der Konstituierung der richtigen Tatsachengrundlage anvertraut sind.[64]

33 Die Fülle der Befugnisse, die ALJs besitzen können, hat zu der Frage veranlasst, ob ihre Ernennung gem. der Appointment Clause (Art. II sect. 2 cl. 2 der U.S.-Verf.) durch die Behördenleitung oder mindestens eine von ihr förmlich dazu ermächtigte Stelle erfolgen muss. Die amerikanische Theorie folgt hier ähnlichen Vorstellungen von einer „Legitimationskette", wie sie die deutsche Lehre unter dem Begriff der personell-organisatorischen Legitimation konstruiert. Entscheidend ist danach, ob ALJs als „officers of the United States" zu qualifizieren sind. Nach herrschender Ansicht sollen darunter nur diejenigen fallen, die eine rechtlich begründete, dauerhafte Stelle innehaben und eine hinreichend gewichtige Funktion ausüben.[65] In *Lucia et al. v. Securities and Exchange Commission* bejaht die Mehrheit des Supreme Court das für die ALJs der SEC zwar, muss dazu allerdings die Aufgaben und Befugnisse, die ALJs nach dem einschlägigen Recht haben, sehr detailliert analysieren und bewerten.[66] Zwei Richter weisen gegenüber diesem Ansatz darauf hin, dass es der Appointment Clause ganz gene-

---

62 *M. Asimow*, Five Models of Administrative Adjudication, 63 Am. J. Comp. L. 3, 12 (2015); *Breyer/Stewart*, 728: Beispiele sind die im Asylrecht tätigen „immigration judges" und die im Department of Veterans Affairs tätigen „hearing officers".

63 Zu den Detailregelungen im MSAPA 2010 → 3/130–132.

64 Vgl. *Cane*, Controlling, 180 f. („initial decision model"); dort aber auch der Hinweis, dass sich die Funktion des ALJ etwa im Sozialrecht gegenüber dem APA hin zu einem „review model" verschoben habe.

65 99 U.S. 508, 511 (1878) *United States v. Germaine*: „a continuing position established by law", und 424 U.S. 1, 26 (1976) *Buckley v. Valeo*: „significant authority"; *Roßbach*, Personalverfassungsrecht, 382 ff.

66 585 U.S.__ (2018)(slip op. at 6) *Lucia v. SEC* und Bezugnahme auf 501 U.S. 868 (1991) *Freytag v. Commissioner.*

rell um Verantwortlichkeiten gehe und es deshalb nicht auf die Gewichtigkeit der wahrgenommenen Funktionen ankommen könne.[67] Unbeschadet dieser Differenzen in der Begründung ist es plausibel, ALJs als „officers" i. S. von Art. II sect. 2 cl. 2 der U.S.-Verf. einzustufen und für die Befugnis zu ihrer Ernennung eine förmliche Delegation zu verlangen. Nicht endgültig geklärt ist allerdings, ob dann die gestufte Regelung ihrer Amtsenthebung (5 U.S.C § 7521) eine zu weit gehende Einschränkung der „removal power" des Präsidenten darstellt.[68]

B. *Die Gewährleistung des Zugangs zu Gericht*

Art. III sect. 1 U.S.-Verf. vertraut die rechtsprechende Gewalt der Vereinigten Staaten einem Supreme Court und solchen Untergerichten an, die der Kongress einrichten kann. Die Einrichtungskompetenz des Kongresses ermächtigt auch dazu, die Jurisdiktion der von ihm eingerichteten Gerichte zu begrenzen. Eine umfassende Rechtsschutzgarantie gegen Akte der öffentlichen Gewalt nach Art des Art. 19 Abs. 4 GG findet sich in der amerikanischen Verfassung nicht. 34

Auf das Ganze gesehen ist die Lage ambivalent: Während im Staatshaftungsrecht unter Bezugnahme auf die „sovereign immunity" Doktrin eine restriktive Tendenz vorherrscht (→ 4/143–147), gibt es für den abwehrrechtlichen Primärrechtsschutz mehrere positive Anknüpfungen.[69] So sichert die Due Process Klausel des V. und des XIV. Zusatzartikels einen Grundstandard verfahrensrechtlicher Sicherungen, zu denen auch der Zugang zu einem gerichtlichen Verfahren gehört (→ 3/19). Allerdings betrifft der Due Process nur bestimmte Rechte („life, liberty, or property"), in die zudem in bestimmter Weise eingegriffen sein muss („deprived").Wie der Gerichtsschutz im Einzelnen ausgeformt sein muss, liegt nicht endgültig fest, sondern hängt von der jeweiligen Rechtsschutzsituation ab und wird von den Gerichten nach Maßgabe des *Mathews* Test bestimmt, ohne dass 35

---

67 585 U.S.__ (2018)(slip op. at 2) *Lucia v. SEC* Thomas J., dem Gorsuch J. beitritt: „As explained, the importance or significance of these statutory duties is irrelevant".

68 Dazu 585 U.S. __ (2018)(slip op. at 4–9) *Lucia v. SEC*, Breyer, J. diss. unter Bezugnahme auf 561 U.S. 477 (2010) *Free Enterprise Fund v. Public Company Accounting Oversight Board.*

69 Vgl. nur *Strauss*, Justice, 155 ff., 419 ff. und 458 ff.; *Gellhorn*, 1342 ff.

sich ein fester Standard formulieren ließe.[70] Die Verfassung kann außerdem ins Spiel kommen, wenn der Streit um einzelne verfassungsrechtliche Rechte, z. B. die Religionsfreiheit oder die Meinungsfreiheit, geht und diese wirksam gegen Zugriffe abgesichert werden müssen. Eine verfassungsrechtliche Auffangposition, auf die für alle anderen Fälle zur *Lückenschließung* zurückgegriffen werden könnte, besteht dagegen nicht.

I. Die Überprüfbarkeit von Verwaltungsentscheidungen als Grundsatz

36 Die Grundlagen des Zugangs zu Gericht sind vorrangig dem einfachen Recht zu entnehmen.[71] An erster Stelle steht hier das *Fachrecht*, stehen vor allem die Gesetze, die eine bestimmte Behörde schaffen und mit einer bestimmten Verwaltungsaufgabe betrauen. Diese *„organic statutes“* treffen in vielen Fällen auch Festlegungen darüber, wie die behördlichen Entscheidungen gerichtlich anzugreifen sind. Das kann entweder in einer für den jeweiligen Sachbereich umfassenden Weise geschehen. Die Aussagen des Fachrechts können sich aber auch darauf beschränken, Rechtsschutz nur für ganz bestimmte Entscheidungen vorzusehen. Letzteren Falles können sich komplizierte Fragen der Auslegung ergeben, inwieweit für die nicht erfassten Entscheidungen auf die allgemeinen Vorschriften der Rechtswegeröffnung zurückgegriffen werden darf (→ 4/42–46).

37 Unter den Regelungen, die sich *in allgemeiner Weise* mit dem Gerichtsschutz beschäftigen, sind es die §§ 702–706 APA, die hier Aufmerksamkeit verdienen. § 702 APA statuiert: „A person suffering legal wrong because of agency action, or adversely affected or aggrieved by agency action within the meaning of a relevant statute, is entitled to judicial review thereof“. Daran anschließend legt § 704 APA fest: „ Agency action made reviewable

70 *Pierce*, Process, § 5.1.3. („minimum procedural safeguards“). Anschaulich 542 U.S. 507, 529–536 (2004) *Hamdi v. Rumsfeld*: Ein im Zuge des „war on terrorism“ gefangen Gehaltener, der sich gegen seine Einstufung als „enemy combatant“ wendet, muss über die Tatsachengrundlage für diese Klassifizierung informiert werden und eine faire Möglichkeit erhalten, „to rebut the Government’s factual assertions before a neutral decisionmaker“; dabei können Beweise vom Hörensagen benutzt werden, und es mag auch ein Militärgericht ausreichen, um den geforderten Rechtsschutz zu gewährleisten. Strenger (mit Rückgriff auf die Habeas Corpus Garantie) 553 U.S. 723, 771–798 (2008) *Boumediene v. Bush*. Zur Entwicklung der Rechtsprechung vgl. *Hickman/Pierce*, 332 ff.; *Redish/Sherry/Pfander*, Federal Courts, 164 ff.

71 Zum Folgenden systematisch *Gellhorn*, 1193 ff.

by statute and final agency action for which there is no other adequate remedy in a court are subject to judicial review". Diese Vorschriften können als Ausdruck eines Verzichts auf den „sovereign immunity" Einwand und als positiv-rechtliche Normierung einer *„basic presumtion of reviewability"* genommen werden.[72] Für den gerichtlichen Rechtsschutz in den Bundesstaaten findet sich in § 501(b) MSAPA 2010 eine noch deutlichere Regelung.[73]

II. Die Ausnahmen des § 701 APA

Allerdings sind in § 701(a) APA zwei Ausnahmen vom Grundsatz der Kontrollzugänglichkeit festgelegt. In der ersten Alternative ergibt sich der Ausschluss aus einer gesetzlichen Vorschrift (1), in der zweiten Alternative aus dem Charakter der zu überprüfenden Entscheidung (2). 38

1. „Statutes preclude judicial review"

Dem Kongress ist es grundsätzlich nicht verwehrt, den Rechtsweg auszuschließen oder zu beschränken. Einer besonderen verfassungsrechtlichen Gestattung, wie sie in Art. 10 Abs. 2 S. 2 i.V.m. Art. 19 Abs. 4 S. 3 GG festgelegt ist, bedarf es dazu nicht. Der Ausschluss kann ausdrücklich, er kann aber auch implizit geschehen.[74] 39

a) Explizite Ausschlüsse

Wenn der Gesetzgeber durch eine klar formulierte Regelung den Zugang zum Gericht ausgeschlossen hat, so ist das von den Gerichten hinzunehmen. Seit den 1960er Jahren verfolgt die Rechtsprechung allerdings die Tendenz, solche Ausschlüsse möglichst eng zu interpretieren. Jedenfalls soll die Charakterisierung einer Verwaltungsentscheidung als „final and 40

---

72 So etwa 591 U.S. __(2020)(slip. op. at 9) *Department of Homeland Security v. Regents of the University of California*. Das gilt allerdings nicht für Schadensersatzklagen; dazu → 4/147.

73 MSAPA § 501(b): „Except to the extent that a statute of this state other than this [act] limits or precludes judicial review, a person that meets the requirement of this [article] is entitled to judicial review of a final action".

74 Zum Folgenden *Hickman/Pierce*, 796 ff.; *Gellhorn*, 1302 ff.

conclusive" noch nicht notwendig einen gesetzlichen Ausschluss späterer gerichtlicher Kontrolle indizieren.[75]

41 Eine mögliche Begründung für diese Tendenz können zum einen *verfassungsrechtliche* Überlegungen sein: Wenn der Ausschluss der Überprüfbarkeit dazu führen würde, dass der Kläger auch solche Rechte nicht durchsetzen könnte, die ihm nach der Verfassung zustehen, oder ein Gericht die Verfassungsmäßigkeit eines Gesetzes nicht prüfen dürfte, könnten sich ernstliche Zweifel an der Zulässigkeit einer solchen gesetzlichen Regelung ergeben. Der Supreme Court hat eine solche Konfliktsituation im Urteil *Johnson v. Robison* angedeutet und auf den Weg einer verfassungskonformen Auslegung des Ausschlusses verwiesen.[76] Er brauchte diese Überlegungen aber nicht weiter zu verfolgen, weil sich schon durch die wörtliche Auslegung der entsprechenden *gesetzlichen* Ausschlussklausel begründen ließ, dass der Kläger mit seinem Rechtsschutzbegehren nicht ausgeschlossen war.[77] Der Konflikt zwischen Verfassung und Gesetz, Gerichten und Gesetzgeber, konnte so vermieden werden. Diese Linie, das Problem auch dort, wo verfassungsrechtliche Rechtspositionen betroffen sind, möglichst auf der Ebene des einfachen Rechts und mit den einfachrechtlichen Methoden seiner Auslegung zu lösen, dominiert die Praxis der Gerichte. Dass der Wortlaut dabei gelegentlich überspannt wird, ist eine nicht von der Hand zu weisende Kritik.[78]

b) Implizite Ausschlüsse

42 Ein Rechtswegausschluss kann sich nach der Judikatur allerdings auch implizit aus dem gesetzlichen Regelungssystem ergeben. Das kann dann der

---

75 *Strauss*, Justice, 419 f.

76 415 U.S. 361, 367 (1974): „and in such a case, it is a cardinal principle that this Court will first ascertain whether a construction of the statute is fairly possible by which the [constitutional] question[s] may be avoided", unter Bezugnahme auf 402 U.S. 363, 369 (1971) *United States v. Thirty-Seven Photographs*.

77 415 U.S. 361, 368–373 (1974) *Johnson v. Robinson* unter Rückgriff auf die Verwaltungspraxis und die Entstehungsgeschichte der Norm. Im Ergebnis ebenso 486 U.S. 592, 604 (1988) *Webster v. Doe* (betr. Bestimmungen des National Security Act von 1947); vgl. aber auch die Kritik an der Unterscheidbarkeit eines einfachrechtlichen von einem verfassungsrechtlichen Prüfungsraster, Scalia, J. diss. dort 611–613.

78 Vgl. zu den Habeas Corpus Fällen in Folge des „war on terrorism" und zu ihrer Kritik durch Justice Scalia die Nachweise bei *Gellhorn*, 1323 ff.

Fall sein, wenn ein Gesetz ein gerichtliches Rechtsmittel nur für bestimmte Verwaltungsentscheidungen vorsieht, über die Behandlung anderer Entscheidungen aber schweigt. Ist das ein beredtes Schweigen, oder hat der Gesetzgeber die Frage offen lassen wollen? Hat er sie vielleicht sogar ganz übersehen? Die Rechtsprechung verlangt hier, dass für einen Ausschluss „clear and convincing evidence" bestehen müsse. Interpretationsleitende Kriterien für die Auslegung des jeweiligen Fachgesetzes sind neben dem Gesetzeswortlaut die Gesetzesgeschichte, Ziel und Struktur des Gesetzes und die Art der betroffenen Verwaltungsentscheidung.[79]

Grundlegend zu dieser Frage ist die Rechtssache *Abbott Laboratories v. Gardner* aus dem Jahre 1967.[80] Der Sachverhalt ähnelt demjenigen, den fast zwei Jahrzehnte später das Bundesverwaltungsgericht in seinem Transparenzlisten-Urteil zu entscheiden hatte:[81] Beide Fälle entstammen dem Arzneimittelrecht. In beiden ging es um Maßnahmen, die der Kostensenkung im Gesundheitswesen dienen sollten, indem sie die Vergleichbarkeit von Arzneimitteln und der in ihnen verarbeiteten Wirkstoffe verbessern wollten. Während die amerikanische Behörde die Hersteller zu diesem Ziel durch Verordnungen verpflichtet hatte, auf den Verpackungen entsprechende Angaben vorzusehen, sollte in Deutschland eine beim Bundesgesundheitsamt gebildete Kommission Listen mit entsprechenden Qualitäts- und Preisangaben zusammenstellen und veröffentlichen. Zu diesen Listen waren die Hersteller aufgefordert, der Kommission Informationen zu ihren Arzneimitteln zur Verfügung zu stellen; andernfalls ihre Produkte nicht in die Liste aufgenommen würden. In beiden Ländern klagten betroffene Hersteller auf Unterlassung des Vollzuges der Verordnung bzw. der Publikation der vorgesehenen Transparenzliste. 43

Für das Bundesverwaltungsgericht waren Rechtsweg und Klageart kein Problem. Das für vorbeugende Unterlassungsklagen erforderliche besondere Rechtsschutzinteresse bejahte es mit einem kurzen Hinweis auf die Irreversibilität einer einmal erfolgten Listenveröffentlichung. Die Hauptproblematik des Falles sah es in dem materiellen Problem eines gezielten faktischen Grundrechtseingriffs, für den eine gesetzliche Ermächtigungsgrundlage notwendig sei. Der Kläger obsiegte, weil es an einer solchen Grundla- 44

79 467 U.S. 340, 347 (1984) *Block v. Community Nutrition Institute.*

80 387 U.S. 136, 140 (1967) *Abbott Laboratories v. Gardner*; aus jüngerer Zeit 575 U.S. __ (2015) (slip op. at 7–8) *Mach Mining, LLC v. EEOC;* 586 U.S. __ (2018) (slip op. at 11–12) *Weyerhaeuser Co. v. United States Fish and Wildlife Service.*

81 BVerwGE 71, 183 ff.

ge fehlte. Das Urteil war eines der ersten Glieder in der Kette von Entscheidungen zum informationellen Verwaltungshandeln.[82]

45 Der Supreme Court war in *Abbott Laboratories* zunächst mit der Schwierigkeit konfrontiert, dass der einschlägige Food, Drug and Cosmetic Act zwar eine Reihe von Rechtsschutzmöglichkeiten für andere Fallkonstellationen, aber kein vorbeugendes Rechtsmittel gegen die umstrittenen Verordnungen („pre-enforcement review of the regulations") vorsah. Gegenüber einem Rückgriff auf die allgemeinen Regelungen der §§ 701–706 APA war daher der Einwand nicht von der Hand zu weisen, der FDCA indiziere damit, der Kongress habe weitere Klagemöglichkeiten versperren wollen. Diesem Einwand setzt der Supreme Court die Auffassung entgegen, der APA sei von einer „basic presumption for judicial review" bestimmt. Zur Begründung verweist er auf seine frühere Rechtsprechung, die durch den Erlass des APA bestätigt worden sei, und auf die Materialien aus den parlamentarischen Beratungen des APA, in denen sich der Wille des Kongresses manifestiert habe, ein breites Spektrum von Verwaltungsentscheidungen dem Rechtsschutz zu öffnen. Den „generous review provisions" des APA müsse – so wird weiter gefolgert – eine „'hospitable' interpretation" gegeben werden. Sie führt dazu, „that only upon a showing of 'clear and convincing evidence' of a contrary legislative intent should the courts restrict access to judicial review".[83]

An diesem Standard prüfte der Supreme Court sodann die Regelungen des FDCA und gelangte (wieder unter Rückgriff auf die Entstehungsgeschichte des Gesetzes) zu dem Ergebnis, dass sich ein Wille des Kongresses, den Rechtsschutz in den nicht geregelten Fällen zu beschränken, nicht hinreichend belegen lasse.[84] Dieser Standard prägt auch die folgende Rechtsprechung.[85]

46 Verfassungsrechtliche Argumente spielten für diese rechtsschutzintensive Auslegung des APA keine Rolle. Die Gedankenführung des Gerichts bleibt

82 Vgl. dazu die Nachw. bei *Schmidt-Aßmann*, Kohärenz und Konsistenz, 202 ff. (Beispiel für eine Form „informationsbasierter Konflikte").

83 387 U.S. 136, 141 (1967) *Abbott Laboratories v. Gardner*.

84 Die Sache wurde, nachdem der Supreme Court auch das Rechtsschutzinteresse der Kläger anerkannt hatte („ripeness"), an den Court of Appeals zur Entscheidung der materiellen Fragen zurückverwiesen.

85 421 U.S. 560, 567 (1975) *Dunlop v. Bachowski* („strong presumption"); ebenso 476 U.S. 667, 670 (1986) *Bowen v. Michigan Academy of Family Physicians*; 588 U.S. __ (2019), (Kavanaugh, J., conc. in judgement, slip op. at 6) *PDR Network, LLC v. Carlton & Harris Chiropractic, Inc.*

auch hier ganz auf der Ebene des einfachen Rechts. Dessen Interpretation ist entscheidend. Dazu konnte an das einige Jahre ältere Urteil *Rusk v. Cort* angeknüpft werden, das die Rechtsschutzbestimmungen des APA nach der Auslegungsregel von Sect. 12 des APA (in seiner ursprünglichen Fassung 1946) behandelt wissen wollte: „No subsequent legislation shall be held to supersede or modify the provisions of this Act except to the extent that such legislation shall do so expressly".[86]

Diese Vorgehensweise belässt dem Gesetzgeber die Möglichkeit, in den Fragen des Rechtsschutzes auch anders zu entscheiden, ohne durch Vorgaben gebunden zu sein, die die Gerichte unmittelbar aus der Verfassung ableiten. „The presumption of judicial review is, after all, a presumption, and like all presumptions used in interpreting statutes, may be overcome by specific language or specific legislative history".[87] Dazu ist es erforderlich, dass sich der Wille des Kongresses zu einer Beschränkung des Rechtsschutzes hinreichend klar aus dem Regelungsgefüge des Gesetzes ergibt.[88]

In Deutschland ist die Situation zwar insofern anders, als die Rechtsschutz- 47
garantie des Art. 19 Abs. 4 GG einen gesetzlichen Ausschluss des Rechtsweges nicht zulässt. Aber in dem weiten Bereich möglicher Ausgestaltungen und Beschränkungen des Rechtsschutzes kann die vorsichtigere Art der Interpretation, die der Supreme Court praktiziert, auch für deutsche Gerichte durchaus interessant sein. Sie vermeidet eine „Über-Konstitutionalisierung" des Rechtsschutzrechts, für die die in Deutschland beliebte Formel von der Rechtsschutzeffektivität anfällig ist.

2. „Committed to agency discretion by law"

Die Formulierung dieses zweiten Rechtswegausschlusses in § 701(a)(2) 48
APA gilt als „cryptic";[89] denn wären hier alle Ermessensentscheidungen erfasst, so bliebe angesichts der Häufigkeit und des Umfangs, in denen die Gesetze die Behörden mit Ermessensbefugnissen ausstatten, von der grundsätzlichen Überprüfbarkeit, von der der APA ausgeht, kaum etwas

---

86 369 U.S. 367, 372 (1962); 387 U.S. 136, 141 (1967) *Abbott Laboratories v. Gardner.*

87 476 U.S. 667, 673 (1986) *Bowen v. Michigan Academy of Family Physicians.*

88 Ebd. unter Bezugnahme auf 467 U.S. 340, 349, 351 (1984) *Block v. Community Nutrition Institute*; vgl. auch 575 U.S. __(2015)(slip op. at 4–5) *Mach Mining, LLC v. EEOC*: die Last, das darzutun, sei „heavy"; ebenso 587 U.S. __ (2019)(slip op. at 10–11) *Smith v. Berryhill.*

89 So *Hickman/Pierce*, 810.

übrig.[90] Einer solchen Interpretation hat der Supreme Court in *Citizens to Preserve Overton Park, Inc. v. Volpe* jedoch entschieden widersprochen: die Ermessensklausel sei eine sehr eng auszulegende Ausnahme, die nur in seltenen Fällen anwendbar sei. Unter Rückgriff auf eine Formulierung, die bei den Beratungen des APA eine Rolle gespielt hatte, werden diese Fälle umschrieben als Umstände, in denen „statutes are drawn in such broad terms that in a given case there is no law to apply".[91] Eine Situation, in der die Verwaltung nach dem einschlägigen Recht über den Bau von Infrastrukturanlagen und damit im Zusammenhang stehende Trassenalternativen zu entscheiden hat, soll diese Anforderungen nach Auffassung des Gerichts jedenfalls nicht erfüllen.

49 Die „no law to apply"-Formel erscheint auf den ersten Blick als ein griffiges Abgrenzungskriterium. Sie findet sich in ähnlicher Weise gelegentlich auch in der deutschen Judikatur, wenn es heißt, die verwaltungsgerichtliche Kontrolle könne „nicht weiter reichen als die materiell-rechtliche Bindung" der Verwaltung.[92] In beiden Rechtsordnungen zeigt sich jedoch, dass mit der Vorstellung vom Fehlen anwendbaren Rechts letztlich nicht viel gewonnen ist. In Gesetzgebungsstaaten, wie die USA und die Bundesrepublik sie darstellen, ist eine Situation, in der eine Verwaltungsentscheidung von rechtlichen Bindungen schlechthin frei ist, praktisch nicht denkbar. Der Ausschluss bzw. die Einschränkung ihrer Überprüfbarkeit kann folglich nicht aus dem faktischen Fehlen, sondern nur aus dem Regelungsauftrag des einschlägigen Rechts ermittelt werden. In den Urteilen des Bundesverfassungsgerichts folgt auf den zitierten Passus sogleich der Hinweis auf die *normative Ermächtigungslehre*, die ihrerseits vor dem Hintergrund überkommener Fallgruppen zu interpretieren ist, in denen die gerichtliche Kontrolle aus funktionalen Gründen begrenzt ist. Ähnlich finden sich in der jüngeren amerikanischen Judikatur Ansätze, statt der „no law to apply"-Formel lieber in der Sache liegende Gesichtspunkte heranzu-

90 Ein so weit gefasster Ausschluss passte auch nicht zu § 706(2)(A) APA, der „abuse of discretion" ausdrücklich als einen Gegenstand gerichtlicher Kontrolle benennt. Dazu → 4/115 ff.

91 401 U.S. 402, 410 (1971) *Citizens to Preserve Overton Park v. Volpe*; aus jüngster Zeit 588 U.S. __ (2019) *Department of Commerce v. New York* (slip op. at 13–16); vgl. auch *Hickman/Pierce*, 815 ff.

92 So BVerfGE 88, 40 (56); ebenso 103, 142 (156) mit dem Zusatz: „Gerichtliche Kontrolle endet also dort, wo das materielle Recht der Exekutive in verfassungsrechtlich unbedenklicher Weise Entscheidungen abverlangt, ohne dafür hinreichend bestimmte Entscheidungsprogramme vorzugeben".

ziehen, die einen Ausschluss der gerichtlichen Kontrolle indizieren.[93] Genannt werden etwa der Erhalt administrativer Flexibilität und die bessere Eignung der Behörden (statt der Gerichte), Prioritäten bei der Verteilung nur pauschal bewilligter Geldleistungen zu setzen.[94] Die Ausschlussregelung des § 701(a)(2) APA fungiert so als ein Verweis auf die *Funktionsgrenzen* der Gerichtsbarkeit.[95] Signifikant bleibt der unterschiedliche dogmatische Kontext, in dem diese Grenzen thematisiert werden: in den USA geht es um den Ausschluss der gerichtlichen Kontrolle, in Deutschland nur um deren geminderte Intensität.

C. *Die Prozessvoraussetzungen im Überblick*

Fragt man nach den Rechtsvorschriften, die den Verwaltungsrechtsschutz 50
in den USA im Einzelnen regeln, so ist man mit einem Bild verwirrender Vielfalt konfrontiert. Das gilt selbst dann, wenn man sich wie die vorliegende Darstellung auf das Bundesrecht und den Rechtsschutz gegen Bundesbehörden beschränkt.

I. Vielfalt der Rechtsgrundlagen

Um eine Übersicht zu gewinnen, empfiehlt es sich, zwischen „special sta- 51
tutory review", „general statutory review" und „nonstatutory review" zu unterscheiden.[96]

- Prozessuale Fragen sind primär nach Maßgabe des einschlägigen Fachrechts zu beantworten. Es sind die Gesetze des (Besonderen) Verwaltungsrechts, die „organic statutes", die mit der Einrichtung einer Behörde und der Aufgabenzuweisung auch die Instrumente und Verfahren festlegen, mit denen die Aufgabe erfüllt werden soll (→ 2/12). In die-

93 Vgl. zur Rechtsprechungsentwicklung „Brief for Administrative Law Professors as Amici Curiae" in der Rechtssache *Romero-Ochoa v. Holder*, abgedruckt bei *Gellhorn*, 1333 ff.

94 So z. B. 508 U.S. 182, 192 (1993) *Lincoln v. Vigil.*

95 So 486 U.S. 592, 609 (1988) *Webster v. Doe*, Scalia J., diss: „a traditional respect for the functions of the other branches". Ähnlich in neuerer Zeit BVerfGE 149, 407 Rn. 17 ff. („Rotmilan").

96 *Gellhorn*, 1191 ff.; *Breyer/Stewart*, 759 ff.; *W. Heun* (Fn. 2), in: Sommermann/Schaffarzik, Handbuch II, 1680 ff.

sem Kontext ist es viel häufiger als im deutschen Recht üblich, dass auch spezielle Regelungen zum Verwaltungsrechtsschutz (z.B. zu Gerichtsstand, Klagefristen und Klagebefugnis) getroffen werden.

- Soweit das nicht der Fall ist oder nur einzelne Fragen fachrechtlich beantwortet werden, sind die Vorschriften des Titels 5 U.S.C §§ 701–706 als allgemeine Regelungen heranzuziehen. Zur Eröffnung des Rechtsweges, zu Klagearten, Klagebefugnis, Kontrolldichte und einstweiligem Rechtsschutz sind hier die wesentlichen legislatorischen Entscheidungen getroffen. Sie setzen allerdings voraus, dass die Maßnahmen, gegen die vorgegangen werden soll, in den Anwendungsbereich des APA fallen, also von einer Stelle getroffen sind, die den Begriff „agency" i. S. des § 551(1) APA erfüllt. §§ 701–706 APA bieten keine komplette Regelung des Verwaltungsprozessrechts. Das können sie schon deshalb nicht sein, weil der amerikanische Verwaltungsgerichtsschutz im Rahmen der allgemeinen Gerichtsbarkeit gewährleistet ist. Ein erheblicher Teil dessen, was die deutsche Verwaltungsgerichtsordnung für die Verwaltungsgerichte an eigenen Regelungen aufbieten muss, wird in den USA von den Vorschriften des allgemeinen Prozessrechts in Titel 28 U.S.C und die Federal Rules of Civil Procedure aufgefangen.[97] Trotz dieser Einschränkungen sind es die §§ 701–706 APA, die die *Grundstrukturen des amerikanischen Verwaltungsprozessrechts* abbilden.[98]
- Soweit eine Materie nicht von den genannten Vorschriften erfasst wird, kommt Verwaltungsrechtsschutz als „nonstatutory review" in Betracht, der sich direkt aus der Verfassung ergeben kann. So ist es möglich, gegen Executive Orders des Präsidenten, die nicht unter den APA fallen, dann Rechtsschutz in Anspruch zu nehmen, wenn diese z.B. die verfassungsrechtlichen Habeas Corpus oder Due Process Garantien verletzen.[99].

52 Eine gewisse Vereinheitlichung erfährt das Prozessrecht der USA durch die Tatbestandsmerkmale, mit denen Art. III sect. 2 cl. 1 der U.S.-Verf. die Aufgaben der Bundesgerichte umschreibt: „*cases or controversies*" (→ 4/12). Die

97 Vom Supreme Court erlassen auf Grund des Rules Enabling Act, kod. 28 U.S.C. §§ 2072–2077.

98 Zum einzelstaatlichen Verwaltungsrechtsschutz vgl. die ausführlicheren Regelungen in Art. 5 §§ 501–508 MSAPA 2010.

99 505 U.S. 788, 801 (1992) *Franklin v. Massachusetts* unter Bezugnahme auf 486 U.S. 592 (1988) *Webster v. Doe*. Nicht jede Überschreitung einer gesetzlichen Ermächtigung ist allerdings zugleich auch eine Verfassungsverletzung, vgl. 511 U.S. 462, 472 (1994) *Dalton v. Specter.*

Entscheidung über Rechtsschutzbegehren, die sich nicht unter dieses Tatbestandsmerkmal fassen lassen, ist nicht Aufgabe der Bundesgerichte. Die Klausel dient drei komplementären Zielen:[100] Die Gerichte sollen nur über Fragen entscheiden, die nach allen Erfahrungen in einem gerichtlichen Verfahren auch gelöst werden können, und sie sollen nicht in die Funktionsbereiche der beiden anderen Gewalten und der einzelstaatlichen Gerichte eindringen. Die Verfassung bringt sich hier in einer Reihe von Doktrinen und Tests rechtsschutz*begrenzend* zur Geltung. Das geschieht in einer Art Kern-Schalen-Modell: ein engerer fester Bestand von Erkenntnissen, was *„cases or controversies"* ausmacht, ist umlagert von einem Kreis von Anforderungen der gerichtlichen Praxis, die als *„prudential"* bezeichnet und flexibel bald strenger, bald großzügiger gehandhabt werden.[101]

Diese verfassungsrechtlich rückgebundene Argumentationsstruktur strahlt 53
systematisch auf den Zuschnitt der einfach-rechtlich entwickelten Prozessvoraussetzungen („prerequisites of judicial review") aus. Die wichtigsten dieser Voraussetzungen sind die Fragen nach der Eröffnung gerichtlichen Rechtsschutzes, nach den verfügbaren Klagearten, nach der Klagebefugnis und nach einem zeitgerechten, nicht zu früh und nicht zu spät einsetzenden Rechtsschutz („timing").

Der Prozess ist bestimmt vom „principle of party presentation", dem Vorstellungen von Amtsermittlung und überhaupt einer aktiven Rolle des Gerichts im Verfahren fremd sind. „We rely on the parties to frame the issues for decision and assign to courts the role of neutral arbiter of matters the parties present".[102] Interessanterweise wird dazu auf rechtsvergleichende Literatur Bezug genommen, die dem deutschen (Zivil)Prozessrecht einen Zug zum Paternalismus bescheinigt.[103]

---

100 392 U.S. 83, 95 (1968) *Flast v. Cohen.*

101 Dazu *Tribe*, American Constitutional Law, § 3–8.

102 554 U.S. 237, 243 (2008) *Greenlaw v. United States.*

103 *Benjamin Kaplan*, Civil Procedure – Reflections on the Comparison of Systems, 9 Buff. L. Rev. 409, 431 f.: „For example, the American system exploits the free-wheeling energies of counsel and places them in adversary confrontation before a detached judge. The German system puts its trust in a judge of paternalistic bent acting in cooperation with counsel of somewhat muted adversary zeal". Dieses Zitat aus dem auch die deutsche Prozessrechtsentwicklung darstellenden Beitrag des angesehenen Prozessualisten Kaplan aus dem Jahre 1960 findet sich jüngst im Urteil des Supreme Court 590 U.S. __ (2020) (slip op. at 4 Fn. 3) *United States v. Sineneng-Smith.* Vgl. dort auch zu einigen Ausnahmen vom „principle of party presentation"; das Prinzip sei beweglich, not „ironclad"; in

II. Klagearten („form of review action")

54 Für den Verwaltungsrechtsschutz steht ein breites Spektrum von Klagen zur Verfügung.[104] Sie erfassen von ihrem Zuschnitt her nicht nur Einzelakte, sondern auch die im Verwaltungsalltag der USA besonders wichtigen Normsetzungsakte. § 703 APA spricht von „any applicable form of legal action" und nennt beispielhaft „declaratory judgments" und „writ of prohibitory or mandatory injunction". Ausdrücklich ausgenommen sind allerdings Schadensersatzansprüche auf Geld („money damages").[105]

55 Die häufigste Art ist die Klage auf Aufhebung der angefochtenen Verwaltungsentscheidung.[106] Gelangt das Gericht zu der Überzeugung, die Entscheidung sei rechtswidrig, so hebt es diese auf. Ist der Rechtsmangel dagegen behebbar, wie das bei Ermittlungsfehlern der Fall sein kann, so ist es prozessökonomisch u.U. sinnvoll, die Sache an die Verwaltung zu weiterer Aufklärung zurückzuverweisen. Anders als deutsche Gerichte kann das amerikanische Gericht nicht selbst ermitteln und die Sache spruchreif machen.

56 Statthaft sind auch Klagen, die die Verwaltung zu einem Handeln verpflichten sollen („mandamus").[107] 28 U.S.C. § 1361 und § 706(1) APA sehen ausdrücklich eine Verurteilung der Verwaltung („compel agency") zu einer rechtswidrig unterlassenen Handlung vor. Häufig scheitern solche Klagen allerdings, weil der Kläger keinen Anspruch auf die eingeklagte Leistung hat.[108] Bei behördlichem Ermessen schied „mandamus" nach früherer Auffassung aus. War sich die Behörde allerdings ihres Ermessens überhaupt nicht bewusst, kann ihre Entscheidung aufgehoben und zurückverwiesen werden.[109] Das Gericht darf das behördliche Ermessen nicht durch eigene Erwägungen ersetzen. Es finden sich jedoch Urteile der Beru-

---

manchen Umständen sei „a modest initiating role" des Gerichts angemessen. Aber es bleiben Ausnahmen.

104 Zur historischen Entwicklung der „prerogative writs" englischer Tradition *Breyer/Stewart*, 757 ff. Beispiele aus dem Recht einzelner Bundesstaaten bei *Schwartz*, § 9.11 – 9.15.

105 § 702 APA; dazu → 4/136 ff.

106 Dazu *Strauss*, Justice, 451.

107 Die Entwicklung verlief allerdings zunächst schleppend; vgl. *F. P. Lee*, The Origins of Judicial Control of Federal Executive Action, 36. Geo. L. J. 287, 295–296 (1948).

108 Vgl. *Strauss*, Justice, 514 f.

109 549 U.S. 497, 528 (2007) *Massachusetts v. EPA*.

fungsgerichte, die der Klage dann stattgeben, wenn gesetzliche oder von der Behörde selbst gesetzte Standards zu einer Ermessensreduktion geführt haben.[110]

Hat sich der Rechtsstreit während des Verfahrens erledigt („moot"), ist die Klage abzuweisen. Das folgt zwingend aus der „case or controversy" Formel des Art. III sect. 2 der U.S.-Verf.[111] Ein Fall der Erledigung liegt allerdings nicht vor, „as long as the parties have a concrete interest, however small, in the outcome of the litigation".[112] Vorläufiger Rechtsschutz ist nicht durch die aufschiebende Wirkung der Klage,[113] wohl aber dadurch gewährleistet, dass die Gerichte zur Verhinderung irreparabler Schäden den Vollzug einer Verwaltungsentscheidung aussetzen oder sonst Maßnahmen zur einstweiligen Sicherung des gegenwärtigen Status treffen können (§ 705 APA).[114] Wie weit solche Maßnahmen reichen dürfen, ob etwa ein einzelnes Instanzgericht der Regierung, über den Kreis der Beteiligten und über seinen Bezirk hinausreichend, den Vollzug eines Programms gegenüber jedermann für den gesamten Verwaltungsraum der USA untersagen darf, ist ein aktuelles, höchstrichterlich noch nicht entschiedenes Problem.[115] 57

III. Zeitgerechter Rechtsschutz („timing")

Unter dieser Bezeichnung werden drei Prozessvoraussetzungen zusammengefasst: Die Klage muss sich gegen eine endgültige Entscheidung richten (1); der Vorgang muss für eine gerichtliche Entscheidung reif sein (2) und es müssen die verfügbaren inneradministrativen Rechtsbehelfe erschöpft sein.[116] Diese Anforderungen, die in §§ 703–704 APA bzw. Art. 5 MSAPA 2010 nur teilweise ausformuliert und im Übrigen richterrechtlich festge- 58

---

110 Dazu Nachweise bei *Gellhorn*, 1201 (Fn. 13 und 14).

111 568 U.S. 165, 172 (2013) *Chafin v. Chafin*.

112 Ebd.; auch 590 U.S. __ (2020), Alito, J. diss. (slip op. at. 12) *New York State Rifle & Pistol Assn. v. City of New York*.

113 So ausdrücklich § 504 MSAPA 2010: „A petition for judicial review does not automatically stay an agency decision".

114 Dazu auch schon 316 U.S. 4, 9–10 (1942) *Scripps-Howard Radio, Inc. v. FCC*.

115 Vgl. 589 U.S. __ (2020) *Department of Homeland Security v. New York* (appl. for stay), Gorsuch, J. con., dort zit. *S. L. Bray*, Multiple Chancellors: Reforming the National Injunction, 131 Harv. L. Rev. 417 (2017).

116 Zum Folgenden *Breyer/Stewart*, 879 ff.; *Hickman/Pierce*, 855 ff.; *Pierce*, Process, § 5.7; *Heun* (Fn. 2), in: Sommermann/Schaffarzik, Handbuch II, 1684 ff.

legt sind,[117] sollen sicherstellen, dass die Ressourcen der Justiz und der Verwaltung effizient eingesetzt werden.[118]. Man kann sie als Ausdruck des *allgemeinen Rechtsschutzbedürfnisses* ansehen. In der Praxis werden sie nicht immer klar voneinander getrennt: „finality" betrachtet die Frage des zeitgerechten Rechtsschutzes aus der Perspektive der handelnden Verwaltung, „exhaustion" aus der Perspektive des Rechtsschutzsuchenden und „ripeness" aus gerichtlicher Sicht.

59 Keine Regelung trifft der APA dagegen zur Frage einer *Klagefrist*. Fristen sind dem amerikanischen Prozessrecht aber durchaus vertraut. Das Fachrecht arbeitet mit Fristen von unterschiedlicher Länge. § 503 MSAPA 2010 sieht Klagefristen allgemein vor und differenziert deren Länge je nachdem, ob gegen eine Norm oder einen Einzelakt vorgegangen werden soll.

1. Endgültige Entscheidungen („final actions")

60 Soweit nichts anderes bestimmt ist, sind nur „final actions" angreifbar (§ 704 APA). Die Behörde soll durch diese Rechtsschutzkonzentration in die Lage versetzt werden, erst einmal selbst zu einer abschließenden Entscheidung zu kommen, ohne bereits in diesem Meinungsbildungsprozess mit gerichtlicher Intervention rechnen zu müssen. Das ist ein Gedanke, der auch hinter § 44a VwGO steht.

61 Gerade im amerikanischen Verwaltungsrecht mit seiner Vorliebe für detailliert ausgeformte Verfahrensschritte ist diese Grundlinie des „postponing" allerdings nicht einfach durchzuhalten. Wenn man auf den Entscheidungs*prozess* abhebt, steht die letzte Entscheidung in einer langen Reihe voraufgehender Entscheidungen, von denen manche u.U. für den Gesamtvorgang prägender sind als der letzte Schritt. Die Versuche Betroffener, mit dem Rechtsschutz schon in frühen Phasen anzusetzen, sind verständlich. Entsprechend umstritten ist die Frage, was als „final" zu definieren ist.[119]

62 Zwei Punkte sollen entscheidend sein, von denen der eine auf den Zuschnitt des jeweiligen Verfahrens und der andere auf den Regelungsgehalt

117 Zur Frage, inwieweit die Rechtslage zur Entstehungszeit des APA zur Interpretation herangezogen werden kann, *St. J. Lindsay*, Timing Judicial Review of Agency Interpretations in Chevron's Shadow, 127 Yale L. J. 2448, 2474–2495 (2018).

118 Vgl. *Strauss*, Justice, 439: „All share a concern for proper allocation of effort as between agency and court".

119 *Pierce*, Process, § 5.7.1; *Hickman/Pierce*, 856–868.

abstellt:[120] erstens muss der angegriffene Akt die bisherigen Verfahrensschritte zu einem Resultat zusammengeführt haben, und zweitens muss er Rechte und Pflichten regeln, d.h. er muss direkte rechtliche Konsequenzen haben. Diese Voraussetzungen erfüllen unstreitig „orders" und „legislative rules". Verwaltungsvorschriften und andere „non-legislative rules" sollen dagegen nach überwiegender Auffassung keine „final actions" und daher nicht direkt angreifbar sein, weil sie keine rechtlich verbindlichen Regelungen treffen.[121] Die Prüfung verlangt, die einzelnen Phasen und Elemente des jeweiligen verfahrensrechtlichen Kontextes, in dem die behördliche Entscheidung steht, detailliert zu analysieren. Die Urteile sind daher stark einzelfallbezogen. Das belastet die rechtsberatende Praxis, denn „final action" ist in § 704 APA ein Schlüsselbegriff mit rechtsschutzeröffnender Funktion. Die Rechtsprechung anerkennt die schwierige Situation der Adressaten einer so stark vom jeweiligen Verfahrenskontext abhängigen Verwaltungsmaßnahme zwar;[122] aber der Rechtsschutz des Betroffenen wird nicht zum alles überlagernden Argument. Vorrangig soll „finality" der Verwaltung ihre Verantwortung für den Ablauf des Verfahrens erhalten, wie ihn der Gesetzgeber vorgezeichnet hat. Der MSAPA 2010 kommt den Rechtsschutzsuchenden stärker entgegen, indem er ein Klage ausnahmsweise auch gegen „non-final actions" zulässt, wenn aus der Rechtsschutzkonzentration ein irreparabler Nachteil entstünde, der den Konzentrationsvorteil überwiegt (§ 501(c)).

2. „Ripeness" und „presumption of pre-enforcement review"

Diese Voraussetzung betrifft das Vorgehen gegen Verwaltungsentscheidungen, die zwar endgültig sind, aber im Regelfall erst noch des Vollzuges be- 63

---

120 520 U.S. 154, 177–178 (1997) *Bennett v. Spear*: (1) „must mark the ‚consummation' of the agency's decisionmaking process" und (2) „one by which rights and obligations have been determined", „not be of merely tentative or interlocutory nature"; 587 U.S. __ (2019)(slip op. at 9) *Smith v. Berryhill*; ähnlich § 501(a) MSAPA 2010.

121 Zum Meinungsstand *St. J. Lindsay* (Fn. 117), 127 Yale L. J. 2448, 2456–2495 (2018), mit dem Vorschlag, interpretative rules dann als „final" anzusehen, wenn ihnen nach neuerer Rechtsprechung ausnahmsweise *Chevron* deference zuzuerkennen ist (2296–2510).

122 Anschaulich 566 U.S. 120, 126–127 (2012) *Sackett v. EPA* (compliance order der EPA nach dem Clean Water Act, die die Behörde später nur als Gesprächsangebot verstanden wissen wollte).

dürfen. Das ist vor allem bei administrativen Normen ein Problem. Sollen sie schon gerichtlich angreifbar sein, bevor sie durch Verwaltungsakt vollzogen sind und sich ihre belastenden Wirkungen konkretisiert haben? Dass hier ein wichtiges allgemeines Rechtsschutzproblem liegt, zeigen die jahrelangen Auseinandersetzungen um die „Plaumann“-Formel im EU-Recht und die verklausulierte Fassung des Art. 263 Abs. 4 AEUV.[123]

64 Die traditionelle deutsche Lehre verwies den Rechtsschutzsuchenden auf den Vollzugsakt, den er abwarten müsse und später unter dem besonderen Schutz der aufschiebenden Wirkung (§ 80 Abs. 1 VwGO) anfechten könne. Diese restriktive Linie ist durch § 47 VwGO zwar nach und nach modifiziert worden. Aber auch heute noch ist unmittelbarer Rechtsschutz gegen administrative Normen, wie sich an den von dieser Vorschrift nicht erfassten Rechtsverordnungen der Bundesbehörden zeigt, keineswegs einfach zu erlangen, sondern muss mit Hilfe der Feststellungsklage nach § 43 VwGO konstruiert werden.[124]

65 In den USA, in denen das „rulemaking“ ein viel genutztes Regulierungsinstrument der Behörden bildet, ist der Verwaltungsalltag voll von Beispielen, die die ganz unterschiedlichen Umsetzungstechniken administrativer Normen anschaulich machen.[125] „Ripeness“ thematisiert daher einen für die Praxis zentralen Punkt:[126] Einerseits wollen sich die Gerichte nicht in Auseinandersetzungen hineinziehen lassen, die noch auf der abstrakten Ebene der Norm verharren; denn in diesem Stadium fehlt es regelmäßig noch an Anschauungsmaterial, wie es nur die konkreten Konflikte der Vollzugsebene bieten können. Die Feststellungen eines Gerichts wären in dieser Situation eher hypothetisch und nicht eigentlich Entscheidungen von „cases or controversies“ im Sinne von Art. III sect. 2 U.S.-Verf. Auf der anderen Seite kann nicht übersehen werden, dass bestimmte Normen schon durch ihre bloße Existenz die Adressaten zu belastenden Dispositio-

---

123 Klagen „gegen Rechtsakte mit Verordnungscharakter, die sie [die Kläger E.S.] unmittelbar betreffen und keine Durchführungsmaßnahmen nach sich ziehen“.

124 Vgl. nur BVerwG NVwZ 2007, 1311 Rn. 23 f.

125 Aber auch andere, nämlich informale Verwaltungshandlungen wie das Inaussichtstellen von Sanktionen, können zu Fragen von „ripeness“ (hier im Übergang zur Frage von „finality“) führen. Die deutsche Lehre greift die Frage eines rechtzeitigen Rechtsschutzes in diesen Fällen im Rahmen des besonderen Rechtsschutzbedürfnisses (vorbeugender) Unterlassungsklagen auf; vgl. *Hufen*, Verwaltungsprozessrecht, § 16 Rn. 15 ff.

126 Vgl. nur *Tribe*, American Constitutional Law, § 3–10; *Hickman/Pierce*, 868–870.

nen veranlassen können, so dass sich ein vorgezogener Rechtsschutz („pre-enforcement review") als geboten erweisen kann.

Die gegensätzlichen Interessen sind in *Abbott Laboratories v. Gardner*, dem Leitfall der jüngeren „ripeness" Doktrin, präzise herausgearbeitet und in einem zweistufigen Prüfungsschema eingefangen worden:[127] Zunächst ist zu fragen, ob der Streit in seinem derzeitigen Stand mit juristischen Mitteln gelöst werden kann; dazu ist es wichtig, dass es um Rechtsfragen geht, die mit allgemeinen Feststellungen beantwortet werden können, und nicht Tatsachen eine Rolle spielen, die sich nur im Einzelfall aufklären lassen. Nur wenn sich diese Frage bejahen lässt, liegt „fitness for review" vor. In einem zweiten Schritt ist dann die Situation der Betroffenen in den Blick zu nehmen: Die streitige Verordnung legte den Herstellern von Arzneimitteln direkt wirkende Pflichten auf und beeinflusste damit unmittelbar ihr Verhalten; sie stellte sie vor die Alternative: entweder mit erheblichem finanziellen Aufwand den Vorgaben der Verordnung zu folgen, obwohl sie diese für rechtswidrig hielten, oder die verlangten Regelungen nicht umzusetzen und damit Sanktionen in Form von „serious criminal and civil penalties" zu riskieren. Die Hersteller in einer solchen Situation auf den Rechtsschutz gegen spätere behördliche Vollzugsakte zu verweisen, setze sie – so die Einschätzung des Supreme Court – einer schwerwiegenden und unnötigen Belastung aus. Den Einwand der Regierung, es gehe doch nur um finanzielle Einbußen, ließ das Gericht nicht gelten. Vielmehr sah es auch die zweite der Voraussetzungen „hardship to the parties" als erfüllt an und gewährte „pre-enforcement review".[128] 66

Abbott Laboratories zeichnet einen rechtsschutzfreundlichen Kurs vor, der allerdings mit der besonders prekären Situation der Kläger, den drohenden pönalen Sanktionen, erklärbar ist.[129] Nicht jede die Normadressaten belastende Konstellation kann als „hardship" eingestuft werden und diese Form 67

---

127 387 U.S. 136, 149 (1967): „The problem is best seen in a two-fold aspect, requiring us to evaluate both the fitness of the issues for judicial decision and the hardship to the parties of withholding court consideration". Zu der hier ebenfalls behandelten Frage der „reviewability" → 4/42 ff.

128 Ebd., 152–153.

129 Strafsanktionen sind auch nach deutscher Rechtsprechung ein Grund, um ein Vorgehen direkt gegen Normen mittels Feststellungsklage für zulässig anzusehen; an das Drohen einer solchen Sanktion werden allerdings hohe Anforderungen gestellt (vgl. BVerwG NVwZ 2009, 1170 Rn. 20 ff.; krit. *Kopp/Schenke*, VwGO, § 43 Rn. 24). Die Metaphern ähneln sich: „Damokles-Rechtsprechung" (*Schenke* ebd.) bzw. „waiting until ax falls" (*Schwartz*, § 9.1 S. 564).

eines vorbeugenden Rechtsschutzes rechtfertigen. Das machte der Supreme Court schon in einer am selben Tage ergangenen weiteren Entscheidung deutlich.[130] Die Rechtsprechung der Folgejahre zeigt keine klare Linie. Inwieweit heute (noch) von einer „presumtion of pre-enforcement review" gesprochen werden kann, ist unsicher.[131] Einzelne Gesetze schließen sie ausdrücklich aus, andere erkennen sie an. Für die Verwaltungspraxis ist *Abbott Laboratories* mit erheblichen Effizienzbeeinträchtigungen verbunden, die schon auf das Verfahren des „rulemaking" vorwirken.[132] Die jüngere Rechtsprechung zeigt Tendenzen, die Anforderungen (wieder) enger zu fassen.[133] Die Rückbindung an das „cases or controversies" Erfordernis und die Flexibilitätsreserven des „prudential" Maßstabs bieten dafür die Basis.

Zweiter Abschnitt Klagebefugnis und Kontrolldichte

68 Die folgenden Untersuchungen konzentrieren sich auf die im amerikanischen ebenso wie im deutschen Verwaltungsrechtsschutz wichtigsten Themen: die Klagebefugnis (A) und die Intensität der gerichtlichen Kontrolle (B).

A. Die Lehre von der Klagebefugnis („standing doctrine")

69 In den Fragen der Klagebefugnis sind die Diskussionen in den USA ähnlich diffus und unübersichtlich wie in Deutschland:[134] eine Vielzahl von Gerichtsurteilen, in der sich nur schwer klare Linien ausmachen lassen,

---

130 387 U.S. 158 (1967) *Toilet Goods Assn, Inc. v. Gardner.*

131 So erfüllen jedenfalls Normen, die nicht auf Eingriffe hinauslaufen, sondern Vergünstigungen einschränken, die „ripeness" Voraussetzungen nicht; 509 U.S. 43 (1993) *Reno v. Catholic Social Services, Inc.*

132 Vgl. *Hickman/Pierce*, 877.

133 *Pierce*, Process, § 5.7 (S. 187); vgl. aber auch 573 U.S. 149, 167 (2014) *Susan B. Anthony List v. Driehaus*: „we need not resolve the continuing vitality of the prudential ripeness doctrine in this case".

134 Dazu *Möllers*, Gewaltengliederung, 157 ff.; *Schlacke*, Überindividueller Rechtsschutz, 438 ff.; *D. Ehlers*, Die Klagebefugnis nach deutschem, europäischem Gemeinschafts- und U.S.-amerikanischem Recht, in: VerwArch 84, 1993, 139 ff.; *Rüffel*, Klagebefugnis; *Elshorst*, Bürgervollzugsklagen (mit Schwerpunkt auf Klagen gegen den Anlagenbetreiber); ferner *Stein*, Interessenvertretung.

eine Vielzahl von Lehrmeinungen, die oft nur einzelne Gebiete (des Wirtschafts-, Umwelt- oder Informationsrechts) im Blick haben, und immer wieder Bemühungen des Gesetzgebers, den Kreis der klagebefugten Personen zu erweitern, die nicht ohne Vorbehalte aufgenommen werden. Die rechtspolitische Bedeutung gerade dieser Prozessvoraussetzung liegt auf der Hand. „Standing is the key to the courthouse door; those who possess the key possess power".[135] Dabei ist zwischen verfassungsrechtlichen Rückbindungen (I) und einfachrechtlichen Fragestellungen (II) zu unterscheiden.[136]

I. Verfassungsrechtliche Rückbindungen

Die amerikanische Verfassung wirkt auf die Lehre von der Klagebefugnis 70
vor allem schrankensetzend. Die Bundesgerichte haben keinen umfassenden Auftrag zur Verwaltungskontrolle. Sie sind vielmehr auf die Entscheidung streitiger Fälle begrenzt (Art. III sect. 2 cl. 1 U.S.-Verf.).[137]

1. Das Grundmodell

Der direkt aus der Verfassung ableitbare Kerngedanke lässt sich mit der 71
Entscheidung *Flast v. Cohen* aus dem Jahre 1968 folgendermaßen umschreiben:[138] „[I]n terms of Article III limitations on federal court jurisdiction, the question of standing is related only to whether the dispute sought to be adjudicated will be presented in an adversary context and in a form historically viewed as capable of judicial resolution". In diesem Kontext ist die Klagebefugnis die *personenbezogene* Prozessvoraussetzung: der Kläger muss ein persönliches Interesse am Ausgang des Streits haben.[139] „The

---

135 So *Gellhorn*, 1207; vgl. *Strauss*, Justice, 429 ff.; auch *L. S. Bressman*, Procedures as Politics in Administrative Law, 107 Colum. L. Rev. 1749 (2007).

136 Zum Folgenden *Gellhorn*, ebd.; *Hickman/Pierce*, 919 ff.; *Pierce*, Process, § 5.4.1 und § 5.4.5.

137 Dazu → oben 4/12. Zusätzlich wird auf die „Take Care Clause" des Art. II sect. 3 U.S.-Verf. verwiesen; 468 U.S. 737, 761 (1984) *Allen v. Wright*: „The Constitution, after all, assigns to the Executive Branch, and not to the Judicial Branch, the duty to ‚take Care that the Laws be faithfully executed'".

138 392 U.S. 83, 97 (1968) *Flast v. Cohen*.

139 So 392 U.S. 83, 97 (1968) unter Bezugnahme auf 369 U.S. 186, 204 (1962) *Baker v. Carr*: „a personal stake in the outcome of the controversy".

plaintiff must allege personal injury fairly traceable to the defendant's allegedly unlawful conduct and likely to be redressed by the requested relief".[140] Das ist dort zu beachten, wo ein Kläger, ohne sich auf eine feste Position im Recht stützen zu können, seine Befugnis zur Klage dartun möchte. Aber auch dort, wo der Gesetzgeber eine Klagemöglichkeit ausdrücklich eingeräumt hat, wie das in den zahlreichen Vorschriften über „citizen suits" geschehen ist, sind diese Vorgaben zu beachten, denn die Gesetze können den Gerichten keine Aufgaben zuweisen, die ihnen nach Art. III sect. 2 U.S.-Verf. nicht zustehen.

72 Weiter ausformuliert finden sich die Komponenten dieser Formel in *Lujan v. Defenders of Wildlife*.[141] Sie bilden seither das Grundschema der Rechtsprechung:[142]

- Injury in fact: Darunter zu verstehen sind Beeinträchtigungen rechtlich geschützter Interessen („legal protected interests"). Der Kreis wird weit gezogen; er umgreift neben ökonomischen Interessen auch solche ökologischer oder ästhetischer Art. Ihre Beeinträchtigung muss allerdings „concrete and particularized" sein, und sie muss gegenwärtig sein oder mindestens unmittelbar bevorstehen („actual or imminent"); nur vermutete oder hypothetische Beeinträchtigungen genügen nicht.
- Traceability: Die Beeinträchtigung muss auf das behördliche Handeln zurückzuführen sein, gegen das sich der Kläger wendet. Zwischen diesem Handeln und der Beeinträchtigung muss eine Kausalkette bestehen. Ist die Beeinträchtigung dagegen durch ein Verhalten Dritter verursacht, so genügt das nicht, um die Klagebefugnis zu begründen.
- Redressability: Die Beeinträchtigung muss durch eine stattgebende Entscheidung des Gerichts beseitigt werden können.

73 Den Kläger trifft für das Vorliegen der drei Voraussetzungen die Darlegungs- und Beweislast. Auch das gehört zum „*irreducible constitutional minimum*". Besonders strenge Anforderungen an die Klagebefugnis gelten dann, wenn es in der Sache um die Verfassungsmäßigkeit staatlicher Ent-

---

140 468 U.S. 737, 751 (1984) *Allen v. Wright*.

141 504 U.S. 555, 569–571 (1992) *Lujan v. Defenders of Wildlife*.

142 Vgl. aus jüngerer Zeit das Referat der Judikatur in 568 U.S. 398, 408–409 (2013) *Clapper v. Amnesty International USA* und in 578 U.S. ___ (2016) (slip. op. at 5–7) *Spokeo, Inc. v. Robins*; 592 U.S. __ (2020) (slip op. at 4-10) *Carney v. Adams*. Zum Folgenden *Pierce*, Process, § 5.4.2; *Rüffel*, Klagebefugnis, 67 ff.; *Schlacke*, Überindividueller Rechtsschutz, 438 ff.

scheidungen oder um sensible Bereiche wie nachrichtendienstliche oder auswärtige Angelegenheiten geht.[143]

2. Variierende Ausfüllung

Sieht man sich die Judikatur zu diesen drei Voraussetzungen genauer an, so zeigt sich, dass das Grundschema allerdings kaum mehr als ein Argumentationsraster darstellt, das sehr unterschiedlich ausgefüllt werden kann. Die drei Hauptbegriffe haben, wie Justice O'Connor schon in *Allen v. Wright* gezeigt hatte, keine definitorisch scharfen Kanten: die Zurückführbarkeit muss „fairly" sein, ein stattgebendes Urteil die Verletzung „likely" beseitigen.[144] Diese Unschärfen sind Techniken, mit deren Hilfe der Supreme Court den Kreis der Klagebefugten weiter oder enger ziehen kann und das in der Vergangenheit auch immer wieder getan hat. Perioden einer großzügigen Anerkennung von Klagemöglichkeiten folgten Zeiten, in denen die Verfassungsgrenzen eng gefasst wurden. Dass dabei auch die politischen Grundüberzeugungen des einzelnen Richters eine wichtige Rolle spielen, steht außer Streit.[145] 74

Das gilt besonders für Klagen auf dem Gebiete des Umweltrechts, bei denen unterschiedliche Auffassungen über die Rolle der Gerichte über die Jahre hin zu erheblichen Schwankungen führten:[146] Zwischen 1970 und 1990 legte der Supreme Court ein weites Verständnis der betroffenen Interessen und der Arten ihrer Beeinträchtigung zu Grunde.[147] In der Folgezeit gelang es Justice Scalia jedoch, die Anforderungen aus Gründen der 75

---

143 568 U.S. 398, 409 (2013): „In keeping with the purpose of this doctrine, our standing inquiry has been especially rigorous when reaching the merits of the dispute would force us to decide whether an action taken by one of the other two branches of the Federal Government was unconstitutional". Vgl. weiter *Wischmeyer*, Überwachung ohne Grenzen, 68 ff.

144 468 U.S. 737, 756 (1984) *Allen v. Wright*.

145 *Pierce*, Process, § 5.4.4 (S. 150): „greatly influenced by their personal political and ideological values and beliefs".

146 *Hickman/Pierce*, 931; auch *Gellhorn*, 1209; *Rüffel*, Klagebefugnis, 109 f.; *Stein*, Interessenvertretung, 24 ff. und 44 ff.

147 Repräsentativ für das Umweltrecht 405 U.S. 727, 734–735 (1972) *Sierra Club v. Morton* und besonders extensiv 412 U.S. 669 (1973) *United States v. Students Challenging Regulatory Agency Procedures*. Für den Konkurrentenschutz im Wirtschaftsrecht vorher schon 397 U.S. 150, 154 (1970) *Association of Data Processing Service Organizations, Inc. v. Camp* (Anerkennung von „aesthetic, conservational, and recreational interests").

Gewaltenteilung deutlich zu verschärfen.[148] *Lujan v. Defenders of Wildlife* gilt als repräsentativ für diese Zäsur.[149] Die Beeinträchtigung der klägerischen Interessen mussten jetzt wesentlich genauer dargetan werden. Mit *Friends of the Earth, Inc. v. Laidlaw Environmental Services, Inc.* schien sich 2000 erneut eine Trendwende abzuzeichnen. Von einem „injury in fact“ sollte danach schon dann ausgegangen werden können, wenn durch die angegriffene Maßnahme zwar nicht die Umwelt als solche beeinträchtigt wird, aber der Kläger „on reasonable concern“ dazu veranlasst wird, sein Verhalten umzustellen, z. B. eine bestimmte Gegend nicht mehr aufzusuchen.[150]

76 Dass damit wirklich dauerhaft eine großzügigere Haltung des Supreme Court gegenüber Klagebefugnissen indiziert ist, ist jedoch unwahrscheinlich. Schon die Entscheidung in *Massachusetts v. EPA* weist eher in die entgegengesetzte Richtung.[151] Auf eine gegenwärtig erneut restriktive Einstellung deutet auch *Clapper v. Amnesty International* hin. Diese Entscheidung aus dem Jahre 2013 betrifft zwar keinen umweltrechtlichen Sachverhalt, sondern das Informationsverwaltungsrecht; auch sie verschärft aber die

148 Vorbereitend *A. Scalia*, The Doctrine of Standing as an Essential Element of the Separation of Powers, 17 Suffolk U. L. Rev. 881 (1983); vgl *Möllers*, Gewaltengliederung, 159 ff.

149 504 U.S. 555, 566 (1992): der „injury in fact“ Test verlangt, dass Interessen nicht nur benannt werden, sondern auch „a factual showing of perceptible harm“ erfolgt. Ferner 523 U.S. 83 (1998) *Steel Co. v. Citizens for a Better Environment.*

150 528 U.S. 167, 181–183 (2000): „injury in fact“: die Beeinträchtigung muss nicht die Umwelt als solche betreffen, es genügt, dass der Kläger nachweist, dass für ihn als Person der Erholungswert der Landschaft beeinträchtigt wird; dazu *Rüffel*, Klagebefugnis, 78, 81: „Seit *Laidlaw* richtet sich das Hauptaugenmerk nicht mehr allzu sehr auf die konkrete individuelle Beeinträchtigung der natürlichen Ressource, sondern vielmehr auf das Verhältnis des Klägers zur Umwelt, was die Bejahung eines ‚injury in fact‘ erheblich erleichtert“.

151 549 U.S. 497 (2007) *Massachusetts v. EPA*; zur Interpretation *Hickman/Pierce*, 965 ff.; *Pierce*, Process, § 5.4.2 (S. 141 f).

Anforderungen an den „injury in fact“ Test.[152] Urteile aus jüngster Zeit unterstreichen diese Tendenz.[153]

Ob diese Begrenzungen in der „case or controversy“ Klausel der Verfassung 77
wirklich zwingend vorgegeben sind, wird in der Literatur zwar nach wie vor bestritten; denn immerhin wird der Schutz der politisch verantwortlichen Gewalten, dem die Begrenzung der Klagebefugnis gerade dienen soll, in diesen Fällen dadurch erkauft, dass dem Gesetzgeber das Bestimmungsrecht über den Umfang der gerichtlichen Rechtsdurchsetzungsmöglichkeiten entzogen wird.[154] Für die Praxis ist der aufgezeigte verfassungsrechtliche Rahmen jedoch ein Tatbestand, auf den sie sich einstellen muss. Dem Kongress steht es zwar grundsätzlich frei, weit gefasste Klagebefugnisse zuzuerkennen.[155] Erfüllt eine solche Klage aber nicht die aus Art. III sect 2 der U.S.-Verf. abgeleiteten Schranken, so wird sie abgewiesen. Dass die Klagebefugnis gesetzlich ausdrücklich zuerkannt ist, hilft dem Kläger nicht. Das „case or controversy“ Erfordernis wirkt als immanente Beschränkung des gesetzlichen Tatbestandes.

II. Fragen bei der Anwendung des einfachen Rechts

Im Ansatz ähnliche Schwierigkeiten, wie sie das deutsche Recht beim sog. 78
Drittschutz (Nachbar- und Konkurrentenschutz) kennt, bereitet es in den USA, den personellen Anwendungsbereich von gesetzlichen Vorschriften zu bestimmen, deren Verletzung nicht bestimmte Personen, sondern praktisch jedermann betrifft („broadly shared injuries“). Eine Orientierung für

---

152 568 U.S. 398, 414 (2013) *Clapper v. Amnesty International USA* Note 5: Unterscheidung zwischen dem zugrundegelegten „certainly pending“ Standard und einem in anderen Urteilen zugrundegelegten „substantial risk“ Standard; dazu Breyer, J. diss., dort 426. Vgl. *B. C. Mank*, Clapper v. Amnesty International: Two or Three Competing Philosophies of Standing Law, 81 Tenn. L. Rev. 211 (2014); *Hickman/Pierce*, 967 f.

153 Vgl. 578 U.S. __ (2016) (slip op. at 9) *Spokeo, Inc. v. Robins* und bestätigend 586 U.S.__ (2019) (slip op at 3) *Frank v. Gaos* und 590 U.S. __ (2020) (slip op. at 5–6) *Thole v. U. S. Bank N. A.*

154 So unter Rückgriff auf die historische Entwicklung der Lehre von der Klagebefugnis *C. R. Sunstein*, What's Standing after Lujan?, 91 Mich. L. Rev. 163 ff. (1992); auch *Tribe*, American Constitutional Law, § 3–14, S. 392.

155 Z. B. Clean Water Act, 33 U.S.C. § 1365(a): „any citizen may commence a civil action on his own behalf against any person (including the United States, and any other governmental instrumentality or agency)...“; weitere Nachw. bei *Percival/Schroeder/Miller/Leape*, Environmental Regulation, 159 f.

diese Fragen des „Third-Party Standing" bietet eine Reihe von Anwendungsregeln.[156] Sie folgen nicht unmittelbar aus dem Text des Art. III sect. 2 U.S.-Verf. Inwieweit sie einer verfassungspolitisch immerhin nahegelegten, klugen richterlichen Zurückhaltung gegenüber der Einräumung von Klagebefugnissen entspringen und in diesem Sinne als „prudential" gelten können,[157] oder aber aus der Interpretation der einschlägigen Vorschriften zu ermitteln sind,[158] ist nicht endgültig geklärt.

79 Nach *Allen v. Wright* zählen hierzu:

- Niemand ist berechtigt, Rechte anderer geltend zu machen („no third party").
- Allgemeine Beschwernisse sollen nicht vor Gericht, sondern vor die gewählten Amtsträger gebracht werden („no general grievances").
- Das klägerische Interesse muss in der Schutzzone der verletzten Norm liegen („zone of interests").

80 Schließlich fehlt es an der Klagebefugnis, wenn die geltend gemachte Beeinträchtigung keine hinreichend enge Beziehung zu dem Verhalten hat, das das Gesetz verbieten will.[159] Diese Einschränkung gilt als ein anerkannter Grundsatz des Schadensrechts. Hinter ihr steht die nüchterne Überle-

156 468 U.S. 737, 751 (1984) *Allen v. Wright*: „Standing doctrine embraces several judicially self-imposed limits on the exercise of federal jurisdiction, such as the general prohibition on a litigant's raising another person's legal rights, the rule barring adjudication of generalized grievances more appropriately addressed in the representative branches, and the requirement that a plaintiff's complaint fall within the zone of interests protected by the law invoked". *Tribe*, American Constitutional Law, § 3–19; ferner *Rüffel*, Klagebefugnis, 87 ff.; *Ehlers* (Fn. 134), VerwArch 84, 1993, 139, 161, 166 ff.

157 468 U.S. 737, 750 (1984); ebenso 542 U.S. 1, 12 (2004) *Elk Grove Unified School Dist. v. Newdow.*

158 572 U.S. 118, 125-128 (2014) *Lexmark Int'l, Inc. v. Static Control Components, Inc.* Die Entscheidung ist einstimmig getroffen und von Justice Scalia für das Gericht begründet. Sie distanziert sich (jedenfalls für den „zone of interests" Test) von seiner Charakterisierung als „prudential". Betont wird demgegenüber der verbindliche Gehalt der einschlägigen Gesetze, der unter Anwendung der üblichen Methoden der Gesetzesauslegung zu erschließen sei.

159 572 U.S. 118, 133 (2014): „whether the harm alleged has a sufficiently close connection to the conduct the statute prohibits". Als Beispiel dort genannt: Einen Schaden aus wettbewerbswidrigem Verhalten kann gegebenenfalls zwar der betroffene Wettbewerber geltend machen; nicht aber können auch dessen Gläubiger Ersatzansprüche gegen den Verursacher daraus herleiten, dass der Geschädigte wegen des Wettbewerbsverstoßes seine finanziellen Verpflichtungen ihnen gegenüber nicht erfüllen kann.

gung, „the judicial remedy cannot encompass every conceivable harm that can be traced to alleged wrongdoing". Dass die erforderliche Nähebeziehung im Einzelfall nicht einfach zu definieren ist, erkennt der Supreme Court zwar an; er verweist insofern auf die großen Erfahrungen der Gerichte im Umgang mit solchen Formeln und auf vorhandene Präzedenzien.

1. Speziell der „zone of interests" Test

Die Rolle des „zone of interests" Test wird an Beispielen aus dem Wirtschaftsverwaltungsrecht und aus dem Verwaltungsinformationsrecht deutlich.[160] 81

a) Konkurrentenschutz

Ein Gesetz verbietet z. B. Banken ganz generell andere Tätigkeiten als Bankdienstleistungen. Können datenverarbeitende Unternehmen auf Durchsetzung einer solchen Bestimmung klagen und dagegen vorgehen, dass die zuständigen Behörden Banken erlauben, ihre ohnehin vorhandenen datenverarbeitenden Kapazitäten auch anderen Banken zur Verfügung zu stellen? Über eine Fallgestaltung dieser Art hatte der Supreme Court in *Association of Data Processing Service Organizations, Inc. (ADPSO) v. Camp* zu entscheiden.[161] Die ältere amerikanische Judikatur prüfte in solchen Fällen, ob sich der Kläger auf subjektive Rechte berufen konnte („legal rights" Test).[162] Dieses Thema wird in *ADPSO* jedoch der erst später zu behandelnden Begründetheit der Klage zugewiesen.[163] 82

160 Vgl. zum Folgenden *Pierce*, Process, § 5.4.5- 5.4.6.

161 397 U.S. 150 (1970); dazu *Gellhorn*, 1221 ff.

162 Vgl. 306 U.S. 118, 137 f. (1939) *Tennessee Elec. Power Co. v. Tennessee Valley Authority*; im Einzelnen *Rüffel*, Klagebefugnis, 63 ff.

163 397 U.S. 150, 153 (1970) *Association of Data Processing Service Organizations, Inc. v. Camp*: „The ‚legal interest' test goes to the merits. The question of standing is different". Eine ausführliche Begründung dazu findet sich geradezu lehrbuchhaft im dissenting vote von Justice Brennan zu der am selben Tage ergangenen Entscheidung 397 U.S. 159, 167–170 (1970) *Barlow v. Collins*: Trennung von standing, reviewability und merits, vor allem weil sie unterschiedliche Beweisanforderungen stellen.

83 Die Frage der Klagebefugnis dagegen untersucht das Gericht zweigestuft:[164]

- Zunächst prüft es, ob den klagenden Serviceunternehmen im Sinne des „case or controversy" Erfordernisses ein „injury-in-fact" zugefügt worden ist. Dieser Punkt wird in *ADPSO* schnell mit dem Hinweis auf die *tatsächliche* Konkurrenzsituation und die Gefahr geschäftlicher Einbußen beantwortet.
- Dieses verfassungsrechtliche Minimum soll aber zur Bejahung der Klagebefugnis noch nicht ausreichen. Vielmehr wendet sich die Argumentation jetzt der *normativen* Seite zu und fragt, ob das geltend gemachte Interesse mit dem einschlägigen Recht, dessen Verletzung der Kläger rügt, „is arguably within the zone of interests to be protected or regulated by the statute".[165] Nicht jede faktische Betroffenheit genügt, um die Klagebefugnis zu begründen. Hinzutreten muss vielmehr ein Bezug zu dem, was die als verletzt gerügte Gesetzesbestimmung regeln will. Kritiker befürchten, dass damit trotz der Verabschiedung des „legal rights" Test doch wieder auf die materielle Rechtslage zurückgegriffen werden muss. Der Supreme Court kommt dieser Kritik in *ADPSO* insoweit entgegen, als er keine zu hohen Anforderungen an den „zone of interests" Test stellt.[166] Darauf deutet schon das Wort „arguably" hin. Dass von einer Klagebefugnis im Gesetz ausdrücklich gesprochen wird, ist nicht erforderlich; auch eine entsprechende Regelungsabsicht des Kongresses muss nicht nachgewiesen werden.[167] Abgestellt wird vielmehr auf eine allgemeine Tendenz der Gesetzgebung, Klagebefugnisse auszuweiten.[168] In diesem Sinne attestiert das Gericht auch den einschlägigen Vorschriften des Bankrechts eine drittschützende Wirkung. Bisher ist die Judikatur in diesem Punkte großzügig verfahren.[169] Um eine Inter-

---

164 Mit weiterer Rechtsprechung *Pierce*, Process, § 5.4.5.

165 397 U.S. 150, 153 (1970).

166 Ebd., 157–158; weitere Urteile bei *Gellhorn*, 1226 ff.; dort 1232 auch das Zitat: „The test is not meant to be especially demanding". Krit. zu den Schwankungen der Rechtsprechung *Pierce*, Process, § 5.4.5. (S. 157 „difficult to predict").

167 522 U.S. 479, 488–492 (1998) *National Credit Union Administration v. First National Bank (NCUA) & Trust Co.*

168 397 U.S. 150, 154 (1970): „Where statutes are concerned, the trend is toward enlargement of the class of people who may protest administrative action. The whole drive for enlarging the category of aggrieved ‚persons' is symptomatic of that trend".

169 522 U.S. 479, 488–492 (1998); vgl. aber auch O'Connor, J. diss. dort 503–519. *Hickman/Pierce*, 984 ff.

essenanalyse der einschlägigen Vorschriften ist aber nicht herumzukommen. Letztlich geht es um Fragen der Auslegung, die mit den üblichen Methoden zu bewältigen sind.[170]

b) „informational standing"

Eine weitere Fallgruppe entstammt dem Verwaltungsinformationsrecht, dessen Bedeutung als Steuerungsmittel treffend erfasst wird: „information as a regulatory tool".[171] In diesen Zusammenhang gehören zahlreiche Gesetze, die die Verwaltung zur Veröffentlichung von Gutachten, Berichten oder anderer Informationen verpflichten. Ist hier jedermann befugt, die Erfüllung dieser Pflichten gerichtlich einzuklagen? In der Literatur wird von einem „informational standing" als einer eigenen Fallgruppe der Klagebefugnisse gesprochen.[172] 84

Die Leitentscheidung *Federal Election Commission v. Akins* betraf eine wahlrechtliche Vorschrift, die dazu verpflichtete, dass politische Gruppierungen ihr Finanzgebaren offen zu legen hatten.[173] Die zuständige Behörde hatte einen bestimmten Verband von dieser Pflicht ausgenommen, weil sie ihn nicht als „politisch" eingestuft hatte. Dagegen richteten sich Wähler mit der Behauptung, ihnen seien dadurch wahlwichtige Informationen vorenthalten worden. Der Einwand der Gegenseite lautete, die Kläger machten hier nur eine allgemeine Beschwer („generalized grievance") geltend. Eine solche Beschwer reicht normalerweise nicht aus, um die Klagebefugnis zu begründen; denn sie genügt nicht dem „injury-in-fact" Test. So lässt sich etwa die allgemeine Gesetzesvollziehung („common concern for obedience to law") nicht auf gerichtlichem Wege durchsetzen. 85

Von diesen Fällen rein abstrakter Beeinträchtigungen soll sich der vorliegende Fall nach Auffassung der Mehrheit des Supreme Court aber unterscheiden:[174] Dass viele Personen betroffen sind, reiche nicht aus, um die Klagebefugnis zu versagen; seien die betroffenen Interessen selbst hinreichend konkret, so unterfalle ihre Durchsetzung nicht der „generalized

---

170 572 U.S. 118, 128 (2014) *Lexmark Int'l, Inc. v. Static Control Components, Inc*: „In doing so, we apply traditional principles of statutory interpretation".

171 *C. R. Sunstein*, Informational Regulation and Informational Standing: Akins and Beyond, in: 147 U. Pa. L. Rev. 613, 618–629 (1999).

172 *C. Sunstein* ebd., mit illustrierenden Fällen 667–670.

173 524 U.S. 11 (1998) *Federal Election Comm'n v. Akins*.

174 Ebd., 23–25; vgl. aber Scalia, J. diss. dort 30, bes. 34–36.

grievance“ Beschränkung; das gelte etwa für Massenschäden und für (direkte) Eingriffe in das Wahlrecht, die viele betreffen; ebenso müsste dann aber auch die gesetzwidrige Vorenthaltung von Informationen behandelt werden, deren Bedeutung für die Ausübung des Wahlrechts durch das einschlägige Recht anerkannt sei.

86 Das ist ein sehr weites Verständnis von „informational standing“, das sich aber durch die Eigenheiten speziell des behördlichen Umgangs mit Informationen rechtfertigen lässt. Es geht um Kontextsteuerung, die nicht auf direkte Einzelfallregelung, sondern darauf setzt, dass die Zugänglichkeit bestimmter Informationen in einem bestimmten Aufgabenbereich bestimmte Verhaltensweisen anstößt. Auf dieses Konzept einer indirekten Steuerung mittlerer Reichweite muss das Konzept der Klagebefugnis eingestellt werden. Es ist weiter als bei Adressatenklagen; aber es ist nicht schrankenlos. Eine Populardurchsetzung von Informationspflichten erlaubt es nicht, sondern stellt zutreffend darauf ab, welche Schutzrichtung die entsprechende Vorschrift verfolgt und ob die klägerischen Interessen innerhalb dieser Schutzrichtung liegen.

2. Speziell Klagen von Verbänden: „associational standing“

87 Dieses Thema ist in den USA wegen der in zahlreichen Gesetzen seit Langem vorgesehenen „citizen suits“ weniger aktuell, als es sich unter dem Einfluss des EU-Rechts zur Zeit in Deutschland darstellt. Folgende Grundlinien lassen sich der Judikatur entnehmen:[175]

- Aus eigenem Recht kann ein Verband klagen, wenn er z. B. Eigentümer eines in Anspruch genommenen Grundstücks ist; in diesen Fällen ist das „injury-in-fact“ Erfordernis leicht zu erfüllen.
- Dagegen ist es ihm verwehrt, eine Klagebefugnis aus allgemeinen Interessen abzuleiten, für die er sich als Verband besonders einsetzen möchte. Das ist die 1972 in *Sierra Club v. Morton* aufgezeigte Grundlinie:[176] Ausdrücklich zurückgewiesen wird von der Mehrheit des Gerichts der Anspruch des klagenden Verbandes, prozessual als „representative of the public“ zu agieren; auch die besonderen Gefahren, die in der Ge-

175 Zum Folgenden *Gellhorn*, 1249 ff.; *Pierce*, Process, § 5.4.6; *Rüffel*, Klagebefugnis, 101 ff.

176 405 U.S. 727, 735–740 (1972); bestätigend 555 U.S. 488 (2009) *Summers v. Earth Island Inst.*

genwart z. B. für Natur und Umwelt bestehen, sollen kein Grund dafür sein, von der überkommenen Anforderung abzuweichen, dass der Kläger selbst durch das angegriffene Fehlverhalten negativ betroffen sein muss.[177] Einem altruistischen Verbandskläger – in der amerikanischen Diktion einem „ideological plaintiff" – fehlt es danach an der erforderlichen Klagebefugnis. Sie könnte ihm auch gesetzlich nicht eingeräumt werden.

- Die häufigste Art der Verbandsklage ist die Klage eines Verbandes aus dem Recht seiner Mitglieder. Sie wird als „derivative" bezeichnet.[178] Grundsätzlich gilt zwar auch in den USA wie in Deutschland, dass niemand die Rechte Dritter einklagen kann.[179] Für Vereine wird jedoch eine Ausnahme gemacht. Sie können nach dem sog. *Hunt Test* klagen, wenn drei Voraussetzungen erfüllt sind:[180] Es muss mindestens *ein* Mitglied des Vereins befugt sein, aus eigenem Recht zu klagen. Das verfolgte Interesse muss innerhalb des Verbandzwecks liegen, und schließlich darf es im Verfahren nicht notwendig sein, individuelle Mitglieder zu beteiligen. Auf dieser Basis bleibt die Klage des Verbandes zwar an die üblichen Voraussetzungen für Klagen natürlicher Personen, insbesondere an den „injury-in-fact" Test, rückgebunden, hat aber trotzdem ein breites praktisches Einsatzfeld.[181]

III. Vergleichende Beobachtungen

In den Fragen der Klagebefugnis beschreite Amerika einen Mittelweg zwischen dem engen deutschen und dem weiten französischen Konzept, heißt es in der Literatur.[182] Das ist auf den ersten Blick richtig. Genauer betrach- 88

177 Anders Douglas, J. diss. 405 U.S. 727, 741 (1972) und Blackmun, J. diss. dort 755.

178 *Gellhorn*, 1254: „In other words, organizational standing is derivative of the standing of individual members". „Derivativ" trifft die Sache besser als der in der deutschen Literatur benutzte Begriff der „egoistischen" Verbandsklage.

179 468 U.S. 737, 751 (1984) *Allen v. Wright*.

180 432 U.S. 333, 347 (1977) *Hunt v. Washington State Apple Advertising Commission*.

181 Auch das amerikanische Prozesskostenrecht (dazu *Schack*, US-amerikanisches Zivilprozessrecht, Rn. 25) kann eine Prozessführung durch einen Verband nahelegen.

182 *Ehlers* (Fn. 134), VerwArch 84, 1993, 139, 168 f.; *Heun* (Fn. 2), in: Sommermann/Schaffarzik, Handbuch II, 1684.

tet ist die Rechtslage jedoch differenzierter und gerade in jüngerer Zeit in den USA wie in Deutschland offen für neue Entwicklungen.

89 Im Ausgangspunkt sind die deutsche und die amerikanische Rechtsordnung von der Vorstellung geprägt, dass Kläger grundsätzlich nur sein kann, wer in einer spezifischen Nähe zum Gegenstand des Streites steht. Klagen, die sich ganz allgemein auf die Durchsetzung von Gemeinwohlbelangen richten, sind nicht das Grundmodell.[183] Das gilt trotz der Bereitschaft des Kongresses, für manche Gebiete großzügig „citizen suits" vorzusehen. Das Erfordernis der Klagebefugnis, „im Lichte" des Art. III U.S.-Verf. interpretiert, hat folglich eine „Filterfunktion".[184] Die Abgrenzung des geschützten Personenkreises von der Allgemeinheit ist für das amerikanische ebenso wie für das deutsche Prozessrecht das Kernproblem. Die Diskurse haben allerdings unterschiedliche Ausgangspunkte (1). Der Vergleich muss sich auf verschlungene Argumentationslinien einstellen, die in einigen Punkten Annäherungen, in anderen nach wie vor Unterschiede zeigen (2).

1. Unterschiedliche Ausgangspunkte der verfassungsrechtlichen Diskurse

90 Die unterschiedlichen Ausgangspunkte erklären sich entwicklungsgeschichtlich:[185] In den USA hatten die Gerichte die engere Fassung der Klagebefugnis, wie sie mit dem „legal rights" Test verbunden war, schon in den 1960er Jahren verabschiedet. Diese Öffnung erfasste wichtige Gebiete wie das Umweltrecht und das Verbraucherschutzrecht, in denen eine aktive Klagepolitik von „citizen suits" einsetzte, die vom Kongress unterstützt wurde. Auf diese Tendenz reagierte der Supreme Court in *Lujan* (1998) unter Rückgriff auf Art. III sect. 2 der U.S.-Verf. mit Einschränkungen. Selbst wenn die Richtermehrheiten in den häufigen 5:4 Entscheidungen schwankten, eine eindeutige Rechtsprechungslinie lange Zeit schwer auszumachen war und auch heute nicht endgültig fixiert erscheint: Der Diskurs ist seither von den *Restriktionen* her bestimmt. Das gilt jedenfalls für

---

183 *Pierce*, Process, § 5.4 (S. 130: „Not everyone can invoke the power of a court to review agency action"); 592 U.S. __(2020) (slip op. at 4-5) *Carney v. Adams*: „a grievance that amounts to nothing more than an abstract and generalized harm to a citizen's interest in the proper application of the law does not count as an 'injury in fact'".

184 BVerwGE 104, 115, 118.

185 Zum Folgenden auch *Möllers*, Gewaltengliederung, 159 ff.

die Gerichtsbarkeit des Bundes.[186] Auch diejenigen, die nach wie vor für eine weite Fassung der Klagebefugnis eintreten, können das nur in intensiver Auseinandersetzung mit dem Restriktionsansatz tun. Das verlangt schon die vom Supreme Court immer wieder herausgestellte verfassungsrechtliche Basis der Einschränkungen.

In Deutschland ist die verfassungsrechtliche Diskussion durch die Tren- 91
nung zwischen „individuellem" und „überindividuellem" Rechtsschutz bestimmt.[187] Praktisch werden zwei Teildiskurse geführt, die gegensätzliche Tendenzen aufweisen.

- *Individueller Rechtsschutz*: Das sind die Klagen um subjektive Rechte im Schutzbereich des Art. 19 Abs. 4 GG. Diese Bestimmung schafft zwar keine subjektiven Rechte, sondern setzt sie voraus. Aus der von ihr mitgeprägten „Gesamtsicht des Grundgesetzes" folgerte das Bundesverfassungsgericht aber schon früh, „daß im Zweifel diejenige Interpretation eines Gesetzes den Vorzug verdient, die dem Bürger einen Rechtsanspruch einräumt".[188] Insbesondere die Freiheits- und Gleichheitsrechte des Grundrechtskatalogs haben sich als eine außerordentlich ergiebige Quelle materieller Rechte erwiesen. Der aus diesem Zusammenwirken entwickelte Gedanke der „Rechtsschutzeffektivität" besitzt folglich eine natürliche Ausweitungstendenz: dieser (Teil-)Diskurs denkt von einer *Expansion* her. Einschränkende Überlegungen, etwa der Gedanke der Gewaltenteilung und einer richtigen Zuordnung von „Verwaltungsverantwortung und Verwaltungsgerichtsbarkeit", haben es schwer, sich gegenüber diesem Trend zur Geltung zu bringen. Die Diskussion verläuft eindimensional. Die in den USA zutreffend herausgearbeiteten Machtaspekte der „doctrine of standing", die differenzierende Bewertungen nahelegen, werden „im Lichte" des Art. 19 Abs. 4 GG und des Individualrechtsschutzes in Deutschland schnell überspielt.
- *Überindividueller Rechtsschutz*: Ganz anders verläuft der Diskurs dagegen bei den nicht um subjektive Rechte geführten Klagen: Interessentenklagen, objektive Beanstandungsklagen und sog. altruistische Verbandsklagen. Im Bild des deutschen Verwaltungsprozessrechts, wie es sich unter

186 Das einzelstaatliche Prozessrecht ist in Fragen der Klagebefugnis durch die genannten Bestimmungen der Bundesverfassung nicht gebunden und kann folglich in größerem Umfang „citizen suits" vorsehen; dazu *Mandelker/Wegner/Griffith/Bond/Tyson*, State and Local Government in a Federal System, 857 ff.

187 Dazu systematisch *Schlacke*, Überindividueller Rechtsschutz.

188 BVerfGE 15, 275, 281; *Kopp/Schenke*, VwGO, § 42 Rn. 136.

dem Grundgesetz etabliert hat, besitzen diese Klagen nur eine Randposition. Sie werden von Art. 19 Abs. 4 GG nicht erfasst und können nur durch den Gesetzgeber, nicht aber durch eine richterliche Spruchpraxis geschaffen werden. Rechtspolitische Forderungen nach ihrer Einführung waren zunächst nur wenig erfolgreich. Von einer Bewegung in der Gesetzgebung zu mehr Verbandsklagen oder „citizen suits" wie in den USA konnte lange Zeit nicht die Rede sein. Folglich bestand auch keine Veranlassung, sich mit ihren verfassungsrechtlichen Grenzen auseinanderzusetzen.[189]

92 Erst unter dem Druck des EU-Rechts hat sich das in jüngerer Zeit geändert. Der europarechtlich veranlasste Ausbau der Verbandsklagebefugnisse hat Diskussionen um einen „Funktionswandel" der Verwaltungsgerichtsbarkeit angestoßen, die dem amerikanischen Diskurs ähneln. Neue Klagerechte werden jetzt als „Legitimationsproblem" definiert, bei dessen Lösung auch die Gewaltenteilung, die Gegenrechte anderer Prozessbeteiligter und die Folgen ausgeweiteter Klagebefugnisse für die Allokation der Ressource „Rechtsschutz" berücksichtigt werden sollen.[190]. Jedenfalls für den Bereich des überindividuellen Rechtsschutzes gibt es heute auch in Deutschland neben Ausbautendenzen Ansätze eines Diskurses, der die Restriktionen betont. Einen festen verfassungsrechtlichen Ankerpunkt, wie ihn die amerikanische Judikatur spätestens seit *Lujan* bietet, besitzt er allerdings bisher nicht.

2. Annäherungen: „citizen suits" und „prokuratorische Rechte"

93 Beide Rechtsordnungen begegnen Klagen, die sich in einem ganz allgemeinen Sinne auf die Gesetzesvollziehung richten, mit Vorbehalten. Sie schließen solche Klagen aber auch nicht prinzipiell aus. In den USA hat das „private law enforcement" sogar eine lange Tradition (→ 2/128–131). „Citizen suits" sind in vielen Gesetzen vorgesehen und gelten etwa im Umweltrecht als ein wichtiges Instrument der Rechtsdurchsetzung.[191] Sie müssen sich aber in den Rahmen der „cases or controversies" Klausel des Art.

---

189 Ausnahme: *Felix Weyreuther*, Verwaltungskontrolle durch Verbände?, 1975.

190 *Ferdinand Gärditz*, Funktionswandel der Verwaltungsgerichtsbarkeit unter dem Einfluss des Unionsrechts – Umfang des Verwaltungsrechtsschutzes auf dem Prüfstand, Gutachten D zum 71. Deutschen Juristentag, 2016, 28 ff.

191 Vgl. nur *R. L. Glicksman*, The Value of Agency-Forcing Citizen Suits to Enforce Nondiscretionary Duties, 10 Widener L. Rev. 353 (2004); *K. A. Rouse*, Holding

III der U.S.-Verf. einfügen. Der Kreis der Interessen, auf die sich ein Kläger berufen kann, ist zwar weit; aber die Art ihrer Betroffenheit muss „concrete and particularized" dargetan werden. Der Kläger muss „a personal stake in the outcome" und nicht nur ein reines Klageinteresse haben.

Im dualistischen deutschen Modell, das zwischen individuellem und über- 94
individuellem Rechtsschutz trennt, stehen Bürgerklagen eines vergleichbaren Zuschnitts im Regelfall außerhalb der Schutzzone des Art. 19 Abs. 4 GG, weil sie nicht der Verteidigung subjektiver Rechte dienen. Sie müssen gesetzlich ausdrücklich zugelassen werden. In diesem Punkte könnte sich allerdings ein Wandel abzeichnen: Das EU-Recht kennt Fälle, in denen der Einzelne befugt ist, seine Klage zum Schutz eines bestimmten Kollektivgutes wie z. B. der Volksgesundheit einzusetzen. Dabei geht es nicht um die Durchsetzung der Gesetzesvollziehung ganz allgemein, sondern um die Verteidigung von Gemeinschaftsgütern, an denen auch der Kläger selbst in einem weiteren Sinne partizipiert. Soweit das EU-Recht den Mitgliedstaaten vorschreibt, entsprechend weite Klagebefugnisse vorzuhalten, sind diese Vorgaben in Deutschland subjektiv-rechtlich aufgefangen und in die Schutznormlehre integriert worden.[192] Die Judikatur spricht von „prokuratorischen" Rechten.[193]

Diese Entwicklung hat Überlegungen angestoßen, ob die Lehre vom sub- 95
jektiven Recht nicht auch über den europarechtlich vorgeschriebenen Bereich hinaus um prokuratorische Elemente erweitert werden sollte.[194] Nach der heute allseits akzeptierten *grundrechtlichen* Erweiterung, die das subjektive Recht und die Schutznormlehre in den letzten Jahrzehnten erfahren haben, könnte mit dieser *funktionellen* Erweiterung auf die Veränderung staatlicher Steuerungsmittel reagiert werden, die oft auf einer höheren Ebene ansetzen und es dadurch erschweren, ihnen mit Klagen des traditionellen engen Zurechnungsmodells zu begegnen. Bisher sind diese Überlegungen zwar hoch umstritten. Sollte sich im Laufe der Zeit das Konzept des subjektiven Rechts jedoch in diesem Sinne erweitern, würde

---

the EPA Accountable: Judicial Construction of Environmental Citizen Suit Provisions, 93 N. Y. U. L. Rev. 1271 ff. (2018).

192 Dazu *Schoch*, Gerichtliche Verwaltungskontrollen, in: GVwR III, § 50 Rn. 154 ff.: „Konzept der funktionalen Subjektivierung".

193 BVerwGE 147, 312 = NVwZ 2014, 64 Rn. 46 unter Bezugnahme vor allem auf *Masing*, Die Mobilisierung des Bürgers für die Durchsetzung des Rechts, bes. 128 ff.

194 Vgl. *Schmidt-Aßmann*, Kohärenz und Konsistenz, 20 ff. mit weit. Nachw.; dagegen *Gärditz*, Funktionswandel der Verwaltungsgerichtsbarkeit, 51 ff.

sich das *im praktischen Ergebnis* der amerikanischen Situation annähern: Bürger- oder Verbandsklagen wären zwar nach wie vor nicht generell statthaft. Sie wären aber auch nicht von einer besonderen gesetzlichen Anerkennung abhängig, sondern dann zuzulassen, wenn es um Rechtsgüter geht, deren „prokuratorische“ Verteidigung aus einer bestimmten Gefährdungssituation heraus angezeigt ist.

B. Die Kontrolldichte („scope of review“)

96 Dieses zweite Standardthema ist in beiden Rechtsordnungen durch ein dichtes Netz von Rechtsbegriffen und Doktrinen bestimmt: in den USA etwa die Unterscheidung von „error of law“ und „error of fact“, „substantial evidence“ und „*Chevron* doctrine“, in Deutschland der „unbestimmte Gesetzesbegriff“, die „Beurteilungsermächtigung“, die „normative Ermächtigungslehre“, die „Letztentscheidungskompetenz“ und die Lehre von den „Ermessensfehlern“.[195] Ebenso finden sich in beiden Ländern aber auch immer wieder skeptische Stimmen, denen zufolge die Gerichte sich nicht an die damit vorgegebenen Linien halten, sondern die Intensität ihrer Kontrolle so variabel handhaben, wie es der Fall ihrem Rechtsgefühl nach verlangt.[196]

97 Gerade auf diesem Felde sind die Unterschiede zwischen der Herstellung und der Darstellung einer Gerichtsentscheidung besonders ausgeprägt. Trotzdem wird es in der amerikanischen ebenso wie in der deutschen Rechtspraxis für richtig gehalten, die Behandlung des Themas an den eingeführten Einteilungen und Doktrinen auszurichten; denn sie sind es, auf die die Judikate und auch die Gesetze Bezug nehmen und die die Diskussion um die gerichtliche Kontrolldichte strukturieren.[197] Die deutsche Lehre vom Beurteilungsspielraum mag im Rechtsvergleich zwar teilweise „überdogmatisiert“ wirken. Die grundlegende Einsicht aber, dass die Intensität der gerichtlichen Verwaltungskontrolle durch einen Bestand an Rechtsfi-

---

195 Vgl. *Oster*, Normative Ermächtigungen im Regulierungsrecht, pass.

196 *Schwartz*, § 10.1 (S. 625): „In the final analysis, the scope of review depends on the individual judge's estimate of the justice of the case“. Vgl auch den Hinweis auf den „dezisionistischen“ und „voluntativen“ Charakter unterschiedlicher Kontrollmaßstäbe *K.-L. Riese*, in: Schoch/Schneider/Bier, VwGO, Vorb. § 113 Rn. 27.

197 Ebenso *Strauss*, Justice, 456; *Gellhorn*, 927: „that these considerations ought to be reflected in the doctrinal formulation of scope of review“.

guren und Standards beschreibbar und bewertbar sein sollte, teilen die USA und Deutschland.

Für die rechtsvergleichende Betrachtung wichtiger sind gerade hier die oben beschriebenen *Perspektivenunterschiede*, die zwischen der amerikanischen und der deutschen Verwaltungsrechtslehre bestehen:[198] In den USA stehen die gestaltende Verwaltung und ihre komplexen Regulierungsentscheidungen, insbesondere das „rulemaking", im Vordergrund. Die deutsche Lehre orientiert sich dagegen primär an Vollzugsentscheidungen des Polizei-, Beamten-, Gewerbe- oder Prüfungsrechts, während etwa Planungsentscheidungen mit ihren differenzierten Interessenstrukturen nach wie vor ein Sondergebiet darstellen. Eine hohe Intensität gerichtlicher Kontrollen lässt sich natürlich dort leichter durchhalten, wo es um gesetzesvollziehende Verwaltungsentscheidungen in überschaubaren Sachverhalten geht, als dort, wo die Gerichte mit komplexen Gestaltungsentscheidungen der Verwaltung konfrontiert sind.[199] 98

Im Folgenden werden zunächst die grundlegenden Kontrollstandards aufgezeigt (I). Die umstrittene Frage, wie intensiv die Gerichte speziell die administrative Auslegung des einschlägigen Fachrechts kontrollieren dürfen, wird danach gesondert untersucht (II). 99

I. Die Grundlinien (§ 706 APA)

Gemeinsamer Bezugspunkt ist in beiden Rechtsordnungen die *Rechtswidrigkeit* der angegriffenen Verwaltungsmaßnahme. Zweckmäßigkeit oder Fragen von „policy" gehören nicht zum Prüfungsprogramm der Gerichte. Während § 113 VwGO nur allgemein auf die Rechtswidrigkeit abhebt, benennt der APA eine Reihe von Fehlertatbeständen als *„standards of review"*, die das Gericht zur Aufhebung einer Verwaltungsentscheidung veranlassen. Als Ausgangspunkt dient die Unterscheidung von Sachverhaltsfragen (1) und Rechtsfragen (2).[200] Ermessensfragen sind anders als in Deutschland nicht auf die Rechtsfolgenseite begrenzt, sondern können sich auch auf der Tatbestandsseite stellen (3). 100

---

198 Zur Bedeutung dieser „Spektralverschiebung" → 1/10–11.

199 Vgl. *Möllers*, Gewaltengliederung, 163 ff.

200 Die „arbitrary or capricious" Formel § 706(2)(A) APA ist der beide übergreifende Kontrollstandard.

101 Verstöße speziell gegen *Verfahrensrecht* werden tendenziell schärfer sanktioniert als in Deutschland. Allerdings ist auch das amerikanische Recht trotz aller Wertschätzung des Verfahrens pragmatisch genug, um nicht jeden Verfahrensfehler als Grund für die Aufhebung einer Verwaltungsentscheidung zu behandeln (→ 3/83–84). Die Nichteinhaltung des vorgegebenen Verfahrensrechts ist zwar als ein beachtlicher Verfahrensfehler ausdrücklich im Gesetz genannt; aber es ist ihm eine „harmless error" Klausel beigefügt.[201] Die Gerichte sind dadurch in die Lage versetzt, u.a. nach der Schwere des Fehlers und nach der Wahrscheinlichkeit, mit der er das Ergebnis beeinflusst hat, zu differenzieren.[202] Das Ergebnis hängt von den Umständen des Einzelfalles ab. Generelle Aussagen, wann ein Fehler „harmless" ist, lassen sich so gut wie nicht treffen.[203]

1. Sachverhaltsfragen

102 Was den Sachverhalt betrifft, fragen die Gerichte, inwieweit die Behörde ihrem Auftrag zur Ermittlung, Bewertung und Dokumentation der Tatsachen gerecht geworden ist. Vorbild der Verwaltungskontrolle ist die Überprüfung der Tatsachenfeststellungen eines „trial court" durch das höhere Gericht. Ein eigenes Beweisverfahren vor dem überprüfenden Gericht gehört nicht dazu; etwas anderes gilt nur für die seltenen Fälle des „de novo review".[204] Hierin liegt ein wesentlicher Unterschied zu den deutschen Ver-

---

201 § 706(2)(D) APA und dort im letzten Satz: „due account shall be taken of the rule of prejudicial error". In § 508(b) MSAPA 2010 heißt es: „the court shall apply the rule of harmless error".

202 556 U.S. 396, 411 (2009) *Shinseki v. Sanders*: Kriterien können u.a. sein: „an estimation of the likelihood that the result would have been different, an awareness of what body (jury, lower court, administrative agency) has the authority to reach that result, a consideration of the error's likely effects on the perceived fairness, integrity, or public reputation of judicial proceedings". Vgl. *M. Fehling*, Eigenwert des Verfahrens im Verwaltungsrecht, in: VVDStRL 70, 2011, 293 und 299.

203 *C. Smith*, Taking „Due Account" of the APA's Prejudicial-Error Rule, 96 Va. L. Rev. 1727, 1764 (2010): „Unfortunately, what that study reveals is a series of cases that lie in the twilight between rules of general application and fully case-specific or even haphazard analysis".

204 Vgl. 401 U.S. 402, 415 (1971) *Citizens to Preserve Overton Park, Inc. v. Volpe* (Overton Park); vgl. *Erath*, Verwaltungsverfahren 130 ff. Die wichtigsten Fälle finden sich im FOIA und im Privacy Act; dazu → 5/35–37 und 55. Weiter die seltenen Fälle der „constitutional" und „jurisdictional facts", dazu *Strauss*, Justice, 464 Fn. 31 i. V. 460 f.

waltungsgerichten, die zur Amtsermittlung verpflichtet sind (§ 86 Abs. 1 VwGO) und den Rechtsstreit daher gegebenenfalls durch eigene Beweiserhebungen zur Entscheidungsreife bringen müssen. Für die amerikanischen Gerichte ist Bezugspunkt ihrer Kontrolle nicht der Sachverhalt selbst, sondern der behördliche Umgang mit dem Sachverhalt, wie er sich im „record" der Behörde darstellt.[205] Für die solchermaßen distanzierte und „record"-konzentrierte Überprüfung stehen zwei Kontrollstandards zur Verfügung:[206]

a) „substantial evidence"

Nach § 706(2)(E) APA ist eine Verwaltungsentscheidung aufzuheben, 103
wenn die zugrundegelegten Tatsachenannahmen durch Beweise nicht hinreichend abgesichert sind („unsupported by substantial evidence"). Um das beurteilen zu können, muss sich das Gericht detailliert mit allen Teilen des „record" auseinandersetzen, also auch mit den Angaben, die gegen die behördlichen Annahmen und Überlegungen sprechen.[207] Besondere gerichtliche Aufmerksamkeit finden etwa Fälle, in denen die Behörde in ihrer Entscheidung von den Sachverhaltsfeststellungen des ALJ abgewichen ist. Trotzdem bleibt das Gericht auf die Rolle des Prüfers beschränkt und wird nicht zum Ermittler. Sachverhalt, der nicht im „record" enthalten ist oder sich nicht aus ihm ergibt, ist auch nicht Prüfungsgegenstand.[208] Neue Tatsachen können nur in engen Grenzen eingeführt werden.[209]

205 Das ist eine umfangreiche Dokumentation, die aus einer Vielzahl unterschiedlicher Aktenstücke, Protokolle, Stellungnahmen und Erklärungen besteht. Vgl. zum Mindestinhalt des „rulemaking record" § 302(b)(1–7) und des „hearing record" § 406(b)(1–11) MSAPA 2010. Allgemein zur Bedeutung des „record" *Schwartz*, § 10.2.

206 401 U.S. 402, 414–416 (1971); systematisch *Pierce*, Process, § 7.3; *Cane*, Controlling, 243 ff.; auch *Hartung* (Fn. 2), DÖV 1993, 323, 328 f. Vgl. weiter → 4/119 ff.

207 Dazu 340 U.S. 474, 488 (1951) *Universal Camera Corp. v. NLRB*; *Breyer/Stewart*, 230.

208 Vgl. § 507(a) MSAPA 2010: „the court review is confined to that record and to matters arising from that record".

209 § 507(c) MSAPA 2010; dazu die Begründung dort S. 96: „However, the standard of opening the record on appeal is high".

104 Maßstab für die Bewertung des Gerichts ist das an Ermittlungen, was einen vernünftigen Entscheider zufriedengestellt hätte.[210] Damit ist der Verwaltung ein erheblicher Spielraum bei der Erhebung und Bewertung der erforderlichen Beweise eingeräumt. Er wird vor allem mit der besonderen Sachkunde gerechtfertigt, die hinter der gesetzlichen Zuweisung der betreffenden Aufgabe an eine bestimmte Behörde steht. Gewinnt das Gericht jedoch den Eindruck, dass die Behörde ihre Aufgaben in eigenwilliger und undurchsichtiger Weise wahrgenommen hat, so kann das zu einer immanenten Verschärfung der Anforderungen führen.[211]

105 Der „substantial evidence“ Standard gilt für Entscheidungen, die gem. §§ 556 oder 557 APA im Verfahren des „formal rulemaking“ oder „formal adjucation“ erlassen worden sind oder die sonst gem. gesetzlicher Vorschrift in einem entsprechend formalisierten Verfahren ergangen sind. Selbst wenn eine Reihe von Fachgesetzen, über den APA hinausgehend, den Anwendungsbereich des Standards erweitert hat, bleibt es dabei, dass die meisten Verwaltungsentscheidungen nicht erfasst werden.[212]

b) „arbitrary and capricious“

106 Die nicht unter a) fallenden Entscheidungen sind nach dem „arbitrary and capricious“ Standard zu behandeln.[213] Auch hier müssen sich die Gerichte mit den behördlichen Unterlagen und Erwägungen auseinandersetzen:[214] Zu prüfen ist insbesondere, ob alle relevanten Gesichtspunkte erfasst worden sind, ob die Begründung durch die Beweisergebnisse gestützt wird

---

210 487 U.S. 552, 564 (1988) *Pierce v. Underwood*: „justified to a degree that could satisfy a reasonable person“; ähnlich schon 305 U.S. 197, 229 (1938) *Consolidated Edison Co. v. NLRB*; vgl. auch 527 U.S. 150, 153 (1999) *Dickinson v. Zurko* sowie 574 U.S. 293 (2015) (slip. op. at 7) *T-Mobile South, LLC v. City of Roswell* und 587 U.S. __ (2019) (slip op at 5) *Biestek v. Berryhill*; *Strauss*, Justice, 465 („reasonable administrator“). Zu Einzelpunkten *Pierce*, Process, § 7.3.1; *Breyer/Stewart*, 227 ff.

211 So die Einschätzung 522 U.S. 359 (1998) *Allentown Mack Sales &Services, Inc. v. NLRB* von *Pierce*, Process, § 7.3.1; *Strauss*, Justice, 468 („driven by judicial suspicions that the NLRB had been manipulatively using the special status that its fact-finding would enjoy on review“).

212 Für das Recht der Einzelstaaten ergibt sich ein breiterer Anwendungsbereich aus dem Umstand, dass § 508(a)(3)(D) MSAPA 2010 den „substantial evidence“ Standard für alle „contested cases“ i. S. des § 102(7) vorsieht.

213 401 U.S. 402, 416 (1971) *Overton Park*; *Pierce*, Process, § 7.3.2.

214 463 U.S. 29, 43 (1983) *Motor Vehicle Manufacturers Association of the United States, Inc. v. State Farm Mutual Automobile Insurance Co.* (State Farm); → 4/119 ff.

und ob die Behörde nicht Gesichtspunkte herangezogen hat, die das Gesetz gerade nicht berücksichtigt wissen wollte. Dazu haben die Behörden auch für die nicht-förmlich ergangenen Entscheidungen gegebenenfalls einen Grundbestand an dokumentierten Feststellungen vorzuhalten.[215] Diese Feststellungen werden bei der gerichtlichen Kontrolle Punkt für Punkt durchgegangen.[216] Das ist mehr als eine bloße Willkürkontrolle. Wo die „hard look" Judikatur greift, verschärfen sich die Anforderungen weiter.[217] Allerdings müssen sich die Gerichte davor hüten, ihre eigenen Vorstellungen an die Stelle derjenigen der Verwaltung zu setzen.[218]

Ursprünglich sollte der „arbitrary and capricious" Standard im Vergleich 107
mit dem „substantial evidence" Standard eine weniger intensive gerichtliche Kontrolle indizieren. Seine schrittweise Aufladung mit Anforderungen des „hard look" hat ihn jedoch Letzterem angeglichen, so dass gefragt wird, ob heute nicht von einem einheitlichen Standard auszugehen ist. Dafür finden sich in der Rechtsprechung der Berufungsgerichte durchaus Beispiele.[219] Richtiger erscheint es jedoch, statt von einer Angleichung der beiden überkommenen Standards eher von einer internen Ausdifferenzierung des „arbitrary and capricious" Standard auszugehen:[220] An *einem* Ende des Spektrums bewegen sich die Fälle, die sich dem „substantial evidence" Standard praktisch angeglichen haben. Am anderen Ende finden sich Fälle, in denen die Kontrolle deutlich zurückgenommen ist. Das betrifft zum einen Einzelentscheidungen mit geringem Belastungsgehalt. Es können aber auch Entscheidungen sein, in denen es um komplizierte offene Fragen des technisch-wissenschaftlichen Fortschritts („areas of uncertainty", „at the border of science") geht. Auch hier ist der Supreme Court bereit, der besonderen *Sachkunde* der zuständigen Behörde für die Tatsa-

215 Nach § 507(b) MSAPA 2010 gehören dazu: „unprivileged materials that agency decision makers directly or indirectly considered, or which were submitted for consideration by any person, in connection with the action under review, including information that is adverse to the agency's position".

216 463 U.S. 29, 46–51 (1983) *State Farm*; ferner 556 U.S. 502, 517 (2009) *FCC v. Fox Television Stations Inc.* (Fox I).

217 Zu dieser für das Verwaltungs- *und* für das Gerichtsverfahren relevanten Rechtsprechung → 3/80 ff.; *Cane*, Controlling, 249: „It [hard-look review] requires a strong logical relationship between outcome (decision or rule), reasoning and reasons".

218 401 U.S. 402, 416 (1971) *Overton Park*: „Although this inquiry into the facts is to be searching and careful, the ultimate standard of review is a narrow one. The court is not empowered to substitute its judgment for that of the agency".

219 Vgl. *Pierce*, Process, § 7.3.3; *Erath*, Verwaltungsverfahren, 119 ff.

220 So *Strauss*, Justice, 471.

chenfeststellung und ihrer politischen *Verantwortung* für die praktischen Konsequenzen Rechnung zu tragen und einen sehr zurückhaltenden Prüfungsmaßstab anzulegen.[221]

2. Rechtsfragen

108 Der zweite Grund, der nach der Systematik des § 706(2) APA zur Aufhebung der angegriffenen Entscheidung führt, sind Rechtsfehler. Den Maßstab bilden das Verfassungsrecht, die allgemeinen Rechtsgrundsätze, das Verfahrensrecht des APA und vor allem die einschlägigen Fachgesetze. Zu trennen ist zwischen Rechtsauslegung (a-b) und Rechtsanwendung (c).

a) „The province of the judicial department"

109 Das Recht zu interpretieren ist eine genuine Aufgabe der Gerichte – nach der berühmten Formulierung in *Marbury v. Madison*: „It is emphatically the province and duty of the judicial department to say what the law is".[222] Dazu gehört auch die inzidente Überprüfung der einschlägigen Rechtsgrundlagen unter Einschluss der Gesetze des Kongresses auf ihre Verfassungsmäßigkeit. Gerade mit dieser Form des „judicial review" haben die USA früh einen Meilenstein für die Entwicklung des Verfassungsstaates gesetzt.[223] Eine vollständige gerichtliche Kontrolle der behördlichen Rechtsauslegung dient nicht nur dem Schutz individueller Rechte im Einzelfall, sondern auch dazu, Rechtseinheit und Gesetzesgebundenheit der Exekutive sicherzustellen.[224] Das ist in Amerika ebenso wie in Deutschland anerkannt.

110 Beide Rechtsordnungen verschließen allerdings nicht die Augen davor, dass die Präzision der einschlägigen Rechtsbegriffe in der Praxis erheblich variiert. Sie ziehen aus diesem Umstand allerdings unterschiedliche Konsequenzen: Nach deutscher Auffassung ist die abstrakte *Auslegung* des ein-

---

221 462 U.S. 87, 97, 104 (1983) *Baltimore Gas & Electric Co. v. NRDC, Inc.*; *Pierce*, Process, § 7.3.4.

222 5 U.S. (1 Cranch) 137, 177 (1803).

223 Dazu nur *Heun*, Verfassung und Verfassungsgerichtsbarkeit, 38 ff., zur deutschen Entwicklung dort 77 ff.

224 *Pierce*, Process, § 5.1.1: „In this sense, courts aid Congress by insuring that agencies stay within the substantive boundaries established by Congress".

schlägigen Rechts voller gerichtlicher Kontrolle unterworfen und eine Kontrollreduktion allenfalls bei der einzelfallbezogenen *Subsumtion* denkbar.[225] In Amerika interessiert demgegenüber an erster Stelle, inwieweit schon bei der Auslegung richterliche Zurückhaltung („deference") angezeigt ist.

b) Fallgruppen von „judicial deference"

Eine Zurücknahme der gerichtlichen Kontrolle kommt allerdings nicht in 111
Betracht, soweit es um die Auslegung des Verfassungsrechts und der allgemeinen Gesetze wie z.B. des APA oder des FOIA geht. Das Feld beschränkter gerichtlicher Kontrolle ist das *Fachrecht*. Hier stellen sich zwei Probleme: zunächst ist zu fragen, ob eine Kontrollreduktion überhaupt veranlasst ist, und sodann, nach welchen Kriterien die reduzierte Kontrolle auszuüben ist. Soweit dazu spezialgesetzlich nichts gesagt ist, orientieren sich Wissenschaft und Praxis an bestimmten Typen, die jeweils bestimmte Verwaltungshandlungen mit einer Reduktion der gerichtlichen Kontrolle verbinden.

Die jeweilige Leitentscheidung des Supreme Court gibt dem entsprechen- 112
den Deference Typ den Namen:[226]

- *Chevron* betrifft die Auslegung *(fach)gesetzlicher* Vorschriften durch *rechtsförmige* behördliche Entscheidungen. Zu diesen Entscheidungen, die bindende Rechtswirkung haben, zählen vor allem „rules", unabhängig davon, ob sie im Sinne des APA als „formal" oder „informal" einzustufen sind. *Chevron* ist, was Auslegungsfragen betrifft, der Hauptfall einer reduzierten gerichtlichen Überprüfung (dazu → 4/124 ff.).
- *Skidmore* betrifft die Frage, welche Bedeutung *andere behördliche Verlautbarungen* für die Interpretation von Gesetzesbegriffen haben. Die Gerichte behandeln solche Texte nicht als rechtlich bindende Vorgaben,

---

225 BVerfGE 129, 1, 22 f.

226 Knappe Charakterisierungen der Typen bei *Cane*, Controlling, 211 ff. Statistische Angaben dazu, wie sich die Anwendung der unterschiedlichen Typen auf das Entscheidungsergebnis des Supreme Court ausgewirkt hat, bei *W. N. Eskridge Jr./L. E. Baer*, The Continuum of deference: Supreme Court Treatment of Agency Statutory Interpretations from Chevron to Hamdan, 96 Geo. L. J. 1083 (2008). Zur aktuellen Auseinandersetzung um Auer und um Chevron deference vgl. *J. A. Pojanowski*, Neoclassical Administrative Law, 133 Harv. L. Rev. 852 ff. (2020).

sind aber bereit, ihnen ein erhebliches argumentatives Gewicht beizumessen, wenn sie die Überzeugung gewonnen haben, dass die betreffende Verlautbarung durch den Sachverstand der Behörde geprägt und auf Grund sorgfältiger Überlegungen ergangen ist (→ 3/63).

– *Auer* (auch *Seminole Rock*) betrifft die Frage, wieweit die behördliche Interpretation einer von *derselben Behörde* erlassenen *Verordnung* von den Gerichten zu akzeptieren ist.[227] Die Gerichte folgten hier bisher einem äußerst zurückhaltenden Kontrollstandard.[228] Danach war grundsätzlich die behördliche Auslegung zugrunde zu legen, es sei denn, diese erweise sich als „plainly erroneous or inconsistent with the regulation“.[229] Gerechtfertigt wurde diese Zurückhaltung mit dem Hinweis, die Behörde als Normgeber wisse selbst am besten, was sie habe regeln wollen.[230] Es gab jedoch seit Langem erhebliche Kritik.[231] Nunmehr ist auch der Supreme Court von seiner zurückhaltenden Linie abgegangen. In der Entscheidung *Kisor v. Wilkie* vom 26. Juni 2019 ist es zwar (knapp) vermieden worden, dass *Auer* gänzlich verabschiedet wurde, wie es eine Minderheit der Richter verlangte.[232] Doch will auch die das Urteil tragende Mehrheit der als liberal geltenden Richter die Kontrollreduktion künftig an strenge Voraussetzungen binden:[233] Die Gerichte müssen danach unter Einsatz aller verfügbaren Auslegungsregeln („all traditional tools of construction“) zunächst einmal genau untersuchen,

---

227 519 U.S. 452 (1997) *Auer v. Robbins*; dazu *Pierce*, Process, § 7.5; *Hickman/Pierce*, 774–794.

228 Statistische Untersuchungen zeigen, dass der Supreme Court bei Zugrundelegung dieses Standards in 90 % der Fälle der behördlichen Interpretation folgte; Nachw. bei *Hickman/Pierce*, 794.

229 519 U.S. 452, 461 unter Bezugnahme auf 490 U.S. 332, 359 (1989) *Robertson v. Methow Valley Citizens Council* und 325 U.S. 410, 414 (1945) *Bowles v. Seminole Rock & Sand Co.* Zu Ausnahmen von diesem Standard vgl. 567 U.S. 142, 155–157 (2012) *Christopher v. SmithKline Beecham Corp.*

230 Zu den Gründen für Auer im Einzelnen vgl. *C. Sunstein/A. Vermeule*, The Unbearable Rightness of Auer, 84 U. Chic. L. Rev. 297, 307 (2017): the agency as „interpreter and policy-maker“.

231 Ausführlich *J. Manning*, Constitutional Structure and Judicial Deference to Agency Interpretations of Agency Rules, 96 Colum. L. Rev. 612 (1996); weitere Lit. bei *Strauss*, Justice, 501 f. Die Kritik wurde aufgenommen von Scalia J., (conc. in part and diss. in part) 568 U.S. 597. 621 (2013) *Decker, Oregon State Forester v. Northwest Environmental Defense Centre*: „He who writes a law must not adjudge its violation“.

232 588 U.S. __ (2019) *Kisor v. Wilkie*, Gorsuch, J., (concur. in judgement), dem sich die Richter Alito, Kavanaugh und Thomas angeschlossen haben.

233 Ebd. Kagan, J. für die Mehrheit (slip op at. 11–19).

ob die streitige Bestimmung der betreffenden Rechtsverordnung überhaupt Zweifel an ihrer Auslegung zulässt. Sie werden dadurch deutlich stärker als bisher in die Interpretation hineingezogen. Aber auch dann, wenn sie die Offenheit des Textes bejahen, müssen sie weiter fragen, ob sich die behördliche Interpretation in den Grenzen vernünftiger Auslegung hält und ob sie sich als Ergebnis besonderer behördlicher Fachkunde verstehen lässt. Von der ursprünglichen Kontrollreduktion ist in *Kisor* nicht viel übrig geblieben.

- *Curtiss-Wright* betrifft Fragen speziell der Außen- und Sicherheitspolitik.[234] Die gerichtliche Kontrolle ist hier weit zurückgenommen, weil auf diesen Feldern neben den Vorgaben des Kongresses auch die zentralen Kompetenzen des Präsidenten in Rechnung gestellt werden müssen. U. U. ist der Rechtsschutz gesetzlich sogar vollständig ausgeschlossen. Anderes gilt allerdings, wenn Habeas Corpus Garantien oder völkerrechtliche Verträge im Spiel sind.[235]

Nimmt man die Typen zusammen, so ergibt sich ein beachtlich breites Feld eingeschränkter gerichtlicher Überprüfung. In jüngster Zeit mehren sich allerdings die Stimmen, die auf eine Einschränkung der Einschränkungen und damit auf eine Steigerung der Kontrollintensität drängen.[236] 113

c) Subsumtionsfragen

Die Anwendung der Norm auf den konkreten Sachverhalt gilt als eine zwischen Tatsachen und Recht changierende „mixed question".[237] Sie letztver- 114

---

234 299 U.S. 304, 320 (1936) *United States v. Curtiss-Wright Export Corp.*: „the very delicate, plenary and exclusive power of the President as the sole organ of the federal government in the field of international relations". Vgl. auch *G. Nolte*, Landesbericht Vereinigte Staaten von Amerika, in: Frowein, Kontrolldichte, 172, 203 ff. Weitere Entscheidungen auf diesen Gebieten bei *W. N. Eskridge Jr./L. E. Baer* (Fn. 226), 96 Geo. L. J., 1083, 1100–1103 (2008).

235 Dazu 548 U.S. 557 (2006) *Hamdan v. Rumsfeld* (genaue Prüfung der Auslegung des einschlägigen Rechts).

236 Neben den Angriffen auf *Auer* die Zweifel an *Chevron*; dazu → 4/134–135 und → 6/35–40.

237 Vgl. *W. Heun* (Fn. 2), in: Sommermann/Schaffarzik, Handbuch II, 1689. Der Gebrauch dieses Begriffs ist in der Judikatur allerdings nicht immer eindeutig und kann anders als die im vorliegenden Zusammenhang interessierende Frage nach der Kontrollintensität auch andere Fragestellungen betreffen; dazu jüngst 589 U.S.__ (2020)(slip op. at 4–5) *Guerrero-Lasprilla v. Barr*, und Thomas, J. diss. dort (slip op. at. 3–6).

bindlich selbst zu beantworten fällt den Gerichten jedenfalls zu, wenn ausnahmsweise „de novo review" vorgesehen ist.[238] Im Übrigen soll es darauf ankommen, ob das Gericht oder die Verwaltung besser geeignet ist, die Subsumtionsfrage letztverbindlich zu beantworten:[239] Sind spezielle rechtliche Überlegungen notwendig, sind es die Gerichte, die dann grundsätzlich vollständig prüfen. In diesen Fällen entsprechen die amerikanischen Standards dem, was nach Art. 19 Abs. 4 GG der Regelfall sein soll.[240] Geht es dagegen mehr um den Umgang mit den Fakten, hat die Verwaltung die Vorhand. Die Gerichte verfahren dann nach der Generalklausel des § 706(2)(A) APA, nach der eine Verwaltungsentscheidung aufzuheben ist, wenn sie „arbitrary, capricious, an abuse of discretion, or otherwise not in accordance with law" ist. Dass das – je nach Art der zu überprüfenden Verwaltungsentscheidung – insgesamt gleichwohl zu einem intensiven Nachvollzug der behördlichen Ermittlungen und Erwägungen führen kann, zeigen die detaillierten, fachbezogenen Auseinandersetzungen des Gerichts in *State Farm.*[241]

3. Die Kontrolle des behördlichen Ermessens („discretion")

115 Das amerikanische Recht geht von einem einheitlichen, weiten Begriff des Verwaltungsermessens aus, wie ihn auch die meisten anderen Verwaltungsrechtsordnungen zugrundelegen.[242] Ermessensfragen können sich daher anders als nach herrschender deutscher Ansicht nicht nur auf der Rechtsfolgenseite stellen.[243] Gesetzlicher Anknüpfungspunkt der Kontrolle ist

---

238 Gesetzlich vorgesehen etwa bei Prozessen um den freien Aktenzugang nach dem FOIA. Zur älteren Lehre von den „constitutional facts" vgl. *Hartung* (Fn. 2), DÖV 1993, 323, 325.

239 Vgl. 583 U.S. __(2018)(slip op. at 8) *U.S. Bank N.A. v. Village at Lakeridge, LLC*: „better suited to resolve it".

240 Dazu BVerfGE 129, 1, 23: im gewaltenteilenden Staat grundgesetzlicher Prägung sein „die letztverbindliche Normauslegung und auch die Kontrolle der Rechtsanwendung im Einzelfall grundsätzlich den Gerichten vorbehalten".

241 463 U.S. 29, 46–57 (1983): Kontrollkonzept einer „reasoned analysis".

242 Zum Rechtsvergleich *S. Oeter*, Die Kontrolldichte hinsichtlich unbestimmter Begriffe und des Ermessens, in: Frowein, Kontrolldichte, 266, 272 ff.; auch *Davis*, Discretionary Justice in Europe and America, 1976 (zum Ermessen speziell bei Maßnahmen der Rechtsdurchsetzung).

243 *Pierce*, Process, § 5.1.5: courts permit agencies „considerable discretion in all aspects of decision-making". Ähnlich *P. L. Strauss*, Overseers or The Deciders – The Courts in Administrative Law, 75 U. Chi. L. Rev. 815, 823 (2008).

§ 706(2)(A) APA, der „abuse of discretion" ausdrücklich als Fehlertatbestand nennt.

a) Grenzen und Zweck der Ermessensermächtigung

Zur Konkretisierung hat der Supreme Court in der Entscheidung *Citizens to Preserve Overton Park v. Volpe* ein zweigliedriges Prüfungsschema entwickelt, das – ähnlich wie § 114 VwGO – auf die Grenzen und auf den Zweck der gesetzlichen Ermessensermächtigung abhebt und damit Ermessensüberschreitungen und Ermessensfehlgebrauch als die beiden Grundtatbestände der Fehlerlehre ansieht.[244] 116

Zunächst muss das Gericht entscheiden, ob sich die Verwaltungsbehörde innerhalb ihres Aufgabenbereichs („scope of its authority") gehalten hat: Dazu ist der Umfang der Ermessensermächtigung zu ermitteln. Hat das einschlägige Gesetz die Bandbreite der Handlungsalternativen begrenzt, ist weiter zu prüfen, ob sich die Entscheidung der Verwaltung innerhalb dieser Bandbreite bewegt und die Behörde vernünftigerweise davon ausgehen konnte, dass Alternativen nicht zur Verfügung standen.[245] 117

In einem zweiten Schritt fragt das Gericht sodann, ob die Entscheidung im Sinne des § 706(2)(A) APA „arbitrary, capricious, an abuse of discretion, or otherwise not in accordance with law" ist. In der Literatur werden zur Verdeutlichung etwa folgende Fehlertatbestände genannt:[246] „improper purpose", „extraneous considerations", „erraneous legal or factual foundation", „failure to consider relevant considerations", „departure from established precedents or practice" und „inaction and delay". Aufgabe der Gerichte ist es zu prüfen, ob die Behörde die relevanten Faktoren erfasst hat und ob ihr nicht ein klarer Einschätzungsfehler unterlaufen ist.[247] Gesichtspunkte, die der Kongress nicht berücksichtigt wissen wollte, darf 118

244 401 U.S. 402, (1971); dazu *Strauss*, Justice, 503 ff.; *Hickman/Pierce*, 815 ff.

245 401 U.S. 402, 415 (1971); weiter ausdifferenzierend dann 463 U.S. 29, 46–51 (1983) *State Farm*: „Normally, an agency rule would be arbitrary and capricious if the agency has relied on factors which Congress has not intended it to consider, entirely failed to consider an important aspect of the problem, offered an explanation for its decision that runs counter to the evidence before the agency, or is so implausible that it could not be ascribed to a difference in view or the product of agency expertise".

246 Als „abuse cases" bei *Schwartz*, § 10.16.

247 401 U.S. 402, 420 (1971): „clear error in judgement".

auch die Verwaltung nicht zu ermessensleitenden Kriterien machen. Auf der anderen Seite muss sich eine Behörde des vollen Umfangs ihrer Ermessensbefugnis bewusst sein. Lehnt sie ein Einschreiten ab, weil sie sich fälschlich dazu nicht für ermächtigt hält, unterfällt ihre Entscheidung der gerichtlichen Aufhebung.[248] Gleiches gilt umgekehrt, wenn sich die Behörde zu einer Aktion rechtlich verpflichtet fühlte, obwohl sie über ein Einschreitensermessen verfügte und folglich, z.B. unter Berücksichtigung von Gesichtspunkten des Vertrauensschutzes („legitimate reliance“), auch anders hätte reagieren können.[249] Die Fehlertatbestände sind jeder für sich so breit gefasst, dass sie es den Gerichten ermöglichen, die Intensität der Ermessenskontrolle variabel zu gestalten.[250].

b) „record“ und „inneres Verfahren“: Annäherungen

119 „It is well established that an agency's action must be upheld, if at all, on the basis articulated by the agency itself“.[251] Da die Verwaltungsentscheidung in *Overton Park* nicht in einem förmlichen Verfahren ergangen war, gab es keinen förmlichen „record“ und auch die vorhandenen Unterlagen waren wenig aussagekräftig. Der Supreme Court verwies die Sache daher zurück und überließ es den Instanzgerichten, die Vorgänge näher aufzuklären. Dabei wurde sogar die Vernehmung der seinerzeit beteiligten Amtsträger als Zeugen nicht von vorneherein ausgeschlossen:[252] Normalerweise sei „such inquiry into the mental process“ zwar zu vermeiden; aber wenn es um „bad faith or improper behaviour“ gehe, könne selbst diese Art der Aufklärung nicht ausgeschlossen sein. Die gerichtliche Ermessenskontrolle wurde an diesem Punkt weit in das Subjektive hinein verlagert.[253] Ihre praktische Konsequenz ist es, die Verwaltung zu genauer Dokumentation

---

248 Vgl. 549 U.S. 497, 517 (2007) *Massachusetts v. EPA*.

249 591 U.S. __(2020)(slip. op. at 18–26) *Department of Homeland Security v. Regents of the University of California:* „fail to consider ...important aspects of the problem before her“ als Fall der arbitrary and caprious Formel des APA.

250 *Strauss*, Justice, 512: „a good deal of room for a court to pursue review aggressively or permissively“.

251 463 U.S. 29, 50 (1983) *State Farm*.

252 401 U.S. 402, 420–421 (1971).

253 Besonders ausgeprägt 588 U.S. __ (2019) (slip op. at 23–28) *Department of Commerce v. New York*.

auch dort anzuhalten, wo gesetzlich kein förmliches Verwaltungsverfahren verlangt ist.[254]

An solchen Dokumentationen hängt die amerikanische Ermessenkontrolle stärker als die deutsche. Sie sind die Grundlage für den insgesamt distanzierten Prüfungsmodus, der darauf angelegt ist, die behördliche Ermessensentscheidung anhand der Dokumente durchzugehen. Bei komplexen Verwaltungsentscheidungen deuten sich Ähnlichkeiten mit der deutschen Ermessenslehre an, insbesondere mit der Dogmatik der planerischen Abwägung (§ 1 Abs. 7 BauGB) und ihrer Entwicklung im Flachglas-Urteil des Bundesverwaltungsgerichts:[255] *Overton Park* (1971) und *Flachglas* (1974) entstammen derselben Zeit. Es ist die Zeit, in der großen Infrastruktur- und Bauprojekten mehr und mehr Belange des Umweltschutzes entgegengehalten werden.[256] Auch die Gerichte können sich dieser gesellschaftlichen Grundstimmung nicht entziehen. Beide Entscheidungen betreffen Vorhaben, über deren Zulassung die zuständigen Behörden letztlich nur in einer umfassenden, komplexen Gewichtung und Abwägung entscheiden konnten.[257] Angesichts dieser Komplexität gewinnt für die Gerichte der Vorgang der behördlichen Entscheidungsbildung zentrale Bedeutung. 120

Das Bundesverwaltungsgericht trägt dem Rechnung, indem es zwischen Abwägungs*vorgang* und Abwägungs*ergebnis* unterscheidet.[258] Damit wird der Vorstellung einer nachvollziehenden Kontrolle auch im deutschen Recht der Weg geebnet; denn Vorgangskontrolle ist für die Gerichte die Kontrolle des inneren behördlichen Entscheidungsprozesses, die auf entsprechende Dokumentationen des „Abwägungsmaterials“ angewiesen ist. 121

---

254 Dazu *Strauss*, Justice, 508 f.

255 BVerwGE 45, 309 ff., teilw. auch schon in der Entscheidung vom 12. 12. 1969, BVerwGE 34, 301, 309.

256 *Overton Park* betraf einen Teilabschnitt eines nationalen Straßenbauprojekts, das mit dem Naturschutz kollidierte; *Flachglas* die Ansiedlung eines Industrieunternehmens, das mit dem Immissionsschutz konfrontiert wurde.

257 In *Overton Park* waren es die Kläger (und die darauf antwortende Beklagte ebd., 411), die von Abwägen und Balanzierung („weigh“, „balance“) sprachen. In Deutschland ist es das Bundesverwaltungsgericht selbst, das die Dimensionserweiterung des Ermessens durch die Perspektive der Abwägung festhält (BVerwGE 34, 301, 304 und 310). Es ist dieselbe Zeit, in der der französische Conseil d'État (ebenfalls an einem städtebaulichen Projekt) seine „théorie du bilan“ entwickelt (CE 28 mai 1971 R. 409, GAJA No. 88).

258 BVerwGE 45, 309, 315; vgl. *H.-J. Koch*, Das Abwägungsgebot in der Rechtsprechung des Bundesverwaltungsgerichts: Grundlegung und Entwicklungslinien, in: Festschrift für Dolde, 2014, 401 ff.

Dass zur Ermessenskontrolle die Vorgangskontrolle gehört, bestimmt heute über das Planungsrecht hinaus die gerichtliche Kontrolle auch dort, wo die Verwaltung über Prognose-, Gestaltungs- oder Einschätzungsermächtigungen verfügt.[259] Das sind genau die Felder, die für die amerikanische Ermessenskontrolle im Vordergrund stehen.

122 Der Nachvollzug erschöpft nach deutscher Auffassung das Kontrollprogramm allerdings nicht. Der zweite in der *Flachglas*-Entscheidung entwickelte Kontrollansatz, die Kontrolle des Abwägungsergebnisses, verlangt auch eine eigene inhaltliche Auseinandersetzung des Gerichts mit der Verwaltungsentscheidung. Insofern bleibt die Ermessenskontrolle auch bei komplexen Verwaltungsentscheidungen der auf die materielle Richtigkeit ausgerichteten deutschen Tradition verbunden. Aber mit der nachvollziehenden Kontrolle des Abwägungsvorgangs sind bereits wichtige Punkte „der nicht näher ableitungsbedürftigen Grundforderung des Rechtsstaates nach Rationalität (intersubjektiver Nachvollziehbarkeit) staatlicher Machtausübung" erfüllt.[260] Die inhaltliche Auseinandersetzung des Gerichts kann sich daher im letzten Punkt auf die Kontrolle beschränken, dass die Gewichtung der verschiedenen Belange zueinander nicht in einer Weise erfolgt, durch die die objektive Gewichtigkeit eines dieser Belange „völlig verfehlt wird".[261]

---

259 Vgl. nur BVerwG Urt. vom 9. 2. 2017 „Elbvertiefung", NVwZ Beilage 3/2017, Rn. 40: Prognosen im Zusammenhang mit Verkehrsprojekten sind nur darauf überprüfbar, „ob sie methodisch einwandfrei erarbeitet wurden, nicht auf unrealistischen Angaben beruhen und das Prognoseergebnis einleuchtend begründet worden ist". Zum Regulierungsermessen *Oster*, Normative Ermächtigungen im Regulierungsrecht, 131 ff., 158 ff. und 301 ff. Zur Frage eines einheitlichen, auf Nachvollzug begründeten Kontrollmodells für kontrollreduzierte Räume vgl. *Schmidt-Aßmann*, Ordnungsidee, 4. Kap. Rn. 69 sowie die Nachweise bei *K.-L. Riese*, in: Schoch/Schneider/Bier, VwGO, Vorb. § 113 Rn. 20 ff.

260 So *M. Gerhardt*, in: Schoch/Schneider/Bier, VwGO, § 114 Rn. 5 (Vorauflage).

261 BVerwGE 45, 309, 315. Hat das Gericht (umgekehrt) einen Vorgangsfehler festgestellt, so darf es sich, wenn es im Rahmen von Unbeachtlichkeitsklauseln (z.B. § 75 Abs. 1a S. 1 VwVfG) dessen Ergebnisrelevanz prüft, nicht derart in die Sache hineinbegeben, dass es „eine eigene hypothetische Abwägungsentscheidung" trifft, weil es „damit seine Rolle als kontrollierende unabhängige Instanz aufgeben und sich an die Stelle der Planfeststellungsbehörde setzen würde" (BVerfG – K – vom 16. 12. 2015, DVBl 2016, 307 Rn. 23 „Bremer Weserquerung"). Hier wird die Beachtung richterlicher Distanz eingefordert, die hinter dem amerikanischen Kontrollmodell steht.

c) „consistency“ und „Selbstbindung“

Ein eigenständiges Thema ist die Gewährleistung einer ordnungsgemäßen Ermessenspraxis dort, wo die Verwaltung über eine Mehrzahl ähnlich gelagerter Fälle zu entscheiden hat. Die in Deutschland meistens mit Art. 3 Abs. 1 GG in Verbindung gebrachte Problematik wird in den USA unter dem Stichwort „consistency“ behandelt.[262] In beiden Ländern folgen die Gerichte einer pragmatischen Linie: so verlangen sie nicht, dass die Verwaltung gegen alle Verursacher einer bestimmten Gefahrenlage gleichzeitig einschreitet.[263] Zurückhaltend sind die Gerichte auch, die Verwaltung darauf festzulegen, ihre bisherige Praxis beizubehalten. Verwaltungen müssen schnell auf neue Lagen reagieren und sich daher leichter von ihrer bisherigen Praxis trennen können.[264] Trotzdem kann „departure from established precedents or practice“ einen Ermessensfehler darstellen. Verlangt wird auf jeden Fall, dass das Abweichen von der bisherigen Praxis überzeugend erklärt werden kann.[265] Rückwirkende Regelungen sind nicht ausge- 123

262 *Schwartz*, § 10.20; *Strauss*, Justice, 509 f.; differenzierend *Pierce*, Process, § 5.1.1: „internal consistency“ (der behördlichen Argumentation), „interdecisional inconsistency“ (zwischen ähnlichen Fällen) und „intertemporal inconsistency“ (Abweichung von einer früheren Praxis). *L. H. Levinson*, The Legitimate Expectation that Public Officials Will Act Consistently, 46 Am. J. Comp. L. 549 (1998).

263 „Enforcement actions“ und die Ausübung von „prosecutorial discretion“ werden in den USA besonders zurückhaltend kontrolliert; vgl. *Pierce*, Process, § 6.4.12.

264 Eine andere Frage ist es, inwieweit Verwaltungen an *gerichtliche* Entscheidungen gebunden sind (vgl. *L. H. Levinson* (Fn. 262), 46 Am. J. Comp. L. 549, 569–570): Unstreitig besteht eine Bindung an das gerichtliche Urteil im entschiedenen Fall („law of the case“). Ob gerichtliche Entscheidungen darüber hinaus als „precedents“ für die administrative Praxis generell beachtlich sind, ist nicht endgültig geklärt. Für die Entscheidungen des Supreme Court ist das anzunehmen. District courts und courts of appeals der unterschiedlichen „circuits“ gelangen in einer bestimmten Auslegungsfrage nicht selten zu unterschiedliche Ergebnissen. Die Behörden vor allem der Steuer- und der Sozialverwaltung nutzen diesen Befund, um sich an instanzgerichtliche Entscheidungen nicht gebunden zu halten (*Pierce*, Process, § 7.8). Diese Praxis des „non-acquiescence“ ist ähnlich umstritten, wie es die sog. Nichtanwendungserlasse der deutschen Finanzverwaltung sind. Vgl. auch *Gellhorn*, 936–938 mit Bezug auf 464 U.S. 154, 159–161 (1984) *United States v. Mendoza*.

265 412 U.S. 800, 808 (1973) *Atchison, Topeka & Santa Fe Railway Co. v. Wichita Board of Trade*: „Thus, this Court has relied on the ‚simple but fundamental rule of administrative law‘,... that the agency must set forth clearly the grounds on which it acted“.

schlossen, müssen aber einer Abwägung unterzogen werden, ob sie im Blick auf das Regelungsziel mehr schaden als nützen.[266]

II. Speziell: Die *Chevron* Doktrin

124 In der viel zitierten *Chevron* Entscheidung geht es um die Interpretation der einschlägigen *Fachgesetze durch die zuständige Fachbehörde*.[267] Thema ist also nicht die allgemeine Frage, wie die Verwaltung das Gesetzesrecht auszulegen hat und wie sie dabei von den Gerichten kontrolliert wird. Thema ist vielmehr allein die besondere Situation, die durch ein *spezifisches Junktim* zwischen Fachgesetz und Fachbehörde gekennzeichnet ist: die Auslegung von „agency-administered statutes" (→ 2/12). Weil diese Situation für das amerikanische Verwaltungsrecht eine Standardsituation bildet, deckt *Chevron* einen ganz wichtigen Bereich richterlicher Zurückhaltung in Auslegungsfragen ab.[268] Die Entscheidung aus dem Jahre 1984 gehört jedenfalls für die Bundesgerichte zum Grundbestand ihres argumentativen Rüstzeugs (1). Sie muss allerdings im Kontext kritischer Stellungnahmen und Vorbehalte gesehen werden (2). In jüngster Zeit gibt es sogar Anzeichen dafür, dass *Chevron* seine zentrale Stellung einbüßen könnte (3).

1. Das Konzept: Aufteilung der Interpretationskompetenz

125 „The much-toasted ‚Chevron Revolution' began with a bubble".[269] Der Clean Air Act (CAA) in der Fassung von 1977 machte die Genehmigung weiterer Industrieanlagen davon abhängig, dass emissionssenkende Programme für „new or modified major stationary sources" vorgelegt wurden. Die Environmental Protection Agency (EPA) hatte diesen Begriff in den ersten

---

266 332 U.S. 194, 203 (1947) *SEC v. Chenery Corp.*: „balanced against the mischief of producing a result that is contrary to a statutory design or to legal and equitable principles".

267 467 U.S. 837 (1984) *Chevron U.S.A., Inc. v. NRDC, Inc.* (Chevron); vgl. → 2/67–68.

268 Zum quantitativen Aspekt: *Breyer/Stewart*, 256: „Chevron is the first or second most cited case in American administrative law, dependent on how you count".

269 So *W. N. Eskridge Jr./L. E. Baer* (Fn. 226), 96 Geo. L. J.1083, 1985 (2008). Zum Folgenden *Aman*, 776 ff.; *Breyer/Stewart*, 251 ff.; *Gellhorn*, 1056 ff.; *Hickman/Pierce*, 613 ff.; *Schwartz*, § 10.34 – 10.39; *Strauss*, Justice, 493 ff.; *Möllers*, Gewaltengliederung, 168 ff.

Jahren so ausgelegt, dass schon die Änderung einer einzelnen Emissionsquelle den Vorbehalt auslöste. 1981 änderte sie jedoch ihre Ansicht und interpretierte den Begriff „stationary sources" so, dass mehrere Emissionsquellen innerhalb eines Kraftwerks als einheitliche Anlage gelten konnten. Dadurch wurde es möglich, Emissionen *einer* Quelle mit denjenigen *anderer* Quellen zu verrechnen („bubble concept"). Gegen diese Interpretationsänderung der Behörde wandte sich der Natural Resources Defense Council (NRDC) und hatte damit vor dem Court of Appeals Erfolg.[270]

Der Supreme Court folgte dem jedoch nicht, sondern gestand der EPA eine weite Interpretationskompetenz bei der Auslegung der einschlägigen Gesetzesbegriffe zu. Er entwickelte dazu ein zweistufiges Kontrollmodell („Chevron two-step test"):[271] 126

- Auf der *ersten* Stufe ist zu untersuchen, ob der Kongress dem einschlägigen Gesetzesbegriff einen eindeutigen Inhalt gegeben hat. Dazu sind die „traditional tools of statutory construction" heranzuziehen:[272] Zunächst einmal sind der Sprachgebrauch und seine Varianten innerhalb des Gesetzes genau zu analysieren. Auch die Ziele des Gesetzgebers und (nach überwiegender Ansicht) auch die Gesetzesgeschichte werden herangezogen. Welche weiteren Auslegungsmethoden zu benutzen sind, ist allerdings umstritten geblieben.[273] Ergibt die Untersuchung, dass der Kongress dem Begriff einen ganz bestimmten Inhalt beigelegt hat, so haben Behörden und Gerichte eben diesen ihren Entscheidungen zugrunde zu legen.[274]

---

270 685 F2d 718 D. C. (1982) *NRDC, Inc v. v. A. M. Gorsuch, Administrator, U. S. EPA, American Petroleum Institute.*

271 Vgl. *Pierce*, Process, § 7.4 (S 333): „The Court has applied the Chevron two-step in over hundred cases decided since 1984, and circuit courts have applied it in thousands of cases". *W. N. Eskridge/P. P. Frickey/E. Garrett*, Cases and Materials on Legislation, 3rd ed. 2004, 322 ff. Zur Anwendung von *Chevron* durch den Supreme Court selbst vgl. *W. N. Eskridge Jr./L. E. Baer* (Fn. 226), 96 Geo. L. J. 1083, bes. 1120–1136 (2008); weitere Angaben bei *Hickman/Pierce,* 709 f.

272 467 U.S. 837, 842 (mit Fn. 9) (1984): „If a court, employing traditional tools of statutory construction, ascertains that Congress had an intention on the precise question at issue, that intention is the law, and must be given effect".

273 Vgl. *Pierce*, Process, § 7.4 (S. 336 f.); ausf. zum Problem „How clear is clear?" *Breyer/Stewart*, 281 ff., 310–314; *Hickman/Pierce*, 629 ff., dort 643 ff. eine Auflistung denkbarer Interpretationsansätze: „plain meaning rule", „legislative history", „legislative purpose", „canons of construction", „stare decisis". Vgl. auch → 2/63–65.

274 467 U.S. 837, 842 (1984): „If the intent of Congress is clear, that is the end of the matter; for the court, as well as the agency, must give effect to the unambiguously expressed intent of Congress".

– Nur wenn sich auf der ersten Stufe zeigt, dass der Begriff nicht eindeutig ist, der Kongress die Sache also offen gelassen hat, stellt sich in einer *zweiten* Stufe die Frage, ob die Behörde oder aber die Gerichte zu letztverbindlicher Interpretation des Begriffs ermächtigt sind. Hier spricht sich *Chevron* für einen Vorrang der behördlichen Interpretation aus: Wenn der Kongress die Behörde explizit ermächtigt hätte, die Unbestimmtheit des Gesetzes ausfüllen, sei die behördliche Entscheidung nur nach der „arbitrary and capricious"-Formel zu überprüfen; ebenso müsse aber auch verfahren werden, wenn die Ermächtigung nur implizit erteilt sei.[275] Es gehe – so wird weiter argumentiert – bei der Ausfüllung des strittigen Begriffs des CAA um eine Abwägung unterschiedlicher Interessen (Umweltschutz, Wirtschaft); dafür seien die Richter keine Experten und müssten daher Zurückhaltung üben.[276] Sie haben die Interpretation der zuständigen Behörde nicht darauf zu befragen, ob sie unangemessen („inappropriate") sei, das gesetzliche Programm auszufüllen. Vielmehr haben sie nur zu prüfen, ob die Auffassung der Behörde, ihre Interpretation sei dem Programm angemessen, vernünftig („reasonable") sei.[277] In diesem Rahmen darf die Behörde ihre Interpretation auch ändern.[278]

127 Welcher Intensitätsgrad an Kontrolle mit dem Begriff „reasonable" vorgegeben ist, wird allerdings in der Praxis nicht einheitlich beantwortet:[279] Während teilweise sehr allgemein gehaltene politische Überlegungen der Behörde akzeptiert werden, verlangen andere eine Anreicherung des „arbitrary and caprious" Standards um den „hard look" von *State Farm*, vor allem dadurch, dass die Behörden belastbare Analysen für ihre Politikoptionen beibringen.[280]

---

275 Ebd., 843 f.

276 Ebd., 864 f. „Such policy arguments are more properly addressed to legislators or administrators, not to judges".

277 Ebd., 845 „but whether the Administrator's view that it is appropriate in the context of this particular program is a reasonable one".

278 Ebd., 863: „An initial agency interpretation is not instantly carved in stone". Sie ist insoweit auch nicht an gerichtliche Präzedenzfälle gebunden; 545 U.S. 967, 982–983 (2005) *National Cable & Telecommunications Assn. v. Brand X Internet Services.*

279 *A. Bernstein*, Differentiating Deference, 33 Yale J. on Reg. 1, 7–10 (2016).

280 Dazu nur *C. M. Sharkey*, Cutting in on the Chevron Two-Step, 86 Fordham L. Rev. 2359 (2018).

2. Kritik und Vorbehalte

Gerade wenn man auf die politische Verantwortung („accountability") abhebt, erscheint die Grenzziehung zwischen Verwaltung und Gerichten durchaus plausibel (vgl. aber 6/67-70).[281] Im Vordergrund stehen die Entscheidung des Kongresses und die besondere Fachkompetenz der zuständigen Behörde. Hinzu kommt der Vorteil einheitlicher Rechtsanwendung. Die Interpretation einer bestimmten fachgesetzlichen Vorschrift bleibt in der Hand der zuständigen Behörde und damit in *einer* Hand; auf diese Weise wird eine Auslegungszersplitterung vermieden, die einträte, wenn die Gerichte für die Auslegung zuständig wären und mehrere Instanzgerichte unterschiedlich judizierten.[282] 128

Allerdings hat *Chevron* auch erhebliche Kritik erfahren:[283] Dass sich die Begrenzung der gerichtlichen Kontrolle entgegen anderslautenden Aussagen nicht auf ältere historische Vorbilder stützen kann, ist im Einzelnen dargelegt worden.[284] Unter methodischen Gesichtspunkten lässt sich zudem kritisch fragen, ob sich die beiden Stufen der Rechtsanwendung, die der Supreme Court seiner Doktrin zugrundelegt, überhaupt exakt trennen lassen und inwieweit ihnen unterschiedliche Prüfungsraster zugeordnet werden können.[285] Unbefriedigend erscheint außerdem die mangelnde Abstim- 129

---

281 Vgl. *W. N. Eskridge Jr.*, Expanding Chevron's Domain: A Comparative Institutional Analysis of the Relative Competence of Courts and Agencies to Interpret Statutes, 2013 Wis. L. Rev. 411–454; knappe Darstellung der Argumente bei *Breyer/Stewart*, 256–260. Rechtsvergleichend *Möllers*, Gewaltengliederung, 168 ff., der eine Parallele zwischen der *Chevron* Entscheidung des Supreme Court und der *Whyl* Entscheidung zieht, in der das Bundesverwaltungsgericht die Bindungswirkung von normkonkretisierenden Verwaltungsvorschriften anerkennt (BVerwG Urteil vom 19. 12. 1985, BVerwGE 72, 300, 314 ff.): Aus funktionalen Gründen ist die Begrenzung der gerichtlichen Kontrolle in beiden Fällen akzeptabel; *Chevron* argumentiert stärker mit der Rückbindung der Exekutive an den demokratischen Prozess, *Whyl* dagegen eher expertokratisch (*Möllers* ebd. 175).

282 *P. L. Strauss*, One Hundred Fifty Cases per Year: Some Implications of the Supreme Court's Limited Resources for Judicial Review of Agency Action, 87 Colum. L. Rev. 1093, 1118 ff. (1987).

283 Ausf. *C. R. Farina*, Statutory Interpretation and the Balance of Power in the Administrative State, 89 Colum. L. Rev. 452 (1989); *Greenawalt*, Interpretation, 162 ff.; vgl. ferner die Angaben bei *Gellhorn*, 1022–1047.

284 *A. Bamzai*, The Origins of Judicial Deference to Executive Interpretation, 126 Yale L. J. 908 (2017).

285 Vgl. *M. C. Stephenson/A. Vermeule*, Chevron Has Only One Step, 95 Va. L. Rev. 597 (2009); auch *A. Bernstein* (Fn. 279), 33 Yale J. on Reg. 1, 22–44 (2016) (Vor-

mung der reduzierten gerichtlichen Kontrolle mit den Vorgaben des 5 U.S.C. § 706 APA.[286] Befürchtet wird schließlich, dass die richterliche Zurückhaltung gegenüber den Interpretationen der Exekutive die Gewaltentrennung angesichts der ohnehin schwachen „non-delegation" Doktrin weiter schwächt.

130 Für den Rechtsvergleich interessiert die Grundlinie: Ihr Ausgangspunkt ist die Frage nach der Bestimmtheit der einschlägigen Gesetzesbegriffe *(„Chevron step one")*. Da über die Bestimmtheit nicht entschieden werden kann, ohne dabei auch Vorstellungen zum Begriffsinhalt zu entwickeln, besitzen die Gerichte auf dieser Stufe eine erhebliche Definitionsmacht; denn sie entscheiden in eigener Kompetenz, wie sie bei der Interpretation der einschlägigen Gesetzesbegriffe vorgehen.[287] Je weiter sie den Kreis der „tools of statutory interpretation" ziehen, um den „clear intent" des Kongresses festzustellen, desto weiter können sie auch in den Gehalt der Begriffe eindringen. Diese aus der Methodenwahl erwachsende Kompetenz der Grenzziehung ist eine wichtige Stellschraube der Gerichte bei der Anwendung der *Chevron* Doktrin.

Die Beobachtungen darüber, wie die Gerichte diese sensible Aufgabe bewältigen, schwanken allerdings: Einerseits wird ein Übermaß an argumentativem Aufwand konstatiert.[288] Andererseits wird kritisiert, die Gerichte schöpften die Methoden nicht aus, begnügten sich zu schnell mit der Feststellung, ein Begriff sei „ambiguous", und verkennten damit den ihnen von § 706 APA zugewiesenen Auftrag der Gesetzesinterpretation.[289]

---

schlag, auf Grund sprachanalytischer Argumente besser zwischen „law based" und „world based legal language" zu trennen).

286 § 706 APA: „...the reviewing court shall decide all relevant questions of law, interpret constitutional and statutory provisions, and determine the meaning or applicability of the terms of an agency action". Dazu → 4/108–110. Zur Genese dieser Bestimmung vgl. *A. Bamzai* (Fn. 284), 126 Yale L. J. 908, 985–995 (2017).

287 Vgl. *Strauss*, Justice, 487. Diesem Ergebnis kann nur dadurch begegnet werden, dass der Richter bereits bei ersten Anzeichen von gesetzlicher Unbestimmtheit Chevron step one verlässt. So *Vermeule*, Judging, 211: „Courts should defer to agencies whenever the statutory text at issue, viewed on its face and without recourse to the traditional tools, contains a surface-level gap of ambiguity".

288 Vgl. *Hickman/Pierce*, 644: „Courts always find some combination of ‚tools' that are sufficient to allow a court to interpret a judicially-administered statute no matter how ambiguous the statute might be".

289 Vgl. Kennedy, J. conc. in 585 U.S. __ (2018) (slip op. at 1) *Pereira v. Sessions*; weiter → 4/135 f.

Erst wenn nach richterlicher Feststellung davon auszugehen ist, dass der Gesetzgeber die Frage nicht eindeutig geregelt hat, erlangt die Exekutive die entscheidende Interpretationsmacht. Dahinter steht die Vorstellung, „that Congress, when it left ambiguity in a statute administered by an agency, understood that the ambiguity would be resolved, first and foremost, by the agency and desired the agency (rather than the courts) to possess whatever degree of discretion the ambiguity allows".[290] Die Unbestimmtheit des Gesetzesbegriffs schlägt jetzt in eine (implizite) Ermächtigung der zuständigen Behörde um. Das erscheint als ein der deutschen „normativen Ermächtigungslehre" ähnlicher Ansatz. Beide Rechtsordnungen weisen dem Gesetzgeber eine wesentliche Rolle bei der Bestimmung der gerichtlichen Kontrolldichte zu.[291] Doch sind zwei wichtige Unterschiede zu beachten: Anders als in Deutschland stellt die Ermächtigung in den USA nicht den besonders zu begründenden Ausnahmefall dar,[292] sondern ist regelmäßig indiziert, wenn das einschlägige Fachrecht keine hinreichend präzisen Aussagen trifft. Außerdem gelten normativ vorgesehene Kontrollbeschränkungen in Deutschland nur für die administrative Anwendung des Gesetzes, während sie sich in den USA vor allem auf die erheblich weiterreichenden Fragen der Interpretation des Gesetzes beziehen. 131

Für die Auslegung verfassungsrechtlicher Bestimmungen, völkerrechtlicher Vorschriften und aller Gesetze, die nicht „agency-administered statutes" sind, gilt die *Chevron* Doktrin allerdings nicht; denn in diesen Fällen fehlt es an dem spezifischen Junktim zwischen Fachgesetz und Fachbehörde.[293] Hier liegt die Kompetenz zu letztverbindlicher Interpretation bei den Gerichten.[294] Wie bei fachgesetzlichen Begriffen zu verfahren ist, die den Zuständigkeits- und Verantwortungsbereich der Behörde überhaupt erst genauer festlegen, ist offen. In *City of Arlington, Tex. v. FCC* gelangte der Supreme Court (mehrheitlich) zu dem Ergebnis, in diesen Fällen *Chev-* 132

---

290 So 569 U.S. 290, 296 (2013) *City of Arlington, Texas v. FCC* unter Bezugnahme auf 517 U.S. 735, 740–741 (1996) *Smiley v. Citibank (South Dakota) N. A.*

291 *Möllers*, Gewaltengliederung, 163 ff.

292 So BVerfGE 129, 1 (20 ff.).

293 Dass es zu schwierigen Abgrenzungen dann kommen kann, wenn ein Fachgesetz Begriffe eines anderen Gesetzes in Bezug nimmt, zeigt sich etwa bei der Auslegung strafrechtlicher Begriffe im Immigrationsrecht; dazu *Sh. M. Grammel*, Chevron Meets the Categorical Approach, 70 Stan. L. Rev. 921 (2018) (gegen die Anwendung von Chevron deference).

294 *Strauss*, Justice, 497: „Chevron's application is limited in several respects".

ron anzuwenden.[295] Es gab jedoch ein detailliert begründetes Sondervotum, das dieses für eine Frage hält, die der fachpolitischen Frage voraufgehe und die letztlich (unter Bezugnahme auf *Marbury v. Madison*) die Gerichte zu entscheiden hätten.[296] Die Auseinandersetzung zeigt, dass die *Chevron* Doktrin im Gesamtspektrum richterlicher Auslegungskompetenzen unbeschadet ihrer Breite doch nur einen Ausschnitt darstellt.

133 Ihr Wirkungsbereich ist das behördenspezifische Fachrecht. Hier ermöglicht sie der zuständigen Verwaltung im Rahmen weitgefasster Gesetzestatbestände eine eigenständige, von den Gerichten nur schwach kontrollierte Politikgestaltung, die auch Politikänderungen umfasst. Das geht über Freiräume deutscher Behörden deutlich hinaus, die selbst in den Fällen, in denen sie über ein Planungs- oder ein Regulierungsermessen verfügen, immer noch der gerichtlichen Kontrolle nach Maßgabe der Abwägungsdogmatik unterliegen. *Chevron* gilt als ein Ausdruck des „administrative state" und seiner Vorstellung von der großen sozialgestaltenden Funktion der Verwaltung (→6/37).

3. Jüngste Anzweifelungen

134 Umso gravierender erscheint der Umstand, dass *Chevron* heute tiefgreifenden Zweifeln gerade auch in der Richterschaft begegnet. Eine Umfrage unter mehr als 40 Richtern an den Berufungsgerichten ergab, dass man die Doktrin zwar anwendet, sie aber in der Sache doch skeptisch sieht.[297] Die Kritik soll nicht allein von konservativ eingestellten Richtern getragen werden, sondern sich auch unter Richtern finden, die als liberal gelten.[298]

---

295 So Justice Scalia in seinem Mehrheitsvotum 569 U.S. 290, 297–301 (2013), das allerdings die Kernfrage verkürzt behandelt; vgl. die Kritik bei *Strauss*, Justice, 496 und 500.

296 Chief Justice Roberts, dem sich die Richter Kennedy und Alito angeschlossen haben, ebd., 312–328: „We do not leave it to the agency to decide when it is in charge" (327).

297 Vgl. *A. R. Gluck/R. A. Posner*, Statutory Interpretation on the Bench: A Survey of forty-two Judges on the Federal Courts of Appeals, 131 Harv. L. Rev. 1298, 1348 (2018); positive Einstellung allerdings bei den Richtern des D.C. Circuit.

298 *Gluck/Posner* ebd.: „The judges expressing scepticism regarding Chevron divide equally among liberals and conservatives". Anders z.B. *E. Garrett West*, A Youngstown for the Administrative State, 70 Adm. L. Rev. 629 (2018): „among right-leaning legal thinkers".

Deutliche Vorbehalte gegenüber *Chevron* werden in jüngerer und jüngster Zeit vermehrt auch im Supreme Court selbst geäußert. Als Beleg kann auf das dissentierende Votum von Chief Justice Roberts in *Arlington v. FCC* verwiesen werden, der in diesem Zusammenhang die Gefahren des „administrative state" mit deutlichen Worten umreißt.[299] Genannt werden außerdem mehrere Sondervoten von Justice Thomas, darunter das Votum in *Michigan v. EPA.*[300] Wichtig ist ferner ein Votum von Justice Gorsuch, das dieser noch in seiner Zeit als Richter am Court of Appeals verfasst hatte, und das sich wie eine Gesamtabrechnung mit *Chevron* liest.[301] Kritik kommt schließlich auch von Justice Kavanaugh. Er sieht den Fehler der Doktrin darin, dass sie auf das Kriterium „ambiguous" abhebt; eine solche Einstufung sei unter den Richtern oft streitig und eine Einladung an die Verwaltung, auf unsicherer Grundlage aggressiv Politikentscheidungen zu treffen. Die Gerichte sollten sich stattdessen lieber auf einfache textbezogene Auslegungskriterien stützen, um herauszufinden, „which is the best reading of the statutory text".[302] Deutlich wird, dass sich die Stoßkraft der Angriffe auch aus einem allgemeinen Unbehagen gegenüber dem Machtzuwachs und dem stellenweise beobachteten selbstherrlichen Verhalten großer „agencies" speist. Stärker noch als bei *Auer* geht der Streit um *Chevron* um eine Judikatur, die zu den Grundelementen des amerikanischen „administrative state" gerechnet wird (→ 6/37–40). 135

299 569 U.S. 290, 315 (2013): „the danger posed by the growing power of the administrative state cannot be dismissed". In *Kisor v. Wilkie* gehört Roberts zwar zu denen, die *Auer* deference nicht (gänzlich) verabschieden. Er hebt aber den Unterschied zu *Chevron* hervor und fügt an: „I do not regard the Court's decision today to touch upon the latter". 588 U.S. __ (2019) (slip op. at 2).

300 576 U.S. __ (2015)(slip op. at 1–5); weitere Angaben bei *A. R. Gluck/R. A. Posner* (Fn. 297), 131 Harv. L Rev. 1298, 1349 Fn. 120 (2018).

301 834 F.3d 1142, 1149, 1152 (CA 10 2016) *Gutierrez-Brizuela v. Lynch:* Gründe der Gewaltenteilung, die originäre Zuständigkeit der Justiz für die Auslegung der Gesetze und die schärfere Fassung, die der gerichtliche Kontrollauftrag in 5 U.S.C. § 706 erfahren hat. Diese Argumente hat Justice Gorsuch jüngst in seinem Sondervotum in *Kisor v. Wilkie* 588 U.S. __ (2019) (slip op. at 13–14, 22–24) wieder aufgenommen.

302 *B. M. Kavanaugh*, Bookreview: Fixing Statutory Interpretation, 129 Harv. L. Rev. 2118, 2144 f. und 2150–2154 (2016).

Dritter Abschnitt Rechtsschutz in Schadensersatz- und Vertragsangelegenheiten

136 Im abschließenden Abschnitt sollen zwei Themen erörtert werden, die die Lehrbücher des amerikanischen Verwaltungsrechts meistens nur am Rande behandeln, die aber für die Verwaltungspraxis von erheblicher Bedeutung sind: der Rechtsschutz in Schadensersatzangelegenheiten (A) und in Vertragsangelegenheiten (B). Beide Gebiete lassen sich – nicht anders als die in den beiden voraufgehenden Abschnitten behandelten klassischen abwehrrechtlichen Rechtsschutzmöglichkeiten – auch als verwaltungsrechtliche Steuerungs- und Kontrollmechanismen verstehen.[303] In der Sache sind beide von der in den USA tief verwurzelten Vorstellung bestimmt, den Staat zu Geldleistungen nur dann zu verpflichten, wenn der Kongress als Träger der Haushaltshoheit dieses hinreichend deutlich gemacht und damit auf die dem Staat zukommende „sovereign immunity" verzichtet hat. Im Großen und Ganzen ist das für Vertragsangelegenheiten bereits im Tucker Act von 1887, für Schadensersatzangelegenheiten erst im Federal Tort Claims Act von 1946 geschehen. Im Einzelnen muss der Umfang der Jurisdiktionsbefugnis der Gerichte aber nach wie vor nach Maßgabe der einschlägigen Vorschriften exakt ermittelt werden. Eine Generalklausel, die „money claims" gegen die USA allgemein zulässt, existiert nicht.

A. Klagen auf Schadensersatz wegen rechtswidrigen Verwaltungshandelns

137 Im Folgenden geht es nur um Klagen auf Geldschadensersatz aus rechtswidrigem Verwaltungshandeln, also um jenen Bereich, der der deutschen Haftung der Amtspflichtverletzungen entspricht.[304] In beiden Ländern lei-

---

303 So *Cane*, Controlling, 368 ff.: torts and contracts as „private law controls". Allgemein zur Steuerungsfunktion und den Zwecken des Staatshaftungsrechts unter Nutzung der ökonomischen Analyse des Rechts *Hartmann*, Öffentliches Haftungsrecht, §§ 6–8.

304 Zu Ansprüchen auf Entschädigung für *rechtmäßige* Verwaltungsmaßnahmen, vor allem für *Enteignungen*, vgl. die „Takings Clause" des V. Zusatzartikels der U.S.-Verf. („nor shall private property be taken for public use, without just compensation"). Zu den auch in der deutschen Enteignungsdogmatik unterschiedenen beiden Formen der Enteignung, „classic taking" und „regulatory taking", sowie zu den Schwierigkeiten, entschädigungslose („permitted regulation") von entschädigungspflichtigen („regulatory takings") Eigentumsinhaltsbestimmungen abzugrenzen vgl. 576 U.S.__(2015) *Horne v. Department of Agriculture*. Spezi-

det dieses Gebiet darunter, dass seine historische Entwicklung von Zufälligkeiten bestimmt ist und seine Rechtsgrundlagen aus einem unübersichtlichen Gemisch von Verfassungsrecht, Gesetzesrecht und Richterrecht bestehen.[305] In den USA kommen föderale Friktionen hinzu, die in den Jurisdiktionsgrenzen der Bundesgerichte nach dem XI. Zusatzartikel der U.S.-Verf. ihren Grund haben. Solche Probleme hat das deutsche Staatshaftungsrecht zwar nicht; hier sind es vor allem die Zuständigkeitsabgrenzungen zwischen Verwaltungsgerichten und Zivilgerichten (vgl. § 40 Abs. 2 VwGO), die die Übersichtlichkeit erschweren.

I. Der historische Hintergrund

Bevor einzelne Rechtsgrundlagen für Haftungsansprüche behandelt werden, sollen zunächst zwei Doktrinen vorgestellt werden, die für das Verständnis des heutigen amerikanischen Schadensersatzrechts wichtig sind: die aus dem common law stammende Eigenhaftung des Amtsträgers (1) und die „doctrine of sovereign immunity" (2).[306] Beide weisen in unterschiedliche Richtungen. Folglich schwankt auch die Praxis zwischen entschädigungsfreundlichen und entschädigungsabstinenten Tendenzen. Der sympathischen Vorstellung, Amtsträgern wie Bürgern dieselbe haftungsrechtliche Verantwortung zuzuweisen, die das common law-Modell 138

---

ell zur Zulässigkeit von Enteignungen zugunsten Privater (in Parallele zu BVerfGE 74, 264 „Boxberg") die äußerst umstrittene Entscheidung 545 U.S. 469 (2005) *Kelo v. New London*; dazu *Burnett*, The Safeguard of Liberty and Property, 2015.

305 *Pierce*, Treatise, § 19.7 („inordinate confusion and complexity"); *Strauss*, Justice, 517 („somewhat haphazard historical development"); *R. A. Cass*, Official Liability in America: Actors and Incentives, in: Bell/Bradley, Liability, 110, 111 („a degree of incoherence that reflects the absence of a solid theoretical basis") und 142. Ähnlich für das deutsche Staatshaftungsrecht *W. Höfling*, Vom überkommenen Staatshaftungsrecht zum Recht der staatlichen Einstandspflichten, in GVwR III, § 51 Rn. 1 („dogmatisch-konzeptionelle Durchdringung überaus defizitär").

306 Zur Entwicklung *L. Jaffe* (Fn. 5), 77 Harv. L. Rev. 1 und 209 (1963); *A. van Alstyne*, Liability of the State for Illegal Conduct of Organs, in: Mosler, Haftung des Staates für rechtswidriges Verhalten seiner Organe, 675; *Schuck*, Suing Government; *Schwartz*, § 9.18 – 9.26; *R. A. Cass* (Fn. 305), in: Bell/Bradley, Liability, 113 ff.; *Breyer/Stewart*, 765 ff.; *Brugger*, Einführung, 249 f.; weit. Nachw. bei *Cane*, Controlling, 375 Fn. 19.

prägt,[307] tritt in der Immunitäts-Doktrin die Einsicht entgegen, dass staatliches Handeln Eigenheiten aufweise, die auch haftungsrechtlich eine besondere Behandlung verlangten.[308]

1. „Officers' liability“ nach common law

139 „It is an ancient boast of the common law that public officers have no immunity from the sanctions of law applicable to private individuals“.[309] Die Haftung richtet sich nach den für jedermann geltenden Rechtsvorschriften. Der beklagte Amtsträger kann sich allerdings mit dem Einwand verteidigen, sein Verhalten sei durch die einschlägigen gesetzlichen Ermächtigungen gedeckt. Die Gerichte haben dann inzidenter die Rechtmäßigkeit der schädigenden Amtshandlung zu überprüfen. Kommen sie zu einem negativen Ergebnis, ist klar, dass der Beamte außerhalb seiner Amtsbefugnisse („ultra vires“) gehandelt und dafür persönlich einzustehen hat. Das ist eine auch in der Geschichte des deutschen Amtshaftungsrechts anzutreffende Entwicklungsstufe:[310] Das Beamtenverhältnis wurde als Mandatskontrakt zwischen Landesherrn und Staatsdiener eingestuft; rechtswidriges Verhalten war vom Vertrag nicht gedeckt: „si excessit, privatus est“. Nicht der Staat, sondern der Beamte hatte das Haftungsrisiko zu tragen.

140 Der Leitfall für diese Form der „officers' liability“ ist der 1891 in Massachusetts entschiedene Fall *Miller v. Horton*.[311] Es ging um die Haftung von Mitgliedern einer kommunalen Veterinärkommission, die nach dem einschlägigen Tierseuchenrecht befugt waren, seuchenbefallene Tiere töten zu

307 *Dicey*, Law of the Constitution, 189: „With us every official, from the Prime Minister down to a constable or a collector of taxes, is under the same responsibility for every act done without legal justification as any other citizen“.

308 *L. Jaffe* (Fn. 5), 77 Harv. L. Rev. 1, 15 und 209, 215–218 (1963): „In short, Dicey's rapturous pronouncement, in failing to recognize the distinctive character of official responsibility, has somewhat obscured the function and meaning of the law in this area“.

309 *Schwartz*, § 9.18; ähnlich *R. A. Cass* (Fn. 305), in: Bell/Bradley, Liability, 112 und 113 (mit dem Hinweis, dass die common law-Regeln heute durch Gesetze vielfach überlagert sind).

310 Dazu *Heidenhain*, Amtshaftung und Entschädigung aus enteignungsgleichem Eingriff, 15 ff.; *W. Höfling* (Fn. 305), GVwR III, § 51 Rn. 12 ff.; historisch weit ausgreifend *Loening*, Die Haftung des Staates aus rechtswidrigen Handlungen seiner Beamten nach deutschem Privat- und Staatsrecht, 1879.

311 26 N.E. 100 (Mass. 1891).

lassen. So waren sie mit einem Pferd des Klägers verfahren. Der Kläger verlangte Schadensersatz wegen Schädigung seines Eigentums und konnte nachweisen, dass sein Pferd nicht infiziert gewesen war. Das Gericht befand, dass die Amtsträger nur ermächtigt waren, kranke Pferde zu töten; da diese Voraussetzung nicht vorgelegen habe, hätten die Beklagten ihren Amtsauftrag überschritten und seien nach den Grundsätzen des common law persönlich haftbar. Den Einwand der Beklagten, sie hätten guten Glaubens gehandelt, ließ das Gericht nicht gelten.

Die so begründete Haftung war ungewöhnlich streng; denn sie belastete 141
den Beamten mit den Folgen jeder Art von Fehlanwendung gesetzlicher Vorschriften, die seinen Amtsauftrag umschreiben. Ihre negativen Folgen für eine effektive Amtsführung waren nur allzu deutlich.[312] Das führte zu der Forderung, auch den Amtswaltern persönlich Immunität zuzuerkennen.[313] Nach und nach wurde die den Richtern schon früher eingeräumte Freistellung auf Verwaltungsbeamte erstreckt:[314] zunächst auf Beamte in einer richterähnlichen streitentscheidenden Funktion, sodann auf Tätigkeiten, in denen ein politisches Ermessen ausgeübt wird, und später auch auf weniger bedeutende Funktionen und auf Amtsträger, die in der Hierarchie weit unten stehen.

Die Reaktionen Geschädigter blieben freilich nicht aus. „The trend to- 142
wards officer immunity is tolerable only if governmental tort liability provides a substitute source of reparation".[315] Die Privilegierungen der Beamten und damit die Unverfügbarkeit der *Beamtenhaftung* führten zunächst dazu, dass der Kongress tausendfach um Abhilfe im Einzelfall angegangen wurde und darüber in „private bills" entscheiden musste.[316] Diese dysfunktionale Konsequenz wiederum veranlasste eine allgemeine gesetzliche Lö-

---

312 Vgl. nur *Schwartz*, § 9.21.

313 Ähnliche Gründe veranlassten in Deutschland dazu, zunächst gesetzlich und dann verfassungsrechtlich (Art. 131 WRV, Art. 34 GG) eine privative (befreiende) Schuldübernahme des Staates vorzusehen; vgl. die Nachw. in BVerfGE 61, 149, 184. Zu Überlegungen in den USA, die nach wie vor bestehende Verantwortlichkeit der Amtsträger generell auf den Staat überzuleiten, vgl. *Pierce*, Treatise, § 19.2.

314 Zur Entwicklung der Judikatur vgl. *Schwartz*, § 9.19; *Antieau/Mecham*, Tort Liability of Government Officers and Employees.

315 *Schwartz*, § 9.21 (S. 607); *Pierce*, Treatise, § 19.3.

316 Vgl. die Angaben in 346 U.S. 15, 24–25 (1953) *Dalehite v. United States*; weit. Lit. bei *H. Hershkoff*, Early Warnings, Thirteenth Chimes: Dismissed Federal-Tort Suits, Public Accountability, and Congressional Oversight, 2015 Mich. St. L. Rev. 183, 187.

sung, den Federal Tort Claims Act von 1946. Gesetzgebung und Justiz haben die Verschränkungen von common law Haftung und Haftungsprivilegien in einem ausdifferenzierten System unterschiedlich weitreichender Haftungsbeschränkungen ausgeformt.

2. „sovereign immunity“

143 Die „sovereign immunity“ Doktrin besagt, dass ein Staat von seinen Untertanen nur mit seiner Einwilligung vor Gericht gezogen werden kann. Als historisches Vorbild wird in diesem Zusammenhang gern auf die „crown immunity“ des englischen Rechts verwiesen, die bei der amerikanischen Verfassungsgebung im Hintergrund gewirkt habe.[317] Die weitere Entwicklung hat die Doktrin dann von ihren monarchischen Wurzeln gelöst und zu einem Bestandteil einer demokratischen und bundesstaatlichen Rechtsordnung werden lassen,[318] die zwei Schutzrichtungen verfolgt: einerseits die Immunität des Bundes gegenüber Klagen vor den eigenen Gerichten und andererseits die Immunität der Bundesstaaten gegenüber Klagen vor den Bundesgerichten.[319]

144 Es fällt allerdings nicht leicht, die *„sovereign immunity“* Doktrin verfassungsrechtlich exakt zu verankern:[320] Auffällig ist zunächst, dass sie jedenfalls im Text der Verfassung von 1789 keine Erwähnung gefunden hat, obwohl Souveränitätsfragen zur Zeit der Verfassungsgebung eine erhebliche Rolle spielten. Auch zur stets betonten Verantwortung der Amtsträger und zur Due Process Garantie, zwei Kernbestandteilen der amerikanischen Verfassungsordnung, will die Immunitätsvorstellung nicht recht passen.

145 Trotzdem wurde jedenfalls die Immunität des *Bundes* vor seinen Gerichten schon in der frühen Gerichtspraxis als so selbstverständlich angesehen,

---

317 Dazu schon 2 U.S. (2 Dall.) 419, 437–446, (Iredell J. diss. zur engl. Praxis) (1793) *Chisholm v. Georgia*; zu weit. Nachw. vgl. 440 U.S. 410, 415 (1979) *Nevada v. Hall*; *Schuck*, Suing Government, 30 ff.

318 *Cane*, Controlling, 374–388.

319 440 U.S. 410, 414–418 (1979).

320 So schon 106 U.S. 196, 205 (1882) *United States v. Lee* („it is difficult to see on what solid foundation of principle the exemption from liability to suit rests“); ausf. *Cane*, Controlling, 380–388 und die dort genannten gegensätzlichen Standpunkte von *E. Chemerinsky*, Against Sovereign Immunity, 53 Stan. L. Rev. 1201 (2001) und *A. Hill*, In Defense of Our Law of Sovereign Immunity, 42 B. C. L. Rev. 485 (2001).

dass Belegstellen zu zitieren überflüssig erschien.[321] „And while the exemption of the United States and of the several states from being subjected as defendants to ordinary actions in the courts has since that time been repeatedly asserted here, the principle has never been discussed or the reasons for it given, but it has always been treated as an established doctrine".[322] Dabei blieb es auch, als sich nach dem Ersten Weltkrieg in der Literatur die Angriffe gegen die Rigorosität der „sovereign immunity" Doktrin mehrten.[323]

Weniger eindeutig verlief die Entwicklung in der Frage, ob sich die *Bundesstaaten* gegenüber Klagen vor den *Bundesgerichten* auf Immunität berufen können. Keine klare Aussage lässt sich jedenfalls dem XI. Zusatzartikel (1798) entnehmen.[324] Die Vorschrift ist eine föderale Schutzvorschrift besonderer Art; sie soll vom Wortlaut her Bundesstaaten vor solchen Klagen bewahren, die Bürger *anderer* Staaten vor Bundesgerichten erheben wollen. Ob damit eine konstitutive und erschöpfende Regelung getroffen ist, wird unterschiedlich beantwortet. Nach Auffassung des Supreme Court wird die „sovereign immunity" Doktrin in dieser Bestimmung weder begründet noch beschränkt; sie soll vielmehr allgemein aus der den Bundesstaaten bei Gründung der USA vorbehaltenen Souveränität folgen.[325] Auf dieser Grundlage sollen die Staaten etwa auch vor Klagen ihrer eigenen Bürger vor Bundesgerichten geschützt sein,[326] und zwar selbst dann, wenn es um die Verletzung bundesrechtlicher Vorschriften geht.[327] Von der Doktrin 146

---

321 So *W. Gellhorn/C. N. Schenck*, Tort Actions Against the Federal Government, 47 Colum. L. Rev. 722, 725 (1947); ähnlich *Schuck*, Suing Government, 35 ff.

322 106 U.S. 196, 207 (1882).

323 *Schuck*, Suing Government, 39.

324 Amendment XI: „The Judicial power of the United States shall not be construed to extend to any suit in law or equity, commenced or prosecuted against one of the United States by Citizens of another State, or by Citizens or Subjects of any Foreign State". Der Zusatzartikel stellte eine Reaktion auf die Entscheidung des Supreme Court in der Rechtssache *Chisholm v. Georgia* von 1793 dar, die die Staatenimmunität nicht anerkannt hatte. Vgl. *Nowak/Rotunda*, § 2.11.

325 527 U.S. 706, 713–718 (1999) *Alden v. Maine*; auch 517 U.S. 44, 72 (1996) *Seminole Tribe of Fla. v. Florida*, wo von einem „‚background principle' of state sovereign immunity" gesprochen wird.

326 So schon. 411 U.S. 279, 280 (1973) *Employees v. Missouri Pub. Health Dept.*

327 Weitere Entscheidungen, in denen der Supreme Court die föderale Schutzwirkung der Doktrin ausgeweitet hat, bei *E. Chemerinsky* (Fn. 320), 53 Stan. L. Rev. 1201, 1204–1205 (2001); dort auch der Hinweis, dass alle Entscheidungen mit einer sehr knappen Mehrheit von 5:4 („of the five most conservative Justices on the Court") ergangen sind.

nicht erfasst sind dagegen Schadensersatzklagen gegen substaatliche Einheiten wie Gemeinden oder Schulverbände.[328]

147 Ungeachtet aller Begründungsprobleme bildet die Immunitätsvorstellung die Grundlage, auf der die Rechtspraxis des Bundes ebenso wie der Gliedstaaten aufbaut.[329] Klagen auf Schadensersatz sind nur zulässig, wenn sich eine gesetzliche Einwilligung des beklagten Staates nachweisen lässt. Die Frage, welche Vorschriften des Bundesrechts bzw. des einzelstaatlichen Rechts einen solchen *„consent"* ausdrücken, ist der positivrechtliche Einstieg in das Schadensersatzrecht. Die breit angelegten Rechtsschutzvorschriften des APA helfen hier nicht, denn „money damages" sind in § 702 ausdrücklich von ihrem Anwendungsbereich ausgenommen. Die in Betracht kommenden gesetzlichen Klauseln, die einen Verzicht enthalten könnten, werden restriktiv interpretiert. Verglichen mit der rechtsschutzfreundlichen Auslegung der Bestimmungen, die *abwehrrechtliche* Klagen betreffen (→ 4/34–49), erscheint die *entschädigungsrechtliche* Abstinenz – auch unter Gewaltenteilungsargumenten[330] – wenig überzeugend. Sie erklärt sich aus der Abneigung amerikanischer Gerichte, die dem Kongress zustehenden haushaltsrechtlichen Verteilungsentscheidungen durch die Zuweisung von Haftungsrisiken vorwegzunehmen.[331]

II. Wichtige Haftungstatbestände des Bundesrechts

148 Im Folgenden werden drei Tatbestände behandelt, die wichtige Elemente des gegenwärtigen amerikanischen Haftungsrechts darstellen, aber unterschiedlichen Zeiten entstammen, unterschiedliche Ansätze verfolgen und

---

328 *Nowak/Rotunda*, § 2.11(e).

329 Zur Rechtslage in den Bundesstaaten vgl. *Cane*, Controlling, 377 Fn. 37; zur (restriktiveren) Praxis einzelstaatlicher Gerichte *Schuck*, Suing Government, 206 f.; *Schwartz*, § 9.24.

330 Zu den beiden Rechtfertigungen der „sovereign immunity" Doktrin („separation of power" und „fiscal reason – protecting the public purse") vgl. *J. R. Bruno*, Immunity for "Discretionary" Functions, 49 Harv. J. on Legis. 411, 434–443 (2012).

331 Vgl. *Cane*, Controlling, 384–386 unter Bezugnahme auf *F. D. Shimomura*, The History of Claims Against the United States: The Evolution from a Legislative Toward a Judicial Model of Payment, 45 La. L. Rev. 625, 699 (1985): „The Supreme Court – the very institution which once challenged the validity of the colonial ‚legislative model'... – has become its last bastion of modern support".

unterschiedliche Bereiche abdecken:[332] Der Federal Tort Claims Act (FT-CA) von 1946 nimmt den alten Gedanken einer persönlichen Haftung der Amtsträger nach common law auf und formt ihn in eine originäre Haftung des Bundes für Fehlverhalten seiner Amtsträger um (1). Die Vorschrift 42 U.S.C § 1983 normiert eine Haftung von Amtsträgern der Einzelstaaten und Gemeinden, wenn sie Privatpersonen in Rechten geschädigt haben, die diesen nach Bundesrecht (einschließlich Bundesverfassungsrecht) zustehen (2). Der dritte Haftungstatbestand („*Biven*-suits") ist 1971 richterrechtlich geschaffen worden und betrifft die Haftung von Bundesbediensteten für Verletzungen der Bundesverfassung (3). Daneben existieren zahlreiche Haftungsvorschriften in Fachgesetzen. Trotzdem kann von einer auch nur einigermaßen flächendeckenden Regelung des Amtshaftungsrechts durch *Bundesrecht*, wie es Art. 34 GG i. V. mit § 839 BGB trotz aller konzeptionellen Schwächen bietet, in den USA nicht die Rede sein.[333]

1. Der Federal Tort Claims Act

Der FTCA erging 1946 als Titel IV des Legislative Reorganization Act.[334] 149
Mit ihm verzichtete der Kongress auf den Haftungsausschluss der „sovereign immunity" und begründete eine direkte Haftung der USA für Schäden, die ihre Amtsträger in Ausübung ihres Amtes verursacht haben: 28 U.S.C. § 1346(b)(1).[335] Für Klagen sind in erster Instanz die federal district courts exklusiv zuständig. Der Klageerhebung hat ein Verwaltungsverfahren vorauszugehen (28 U.S.C. § 2675(a)).[336] Ein Urteil schließt Klagen in derselben Sache gegen den Amtswalter persönlich vollständig aus (§ 2676). Davon ausgenommen sein sollen nach § 2679(b)(2)(A) allerdings Verfas-

332 Zum Folgenden *Pierce*, Treatise, § 19.1; *Strauss*, Justice, 521 ff.; *R. A. Cass* (Fn. 305), in: Bell/Bradley, Liability, 113–133.

333 Zu weiteren mehr als 40 Vorschriften, die eine Haftung der USA begründen, vgl. *Pierce*, Treatise, § 19.4. Bundesrechtlich nicht erfasst sind dagegen vor allem Schadensfälle, die aus Verstößen von Amtsträgern der Einzelstaaten und der Kommunalkörperschaften gegen einzelstaatliches Recht resultieren.

334 Pub. L. No. 79–601 Stat 812, 842; mit Änderungen von 1966 und 1988 kodifiziert 28 U.S.C. § 1346 (b), §§ 2671–2680. Vgl. auch → 3/30.

335 Die Haftung ist (entgegen dem Text „negligent or wrongful") als common law Haftung nicht vom Verschulden des Amtswalters abhängig; *Pierce*, Treatise, § 19.4 (S. 1814).

336 Es muss binnen zwei Jahren beantragt werden. Geschieht das nicht, so ist nach 28 U.S.C. § 2401(b) eine spätere Klage ausgeschlossen; vgl. dazu *Hershkoff* (Fn. 316), 2015 Mich. St. L. Rev. 183, 197–200 (2015).

sungsverletzungen.[337] Nicht von der Haftungsübernahme des Staates erfasst sind typische vorsätzliche Schädigungen („intentional torts").[338]

150 Der Tatbestand des 28 U.S.C. § 1346(b)(1) ist im Ansatz wie die traditionelle common law Haftung konstruiert. Gehaftet wird für die Verletzung bestimmter Rechtsgüter („injury or loss of property, or personal injury or death") unter denselben Voraussetzungen, unter denen „a private person would be liable". An dieser Stelle beginnen freilich schon die Schwierigkeiten; denn die Ausrichtung am privaten Schadensrecht kann immer nur auf eine mehr oder weniger naheliegende Analogie hinauslaufen, weil sich in staatlichen Aktionen Handlungen, die auch Private vornehmen können, mit solchen, die aus der hoheitlichen Aufgabenwahrnehmung folgen, mischen.[339] Ärztliche Leistungen etwa werden vor allem im privaten Sektor erbracht, und entsprechend existiert ein privates Haftungsrecht der Ärzte. Aber folgt daraus, dass auch für Militärärzte nach eben diesen Regeln zu haften ist, oder ist deren Handeln durch das Militär und damit durch eine Organisation in einer Weise geprägt, die für Private nicht zutrifft? Die Entscheidung *Feres v. United States* zeigt die Abgrenzungsschwierigkeiten und die Tendenz des Supreme Court, die Analogie eng zu fassen.[340]

151 Noch deutlicher wird das Bemühen des FTCA, letztlich doch den Besonderheiten staatlichen Handelns Rechnung zu tragen, an den zahlreichen *Ausnahmeregelungen* des 28 U.S.C. § 2680. Unter ihnen ist vor allem lit. (a) wichtig: Nicht gehaftet wird, wenn der Schaden auf Grund einer Ermessensentscheidung („discretionary function or duty") eingetreten ist. Bei der rechtsvergleichenden Bewertung dieses Tatbestandes muss berücksichtigt werden, dass die amerikanische Ermessenslehre in deutlich größeren Dimensionen denkt als die deutsche. Es geht zunächst einmal um Entscheidungen hochstufiger politischer Planung und Programmierung, die von einer Haftung freigestellt sind.[341]

---

337 Dazu *Strauss*, Justice, 525 und 528 f.; *Pierce*, Treatise, § 19.4 (S. 1817); zum sog. Westfall Act von 1988 → unten 3.

338 28 U.S.C. § 2680(h). Dazu zählen u.a. „assault", „false imprisonment", „malicious prosecution", „slander", „misrepresentation". Zu Abgrenzungsschwierigkeiten zwischen diesen und den von der Haftungsübernahme erfassten „negligent or wrongful acts" vgl. *Pierce*, Treatise, § 19.4 (S. 1842–1850).

339 *Mashaw/Merrill/Shane*, 1056 ff.; *R. A. Cass* (Fn. 305), in: Bell/Bradley, Liability, 121 f.

340 340 U.S. 135, 140–141 (1950) *Feres v. United States*.

341 Dass auf diesem Felde, z.B. bei politisch kontroversen Rechtsetzungsmaßnahmen im Wirtschaftsrecht, das Haftungsrisiko der öffentlichen Hand beherrschbar bleiben muss und die Behörden ihre Entscheidungen nicht unter dem

Die Grenzziehung im Einzelfall bereitet allerdings erhebliche Schwierigkeiten. Die Entwicklung der Rechtsprechung zeigt auch hier eine wenig entschädigungsfreundliche Tendenz:[342] Anfänglich wurden immerhin nur Akte auf „planning level" von der Ausnahme erfasst, während für Akte auf dem „operational level" und damit für das alltägliche Geschäft der Verwaltung zu haften war.[343] Später stellte der Supreme Court klar, dass die Ausnahme nicht auf die Position des Amtsträgers, sondern auf die wahrgenommene Aufgabe abstelle;[344] dem Kongress sei es bei der Ausnahme von Ermessensentscheidungen ganz generell darum gegangen, Regulierungsaufgaben davon freizustellen, dass sie im Gewande von Haftungsklagen einer richterlichen Zweitbewertung unterzogen würden.[345] *United States v. Varig* betraf Schäden aus einem Flugunfall, für die die Fluggesellschaft die USA in Anspruch nehmen wollte, weil die Federal Aviation Administration (FAA) bei der Zertifizierung des Flugzeugs die erforderliche Sorgfalt außer Acht gelassen hätte. Der Supreme Court analysierte das Verfahren der Zulassung und Überwachung von Fluggerät genau und gelangte zu dem Ergebnis, dass die Behörde bei der Ausgestaltung ihrer Kontrollen so viel Spielraum gehabt habe, dass sie damit unter die „discretionary function exception" falle. In dem wenige Jahre später entschiedenen Fall *Gaubert v. United States*, einem Fall aus dem Bankenaufsichtsrecht, wurde der Ausnahmetatbestand nochmals erweitert: er kann auch bei Vorgängen des behördlichen Tagesgeschäfts einschlägig sein, wenn diese von „policy judgements" bestimmt werden können.[346] 152

Die Zahl erfolgreicher Schadensersatzklagen gegen die USA ist im Gefolge dieser Judikatur immer weiter zurückgegangen. In mehr als 75 % der Fälle gelang es den staatlichen Behörden, die Gerichte davon zu überzeugen, dass das schädigende Ereignis mit einer Ermessensentscheidung zu tun ge- 153

Druck eines solchen Risikos sollten treffen müssen, ist angesichts der auf dem Spiel stehenden großen Schadenssummen ein plausibler Gedanke. Er findet sich ähnlich in der Judikatur der Europäischen Gerichte, wenn zur Haftungsbegründung bei normativem Unrecht eine „hinreichend qualifizierte" Rechtsverletzung verlangt wird; vgl. *M. Ruffert*, in: Calliess/Ruffert, EUV/AEUV, Art. 340 AEUV Rn. 16 ff.

342 Zum Folgenden *J. R. Bruno* (Fn. 330), 49 Harv. J. on Legis. 411, 423–431 (2012); *Pierce*, Treatise, § 19.4 (S. 1818–1841); *Mashaw/Merrill/Shane*, 1109 ff.

343 346 U.S. 15, 30–36 (1953) *Dalehite v. United States.*

344 467 U.S. 797 (1984) *United States v. Varig Airlines*; fortgesetzt in 486 U.S. 531, 537 (1988) *Berkovitz v. United States*: „based on considerations of public policy".

345 467 U.S. 797, 814 (1984): „to prevent judicial ‚second-guessing'".

346 499 U.S. 315, 326 (1991) *United States v. Gaubert*; dazu *Strauss*, Justice, 523.

habt habe.[347] Bevor man die Praxis in vergleichender Sicht als ungewöhnlich restriktiv kritisiert, sollte allerdings bedacht werden, dass auch das deutsche Amtshaftungsrecht dogmatische Techniken entwickelt hat, um das Haftungsrisiko des Staates in Grenzen zu halten. In diesen Zusammenhang gehört das Erfordernis der sog. Drittbezogenheit der Amtspflicht i. S. des Art. 34 GG i.V. § 839 BGB. Pflichten, die dem Beamten nur gegenüber der Allgemeinheit obliegen, erfüllen diese Voraussetzung nicht. In einigen Fällen regulierender Wirtschaftsaufsicht, die in den USA der „discretionary function exception“ unterfallen, würde auch in Deutschland nicht gehaftet, weil es an der „Drittbezogenheit“ der Amtspflicht fehlt.[348] Daran scheitert im Regelfall auch eine Haftung für legislatives oder normatives Unrecht.[349] In einander ähnlicher Weise stellen beide Rechtsordnungen zudem die Entscheidungstätigkeit der Richter von einer Haftung frei. 28 U.S.C § 2680 statuiert daneben noch eine ganze Reihe weiterer Ausnahmen für bestimmte Fachaufgaben, z.B. für den Steuereinzug (lit. c) und Quarantänemaßnahmen (lit. f).[350] Wichtig bleibt ein Unterschied in der Grundeinstellung: Ausnahmen sind in den USA vor dem Hintergrund der „sovereign immunity“ Doktrin zu sehen und extensiv zu interpretieren. In Deutschland ist dagegen von einer im Rechtsstaatsprinzip verankerten staatlichen Einstandspflicht als Grundsatz auszugehen, der Ausnahmen von der Haftung zwar nicht generell verbietet, aber unter Rechtfertigungsvorbehalt stellt.[351]

2. Die Haftung nach 42 U.S.C § 1983

154 Der zweite wichtige Tatbestand des amerikanischen Staatshaftungsrechts ist 42 U.S.C. § 1983. Die Vorschrift begründet eine Haftung *einzelstaatlicher Amtsträger*, wenn sie jemandem seine durch die Verfassung oder die Geset-

---

347 Angaben bei *J. R. Bruno* (Fn. 330), 49 Harv. J. on Legis. 411, 430 (2012).

348 So für die Finanzdienstleistungsaufsicht § 4 Abs. 4 FinDAG vom 22. 4. 2002 (BGBl I S. 1310); dazu bestätigend BGHZ 162, 49, 66. Zu Fällen der Versicherungsaufsicht *Ossenbühl/Cornils*, Staatshaftungsrecht, 2. Teil unter III 3 b ff.

349 *Ossenbühl/Cornils*, ebd., 2. Teil unter IV 5.

350 Vgl. *Hershkoff* (Fn. 316), 2015 Mich. St. L. Rev. 183, 187 und 205–205.

351 *M. Morlok*, Allgemeine Elemente der Einstandspflichten für rechtswidriges Staatshandeln, in: GVwR III, § 52 Rn. 22; *Breuer*, Staatshaftung für judikatives Unrecht, 105 ff. Inwieweit vor diesem Hintergrund bei der Ausgestaltung der Haftung auch die finanziellen Konsequenzen für die öffentlichen Haushalte berücksichtigt werden dürfen, ist streitig, vgl. *Breuer*, ebd., 156 ff.

ze der USA zuerkannten Rechte genommen haben.[352] Geschaffen wurde diese Haftung wenige Jahre nach dem Bürgerkrieg mit dem Civil Rights Act von 1871 als ein Mittel, um die loyale Vollziehung der bundesrechtlichen Pflichten beim Abbau der Rassendiskriminierung in allen Bundesstaaten gegen massive Widerstände durchzusetzen. Die Gesetzesgeschichte zeigt eindrücklich die seinerzeit in manchen der Staaten herrschenden Zustände.[353]

In der Zwischenzeit ist 42 U.S.C. § 1983 zu einem weit aufgespannten 155 Schirm für die Garantien des Bundesrechts geworden:[354] Die Anforderungen der Due Process Klausel im Strafvollzug, die Vorgaben der „freedom of speech" im öffentlichen Dienst, die Gleichbehandlung im Schulrecht – auf allen diesen Feldern können Verletzungen vorkommen, die (auch) Haftungsfragen im Gefolge haben.[355] Zu den Verpflichteten zählen nicht nur die einzelstaatlichen Amtsträger persönlich, sondern auch Institutionen, nicht nur staatliche, sondern auch private Einrichtungen (z.B. privatisierte Gefängnisse), nicht nur Bedienstete der staatsunmittelbaren Verwaltung, sondern auch der Kommunen und Schulbezirke.[356] Eine besondere Verletzungsabsicht setzt der Begriff „deprivation" nicht voraus; es gelten die im Schadensrecht auch sonst üblichen Haftungsmaßstäbe.[357]

---

352 Der Grundtatbestand lautet (etwas verkürzt): every person, who under color of any statute, ordinance, regulation, custom, or usage of any State, subjects [an]other person to the deprivation of any rights, privileges, or immunities secured by the Constitution or laws, shall be liable to the party injured.

353 Vgl. die Darstellung in 365 U.S. 167, 171–192 (1961) *Monroe v. Pape*, dort 171: „Section 1979 [Vorläufer des § 1983] came into the books as § 1 of the Ku Klux Act"; und 174: „The debates are replete with references to the lawless conditions existing in the South 1871".

354 *Pierce*, Treatise, § 19.6 (S. 1863): „Actions under § 1983 now account for a large proportion of the total cases resolved by federal courts". *Strauss*, Justice 525 f.

355 Vgl. *Lee*, Handbook, §§ 4–6; einige Beispiele auch bei *R. A. Cass* (Fn. 305), in: Bell/Bradley, Liability, 125 f.

356 Die Bundesstaaten selbst sind allerdings nicht von § 1983 erfasst; 491 U.S. 58, 65 (1989) *Will v. Michigan Dept. of State Police*; *Cane*, Controlling, 388. Die Behandlung der Kommunalkörperschaften hat geschwankt; nach jüngeren Entscheidungen können sie haftbar gemacht werden, wenn sie durch ihre Politik oder Praxis Veranlassung zu der Verletzung gegeben haben. Vgl. *Lee*, Handbook, § 3.

357 365 U.S. 167, 187 (1961); weiter differenzierend 474 U.S. 327, 329–336 (1986) *Daniels v. Williams*.

156 Die Weite des Verletzungstatbestandes wird allerdings durch ein Netz von Immunitätsregeln im praktischen Effekt erheblich eingeschränkt:[358] Obwohl § 1983 selbst „immunities" nicht erwähnt, wird angenommen, dass der Kongress bei Schaffung der Vorschrift die Amtsträger nicht der Verteidigungsmöglichkeiten hat berauben wollen, die ihnen nach dem common law zustehen.[359] Dabei wird zwischen absoluter und qualifizierter Immunität unterschieden. Erstere genießen Mitglieder gesetzgebender Körperschaften, Richter und Staatsanwälte. Bei Verwaltungsbeamten kommt es dagegen vor allem auf ihre Funktion und auf die Art der schädigenden Handlung an, ob ihnen absolute oder nur qualifizierte Immunität zukommt. Der Regelfall ist bei ihnen die qualifizierte Immunität. Sie schützt den Beamten, solange er nicht gegen „clearly established statutory or constitutional rights of which a reasonable person would have known", verstoßen hat.[360]

157 An dieser Stelle werden Umstände des Falles abgehandelt, die im Rahmen des § 839 BGB zum „Verschulden" gehören. Die Judikatur hat einen erheblichen Spielraum, die gegensätzlichen Interessen abzuwägen. Obwohl 42 U.S.C § 1983 einer der Pfeiler der „civil rights" Idee ist, sind die Gerichte geneigt, „qualified immunity" großzügig zuzusprechen.[361] Die Rechtspositionen, die verletzt worden sein sollen, müssen „clearly established" sein. Verlangt wird dazu regelmäßig, dass konkretisierendes Fallrecht vorliegt und hinreichend konkrete Feststellungen getroffen werden können.[362] Das gilt insbesondere dann, wenn sich für den handelnden Beamten schwierige verfassungsrechtliche Auslegungsfragen stellen. Die Darlegungs- und Beweislast trägt der Kläger.[363]

---

358 *Lee*, Handbook, § 7; *Antieau/Mecham*, Tort Liability, § 2.1 – 2.9 und speziell zu einzelstaatlichen Amtsträgern § 2.35 – 2.55; kritisch *J. C. Jeffries Jr.*, What's Wrong with Qualified Immunity?, 62 Fla. L. Rev. 851 (2010) und *ders.*, The Liability Rule for Constitutional Torts, 99 Va. L. Rev. 207 (2013).

359 424 U.S. 409, 417–419 (1976) *Imbler v. Pachtman*.

360 457 U.S. 800, 819 (1982) *Harlow v. Fitzgerald*; weit. Nachw. bei *Mashaw/Merrill/Shane*, 1172 ff.; *Lee*, Handbook, § 7.03.

361 Vgl. aber auch die empirischen Angaben zu einer nur begrenzten Relevanz der Doktrin für den Prozessausgang bei *J. C. Schwartz*, How Qualified Immunity Fails, 127 Yale L. J. 2 (2017).

362 584 U.S. __ (2018) (per curiam) (slip op. at 4) *Kisela v. Hughes*; 583 U.S. __ (2018) (slip op. at 15) *District of Columbia v. Wesby*.

363 Vgl. *Lee*, Handbook, § 7.03(B)(2).

3. Schadensersatz nach der „Bivens Action"

Der dritte wichtige Haftungstatbestand betrifft den Schadensersatz wegen Verletzung verfassungsrechtlich gewährleisteter Rechte durch *Amtsträger des Bundes*. Er ist 1971 richterrechtlich geschaffen worden: *Bivens v. Six Unknown Named Federal Agents* betraf den Fall einer ohne richterliche Anordnung getroffenen und in besonders rabiater Weise durchgeführten Durchsuchung der Wohnung und der Person des Klägers.[364] Gestützt wurde die Klage auf eine Verletzung des IV. Zusatzartikels, der Schutz vor „unreasonable search and seizure" gewährt, allerdings nichts über die Folgen seiner Verletzung und erst recht nichts zu Schadensersatzfolgen aussagt (→ 5/10). 158

Die Mehrheit der Richter überwand diese Schwierigkeit jedoch ohne größeren argumentativen Aufwand mit dem Hinweis auf *Marbury v. Madison*: „The very essence of civil liberty certainly consists in the right of every individual to claim the protection of the laws, whenever he receives an injury".[365] Das Votum ist getragen vom Bemühen, auf eine Verfassungsverletzung mit einer angemessenen Reaktion zu antworten. Dass sich das Gericht mit der Schaffung eines neuen Haftungstatbestandes weit in den Aufgabenbereich des Parlaments hineinbegebe,[366] ließ die Richtermehrheit nicht gelten. Angesichts der Zurückhaltung, die der Supreme Court gerade in Schadensersatzangelegenheiten sonst übt, ist das ein erstaunlicher Befund.[367] Geschaffen worden ist immerhin nicht weniger als eine neue *verfassungsunmittelbare* Möglichkeit, öffentliche Amtsträger mit Klagen auf angemessenen Ausgleich und damit auch auf Geldersatz („money damages") zu überziehen.[368] 159

---

364 403 U.S. 388 (1971) *Bivens v. Six Unknown Named Federal Agents* (Bivens); ausführlich Harlan, J. conc. 398–411, dort auch der Hinweis, dass, wenn bei der Verletzung verfassungsrechtlicher Rechte schon gerichtliche „injunctions" anerkanntermaßen zulässig seien, dieses erst recht für das Zusprechen von Schadensersatz gelten müsse, weil eine solche Folge weniger eingreifend sei.

365 403 U.S. 388, 395–396 (1971).

366 So die drei dissentierenden Richter: Chief Justice Burger, 412; Black, J. 427 und Blackmun, J. 430. Alle Einwände erneut und noch ausführlicher behandelt von Rehnquist, J. diss. in: 446 U.S. 14, 31–54 (1980) *Carlson v. Green*.

367 Ähnlich *R. A. Cass* (Fn. 305), in: Bell/Bradley, Liability, 130 f. („In creating rights of action, the usual course is for the legislature...").

368 Von den zwischen 1971 und 1985 erhobenen 12.000 constitutional tort claims führten allerdings nur sehr wenige zu einer Verurteilung zum Geldersatz;

160 Rechtlich sind „*Bivens* actions“ gegen Amtsträger des Bundes in Parallele zu den „§ 1983-actions“ gegen Amtsträger der Einzelstaaten konstruiert:[369] Sie können nur gegen den Amtsträger persönlich erhoben werden, nicht aber gegen die Behörde, die ihn beschäftigt.[370] Die verfassungsmäßigen Rechte, die verletzt sein können, sind abstrakt weit gefasst. Aber der Beklagte kann sich auf die Immunität berufen, die Amtsträgern nach den allgemeinen Regeln zukommt,[371] d. h. im Regelfall auf „qualified immunity“, bei politischen Funktionen auf „absolute immunity“.[372]

161 Ein zweiter Ansatz, um *Bivens* restriktiv zu begegnen, ist die Frage nach einem schon vorhandenen Rechtsmittel („alternative remedy“). Soweit ein solches verfügbar ist, ist davon auszugehen, dass der Kongress eine weitere Klagemöglichkeit, wie sie die „*Bivens* action“ darstellt, nicht gewollt hat. Die Bewertung, ob ein verfügbarer anderer Rechtsbehelf einen adäquaten Schutz bietet, lässt viel Raum für rechtspolitische Erwägungen der Gerichte. War der Supreme Court in dieser Frage zunächst großzügig, so hat er in der Folgezeit diesen Ansatz genutzt, um den Schutzbereich von *Bivens* einzuschränken.[373] Nach jüngerer Rechtsprechung braucht es kein Rechtsmittel des Bundesrechts zu sein, um die Sperrwirkung auszulösen; auch Rechtsbehelfe des einzelstaatlichen Rechts genügen. Der Rechtsbehelf muss auch nicht den vollen Umfang des Ersatzes bieten wie eine „*Bivens* action“; Abstriche sind hinnehmbar; die Kompensation muss nur „roughly similar“ sein.

162 Eine Tendenz im Supreme Court geht erkennbar dahin, *Bivens* actions auf wenige Fälle zu begrenzen. Für Justice Scalia war *Bivens* schon 2012 „a relic of the heady days in which this Court assumed common-law powers to create causes of action“. Von dieser Sicht – so fährt Scalia fort – habe sich das Gericht, was die Ebene des einfachen Rechts betreffe, schon verabschiedet;

Strauss, Justice, 526 Fn. 48; zurückhaltend auch die Feststellungen bei *Mashaw/Merrill/Shane*, 1158.

369 *R. A. Cass* (Fn. 305), in: Bell/Bradley, Liability, 132 f.

370 510 U.S. 471, 483–486 (1994) *FDIC v. Meyer*.

371 Kritik daran bei *J. C. Jeffries* (Fn. 358), 99 Va. L. Rev. 207, 258 ff. (2013).

372 Dazu 438 U.S. 478, 504–508 und 513–515 (1978) *Butz v. Economou*. So genießt der Präsident der USA wegen seiner einzigartigen verfassungsrechtlichen Position für alle Akte „within the outer perimeter of his official responsability“ absolute Immunität; 457 U.S. 731, 755–756 (1982) *Nixon v. Fitzgerald*.

373 Darstellung der Entwicklung in 551 U.S. 537, 550 (2007) *Wilkie v. Robbins*; bestätigt. 565 U.S. 118, 125 (2012) *Minneci v. Pollard*; vgl. auch *Pierce*, Treatise, § 19.5.

es sollte das, was die Ebene des Verfassungsrechts betreffe, ebenso tun.[374] Der Rat, die Steuerungsfunktion des Staatshaftungrechts in diesem wichtigen Punkte zurückzuschneiden, erscheint in einer Zeit, die mit allen Mitteln auf die effektive Durchsetzung von Bürgerrechten dringen muss, allerdings wenig überzeugend. Doch auch in Teilen der Literatur wird empfohlen, die *Bivens* Rechtsprechung aufzugeben.[375]

Hinderlich daran ist allerdings, dass sich die Praxis auf die Existenz dieser Rechtsprechung eingestellt und auch der Kongress ihr bis zu einem gewissen Grade 1988 im Westfall Act Rechnung getragen hat.[376] Mit diesem Gesetz sollte auf das Urteil *Westfall v. Erwin* reagiert werden, in dem der Supreme Court die Immunität von Amtsträgern des Bundes gegenüber Schadensersatzklagen, die sich auf die Verletzung von einzelstaatlichem Recht stützen, erheblich eingeschränkt und darauf hingewiesen hatte, dass diese Fragen besser vom Kongress entschieden würden.[377] Ziel des Gesetzes war es, Bundesbedienstete vom Druck *persönlicher* Inanspruchnahme durch eine verstärkte *staatliche* Einstandspflicht zu entlasten. 163

Das Ergebnis ist die zweigeteilte Regelung des 28 U.S.C § 2679(b): Klagen auf Schadensersatz sind grundsätzlich exklusiv gegen die USA und nicht gegen den Beamten zu richten.[378] Ausgenommen von der Übernahme sind allerdings Klagen, die auf eine Verletzung der Verfassung gestützt sind. Für „constitutional torts“ ist weiterhin allein der handelnde Amtsträger persönlich verantwortlich. Gerade diese Ausnahmeregelung ist der kritische 164

---

374 So Scalia, J. conc. 565 U.S. 118, 130 (2012). Die restriktive Tendenz ist jüngst von der Senatsmehrheit in 589 U.S.___ (2020) (slip op. at 5–6) *Hernandez v. Mesa* mit Bezug auf die Gewaltenteilung bestätigt worden; noch deutlicher Thomas, J. conc., dem sich Gorsuch angeschlossen hat, (slip op. at 1): „I write separately because, in my view, the time has come to consider discarding the Bivens doctrine altogether“.

375 *Pierce*, Treatise, § 19.5 (S. 1861): „The *Bivens* opinion was a mistake“.

376 Federal Employees Liability Reform and Tort Compensation Act, Pub. L. No 100–694; zur Entwicklung *Mashaw/Merrill/Shane,* 1075 f.; *C. M. Vázquez/S. I. Vladeck*, State Law, the Westfall Act, and the Nature of the *Bivens* Question, 161 U. Pa. L. Rev. 509, 565–570 (2013).

377 484 U.S. 292, 295–297 (1988).

378 Voraussetzung ist, dass der Beamte in Ausübung seines Amtes („within the scope of his office“) gehandelt hat. Wird das vom Attorney General förmlich bestätigt, so treten gem. 28 U.S.C. § 2679(d)(1) prozessual die USA an die Stelle des beklagten Beamten. Die Ablehnung der Bestätigung kann von dem Beamten gerichtlich angegriffen werden; 515 U.S. 417, 420 (1995) *Gutierrez de Martinez v. Lamagno*.

Punkt: der Begriff „constitutional torts“ ist extrem weit.[379] Ihn zum Grenzbegriff zwischen Staatshaftung und Beamteneigenhaftung zu machen, wie es in 28 U.S.C § 2679(b)(2) geschehen ist, heißt, das öffentliche Haftungsrecht dauerhaft gravierenden Unsicherheiten auszusetzen, die auf das Vertrauen der Bürger ebenso wie auf die Leistungsbereitschaft des öffentlichen Dienstes rückwirken.[380]

165 Die halbherzige Lösung des Westfall Act lenkt den Blick damit auf das Zentralproblem des amerikanischen Staatshaftungsrechts: das ungeordnete Nebeneinander und Durcheinander von Klagemöglichkeiten gegen den Amtsträger persönlich und gegen den hinter ihm stehenden Hoheitsträger. Historisch ist dieser Zustand erklärlich; aber er ist in hohem Maße dysfunktional. An seine Stelle sollte im Außenverhältnis einheitlich eine Haftung des Staates für alle rechtswidrigen Handlungen treten, die ein Amtsträger in Ausübung seines Amtes begangen hat.[381] Die persönliche Haftung des Beamten, die in der Tat eine unverzichtbare erzieherische Funktion hat,[382] kann dem Regress im Innenverhältnis vorbehalten bleiben. Die deutsche Amtshaftung hat zwar unbestreitbar erhebliche Konstruktionsschwächen.[383] Aber die Statuierung einer umfassenden Haftungsübernahme für alle in Ausübung eines öffentlichen Amtes begangenen Amtspflichtverletzungen (Art. 34 GG) hat jedenfalls für das Außenverhältnis und damit für den Bürger Klarheit geschaffen.

166 In den USA ist der Weg zu einer solchen Lösung freilich schon aus Gründen der föderalen Kompetenzverteilung beschränkt und auch im Übrigen wesentlich schwieriger zu gehen. Die unterschiedlichen Kategorien von „immunities“ („sovereign immunity“ und „officers immunities“) müssten

379 Treffend *Mashaw/Merrill/Shane*, 1153: „The Due Process Clauses of the Fifth and Fourteenth Amendments are sufficiently expansive both in their wording and their historical interpretation to suggest the possibility of a vast domain of ‚constitutional torts‘ that might lie against federal or state officials and federal or state governments“.

380 Zu weiteren aktuellen Auslegungsschwierigkeiten vgl. *C. M. Vázquez/S. I. Vladeck* (Fn. 376), 161 U. Pa. L. Rev. 509, 570–582 (2013) (state law remedies betreffend).

381 Vgl. Chief Justice Burger in seinem Sondervotum in 403 U.S. 388, 422 (1971) *Bivens*: „Congress should develop an administrative or quasi-judicial remedy against the government itself to afford compensation and restitution for persons whose Fourth Amendment rights have been violated“. *Schuck*, Suing Government, 182 ff.; *Pierce*, Treatise, § 19.5 (S. 1861).

382 510 U.S. 471, 483–486 (1994) *FDIC v. Meyer*.

383 Dazu *Hartmann*, Öffentliches Haftungsrecht, § 9.

aufeinander abgestimmt werden, und auch in der Einbeziehung oder Ausklammerung einzelner Schadensposten, z. B. der „punitive damages", steckt Konfliktstoff. Der Kongress verfügt jedoch über hinreichende Kompetenzen, auf „sovereign immunity" zu verzichten und sich auch sonst von überkommenen Haftungsregeln des common law zu verabschieden, um ein Staatshaftungsrecht zu entwickeln, das zu seinem Teil dazu beitragen kann, die Gesetzmäßigkeit des Verwaltungshandelns gerade auch in der alltäglichen Lebenswelt der Menschen sicherzustellen.

B. Rechtsschutz in Vertragsangelegenheiten

Der Rechtsschutz in Vertragsangelegenheiten der Verwaltung sollte in einem Lande, das eine monistische Gerichtsorganisation hat, einfach nach Maßgabe des allgemeinen Rechts zu konstruieren sein. Er ist es aber nicht, sondern er hat ein ganz eigenes Gepräge entwickelt, in dem sich Haushaltsrecht mit Managementüberlegungen und dem Bestreben nach einem möglichst einvernehmlichen Ausgleich zwischen der Verwaltung und ihren Vertragspartnern verbindet.[384] In den Behörden sind regelmäßig besondere Stellen oder Fachbeamte für das Vertragswesen zuständig. Die Finanzkontrolle spielt eine große Rolle. 167

I. Die Rolle des Court of Federal Claims

Vor allem aber gelten für den Gerichtsschutz Besonderheiten, insofern ein eigenes Gericht, der U.S. Court of Federal Claims, eine zentrale Position einnimmt. Seine Entwicklung ist eng mit der Vorstellung von „sovereign immunity" verbunden.[385] Bis in die Mitte des 19. Jahrhunderts waren Klagen gegen die USA in Vertragsangelegenheiten nicht möglich. Es konnte nur ein verwaltungsinternes Verfahren angestrengt oder der Kongress bemüht werden. 1855 und später durch den Tucker Act von 1887 wurde ein eigenes Gericht geschaffen, dessen Entscheidungen allerdings zunächst nur empfehlenden Charakter hatten.[386] Nach wiederholten Änderungen seiner 168

384 Vgl. *Strauss*, Justice, 531 f.

385 Zum Folgenden *Cane*, Controlling, 405 ff.

386 Gesetz vom 3. März 1887, 24 Stat. 505; kodifiziert 28 U.S.C. 1491. Der Tucker Act drückt für die entsprechenden Klagen einen Verzicht auf „sovereign immunity" aus. Er gibt aber keine materiellen Rechte auf Leistung („substantive

organisatorischen Zuordnung ist dieses Gericht heute der Court of Federal Claims (COFC) mit Sitz in Washington. Das Gericht gehört nicht zur Dritten Gewalt i. S. des Art. III der U.S.-Verf., sondern ist ein Art. I Gericht (28 U.S.C. § 171).[387] Seine 16 Mitglieder werden vom Präsidenten mit Zustimmung des Senats nicht auf Lebenszeit, sondern auf 15 Jahre ernannt, genießen aber volle richterliche Unabhängigkeit.

169 Der COFC gewährt Rechtsschutz gegen die USA in Vertragsangelegenheiten (28 U.S.C. § 1491). Dazu gehören einerseits Klagen aus abgeschlossenen Verträgen („contract dispute system“), die regelmäßig auf Geldleistung gerichtet sind. Zum andern hat der COFC eine wichtige Funktion für den Bieterrechtsschutz im Vergaberecht („bid protest system“). Er kann dazu in laufende Verfahren intervenieren, auch abgeschlossene Verträge annullieren und Ersatz des Vorbereitungsaufwandes zusprechen. Dabei überprüft er die Entscheidungen der Behörden wie im judicial review allgemein üblich nach den Maßstäben von 5 U.S.C. § 706. Die Endurteile des Gerichts können nach 28 U.S.C § 1295(a)(3) mit der Berufung an den Court of Appeals for the Federal Circuit angegriffen werden. An dieser Stelle mündet der besondere Vertragsrechtsschutz in den allgemeinen Instanzenzug der Art. III Gerichte ein.

II. Speziell zum Rechtsschutz im Vergaberecht

170 Der COFC ist nicht die einzige Institution, die auf dem Gebiet des Bieterschutzes tätig ist.[388] Vielmehr besteht ein mehrgliedriges Beschwerde- und Kontrollgefüge aus administrativen und gerichtlichen Stellen, dessen Instanzen aber nicht zwingend nacheinander zu durchlaufen sind:[389]

- Ein „bid protest“ soll möglichst bei der Behörde eingelegt werden, die das Vergabeverfahren betreibt, d.h. den Vertrag schließen will oder ge-

rights“); diese müssen sich aus anderen Anspruchsgrundlagen ergeben, 556 U.S. 287, 290 (2009) *United States v. Navajo Nation*; 590 U.S. __ (2020) (slip op. at. 24) *Maine Community Health Options v. United States*.

387 Zur Unterscheidung der beiden Gerichtstypen → 4/9–14.

388 Zum Vergabewesen und seinen Verfahren → 3/150–156.

389 Übersichtliche und materialreiche Darstellung im *Judge Advocate General’s Legal School*, Contract Attorneys Deskbook, 2014, Vol. 1 Chap. 18A und 18B sowie 22A.

schlossen hat.[390] Schon bevor er förmlich erhoben wird, sollen alle Beteiligten über die aufgetretenen Schwierigkeiten das Gespräch suchen. Ist der Protest erhoben, darf die Behörde die Vergabe einstweilen nicht vornehmen. Das Verfahren soll einfach und informell durchgeführt und möglichst in 35 Tagen abgeschlossen werden.

- Eine zweite Möglichkeit ist die Anrufung des Government Accountibility Office (GAO), des Rechnungshofs der USA.[391] Damit steht eine Überprüfung durch eine unabhängige Instanz zur Verfügung, die ähnlich wie die Kontrolle durch Vergabekammern gem. §§ 155 ff. GWB wirkt. Eine vorherige Befassung der Behörde, die das Vergabeverfahren durchführt, ist wünschenswert, aber nicht Voraussetzung (33.103(e) FAR). Die Erhebung des Protests ist fristgebunden. Sie hat im Regelfall aufschiebende Wirkung: ein Vergabevertrag darf außer in Dringlichkeitsfällen nicht geschlossen werden; ein schon geschlossener Vertrag ist außer Vollzug zu setzen, wenn die Behörde binnen 10 Tagen von dem Protest informiert worden ist. Das GAO überprüft den Vorgang auf seine Vereinbarkeit mit dem einschlägigen Vergaberecht; die Maßstäbe ähneln denen von § 706 APA. Auf Antrag eines Beteiligten kann ein Hearing durchgeführt werden. Das GAO hat seine Entscheidung binnen 100 Tagen, in Eilfällen binnen 65 Tagen zu treffen. Die Entscheidung hat allerdings nur empfehlenden Charakter. Die Behörde kann von ihr abweichen, muss das aber begründen (§ 33.104(g) FAR). Auf Grund neuer Tatsachen kann das GAO nach 4 C.F.R § 21.4(b) um eine Überprüfung („reconsideration") seiner Entscheidung angegangen werden.
- Einer gerichtlichen Kontrolle sind die Entscheidungen des GAO anders als die Entscheidungen der Vergabekammern nach § 171 GWB nicht zugänglich. Gegenstand einer Kontrolle durch den COFC können aber die Entscheidungen der die Vergabe durchführenden Behörde sein, die den Empfehlungen des GAO nachkommen.

---

390 Vgl. die Regelung in § 33.103 Federal Acquisition Regulation (FAR), kodifiziert Title 48 Code of Federal Regulation Chap. 1.

391 Grundlagen: 31 U.S.C. §§ 3551–3557 sowie 33.104 FAR und die GAO Bid Protest Regulations in 4 C.F.R. Part 21.

Fünftes Kapitel Verwaltungsinformationsrecht

Früher als das deutsche hat das amerikanische Verwaltungsrecht die Bedeutung des Faktors *Information* für das Handeln und für die Kontrolle der Verwaltung erkannt.[1] „Administrative Information“ bildete ein eigenes Kapitel schon im Bericht des Attorney General's Committee von 1941, das sich mit der Erarbeitung des Administrative Procedure Act beschäftigt:[2] Oft begegneten die Menschen der Verwaltung deshalb mit Kritik – so argumentierte das Gremium –, weil es ihnen an hinreichenden Informationen über die Organisation, die Politik und die Vorgehensweise der Behörden fehle. Konsequent benannte es „seven forms of vital administrative information“, die dem Publikum verfügbar gemacht werden sollten. In sect. 3 des APA von 1946 kam der Gesetzgeber dieser Empfehlung in wesentlichen Punkten nach und legte die Pflicht jeder Behörde fest, Organisationspläne, Verfahrensregelungen, „policy statements“, Verwaltungsvorschriften und wichtige Einzelentscheidungen zu publizieren.[3] 1

Informationen aus konkreten Akten sollten allerdings nur denen verfügbar gemacht werden, die unmittelbar mit der Sache zu tun haben, und auch das nur, soweit es nicht um vertrauliche Informationen ging. Zweck dieser frühen Fassung des APA war es vor allem, Personen für ihren Umgang mit den Behörden die erforderlichen Kenntnisse verfügbar zu machen, nicht aber ein allgemeines Informationszugangsrecht zu schaffen. In den Erläuterungen des Attorney General hieß es dazu: „It is clear that section 3(c) is not intended to open up Government files for general inspection“.[4]

Die weitere Entwicklung verlief keineswegs gradlinig.[5] Aber die generelle 2
Tendenz zielte auf einen immer weiteren Ausbau der Verwaltungsöffent-

1 Vgl. nur *Scherer*, Verwaltung und Öffentlichkeit, 1979; *Gurlit*, Verwaltungsöffentlichkeit im Umweltrecht: ein Rechtsvergleich Bundesrepublik Deutschland – USA, 1989.
2 Final Report of Attorney General's Committee 24–27; vgl. → 3/30.
3 Heute wesentlich erweitert und neu gefasst in § 552(a)(1)(2) APA.
4 Attorney General's Manual, 25.
5 Dazu *Davis*, Administrative Law, 68 ff.; *G. O. Robinson*, Access to Government Information: The American Experience, 14 Federal L. Rev. 35, 37–39 (1983).

lichkeit.[6] Systematisch lassen sich zwei Erscheinungsformen unterscheiden:[7] zum einen Regelungen, nach denen die Verwaltung Informationen von sich aus öffentlich zugänglich machen muss („affirmative disclosure"), und zum anderen Regelungen, nach denen das auf Antrag zu geschehen hat („disclosure on request"). Für die erste Gruppe hatte der APA von 1946 bereits einige Festlegungen getroffen. Für die zweite Gruppe brachte der Freedom of Information Act von 1967 den Durchbruch.[8] Der Federal Advisory Committee Act von 1972 und der Government in the Sunshine Act von 1976 steuerten Vorschriften bei, die der Transparenz der innerbehördlichen Informationsverarbeitung und Entscheidungsbildung dienen sollen.[9] Gegenpositionen zu diesen auf Öffentlichkeit drängenden Entwicklungen bilden der Privacy Act von 1974, der die behördliche Weitergabe personenbezogener Informationen einschränkt,[10] und der Paperwork Reduction Act von 1980, der Wirtschaft und Gesellschaft vor unnötigen Informationserhebungen schützen soll.[11]

3 In amerikanischen Lehrbüchern zum Verwaltungsrecht gehören Abschnitte zum Verwaltungsinformationsrecht („Government Information Acquisition and Disclosure") heute zum Standard.[12] Selbst wenn das Rechtsgebiet darin nicht systematisch entfaltet wird, ist das doch erheblich mehr als das,

---

6 *Robertson*, A Study in the Development of Government Secrecy, 92: „There are, of course, conflicting attitudes toward exactly what powers government should have, but the dominant ethos is one, and was one, of suspicion of government".

7 Zum Folgenden *Mashaw/Merrill/Shane*, 707 ff.; *Pierce*, Treatise, § 5.

8 Freedom of Information Act von 1967, Pub. L. No. 90–23; mehrfach erweitert und kodifiziert in § 552 APA. Dazu → 5/15–40.

9 Federal Advisory Committee Act von 1972, Pub. L. No. 92–463; Government in the Sunshine Act von 1976, Pub. L. No. 94–409; kodifiziert in § 552b APA. Zur Praxis vgl. *Funk/Shapiro/Weaver*, 691 ff. und 711 f.; *Gellhorn*, 518 ff.; *Strauss*, Justice, 394 ff. und 399 f.

10 Pub. L. No. 93–579; kodifiziert in § 552a APA. Dazu → 5/45–57.

11 PRA von 1980/1995 Pub. L. No. 104–13; kodifiziert 44 U.S.C. §§ 3501–3517. Behörden müssen ihre Aktionen zunächst einer eigenen öffentlichen Überprüfung auf ihre Notwendigkeit unterziehen; zudem bedürfen sie einer Genehmigung des OIRA, dass die Notwendigkeit der geplanten Erhebungen seinerseits überprüft (§§ 3506 und 3506): Jedes Jahr werden 3000–4000 solcher Vorhaben überprüft; dazu *Breyer/Stewart*, 699 ff. Zu den Zielen des Gesetzes vgl. 494 U.S. 26, 32–33 (1990) *Dole v. United Steelworkers*; zur Praxis *Mashaw/Merrill/Shane*, 675 ff.

12 Titel bei *Mashaw/Merrill/Shane*, 642 ff.; vgl. die Darstellungen bei *Gellhorn*, 435 ff.; *Funk/Shapiro/Weaver*, 582 ff. und 648ff; *Pierce*, Treatise, Chap. 4 und 5; *Schwartz/Corrada/Brown/West*, 165 ff.; *Strauss*, Justice, 383 ff.; *Aman*, 1013 ff.; *Breyer/Stewart*, 679 ff. (nur zur „disclosure").

was in den meisten deutschen Lehrbüchern geboten wird.[13] Die drei großen Themen sind die Informationserhebungen im Verwaltungsverfahren (1. Abschnitt), der freie Zugang zu Verwaltungsinformationen (2. Abschnitt) und der Schutz personenbezogener Daten gegenüber der Verwaltung (3. Abschnitt).

Erster Abschnitt Informationserhebungen im Verwaltungsverfahren

Regelmäßig gewinnen Verwaltungen die von ihnen benötigten Informationen unter Rückgriff auf allgemein verfügbare Quellen, aus eigener Anschauung und eigenem Sachverstand oder durch freiwillige Mitwirkung Privater. Freilich muss auch Vorsorge dafür getroffen sein, dass notwendige Informationen gegebenenfalls auch zwangsweise erhoben werden können, indem Private verpflichtet werden, Auskünfte zu erteilen, Dokumente beizubringen oder Untersuchungen zu dulden. *Investigation and Discovery* sind die klassische Thematik des Verwaltungsinformationsrechts.[14] Die wichtigsten Instrumente sind in § 555 APA aufgelistet. Neben Aufzeichnungs- und Berichtspflichten geht es um sanktionsbewehrte Beweisanordnungen (I) und Inspektionen vor Ort (II). 4

Die Behörden dürfen diese Maßnahmen nur anordnen, soweit das gesetzlich vorgesehen ist.[15] Außerdem ist bei ihrem Einsatz eine Reihe verfassungsrechtlicher Schranken, sog. *privileges*, zu beachten.[16] Das gilt zum einen für den IV. Zusatzartikel der U.S.-Verf. und den dort normierten Schutz gegen Durchsuchungen („search and seizure"). Zum anderen können der Schutz vor Selbstbezichtigung („witness against himself") und die Due Process Garantie des V. Zusatzartikels einschlägig sein. Innerhalb 5

13 Kurze Darstellungen immerhin bei *H. Pünder*, in: Ehlers/Pünder, Verwaltungsrecht, § 14 Rn. 47–49 und *Maurer/Waldhoff*, Verwaltungsrecht, § 19 Rn. 30–35; ausführlich Ehlers/Fehling/Pünder, Verwaltungsrecht II, § 62 „Datenschutzrecht" (*M. Albers*) und § 63 „Informationsfreiheitsrecht" (*M. Rossi*).

14 *Davis*, Administrative Law, § 3; *Mashaw/Merrill/Shane*, 643 ff.; *Pierce*, Process, § 8; *Schwartz*, § 3; zur historischen Entwicklung der Untersuchungsbefugnisse vgl. *Pierce*, Treatise, § 4.1. Andere Lehrbücher behandeln dieses Thema als Teil des allgemeinen Verwaltungsverfahrensrechts, z. B. *Gellhorn*, 66 ff. („Information Gathering and Investigation").

15 § 555(c) APA: „except as authorized by law".

16 *Strauss*, Justice, 66 ff.; *Gellhorn*, 80 ff. („Rights to refuse cooperation with demands for information").

dieser Grenzen verfügen die amerikanischen Behörden über erhebliche investigative Kompetenzen. Das ist eine Konsequenz der ausgreifenden Regulierungsaufgaben, die der Kongress der Exekutive übertragen hat und die sich ohne umfangreiche Informationen nicht erfüllen lassen. Die daraus resultierenden Konflikte mit den Interessen am Schutz der Privatheit werden anerkannt: „The relevant issue therefore is not whether there is too little privacy, but whether there is too much regulation".[17]

A. *Auskunftsverlangen, Vorladungen und andere Beweisanordnungen („subpoenas")*

6 Zur ersten Gruppe von Instrumenten gehören mit Sanktionsandrohung versehene Anordnungen, die zur Aussage oder zur Vorlage von Dokumenten verpflichten.[18] Der aus dem strengen gerichtlichen Beweisrecht stammende Begriff „*subpoena*" betont den mit Zwang verbundenen Charakter dieser Mittel administrativer Informationsbeschaffung. Die Verwaltung kann sie innerhalb eines förmlichen Verwaltungsverfahrens und (häufiger noch) in Situationen erlassen, in denen sie vorbereitend z.B. einen bestimmten Verdacht näher aufklären will. Herangezogen werden dürfen nicht nur diejenigen, die unmittelbar mit der Sache zu tun haben, sondern jeder, der zur Aufklärung beitragen kann.

7 Nach § 555(d) APA müssen die Anordnungen zwei Voraussetzungen erfüllen:[19] Die verlangten Maßnahmen müssen für das, was bewiesen werden soll, allgemein relevant sein, und sie müssen auf ein vernünftiges Maß begrenzt sein. Spezielle Verdachtsmomente und Wahrscheinlichkeiten („probable cause") brauchen normalerweise nicht dargetan zu werden.[20] Grenzziehend kann der „nemo tenetur" Grundsatz des V. Zusatzartikels wirken.[21] Er schützt allerdings nur vor Selbstbezichtigungen, die strafrechtli-

17 *Pierce*, Process, § 8.2.9.

18 Vgl. § 410(a) MSAPA 2010 („attendance of a witness and the production of books, records, and other evidence"); *Pierce*, Treatise, § 4.2; *Schwartz/Corrada/Brown/West*, 197 ff.; *Strauss*, Justice, 366.

19 „Of general relevance and reasonable scope of the evidence sought"; vgl. dazu auch *Mashaw/Merrill/Shane*, 649 ff.

20 327 U.S. 186, 208–209 (1946) *Oklahoma Press Pub. Co. v. Walling*; vgl. auch 493 U.S. 182, 188–192 (1990) *University of Pennsylvania v. Equal Employment Opportunity Commission*; weitere Rechtsprechung bei *Pierce*, Treatise, § 4.2.

21 *Davis*, Administrative Law, § 3.03; *Gellhorn*, 98 ff.; *Pierce*, Treatise, § 4.6; *Schwartz/Corrada/Brown/West*, 209 ff.

che Konsequenzen haben. Zudem kommt er nur natürlichen, nicht dagegen juristischen Personen zugute.[22]

8 Meistens kommen die Adressaten einer Beweisanordnung (letztlich) aus freien Stücken nach. Sie „kooperieren" – wie sie beflissen versichern – schon, um sich das Wohlwollen der Behörde im weiteren Verfahren nicht zu verscherzen.[23] Selbstbewusste große Bundesbehörden sind zudem in der Lage, gegebenenfalls auch unter Nutzung der Berichterstattung in den Medien, erheblichen faktischen Druck aufzubauen. Weigert sich ein Verpflichteter trotz allem, so ist die Verwaltung allerdings darauf angewiesen, ihrerseits die Gerichte zu bemühen. Eine eigene Vollstreckungsbefugnis kommt ihr nicht zu.[24] In diesem Punkte sind amerikanische Behörden daher weniger gut gerüstet als deutsche Behörden.[25] Das ihnen vorgeschriebene Verfahren ist zweistufig und zeitaufwändig:[26] In einem ersten Schritt muss das Gericht veranlasst werden, eine entsprechende „order" zu erlassen. Erst wenn der Verpflichtete dieser Entscheidung nicht nachkommt, drohen die Sanktionen eines „contempt of court", die das Gericht in einem zweiten Schritt festlegen muss und die bis zu Geld- und Haftstrafen reichen können.[27]

---

22 *Strauss*, Justice, 72 f.; vgl. auch 417 U.S. 85, 88 (1974) *Bellis v. United States*.

23 Vgl. die Schilderung der möglichen Einlassungen eines Adressaten bei *Pierce*, Process, § 8.2.5.

24 *Strauss*, Justice, 361; *W. Heun*, Geschichte des Verwaltungsrechtsschutzes in den USA, in: Sommermann/Schaffarzik, Handbuch II, 1677 f.; *Sieberg*, Verwaltungsvollstreckung. Ein Vergleich zwischen den USA und Deutschland. Zu Ausnahmen *Strauss*, ebd., 70 f.

25 In Deutschland finden sich Regelungen, die die Behörde nicht nur zum Erlass einer Beweisanordnung berechtigen, sondern ihr auch Zwangsmittel zu eigener Durchsetzung an die Hand geben, im Fachrecht, z.B. § 208 S. 2 BauGB (Androhung und Festsetzung eines Zwangsgeldes); vgl. *D. Kallerhoff*, in: Stelkens/Bonk/Sachs, VwVfG, § 26 Rn. 57. Soweit keine Spezialregelung getroffen wird, geht der Gesetzgeber erkennbar von der Anwendung des Verwaltungsvollstreckungsrechts aus; vgl. argumentum e contrario § 22 Abs. 4 S. 2 BPolG (Ausschluss des § 12 VwVG).

26 *Strauss*, Justice, 366 ff.; auch *Schwartz*, § 3.10. Bundesbehörden bedürfen zu diesem Schritt zudem der Mitwirkung des Justizministeriums.

27 Vgl. § 555(d) APA. Zu den prozessrechtlichen Konsequenzen No. 37(b) Fed. Rules of Civil Procedure. Zum „contempt of court" schon sect. 17 des Judiciary Act von 1789; *Loewenstein*, Verfassungsrecht und Verfassungspraxis der Vereinigten Staaten, 467 f.

B. Untersuchungen vor Ort („inspections")

9 Ein zweites wichtiges Instrument behördlicher Informationsbeschaffung sind die auch im deutschen und europäischen Umwelt- und Wirtschaftsrecht vielfach vorgesehenen Inspektionen.[28] Auf jeden Fall bedürfen Behörden, die solche Untersuchungen durchführen wollen, einer gesetzlichen Ermächtigung. Ihre Befugnisse reichen nur so weit, wie die Tatbestandsmerkmale der Ermächtigungsnorm den Eingriff im Einzelnen umschreiben.[29]

10 Umstritten ist, inwieweit zudem die einschränkenden Regelungen des IV. Zusatzartikels der U.S.-Verfassung zu beachten sind. Diese Bestimmung schützt Personen und ihren Besitz vor staatlichen Maßnahmen, die als „searches and seizures" zu qualifizieren sind.[30] Sie verlangt, dass solche Eingriffe nicht „unreasonable" sind und durch eine richterliche Entscheidung („warrant") legitimiert.

Zunächst gegen Durchsuchungen im Zuge polizeilicher Strafverfolgung gerichtet,[31] hat sich der IV. Zusatzartikel heute zu einer Vorschrift entwickelt, die auch gegenüber behördlichen Betretungsrechten und Vorort-Kontrollen einen gewissen Schutz bietet. Noch 1959 hatte der Supreme Court zwar die Auffassung vertreten, solche Zugriffe berührten die Vorschrift allenfalls am Rande.[32] 1967 gab er diese Rechtsprechung jedoch ausdrücklich auf und erkannte an, dass das IV. Amendment auch für wirtschaftsverwaltungsrechtliche Inspektionen einschlägig sei.[33]

---

28 *Mashaw/Merrill/Shane*, 681 ff.; *Pierce*, Treatise, § 4.3; *Funk/Shapiro/Weaver*, 582 ff.; *Strauss*, Justice, 361 ff. (auch zu gegenwärtigen Problemen im Sozial- und im Steuerrecht). Im deutschen Recht u. a. § 52 Abs. 2 BImSchG, § 59 Abs. 2 und 3 GWB, § 127 Abs. 2 TKG, § 99 AO, § 19 Abs. 2 SGB VII (Unfallversicherung). Zum EU-Recht vgl. *David*, Inspektionen im Europäischen Verwaltungsrecht.

29 *Funk/Shapiro/Weaver*, 582 f.

30 *Strauss*, Justice, 66 ff. Sie betrifft neben der Durchsuchung von Sachen auch die Durchsuchung von Personen, ist verfassungsrechtlicher Bezugspunkt also auch für so sensible Themen wie Schleierfahndungen; vgl. *E. B. Primus*, Disentangling Administrative Searches, 111 Colum. L. Rev. 254 (2011).

31 Zur historischen Entwicklung unter Rückgriff auch auf das englische Recht vgl. 359 U.S. 360, 363–365 (1959) *Frank v. Maryland.*

32 Ebd., 367 („touch at most the periphery").

33 387 U.S. 523, 528–531 (1967) *Camara v. Municipal Court of the City and County of San Francisco.* Auch zwischen Privaträumen und Geschäftsräumen sollte nicht mehr unterschieden werden; 387 U.S. 541, 544–546 (1967) *See v. City of Seattle.*

Freilich fiel es nicht leicht, eine für besonders einschneidende staatliche Maßnahmen, eben für die Strafverfolgung, vorgesehene und deshalb mit besonders ausgefeilten Schutzmechanismen versehene Vorschrift in eine Regelung umzubauen, die auch administrative Alltagsvorgänge erfassen soll. Interessant ist hier eine Entwicklung, die sich in gewisser Weise „parallel" in der Judikatur zu Art. 13 GG vollzogen hat. Diese Vorschrift stellt „Durchsuchungen" von Wohnungen prinzipiell unter Richtervorbehalt (Abs. 2) und bindet „Eingriffe und Beschränkungen" an qualifizierte Gefahrensituationen (Abs. 7). Ursprünglich wurden Geschäftsräume nicht in den Schutzbereich dieser Bestimmung einbezogen, sodass sich die traditionellen Betretungs- und Besichtigungsbefugnisse der Wirtschaftsaufsicht auch nicht in ihre Schrankensystematik einpassen mussten. Als das Bundesverfassungsgericht im Jahre 1971 jedoch auch Geschäftsräume als „Wohnungen" i. S. des Art. 13 GG qualifizierte und damit den Schutzbereich ausweitete, entstanden ähnliche Schwierigkeiten, wie sie die *Camara*-Rechtsprechung des Supreme Court hervorgerufen hatte.[34] Beide Gerichte mussten Wege suchen, um ein anerkanntes und notwendiges Instrument staatlicher Wirtschaftsaufsicht nicht mit verfassungsrechtlichen Anforderungen zu überfrachten, die seine effektive Handhabung in der Praxis nachhaltig schwächen könnten. 11

Das Bundesverfassungsgericht wählte eine Konstruktion praeter constitutionem: Die Konsequenz, auch die traditionellen Befugnisse der Aufsichtsbehörden als Durchsuchungen i. S. des Art. 13 Abs. 2 GG zu definieren und damit den Richtervorbehalt auszulösen, hielt es nicht für angezeigt. Auch als „Eingriffe und Beschränkungen" (Abs. 7) wollte es diese Instrumente nicht eingestuft wissen. Vielmehr sah es in Art. 13 GG eine „Lücke" und schuf einen dritten Eingriffstatbestand, dem die genannten Kontrollinstrumente im Falle ihrer Anwendung in Geschäftsräumen unterfallen sollen. Dieser Tatbestand muss nach Auffassung des Gerichts nicht den strengen Schrankenanforderungen des Art. 13 GG entsprechen, sondern ist an Art. 2 Abs. 1 GG und am Grundsatz der Verhältnismäßigkeit zu messen.[35] 12

Der Supreme Court dagegen versuchte zunächst, mit seiner Argumentation innerhalb des Garantiebereichs des IV. Amendment zu bleiben, dessen 13

34 BVerfGE 32, 54, 69–72; dazu kritisch mit weit. Nachw. *G. Hermes*, in: Dreier, GG, Art. 13 Rn. 23 f. und 109 ff.

35 BVerfGE 32, 54, 75–77. Zu einer hinzutretenden Informationspflicht vgl. BVerwGE 78, 251, 255 f.

Anforderungen aber zu lockern: Das Erfordernis einer richterlichen Anordnung („warrant") hielt er zwar aufrecht, doch wurden die materiellen Eingriffsvoraussetzungen („probable cause") dadurch entschärft, dass bei Routinekontrollen der Grund des Einschreitens nicht konkret, sondern nur typisiert nach Maßgabe des zugrundeliegenden behördlichen Kontrollprogramms dargelegt werden musste.[36] Gegen diesen Weg wurde allerdings sogleich kritisch eingewandt, er berge die Gefahr, die verfassungsrechtlichen Anforderungen auch in den wirklich prekären Fällen polizeilicher Durchsuchungen aufzuweichen.[37] In späteren Entscheidungen erkannte der Supreme Court an, dass der Gesetzgeber die Verwaltung zu Inspektionen auch ohne richterliche Untersuchungsanordnung ermächtigen dürfe, wenn es sich um einen schon lange und intensiv regulierten Wirtschaftszweig („closely regulated industry") handele und mit solchen Zugriffen gerechnet werden müsse. Statt einer richterlichen Anordnung soll dann ein „administrative inspection program" genügen, das die Umstände der Inspektion genau fixiert.[38]

14 Beide Gerichte, Supreme Court und Bundesverfassungsgericht, sahen sich veranlasst, Inspektionen als Sonderfälle zu behandeln, für die die strengen verfassungsrechtlichen Garantien gegen Durchsuchungen („searches and seizures") nicht eigentlich passen. Diese Fälle trotzdem eng an die Verfassung zu binden, hat aber immerhin insofern einen rechtsstaatlichen Zugewinn gebracht, als Gesetzgebung und Exekutive verpflichtet worden sind, Gründe für eine Sonderbehandlung darzulegen. Diese disziplinierende Wirkung ist es, die die Rechtsprechung beider Gerichte trotz ihrer rechtskonstruktiven Inkonsistenzen richtig erscheinen lässt.[39] Heute geht es

---

36 387 U.S. 523, 534–536 (1967) *Camara v. Municipal Court of the City and County of San Francisco.*

37 Vgl. 436 U.S. 307, 326–328, (Marshall v. Barlow's Inc.) Stevens, J., diss., (1978) sowie die bei *Gellhorn*, 95 zitierte Literatur.

38 397 U.S. 72, 76 (1970) *Colonnade Catering Corp. v. United States*; 406 U.S. 311, 314–316 (1972) *United States v. Biswell*; 482 U.S. 691, 699–703 (1987) *New York v. Burger.* Weit. Nachw. zu der in ihren Kriterien nicht immer konsistenten Rechtsprechung bei *Pierce*, Process, § 8.2.6; *Mashaw/Merrill/Shane*, 702 ff.

39 Ähnliche Überlegungen bei *E. Rubin*, It's Time to Make the Administrative Procedure Act administrative, 89 Cornell L. Rev. 95, 130 f. und 179 ff. (2003) mit dem Vorschlag, Rechtsregeln für verwaltungsrechtliche Inspektionen in den APA aufzunehmen.

darum, diesen verfassungsrechtlichen Schutz auch gegenüber digitalen Informationszugriffen zu aktivieren.[40]

Zweiter Abschnitt Der freie Zugang zu Verwaltungsinformationen

15 Dieses ist das Zentralthema des Verwaltungsinformationsrechts. Transparenz und Öffentlichkeit des Verwaltungsgeschehens sind notwendige Voraussetzungen, um den Grundanforderungen von „accountability" zu genügen.[41] Öffentlichkeit in einem doppelten Sinne – als Aktenöffentlichkeit und als Kommunikation mit der Öffentlichkeit – war daher von Anfang an ein integraler Bestandteil der Kodifikation des Verwaltungsverfahrensrechts. Gewährte die erste Fassung des APA von 1946 auch noch kein voraussetzungsloses Aktenzugangsrecht (→ 5/1), so war mit den Publikationspflichten der Behörden (sect. 3) doch ein Fundament gelegt, auf dem weiter aufgebaut werden konnte:[42] Der Freedom of Information Act (FOIA) von 1967,[43] der Electronic Freedom of Information Act von 1996,[44] der Open Government Act von 2007[45] und der FOIA Improvement Act von 2016 sind Ausdruck dieser Entwicklung.[46]

---

40 Vgl. nur 585 U.S. __(2018) *Carpenter v. United States*; allgemein zu „digital searches and seizures" *Solove/Schwartz*, Information Privacy Law, 359 ff.

41 Gern zitiert *J. Madison:* „And a people who mean to be their own Governors, must arm themselves with the power which knowledge gives", (zitiert nach *Aman*, 1014 f.). Zur historischen Entwicklung *Foerstel*, Freedom of Information and the Right to Know.

42 Kurze Darstellung der Entwicklung bei *Davis*, Administrative Law, 68 ff.; *Pierce*, Process, § 8.3.1; *W. Ginsberg*, in: Cooper, Freedom of Information Act, 1 ff.; *Mashaw/Merrill/Shane*, 711 ff.; vgl. auch *Gurlit*, Verwaltungsöffentlichkeit im Umweltrecht. Ein Rechtsvergleich Bundesrepublik Deutschland – USA, 54 ff.; *T. Bräutigam*, Das deutsche Informationsfreiheitsgesetz in rechtsvergleichender Sicht, DVBl 2006, 950 ff.

43 Pub.L. No. 90–23; vorher schon das im Juli 1966 erlassene nahezu identische Gesetz Pub.L. 89–487.

44 Pub. L. No. 104–231; kodifiziert § 552(a)(2) APA: Aufgabe der Behörden, bestimmte Informationen auch ohne Antrag im Internet verfügbar zu machen.

45 Pub. L. No. 110–175: zahlreiche Ergänzungen des § 552 APA und Einrichtung eines Office of Government Information Services (OGIS).

46 Pub. L. No. 114–185.

16 Die Bundesstaaten haben ähnliche Informationszugangsgesetze erlassen, für die der FOIA oft Vorbild war.[47] Im international-vergleichenden Diskurs gilt das Gesetz als Musterbeispiel eines gelungenen amerikanischen Rechtsexports.[48] In Veröffentlichungen anlässlich seines 50-jährigen Bestehens wird der praktische Erfolg des FOIA wegen seiner zahlreichen Ausnahmeklauseln allerdings kritisch beurteilt.[49]

A. Grundsatz und Ausnahmen

17 § 552(a)(3)(A) des APA verpflichtet Bundesbehörden, jedermann auf dessen Antrag hin bei ihnen vorhandene Informationen zur Verfügung zu stellen. Die Vorschrift wird weit, aber nicht schrankenlos weit interpretiert: „Nothing in the Act or its legislative history gives any intimation that all information in all agencies and in all circumstances is to be open to public inspection".[50]

18 In Pflicht genommen ist nach der Definition in § 552(f) in Verbindung mit § 551(1) APA „each authority of the Government of the United States". Ob die betreffende Stelle in die normale Behördenorganisation eingebunden oder selbstständig ist, ist nicht entscheidend. Verpflichtet sind auch öffentliche Körperschaften und Unternehmen, die der Staat kontrolliert. Ausgenommen sind dagegen der Kongress, die Bundesgerichte und der Präsident mit seinen engsten Beratern (nicht aber das gesamte Executive Office).[51] Privatpersonen sind nicht erfasst, auch wenn sie mit einer Behörde zusammenarbeiten oder von dieser subventioniert werden.[52]

---

47 *Asimow/Levin*, 554 f. mit Hinweis auf die Belastungen auch der Gerichte.

48 *J. M. Ackerman/I. E. Sandoval-Ballesteros*, The Global Explosion of Freedom of Information Laws, 58 Admin. L. Rev. 85, 95–99 (2006).

49 *D. E. McCraw*, The „Freedom of Information Act": A Look Back at Nader, FOIA, and What Went Wrong, 126 Yale L. J. F. 232 (2016).

50 So (zur Fassung von 1967) 422 U.S. 255, 260 (1975) *FAA Administrator v. Robertson; Breyer/Stewart* 679 ff.; *Gellhorn*, 458 ff.; *Pierce*, Process, § 8.3.2; *Strauss*, Justice, 386 f.; *Funk/Shapiro/Weaver*, 648 ff. (mit Hinweis auf gegenläufige elementare Vertraulichkeitsanforderungen der Verwaltung).

51 Vgl. 445 U.S. 136, 156 (1980) *Kissinger v. Reporters Committee for Freedom of the Press*.

52 445 U.S. 169, 178–182 (1980) *Forsham v. Harris*.

Auf den Grund der Antragstellung kommt es grundsätzlich nicht an.[53] Obwohl es das Ziel des Gesetzes ist, allgemein die Transparenz und Kontrolle der öffentlichen Verwaltung zu fördern,[54] kann der einzelne Antragsteller die Zugangsmöglichkeiten allein zur Verfolgung wirtschaftlicher oder sonst höchst eigennütziger Interessen nutzen, so auch, um an Beweismittel für einen Prozess gegen die Behörde zu gelangen. Gründe brauchen im Antrag normalerweise nicht angegeben zu werden. Die Dokumente, zu denen Zugang begehrt wird, müssen nur hinreichend deutlich bezeichnet werden. Die Behörden sind verpflichtet, dazu Register und ähnliche der Orientierung dienende Übersichten zu veröffentlichen (vgl. § 552(g) APA). Einzelheiten der Zugangsgewährung regeln sie durch eigene Rechtsvorschriften. 19

Die Pflicht, freien Zugang zu gewähren, ist an feste Fristen (im Regelfall 20 Werktage) gebunden und mit Rechtsmitteln sanktioniert. Nach einer verwaltungsinternen Beschwerde, über die ebenfalls in 20 Werktagen zu entscheiden ist, steht dem Antragsteller der Rechtsweg zu den „district courts" offen. 20

Allein die Bundesbehörden hatten im Jahr 2017 über 800 000 Anträge zu bearbeiten, von denen 92 % vollständig oder wenigstens teilweise stattgegeben wurden.[55] Die durchschnittliche Bearbeitungsdauer lag für Standardverfahren zwischen 3 und 4 Wochen.[56] Über die Anzahl der Anträge und die Art und Zeit ihrer Behandlung haben die Behörden jährlich dem Justizministerium zu berichten, das seinerseits einen zusammenfassenden Bericht zu publizieren hat (§ 552(e) APA).

Es kann keinen Zweifeln unterliegen: *Informationsfreiheit* ist ein zentral wichtiger Grundsatz des amerikanischen Rechtsdenkens, und der FOIA hat ihn auf seine Weise entsprechend ausgestattet. „The American people firmly believe that our system of government must itself be governed by a presumption of openness" – heißt es in den Ausgangsüberlegungen des 21

---

53 *Breyer/Stewart*, 681 unter Bezugnahme auf 492 U.S. 136 (1989) *U.S. Department of Justice v. Tax Analysts*.

54 So 425 U.S. 352, 372 (1976) *Department of the Air Force v. Rose*: „the basic purpose of the [FOIA is] to open agency action to the light of public scrutiny".

55 Vgl. Office of Information Policy. Department of Justice, Summary of Annual FOIA Reports 2017, 8.

56 Ebd., 11 ff. Beschleunigte Verfahren („expedited processes") dauerten 8 Tage; Anträge, die besonders umfangreiche Vorgänge betreffen („complex requests"), meistens 3–5 Monate.

Kongresses zum Open Government Act von 2007.[57] Eine Verankerung des allgemeinen Informationszugangsrechts in einer ganz bestimmten Vorschrift kennt die U.S.-Verfassung – anders als die Verfassungen zahlreicher Bundesstaaten – allerdings nicht.[58] Zur Abstützung bleibt nur der Bezug auf das „American constitutional system". Eine lückenlose Publizitätspflicht folgt daraus nicht. Neben den Interessen an Transparenz sind auch die Notwendigkeiten staatlicher Geheimhaltung anerkannt.[59] Der Supreme Court belässt die Argumentation auf der Ebene des einfachen Rechts. Statt auf die Verfassung zu rekurrieren, untersucht er, welche Vorstellungen den Kongress bei Erlass des FOIA und seiner zahlreichen Novellen bestimmt haben.

22 Demgemäß ist der freie Informationszugang, den der FOIA gewährt, immer auch im Zusammenhang mit den *Ausnahmen* zu sehen. Das ist bei der Vorbereitung des Gesetzes klar herausgearbeitet worden:[60] Der Bericht des federführenden Senatsausschusses betont „the need for delicate balancing of these competing interests". § 552(b) APA statuiert insgesamt neun Ausnahmen (→ 5/24–33). „Subsection (b) is part of this scheme, and represents the congressional determination of the types of information that the Executive Branch must have the option to keep confidential, if it so chooses".[61]

23 Solche Freiräume haben die Präsidenten in der Vergangenheit immer wieder genutzt, um der Anwendung des FOIA ihren Stempel aufzudrücken.[62] Bestrebungen, zu einer großzügigen Behördenpraxis zu gelangen, stehen

---

57 Pub. L. No. 110–175. Dort Sec 2(3) auch die Bezugnahme auf 502 U.S. 164 (1991) *Department of State v. Ray*: „a strong presumption on favor of disclosure".

58 So ist etwa die im I. Zusatzartikel gewährleistete Meinungsfreiheit nicht verletzt, wenn die Regierung Informationen nicht zugänglich macht; 528 U.S. 32, 40 (1999) *Los Angeles Police Department v. United Reporting Publishing Corp.*

59 Vgl. *Mashaw/Merrill/Shane,* 707 f.; *Strauss*, Justice, 383 f. Zur verfassungsrechtlichen Diskussion in Deutschland *M. Rossi*, Informationsfreiheit und Verfassungsrecht, 2004, 83 ff.; *Schoch*, IFG, Einl. Rn. 3 und 7 ff. und Rn. 283 ff.

60 Report of the Senate Committee on the Judiciary (S. Rept. No. 813, 89th Cong., 1st Sess., 3). Im einführenden Memorandum des Attorney General vom 4. Juli 1967 heißt es dazu: „that the exemptions must be construed in such manner as to provide a set of ‚workable standards', achieving the desired balance which is the basic statutory objective".

61 410 U.S. 73, 80 (1973) *EPA v. Mink*.

62 Dazu *W. Ginsberg*, in: Cooper, Freedom of Information Act, 3 ff.; *Pierce*, Process, § 8.3.1.

Vorgaben für eine restriktive Handhabung gegenüber.[63] Auch der Kongress hat in der Vergangenheit zwischen dem Bemühen, die Ausnahmetatbestände einzuschränken, und der Bereitschaft, fachgesetzlich die Geheimhaltung zu stärken, geschwankt.[64] Entsprechend vielstimmig ist die rechtspolitische Diskussion: Neben Stimmen, die auf einen weiteren Ausbau des FOIA drängen,[65] stehen Kritiker, die auf die erheblichen Kosten der Zugangsgewährung verweisen.[66] Mit Sorge wird zudem beobachtet, dass die meisten Anträge heute von kommerziellen Unternehmen oder von solchen Personen gestellt werden, denen es allein darum geht, die sie selbst betreffenden Behördenakten einzusehen.[67]

Angesichts dieser Praktiken wird gelegentlich sogar in Zweifel gezogen, dass der FOIA der richtige Weg sei, Kontrolle und Verantwortlichkeit von Amtsträgern zu erhöhen. Führt das zugrundegelegte Konzept antragsabhängiger Informationsöffentlichkeit („request-driven strategy") nicht dazu – so wird gefragt –, dass überhaupt nur Bereiche des Regierungshandelns erfasst werden, über die schon Kenntnisse vorhanden sind, während die wirklichen Arkanbereiche, etwa der Sicherheitsbehörden, unbehelligt bleiben?[68]

B. *Einzelne Ausnahmetatbestände*

Die rechtspolitische Kritik am FOIA soll hier jedoch nicht weiter verfolgt werden. Für die uns interessierende Anwendungspraxis bedeutsam sind die neun Ausnahmen, die in § 552(b) APA aufgeführt sind und deren Schutzzwecke von der nationalen Verteidigungs- und Außenpolitik über den behördeninternen Entscheidungsprozess bis zum Schutz personenbezogener 24

---

63 Restriktiv: Attorney General *Ashcroft's* Memorandum for the Heads of Executive Departments and Agencies vom 12. Oktober 2001. Expansiv: Attorney General *Holder's* Memorandum vom 19. März 2009 (Fed. Reg. 51879) auf der Grundlage des Memorandums vom *Präsident Obama* vom 21. 1. 2009 (74 Fed. Reg. 4683).

64 *Pierce*, Process, § 8.3.1 und § 8.4 mit Hinweis auf den Homeland Security Act von 2002 (Pub. L. No. 107–296) und die dort verfügte Einschränkung des Zugangsrechts bei „critical infrastructure information".

65 Dazu etwa die Vorschläge von *W. Ginsberg*, in: Cooper, Freedom of Information Act, 22 ff.

66 *Asimow/Levin*, 555, die auch die Belastung der Gerichte betonen.

67 Dazu *M. B. Kwoka*, First-Person FOIA, 127 Yale L. J. 2204 (2018).

68 Vgl. nur *D. E. Pozen*, Freedom of Information beyond the Freedom of Information Act, 165 U. Pa. L. Rev. 1097 ff. (2017).

Daten und Geschäftsgeheimnisse reichen.[69] Die Ausnahmen sind in der Vergangenheit immer wieder Gegenstand von Novellierungen gewesen, die sie je nach der politischen Großwetterlage bald eingeschränkt, bald erweitert haben. Die Folge davon ist ein immer stärker ausdifferenzierter Gesetzestext, der mit seinen Einschränkungen und Rückausnahmen viele Auslegungsfragen aufwirft. So ist etwa Ausnahme No. 7, die den Schutz von Informationen regelt, die der Rechtsverfolgung und Rechtsdurchsetzung dienen sollen („information compiled for law enforcement purposes"), nach und nach unter sechs Anwendungsbedingungen gestellt worden – jede von ihnen angefüllt mit komplizierten Rechtsbegriffen, oft prognostischen Gehalts.[70]

25 Die Interpretationsleitlinie heißt: Die Ausnahmen sind eng auszulegen.[71] Sind ihre Tatbestandsmerkmale nicht erfüllt, so *muss* der Zugang gewährt werden (§ 552(a)(8) APA). Die damit angedeutete „presumption of openness" wird jedoch durch zwei Faktoren geschwächt, die in der Struktur der Ausnahmetatbestände liegen. Das soll beispielhaft an zwei Klauseln gezeigt werden: an der Ausnahme kraft spezialgesetzlicher Anordnung (I) und an der Ausnahme zum Schutz von Privatheit (II). Im ersteren Fall geht es um einen per se weit gefassten Tatbestand, im zweiten Fall um Unsicherheiten, die mit einer behördlichen Abwägungsentscheidung verbunden sind.

I. Die Ausnahme: „specifically exempted by statute"

26 In § 552(b)(3) APA ist das Verhältnis der *allgemeinen* Pflicht zur Zugangsgewährung zu fachgesetzlichen Bestimmungen geregelt, die einer solchen Gewährung entgegenstehen.[72] Das ist ein für jede Informationsfreiheitsge-

---

69 Zum Folgenden systematisch *Breyer/Stewart*, 682 ff.; *Gellhorn*, 458 ff.; *Pierce*, Process, § 8.3.3.

70 *Pierce*, Treatise, § 5.13: „No FOIA provision has produced as many problems and as much controversy as exemption seven". Etwa 20 % der ablehnenden Bescheide stützten die Behörden 2017 auf diesen Ausnahmetatbestand; vgl. Office of Information Policy. Department of Justice (OIP), Summary of Annual FOIA Reports 2017, 8.

71 456 U.S. 615, 630 (1982) *FBI v. Abramson*; 562 U.S. 562, 565 (2011) *Milner v. Department of the Navy.*

72 In 2017 wurden gut 8 % der ablehnenden Entscheidungen auf die b(3) exemption gestützt; vgl. OIP, Summary of Annual FOIA Reports 2017, 8.

setzgebung kritisches Thema.[73] Fachgesetze haben ihre eigene Dynamik. Hier können überkommene Denkweisen alte überzogene Geheimhaltungsinteressen perpetuieren oder aber aus konkreten Anlässen neue schnell entstehen lassen.[74] Die Entwicklung des § 552(b)(3) APA zeigt beides:[75]

Die ursprüngliche Fassung des FOIA (1967) sprach von „matters specifically exempted from disclosure by statute". In Bezug genommen war damit eine Vielzahl von Gesetzen, die die Geheimhaltung von Akten in unterschiedlicher Weise vorsahen. Streitig war, ob das einschlägige Gesetz den Ausschluss selbst festlegen musste oder ob es genügte, dass es die Verwaltung ermächtigte, über den Ausschluss nach Ermessen zu entscheiden. Der Supreme Court befand 1975, Text und Gesetzesgeschichte des FOIA böten keinen Anhalt dafür, dass ältere, breit gefasste Ausschlussklauseln nicht weiter gelten sollten.[76] So extensiv wollte der Kongress die Geheimhaltung jedoch nicht interpretiert wissen. 1976 wurde § 552(b)(3) APA daher schärfer gefasst. Fachgesetzliche Ermessensklauseln genügen seither nicht, um eine Ausnahme zu legitimieren. Das Gesetz muss der Verwaltung mindestens klare Kriterien dafür vorgeben, nach denen sie ihre Ablehnungsentscheidung zu treffen hat.[77] 27

Die Politik eines „Open Government" verlief jedoch auch in der Folgezeit keineswegs gradlinig. Vielmehr nahm die Zahl der Gesetze, die mehr oder weniger deutlich Ausnahmen zuließen, weiter zu. Insbesondere sicherheitsrechtliche Belange vermochten sich durchzusetzen. Als Reaktion darauf fasste der Open FOIA von 2009 den § 552(b)(3) APA erneut enger. Fachgesetzliche Klauseln, die zeitlich nach seinem Erlass neu geschaffen werden, müssen den Ausschlusstatbestand des APA ausdrücklich in Bezug 28

73 Vgl. *Gellhorn*, 506: „tensions between the Act's emphatic pursuit of ‚open government' and needs for confidentiality felt in particular settings". Zur entsprechenden deutschen Regelung des § 3 Nr. 4 IFG vgl. BVerwG NVwZ 2010, 321 Rn. 46: „Was nach anderen Vorschriften geheim gehalten werden muss, bleibt auch unter der Geltung des IFG geheim". Nachw. zur Kritik bei *Schoch*, IFG, § 3 Rn. 201 f.

74 Anschaulich *W. Ginsberg*, in: Cooper, Freedom of Information Act, 13 ff.; *M. Fuchs*, Judging Secrets: The Role Courts Should Play in Preventing Unnecessary Secrecy, 58 Admin. L. Rev. 131 (2006).

75 Zum Folgenden *Breyer/Stewart*, 683; *Pierce*, Process, § 8.3.3c; ders., Treatise, § 5.9.

76 422 U.S. 255, 262–267 (1975) *FAA Administrator v. Robertson.*

77 Zur Auslegung im Einzelnen vgl. 447 U.S. 102, 108–120 (1980) *CPSC v. GTE Sylvania, Inc.*

nehmen.[78] Dieses Zitiergebot hat auf der Ebene der Gesetzgebung eine Warnfunktion und entlastet zugleich die administrative Praxis von komplizierten Bewertungsfragen, ob eine bestimmte Vorschrift als Ausschlussregelung gedacht ist. Mehr als ein formeller Schutz gegen fachgesetzliche Aushöhlung der Informationsfreiheit ist damit freilich nicht erreicht.

II. Die „privacy exemptions"

29 § 552(b)(6) APA schützt personenbezogene Informationen, wenn ihre Weitergabe „would constitute a clearly unwarranted invasion of personal privacy". Eine ähnliche Formulierung findet sich in § 552(b)(7)(C) APA im Zusammenhang mit dem Schutz von Untersuchungsberichten.[79] Die beiden Vorschriften bilden den bei Weitem häufigsten Grund, auf Grund dessen Behörden Anträge auf Informationszugang ablehnen.[80]

30 Beide Ausnahmen setzen den Schutz von Privatheit allerdings nicht absolut, sondern verlangen eine *Abwägung* zwischen dem privaten Geheimhaltungsinteresse und dem öffentlichen Interesse an der Zugangsgewährung.[81] Darin unterscheiden sie sich von den anderen Ausnahmen des § 552(b) APA, die zwar oft sehr weit gefasste Rechtsbegriffe verwenden, aber trotz allem doch nicht mit den Unsicherheiten einer Interessenabwägung belastet sind. Die Abstinenz gegenüber behördlichen Abwägungsentscheidungen teilt der APA mit dem deutschen IFG, während das EU-Recht und das unionsrechtlich vorgeprägte Umweltinformationsrecht ihre Ausnahmen von der Zugangsgewährung mit einer Abwägungsklausel versehen haben.[82]

---

78 Der Open FOIA erging als § 564 des Department of Homeland Security Appropriations Act 2010. Pub.L No. 111–83; kodifiziert in 5 U.S.C. § 552(b)(3)(B): „specifically cites to this paragraph".

79 Hier wird verlangt, die Weitergabe „could reasonably be expected to constitute...". Damit wird ein höherer Schutz des privaten Interesses ausgedrückt als in Ausnahme No. 6; so 510 U.S. 487, 497 (1994) *Department of Defence v. FLRA*. In der Grundstruktur aber stimmen beide Vorschriften überein.

80 Mehr als die Hälfte aller Ablehnungen wurden mit ihnen begründet; vgl. OIP, Summary of Annual FOIA Reports 2017, 8.

81 425 U.S. 352, 370–376 (1976) *Department of the Air Force v. Rose*.

82 Dazu im Einzelnen *Schoch*, IFG, Vorb. §§ 3–6 Rn. 49 ff.

Das Abwägungserfordernis wird textlich am Tatbestandsmerkmal „unwarranted“ festgemacht und veranlasst zu drei Untersuchungsschritten:[83] Zunächst müssen die Positionen, die als „personal privacy“ anerkannt werden wollen, und die Art und Weise ihrer Beeinträchtigung konkret bestimmt werden:[84] Wichtig ist hier der Verwendungskontext; manche Informationen sind zwar personenbezogen, gleichwohl aber allgemein zugänglich; doch ist die Fähigkeit moderner Datentechniken zu beachten, auch aus solchen Daten Informationen zu generieren, die den Schutz der Privatheit beanspruchen können. 31

In einem zweiten Untersuchungsschritt ist das Gewicht des Interesses zu bestimmen, das am Zugang zu den betreffenden Informationen besteht. Maßstab ist das Ziel des FOIA, Transparenz und Verwaltungskontrolle zu fördern. Die Motive des Antragstellers sind dabei allenfalls mittelbar relevant. Zeigt sich, dass mit der Zugangsgewährung für das Gesetzesziel kaum etwas gewonnen würde, so kann das Zugangsinteresse in der Abwägung nur ein geringes Gewicht beanspruchen.[85] 32

Schließlich sind spezielle Umstände des Falles in Rechnung zu stellen, z.B. der Schutz von Vertraulichkeit. Die Abwägung zwischen diesen Positionen muss von der Behörde und im Streitfall von den Gerichten vorgenommen werden. Die Lösung kann auch darin bestehen, nur Teile der Akten zugänglich zu machen. Detaillierte Gewichtungsregeln gibt das Gesetz nicht vor. Das Bemühen der Gerichte geht aber dahin, reine Einzelabwägungen zu vermeiden und nach verallgemeinerungsfähigen Gesichtspunkten Fallgruppen zu bilden, für die die Versagung die Regelfolge ist. „Our cases provide support for the proposition that categorical decisions may be appropriate, and individual circumstances disregarded, when a case fits into a genus in which the balance characteristically tips in one direction“.[86] Hier 33

83 Zum Folgenden *Breyer/Stewart*, 685 ff.; *Pierce*, Process, § 8.3.3 f; ders., Treatise, § 5.12.

84 Dazu 489 U.S. 749, 762–770 (1989) *Department of Justice v. Reporters Committee for Freedom of the Press.*

85 510 U.S. 487, 495 (1994) *Department of Defense v. FLRA*: „the only relevant ‚public interest in disclosure‘ to be weighed in this balance is the extent to which disclosure would serve the ‚core purpose of the FOIA‘“. Ferner 519 U.S. 335 (1997) *Bibles v. Oregon Natural Desert Association.*

86 So 489 U.S. 749, 776 (1989) *Department of Justice v. Reporters Committee for Freedom of the Press.*

wird auf den Gedanken des *intendierten Ermessens* zurückgegriffen, der auch in den Ausnahmeregelungen des IFG nachweisbar ist.[87]

C. *Rechtsschutz*

34 Das letzte Wort in Fragen der Zugangsgewährung fällt im Streitfall den Gerichten zu.[88] Zahlenmäßig sind die gerichtlichen Auseinandersetzungen im Verhältnis zur großen Zahl der Anträge, mit denen die Behörden konfrontiert sind, eher gering.[89] Interessant sind sie, weil sie in einigen Punkten vom üblichen Rechtsschutz in Verwaltungssachen abweichen.

I. Entscheidungen „de novo"

35 Die Gerichte sind – anders als sonst im Verwaltungsrechtsschutz (§ 706 APA) – nicht auf die Kontrolle der behördlichen Ablehnungsgründe beschränkt. Noch weniger ist gegenüber der behördlichen Interpretation der einschlägigen Bestimmungen *Chevron* deference veranlasst. § 552(a)(4)(B) APA verpflichtet die Gerichte vielmehr, *de novo* zu entscheiden.[90] Sie müssen dabei auch Interessenabwägungen selbst vornehmen, wenn die Ausnahmetatbestände solche voraussetzen.

36 Für die Tatsachen, die eine Ausnahme vom freien Zugang rechtfertigen, trägt die Behörde die Beweislast. Das kann dazu führen, dass die streitgegenständlichen Dokumente dem Gericht vorzulegen sind und dieses selbst sie auf ihre Geheimhaltungsbedürftigkeit hin beurteilt, ohne dass der Antragsteller Einsicht erhält. Das ist gerade für Gerichte, die wie die amerikanischen sonst nicht der Amtsermittlung, sondern dem Beibringungsgrundsatz verpflichtet sind, eine ungewöhnliche Situation. § 552(a)(4)(B) APA

---

87 Vgl. *Schoch*, IFG, Vorb. §§ 3–6 Rn. 50 f.

88 Zum Folgenden *Breyer/Stewart*, 689 f.; *Strauss*, Justice, 389 ff.; *M. B. Kwoka*, The Freedom of Information Act Trial, in: 61 Am. U. L. Rev. 217 (2011).

89 *M. B. Kwoka*, ebd., spricht von 300–500 Fällen pro Jahr.

90 Zu den Überlegungen des Kongresses, hier ausnahmsweise den de novo Standard festzulegen, vgl. *M. B. Kwoka*, Deferring to Secrecy, 54 Boston College L. Rev. 185, 196–200 (2013). Welche Arbeitslast der Gerichte damit verbunden sein kann, zeigt anschaulich der bei *Gellhorn*, 489–509 referierte Fall des US District Court for the Southern District of New York, 739 F. Supp. 2d 515 (2019) *Fox News Network, LLC v. Department of the Treasury.*

verweist jedoch ausdrücklich auf ein *in camera* Vorgehen.[91] Das Verfahren ist in den Prozess integriert, wird also, anders als im deutschen Recht (§ 99 Abs. 2 VwGO), nicht isoliert vor besonderen Spruchkörpern durchgeführt. Unter Umständen müssen die Gerichte *in camera* umfangreiche Bestände an Behördenakten durchgehen. In der Praxis hat sich zur Vereinfachung ein Verfahren durchgesetzt, in dem die Behörde die ihrer Ansicht nach geheimhaltungsbedürftigen Dokumente indexiert und ihre Bedenken Punkt für Punkt beschreibt: sog. *Vaughn index*.[92] Der Kläger erhält hier zwar bessere Einsicht in die Struktur der behördlichen Weigerung; den Sachgründen selbst kann er aber kaum etwas entgegensetzen.[93]

Rechtsprechungsanalysen zeigen generell eine wenig kontrollintensive Praxis der Gerichte. Die ablehnenden Entscheidungen der Behörden werden in den meisten Fällen akzeptiert. Damit hat sich der „de novo" Standard in den Erfolgsquoten entgegen den gesetzgeberischen Zielen praktisch dem im Verwaltungsrechtsschutz sonst üblichen „arbitrary and capricious" Standard angeglichen.[94] Das deutsche IFG geht von einem dem § 552(a)(4)(B) APA vergleichbaren Ausgangspunkt aus: Die Gerichte müssen die Behördenentscheidung grundsätzlich vollständig überprüfen und dazu gegebenenfalls auch das in camera-Verfahren einsetzen.[95] Einzelne Ausnahmetatbestände der §§ 3–6 IFG enthalten allerdings Beurteilungsermächtigungen, die zu einer reduzierten gerichtlichen Kontrolle führen.[96] In außen- und verteidigungspolitischen Fragen dürften sich die Kontrollpraxen deut- 37

91 Eingeführt 1974 (Pub. L. 93–502) als Reaktion des Kongresses auf 410 U.S. 73, 80–84 (1973) *EPA v. Mink* und die dortige umfassende Freistellung formeller Verschlusssachen. Zur parallelen Problematik („formeller" oder „materieller" Verschlusssachenbegriff) in § 3 Nr. 4 IFG vgl. BVerwG NVwZ 2010, 321 Rn. 47 ff.

92 Zuerst entwickelt vom Court of Appeals (D. C. Circuit) in *Vaughn v. Rosen*, 484 F.2d 820 (1973): „Such an indexing system would subdivide the document under consideration into manageable parts cross-referenced to the portion of the Government's justification". Vgl. *Gellhorn*, 478.

93 *M. B. Kwoka* (Fn. 88), 61 Am. U. L. Rev. 217, 247 (2011).

94 *P. R. Verkuil*, An Outcomes Analysis of Scope of Review Standards, 44 Wm. & Mary L. Rev. 679, 713 (2002): Behördenentscheidungen wurden in 90 % der Fälle akzeptiert. Zu den unterschiedlichen Konstruktionen, die die Gerichte anwenden, um vom de novo Standard abzuweichen, vgl. *M. B. Kwoka* (Fn. 90), 54 Boston College L. Rev. 185, 221–235 (2013) (Vaughn Index, Abweichung von den üblichen discovery Regeln, Summary Judgment).

95 *Schoch*, IFG, § 9 Rn. 94 ff.

96 Das sind besonders zu begründende Ausnahmen, so BVerwG NVwZ 2015, 675 Rn. 33 f.

scher und amerikanischer Gerichte entsprechen.[97] Im Übrigen aber verfährt die Rechtsprechung zum IFG kontrollfreundlicher.

II. Reverse-FOIA Litigation (Drittschutz)

38 Über den Rechtsschutz desjenigen, der ein Interesse daran hat, dass die Behörden Informationen nicht weitergeben, sagt der FOIA nichts. Das Gesetz hat zwar die Bedeutung von Vertraulichkeit durchaus gesehen. Das zeigen vor allem die Ausnahmen § 552 (b)(4) „trade secrets“ und (b)(6) „privacy“ APA. Aber die Entscheidung darüber, ob die Ausnahmen zu einer Versagung des beantragten Informationszugangs führen sollen, liegt allein bei der Behörde.[98] Dritten wird kein Recht darauf eingeräumt, ihren von diesen Ausnahmen ausgehenden Schutz einzufordern. „The FOIA is purely a disclosure statute“ – konstatiert die Leitentscheidung *Chrysler Corp. v. Brown* aus dem Jahre 1979.[99] Gefolgert wird das aus dem Text, der Systematik und der Gesetzesgeschichte. In diesem Zusammenhang wird auch auf § 552(a)(4) APA verwiesen, der allein zum Rechtsschutz dessen Aussagen trifft, der die Informationen erlangen möchte, nicht aber auch zum Rechtsschutz dessen, der gerade umgekehrt auf Geheimhaltung drängt. Ein Drittschutz, wie er in § 8 Abs. 2 S. 3 i.V.m. § 9 Abs. 4 IFG festgelegt und im Lichte des Art. 19 Abs. 4 GG unverzichtbar ist, ist dem FOIA nicht zu entnehmen.

39 Auf der anderen Seite ist es offensichtlich, dass zugangsgewährende Verwaltungsentscheidungen in hohem Maße drittschutzrelevant sein können und dass Dritte aus diesen Vorgängen nicht vollständig herausgehalten werden dürfen. Durch eine Executive Order von 1987 sind die Bundesbehörden verpflichtet, für Konfliktfälle dieser Art Regeln vorzusehen und Dritten Gelegenheit zu einer Stellungnahme zu geben.[100] Sie dürfen den Zugang nicht gewähren, bevor betroffene Dritte ihre Gegenargumente ha-

---

97 Zur b(1) exemption („national defense or foreign policy“) vgl. *P. R. Verkuil* (Fn. 94), 44 Wm. & Mary L. Rev. 679, 714 ff. (2002). Zu § 3 Nr. 1 lit a IFG BVerwG NVwZ 2010, 321 Rn. 12 ff.

98 *Mashaw/Merrill/Shane*, 753.

99 441 U.S. 281, 286 (1979) *Chrysler Corp. v. Brown*, ferner dort 290: „the basic objective of the Act is disclosure“.

100 Executive Order No. 12,600 vom 23. 6. 1987 „Predisclosure Notification Procedures for Confidential Commercial Information“, 52 Fed. Reg. 23,781; *Pierce*, Treatise, § 5.16 (S. 386).

ben vorbringen können. Ein besonderes „hearing" ist dazu allerdings nicht erforderlich.[101]

40 Auch der Supreme Court hatte die Problematik des Drittschutzes schon in *Chrysler Corp. v. Brown* gesehen, sich allerdings nicht für befugt gehalten, dem FOIA richterrechtlich eine entsprechende Klagemöglichkeit zu implantieren. Stattdessen griff er auf die allgemeinen Rechtsschutzbestimmungen der §§ 702–706 APA zurück.[102] Mit einer solchen „reverse FOIA action" kann sich ein Dritter gegen die Entscheidungen einer Behörde gerichtlich zur Wehr setzen, die seinen in anderen Fachgesetzen vorgeschriebenen Geheimnisschutz verletzen. Er trägt allerdings dafür die Beweislast. Die Gerichte treffen in diesen Fällen keine Entscheidung de novo, sondern verfahren nach den allgemeinen Kontrollstandards des § 706 APA.[103]

Dritter Abschnitt Der Schutz personenbezogener Informationen

41 Eine zweite Säule des Verwaltungsinformationsrechts sind die Bestimmungen zum Schutz berechtigter Interessen, die Privatpersonen und Unternehmen an der Geheimhaltung von Daten haben: Privatheit, Geschäftsgeheimnisse, Schutz des geistigen Eigentums. Das ist bereits bei den Ausnahmen des § 552(b) APA deutlich geworden.

A. Das Recht auf „informational privacy"

42 Unter ihnen kommt dem Schutz der Privatheit besondere Bedeutung zu: „The right to privacy is a personal and fundamental right protected by the Constitution of the United States" – heißt es in den Feststellungen, mit denen der Kongress den Privacy Act von 1974 einleitete.[104] Ursprünglich aus dem Schadensersatzrecht des common law kommend, soll es den privaten Lebensbereich gegen das Eindringen Dritter absichern. Dazu kann auch

101 *Strauss*, Justice, 391 f.

102 441 U.S. 281, 317–319 (1979) *Chrysler Corp. v. Brown*.

103 *Breyer/Stewart*, 690 f.; *Pierce*, Process, § 8.3.3i. Die Erfolgsquote soll trotzdem doppelt so hoch sein wie diejenige der Klagen von FOIA-Antragstellern; so die Angaben bei *P. R. Verkuil* (Fn. 94), 44 Wm. & Mary L. Rev. 679, 717 (2002).

104 So Sect. 2(a)(4) des Privacy Act, Pub. L. No. 93–579; kodifiziert § 552a APA.

die Sicherung gegen die Weitergabe von Informationen über das Privatleben zählen.[105]

43 Sofern das Recht auf Privatheit sich speziell gegen *staatliche* Zugriffe wendet, kann auch auf den Schutz vor „searches and seizures" nach dem IV. Amendment der U.S.-Verfassung zurückgegriffen werden.[106] Insofern hat sich die Garantie nach und nach von verräumlichenden Vorstellungen gelöst und bestimmt den Schutz nach dem „reasaonable expectation of privacy" Test kommunikativ.[107] Diese Flexibilisierung befähigt den IV. Zusatzartikel, auch auf subtile neue Überwachungstechniken zu reagieren. Sie macht ihn aber auch von sozialen Wertungen abhängig, die ihn relativieren.[108] Das zeigt sich etwa an der „third party doctrine".[109]

44 Inwieweit ein Verfassungsrecht auf *informational privacy* wirklich reicht, hat der Supreme Court bisher offen gelassen.[110] In der Entscheidung *NASA v. Nelson* aus dem Jahre 2011 spricht er zwar von einem „privacy interest of constitutional significance" und zeigt für eine solche Konstruktion gewisse Sympathien – alles aber unter dem ausdrücklichen Vorbehalt „assuming, without deciding".[111] Die gesteigerten Schutzbedürfnisse, die im Gefolge moderner Informationstechniken eingetreten sind und das Bundesverfassungsgericht dazu veranlassten, das allgemeine Persönlichkeitsrecht des Art. 2 Abs. 1 i.V.m. Art. 1 Abs. 1 GG um ein Recht auf informationelle Selbstbestimmung zu ergänzen,[112] sind in den USA zwar deutlich

---

105 *Nowak/Rotunda*, § 14.26 mit Hinweis auf den grundlegenden Beitrag von *S. Warren* und *L. D. Brandeis*, The Right to Privacy, 4 Harv. L. Rev. 193 (1890).

106 Dazu *Solove/Schwartz*, Information Privacy Law, 256 ff.; *Gray*, The Fourth Amendment, 71 ff.; *Wittmann*, Privatsphäre.

107 *Solove/Schwartz*, ebd., 284 ff.

108 Vgl. *Gray*, The Fourth Amendment, 134 ff. und 249 ff.; *Wittmann*, Privatsphäre, 357 ff.

109 Dazu *Wittmann*, ebd., 181 ff. Immerhin stellt aber die 5:4 Entscheidung des Supreme Court 585 U.S. __ (2018) *Carpenter v. United States*, die eng verstanden werden will, polizeiliche Zugriffe auf die Lokalisierungsdaten von Mobiltelefonen unter den Richtervorbehalt des IV. Zusatzartikels.

110 *Chemerinsky*, § 10.6 und die dort zitierten Urteile, insbesondere 429 U.S. 589, 605–606 (1977) *Whalen v. Roe*. Zur historischen Entwicklung *Heffernan*, Privacy and the American Constitution, bes. 187 ff.

111 562 U.S. 134, 135 und 147 (2011) *NASA v. Nelson*; scharf dagegen Scalia, J. concur. 160: „A federal constitutional right to ‚informational privacy' does not exist".

112 BVerfGE 65, 1, 41–52.

früher als in Deutschland erkannt worden, bleiben aber auf diese Weise im Wesentlichen dem Schutz durch die Gesetzgebung überlassen.[113]

B. *Der Privacy Act von 1974*

Die USA kennen keine umfassende gesetzliche Regelung des Datenschutzrechts. Anders als etwa die EU-Datenschutz-GrundVO richtet sich der Privacy Act nur an *Behörden* – genauer noch: nur an Bundesbehörden.[114] Der Begriff wird mit Verweis auf den FOIA zwar weit definiert (§ 552a(a)(1) APA), umschließt also auch öffentliche Unternehmen. Der Umgang *Privater* mit personenbezogenen Daten wird dagegen nicht erfasst. Nicht einschlägig ist das Gesetz auch dort, wo es um die Behörden der Bundesstaaten und der Kommunen geht. 45

Vom Privacy Act erfasst werden alle Tätigkeiten, die unter den in § 552a(a)(3) definierten Begriff „maintain" fallen: das Vorhalten, das Sammeln, das Nutzen und das Weitergeben personenbezogener Informationen. Der Kreis der geschützten Personen beschränkt sich gem. § 552a(a)(2) APA auf amerikanische Staatsbürger und solche Personen, die eine dauerhafte Aufenthaltsberechtigung besitzen. Rechtsträger („individuals") können nur natürliche, nicht aber juristische Personen sein.[115] Auch mit diesem begrenzten Anwendungsbereich deckt der Privacy Act 1974 den Umgang der Verwaltung mit persönlichen Daten nicht vollständig ab, sondern wird durch zahlreiche Fachgesetze ergänzt, eingeschränkt oder ausgeschlossen. Das ist freilich in Deutschland mit seinen Spezialregelungen im Steuer-, Sozial-, Statistik- und Polizeirecht nicht anders. 46

Das Regelungsgefüge des Gesetzes besteht aus einem Verbot der Offenlegung („disclosure") personenbezogener Informationen (I), aus Regeln für 47

---

113 Vgl. *M. Lejeune*, Datenschutz in den Vereinigten Staaten von Amerika, CR 2013, 755 ff.; *M. Klar/J. Kühling*, Privatheit und Datenschutz in der EU und in den USA – Kollision zweier Welten?, in: AöR 141, 2016, 165, bes. 176–182.; zum Schutz speziell gegen nachrichtendienstliche Datenzugriffe *Wischmeyer*, Überwachung ohne Grenzen, 86 ff.

114 Zur Auslegung der Definitionen des § 552a(a) APA vgl. die vom United States Department of Justice, *Office of Privacy and Civil Liberties* herausgegebene Zusammenstellung: Overview of the Privacy Act 1974 (Edition 2015) – im Folgenden zit.: DOJ-Overview 2015.

115 *Strauss*, Justice, 396 unter Bezugnahme auf 562 U.S. 397, 410 (2011) *FCC v. AT&T, Inc.*

den behördlichen Umgang mit solchen Informationen (II) und aus Informations- und Korrekturrechten des Betroffenen (III). Das sind klassische Elemente des Datenschutzrechts. Sie finden sich ähnlich auch im europäischen und deutschen Recht, sind dort allerdings in den einschlägigen Rechtsvorschriften noch stärker ausdifferenziert. Das Schutzniveau wird dadurch und durch den klarer herausgestellten Grundrechtsbezug der informationellen Selbstbestimmung gesteigert. Dem dient auch die Institution eines unabhängigen Datenschutzbeauftragten (§§ 8–16 BDSG), die die USA nicht kennen.

I. „No disclosure without consent"

48 Nach der Grundregel des § 552a(b) APA dürfen Behörden die in ihren Beständen vorhandenen personenbezogenen Informationen nicht ohne Einwilligung des Betroffenen an private Dritte oder andere Behörden weitergeben. Die Einwilligung muss schriftlich und vorab erteilt sein. Waren die betreffenden Informationen dem Empfänger bereits bekannt, liegt begrifflich keine Weitergabe vor. Die Beweislast dafür, dass eine Weitergabe erfolgt ist, hat der Betroffene.

49 Durchbrochen wird die Grundregel durch zwölf *Ausnahmen*. Einige davon betreffen die Weitergabe personenbezogener Informationen an besondere staatliche Institutionen (Kongress, Amt für Statistik, Bundesarchiv, Rechnungshof) und sind als solche plausibel. Andere stehen in Gefahr, als breite Eingriffsmöglichkeiten in den Bereich der informationellen Privatheit benutzt zu werden. Nicht unproblematisch ist in diesem Zusammenhang schon die in (b)(1) genannte Weitergabe innerhalb einer Behörde – jedenfalls dann, wenn es sich um Großbehörden handelt, deren Teilorganisationen weit auseinanderliegende, unterschiedliche Aufgaben wahrnehmen.[116] Weit gefasst ist auch die Ausnahme (b)(7), die den Rechtsverkehr mit allen Behörden, die gesetzlich mit der Rechtsdurchsetzung („civil or criminal law enforcement activity") beauftragt sind, von der Regelvorschrift konsentierter Weitergabe freistellt.

50 Häufiger Kritik begegnet schließlich, dass in (b)(3) auch die Weitergabe für „routine use" ausgenommen wird. Erlaubt ist danach die Weitergabe zu all jenen Zwecken, die mit dem Zweck, zu dem die Information erhoben

116 So aber DOJ-Overview 2015, 68 (mit Hinweis auf die Gesetzesgeschichte): „the term agency given its broadest statutory meaning".

ist, kompatibel sind (a)(7). Die Behörden müssen den originären Zweck ihrer Datensammlungen zwar im Federal Register veröffentlichen. Der Begriff „compatible“ lässt jedoch so viel Spielraum, dass die Ausnahme (b)(3) in der Literatur „the biggest loophole“ oder „catchall exemption“ genannt wird.[117]

Insgesamt trägt der Privacy Act den staatlichen Zugriffsinteressen gegenü- 51
ber dem Datenschutz ausgiebig Rechnung. Dieses Urteil wird bestätigt durch die zahlreichen Ermächtigungen des § 552a(j) und (k) APA, die es Behörden gestatten, durch eigene Vorschriften („rules“) bestimmte Datenbestände von einzelnen Regelungen des Privacy Act auszunehmen. „Put in the simplest terms, what Congress gave Congress may take away, which it did here by conferring on agencies the power to exempt certain records from the Privacy Act“ – so lautet eine bündige Rechtfertigung dieser Einschränkungen in der Judikatur.[118]

II. Regeln und Standards: „fair information practices“

Eine etwas andere Sprache spricht allerdings § 552a(e) APA, der den Behör- 52
den zwölf Regeln und Sorgfaltsstandards für den Umgang mit ihren Datenbeständen an die Hand gibt. An erster Stelle steht der Grundsatz der Datensparsamkeit (e)(1)). Die Behörde soll sich auf Informationen beschränken, die erforderlich sind, um die Aufgaben zu erfüllen, die ihr durch Gesetz oder eine Executive Order zugewiesen sind. Ergänzt wird der Schutz durch das Gebot, Informationen, die Rechte und Interessen eines Betroffenen beeinträchtigen können, so weit wie möglich bei diesem direkt zu erheben und ihn dabei über die Rechtsgrundlagen, die Zwecke und Folgewirkungen der Erhebung aufzuklären (§ 552a(e)(2) und (3)).

Weiter werden Sorgfaltspflichten festgelegt, die die Behörden im Umgang 53
mit den bei ihnen vorhandenen Daten zu erfüllen haben. Ihr Ziel ist es, „fair information practices“ zu gewährleisten.[119] Dazu gehören Akkuratesse in der Bearbeitung, Pünktlichkeit und Vollständigkeit. Besonders sensi-

---

117 So mit Nachw. *Solove/Schwartz*, Information Privacy Law, 671. Zum Vergleich die wesentlich präzisere und engere Fassung der Weitergabe in § 25 i. V. § 23 BDSG.

118 Zitat eines District Court aus dem Jahre 2004, zit. nach DOJ-Overview 2015, 281.

119 Zu diesem Topos *Solove/Schwartz*, Information Privacy Law, 663 ff.

ble Informationen, Informationen darüber, wie der Betroffene seine Grundrechte ausübt, dürfen nur auf Grund besonderer gesetzlicher Ermächtigung verarbeitet werden. Schließlich haben die Behörden durch organisatorische und technische Mittel die Sicherheit und Vertraulichkeit ihrer Datenbestände sicherzustellen. Einzelheiten kann jede Behörde durch eigene Rechtsvorschriften regeln, die sie im Verfahren des „informal rulemaking" zu erlassen hat (§ 552a(f) APA).

III. Rechte der Betroffenen und Gerichtsschutz

54 Betroffenen Personen gewährt der Privacy Act eine Reihe von Rechten: Den Grundtatbestand bildet der Anspruch, die bei der Behörde vorhandenen Datenbestände über die eigene Person einzusehen (§ 552a(d)(1) APA). Des Weiteren kann der Betroffene die Berichtigung der ihn betreffenden Daten verlangen (§ 552a(d)(2) APA). Lehnt die Behörde das ab, so ist der Antragsteller berechtigt, eine begründete Gegendarstellung zu den Akten zu geben, die im Falle der Weitergabe der Daten an andere Behörden oder Dritte ebenfalls mitzuteilen ist.

55 In Auseinandersetzungen über diese Rechte steht dem Betroffenen nach Erschöpfung des inneradministrativen Rechtsweges gerichtlicher Rechtsschutz zur Verfügung (§ 552a(d)(3) APA). Das Gericht entscheidet „de novo" und gegebenenfalls auch „in camera" (§ 552a(g)(2)(A) und (3)(A) APA). Die Klagemöglichkeiten betreffen nicht nur Streitigkeiten über Zugangs- und Korrekturrechte („access lawsuits"). Vielmehr ermöglicht es § 552a(g)(1)(C) und (D) APA auch, sich gegen einen nachlässigen Umgang der Behörde mit den persönlichen Informationen und überhaupt gegen Verstöße gegen das einschlägige Datenschutzrecht zu wenden, wenn der Betroffene dadurch Nachteile erlitten hat („damage lawsuits").[120] Die Sorgfaltsanforderungen ergeben sich aus den Grundsätzen des § 552a(e) APA. Schadensersatz kann allerdings nur verlangt werden, wenn die Behörde „intentional and willful" gehandelt hat. Das ist für den Geschädigten eine erhebliche Barriere.[121].

---

120 § 552a(g)(4) APA nennt dafür die Mindestsumme von 1000 $, verlangt aber den Nachweis eines konkreten Schadens, 540 U.S. 614, 619 (2004) *Doe v. Chao*.

121 Vgl. DOJ-Overview 2015, 224: „the voluminous case law construing this standard makes clear that it is a formidable barrier". Deutlich entschädigungsfreundlicher Art. 82 Abs. 3 EU-DSGVO: Exkulpationsbeweis beim Verantwortlichen.

IV. Das Verhältnis des Privacy Act zum FOIA

Im Verhältnis des Datenschutzes zum freien Informationszugang geht es vor allem um die Frage, inwieweit der Betroffene dagegen geschützt wird, dass die Behörde seine Daten nicht unter Berufung auf den FOIA an Dritte weitergibt.[122] Nach § 552a(b)(2) APA greifen die Vorschriften des Privacy Act dann nicht, wenn die Weitergabe von § 552 APA verlangt wird („required"). 56

Die auf den ersten Blick zugangsfreundliche Lösung wird allerdings ihrerseits wiederum durch die Ausnahmen eingeschränkt, die der FOIA kennt. Einschlägig sind vor allem die dortigen „privacy exemptions" § 552(b)(6) und § 552(b)(7)(C) APA. Diese Bestimmungen verlangen von der Behörde eine Interessenabwägung (→ 5/29–33). Geht diese zugunsten des Datenschutzes aus, darf die Behörde die personenbezogenen Daten nicht weitergeben. Zwar sind Behörden im Rahmen des FOIA normalerweise nicht verpflichtet, sich auf die Ausnahmetatbestände zu berufen, sondern können nach Ermessen entscheiden, ob sie dem Zugangsantrag trotzdem stattgeben. Dem stellt sich aber der Privacy Act mit der Gegenausnahme des § 552a(b)(2) und dem Begriff „required" entgegen; denn wenn die Behörde nach Ermessen entscheiden kann, liegt kein Fall vor, in dem die Weitergabe der Informationen vom FOIA „verlangt" wird.[123] Es hat dann bei der Regel „no disclosure without consent" zu bleiben. In diesem Punkt ist das amerikanische Recht trotz seiner auf möglichst weitreichende Transparenz zielenden Grundgestimmtheit nicht zugangsfreundlicher als das deutsche Recht, das in § 5 IFG dem Datenschutz einen „relativen Vorrang" vor dem freien Informationszugang einräumt.[124] 57

---

122 Vgl. *Pierce*, Process, § 8.5.

123 So 510 U.S. 487, 502 (1994) *Department of Defence v. FLRA*; weitere Rechtsprechung im DOJ-Overview 2015, 77 ff.

124 Dazu und zum verfassungsrechtlichen Hintergrund *Schoch*, IFG, § 5 Rn. 6 ff.

Sechstes Kapitel Der amerikanische „Administrative State": Eine vergleichende Betrachtung seiner aktuellen Herausforderungen

Erster Abschnitt Das Konzept des „Administrative State" und seine Kritik in der Binnenperspektive des amerikanischen Rechts

A. *Die Vorstellung bewusster Gestaltung und steter Gestaltbarkeit*

1 Verwaltung und Verwaltungsrecht sind in den USA Gegenstände bewusster *Gestaltung* und steter *Gestaltbarkeit*. Hier wird etwas von dem aufklärerischen Optimismus sichtbar, der die amerikanische Verfassungsbewegung von Anfang an prägte:[1] die Vorstellung, eine politische Ordnung – wie die Federalist Papers sagen – „auf der Grundlage vernünftiger Überlegungen und freier Entscheidung (‚from reflection and choice')" schaffen zu können.[2] Darin zeigt sich ein wesentlicher Unterschied zu der Situation der meisten europäischen Staaten, für die die Verwaltung ein historisch vorgegebenes Faktum war und ist.

2 Die Vorstellung von der Gestaltbarkeit ist für das Konzept des Verwaltungsrechts folgenreich: Sie fördert wache Beobachtung, kritische Begleitung und fortgesetzte Suche nach besseren Lösungen. Sie ist reflexiv und aktiv. Das schnelle Aufgreifen neuer gesellschaftlicher Forderungen in der politischen Praxis der USA belegt das ebenso wie die Themenwahl der einschlägigen Fachzeitschriften. Auf Gestaltbarkeit zu setzen hat unbestreitbare Vorteile – zumal in einer Zeit, die im Gefolge der Digitalisierung mit einem radikalen Wandel der Kommunikationsformen konfrontiert ist. Dynamik und Flexibilität sind in diesem Kontext positive Werte.

---

1 Zum Gestaltungsanspruch der Verfassung von 1787 treffend *H. Dreier*, „We the People" Verfassungsgebung als Gestaltungsprogramm, in: K. Bayertz/M. Hoesch (Hrsg.), Die Gestaltbarkeit der Geschichte, 2019, 203 ff.; dort 205 auch das Zitat aus den Federalist Papers.

2 *Hamilton/Madison/Jay*, Federalist Papers, No 1 (Hamilton); Übersetzung von B. Zehnpfennig.

3 Freilich sind auch gewisse Nachteile nicht zu übersehen: Das beginnt bei der Organisation der amerikanischen Verwaltung, die das Produkt immer wieder neu ansetzender, oft eher zufällig wirkender Aus- und Umbaubemühungen des Kongresses ist. Wenn die USA im Rechtsvergleich als ein Land mit einer stark diffundierten Verwaltungsstruktur wahrgenommen werden,[3] dann ist das auch der Vorstellung von freier Gestaltbarkeit zuzuschreiben, die auf Kosten von Klarheit und Überschaubarkeit gegangen ist.

Eine zweite Schwäche kommt hinzu: Wenn alles gestaltbar ist, ist nichts selbstverständlich.[4] Die entlastende Wirkung dessen, was sich als Normalität herausgebildet hat, bleibt ungenutzt. Kritische Reflexion droht in fortgesetzte Selbstzweifel umzuschlagen, die ein Klima der Unsicherheit schaffen und das berechtigte Verlangen der Verwaltungspraxis nach Stabilität aus den Augen verlieren.

B. Der „Administrative State“: Konzept und Kritik

4 Vorzüge und Nachteile des Gestaltbarkeitsglaubens lassen sich am Begriff des „administrative state“ zeigen, unter dem heute ganz grundsätzlich die Legitimität der Verwaltung – genauer: vor allem der *Bundesverwaltung* – und ihrer Handlungsweisen erörtert wird. „The administrative state is the central and unavoidable topic of modern constitutional theorizing“.[5]

I. Unterschiedliche Begriffe und Fragestellungen

5 Freilich zeigt sich schnell, dass der Begriff in unterschiedlichen Zusammenhängen und zu unterschiedlichen Zwecken verwendet wird und alles andere als eindeutig ist. Bald dient er der Darstellung historischer Entwicklungen und der sie tragenden philosophisch-theoretischen Ideen. Bald soll er den Bestand staatlicher Aufgaben und die vielen Formen ihrer administrativen Erfüllung wiedergeben. Bald geht es darum, Kernelemente eines

---

3 *Loewenstein*, Verfassungsrecht und Verfassungspraxis der Vereinigten Staaten, 358 ff.; *Cane*, Controlling, 76 ff.

4 Ähnlich *Strauss*, Justice, 17 f.

5 *A. Vermeule*, The Administrative State: Law, Democracy, and Knowledge, in: Tushnet/Graber/Levinson, U.S. Constitution, 259; im Ergebnis ähnlich *Mashaw*, Reasoned Administration and Democratic Legitimacy, pass.; *Emerson*, The Public's Law, pass. → 1/53-56.

spezifischen rechtlichen Settings auf den Begriff zu bringen. Für die verwaltungswissenschaftliche Forschung ist er seit Langem ein Schlüsselbegriff.[6] Aber auch in der verwaltungsrechtlichen Diskussion spielt der „administrative state" heute eine große Rolle.

1. Akademische Diskurse

6 Mit *Adrian Vermeule* lassen sich drei akademische Diskurse unterscheiden:[7] ein vor allem von Juristen geführter Diskurs, in dem es um die Verfassungsmäßigkeit des „administrative state" geht, ein politikwissenschaftlicher und staatstheoretischer Diskurs, der sich mit dem Verhältnis der Politik zur Bürokratie und mit der Wahrung demokratischer Verantwortlichkeiten beschäftigt, und ein an den Informationsflüssen und den Wissensproblemen bürokratischer Organisationen interessierter Diskurs, an dem sich neben Juristen vor allem Ökonomen beteiligen. Jeder dieser drei Diskurse hat seinen eigenen Fokus: Rechtmäßigkeit, Demokratie, Expertise. Dabei ist es wichtig zu sehen, dass die Optimierung *einer* Position zu Abstrichen bei den *anderen* führen. „Given scarcity of time and other resources, it seems unlikely in the extreme that the administrative state could be simultaneous perfectly democratic, perfectly informed, and perfectly lawful".[8]

7 Die verwaltungsrechtliche Behandlung des „administrative state" hat ihr eigenes Profil. Sie nimmt Erkenntnisse aus den drei genannten Diskursen auf, schneidet diese aber auf spezifische Themen der administrativen Aufgabenerfüllung zu:[9] Es geht vor allem um Probleme der Gewaltenteilung, d.h. um die Stellung der *„agencies"* als den zentralen Akteuren und ihre Handlungsformen sowie um die Art ihrer gesetzlichen Steuerung (*„broad delegations"*) und die Intensität ihrer gerichtlichen Kontrolle (*„deference"*). Diese Begriffe umreißen das juristische Grundgefüge des „administrative state"; aber sie sind keine ein für alle Mal festliegenden Doktrinen. Ihr konkreter Zuschnitt hat in der historischen Entwicklung immer wieder geschwankt.

---

6 Vgl. nur die klassischen Darstellungen von *Dwight Waldo*, The Administrative State, 1948 und *Fritz Morstein Marx*, The Administrative State. An Introduction to Bureaucracy, 1957. Zu ihnen jüngst mit weit. Lit. *W. Seibel*, ‚The Administrative State', in: G. F. Schuppert (Hrsg.), Von Staat zu Staatlichkeit, 2019, 233 ff.

7 *Vermeule* (Fn. 5), in: Tushnet/Graber/Levinson, U.S. Constitution, 260 ff.

8 *Vermeule* ebd., 278.

9 Vgl. *Vermeule*, ebd., 261 f.

2. Der „Administrative State“ als politischer Kampfbegriff

8 In politischen Diskussionen fungiert der „administrative state“ häufig als Kampfbegriff. Die Frontlinien lassen sich im Großen und Ganzen entsprechend der üblichen Einteilung in „Progressives“ (im amerikanischen Sprachgebrauch oft „Liberals“) und „Libertarians“ bestimmen. Bei den Stellungnahmen zu Einzelpunkten können die Linien allerdings auch durcheinander laufen.

- Für die Befürworter und Verteidiger ist der „administrative state“ ein Garant, um öffentliche Güter zu schützen und den nach wie vor großen sozialen Ungleichheiten in der amerikanischen Gesellschaft durch aktive Gestaltung entgegenzuwirken. Eine weit ausgreifende Verwaltung erscheint hier als ein notwendiges Mittel, um elementare Voraussetzungen einer demokratischen Gesellschaftsordnung zu sichern, wie sie die amerikanische Verfassung begründet hat.[10]
- Die Gegner sehen im „administrative state“ eine übergriffige Veranstaltung des „federal government“, die die Strukturen der amerikanischen Verfassung sprengt und die Freiheit der Bürger unzulässig einschränkt. Bei den schärfsten seiner Kritiker steigern sich die Einwände zu einem Frontalangriff auch auf das Bundes-Verwaltungsrecht als solches: „Is Administrative Law Unlawful?“ markiert keine gänzlich isolierte Außenseiterposition.[11] Auch andere Autoren bezweifeln die Legitimität des „administrative state“.[12]

9 Auseinandersetzungen gibt es zwar seit Langem.[13] In jüngerer Zeit aber scheint der Streit ein neues Stadium zu erreichen:[14] In der Gesetzgebung der letzten Jahre finden sich Versuche, wichtige bisherige Funktionsbedin-

---

10 *G. E. Metzger*, 1930s Redux: The Administrative State under Siege, in: 131 Harv. L. Rev. 1 (2017); *S. Rahman*, Bookreview: Reconstructing the Administrative State in an Era of Economic and Democratic Crisis, in: 131 Harv. L. Rev. 1671, 1676 (2018): „through the administrative state, we make possible the realization of substantive democratic values of equality and inclusion“. Ähnlich *Emerson*, The Public's Law, 2019, 149 ff et pass. (vgl. →1/53 ff.).

11 Zu der so betitelten Schrift von *Ph. Hamburger* → 1/45–47.

12 *Postell*, Bureaucracy in America, 315 ff.: „The Ongoing Crisis of Legitimacy“, mit einem Dank an Ph. Hamburger S. XI.

13 Schon klassisch etwa *Freedman*, Crisis and legitimacy, 1978.

14 Dazu nur *G. E. Metzger* (Fn. 10), 131 Harv. L. Rev. 1 ff. (2017).

gungen des „administrative state" einzuschränken.[15] Auch im Supreme Court sind Tendenzen erkennbar, zentrale Elemente des Konzepts kritisch zu überprüfen und u. U. die Koordinaten des bisherigen Verwaltungsrechts zu verändern. Die Entscheidungen *Gundy v. United States*: „broad delegations" (→ 6/ 20–21) und *Kisor v. Wilkie:* „Auer deference" (→ 6/35–36) vom Juni 2019 sind dafür Signale.[16] In beiden Entscheidungen wurde die überkommene, dem „administrative state" günstige Rechtsprechung nur knapp (5:4) und auch nur unter Einschränkungen aufrechterhalten. Die Gegenposition hat vor allem Justice Gorsuch in zwei Sondervoten deutlich formuliert. Steht der amerikanische „administrative state" – selbst ein Kind des Gestaltbarkeitsglaubens – in Gefahr, zurückgeschnitten und nachhaltig umgestaltet zu werden? Im Folgenden sollen verfassungshistorische (II) und verfassungsstrukturelle (III) Punkte der Kritik und Gegenkritik erörtert werden.

II. Verfassungshistorische Kritik: „Constitution in Exile"

10 Historisch gründet die Gegnerschaft gegen den „administrative state" auf der Annahme, der Verfassung von 1787 liege eine minimalistische Vorstellung von der Exekutivgewalt des Bundes zugrunde:[17] Die wenigen administrativen Aufgaben – so die Vertreter eines „libertarian administrative law" – hätten im Wesentlichen von Richtern mit den Mitteln des common law erfüllt werden können; ein umfangreicher Ausbau einer Bundesverwaltung sei nach den Vorstellungen der Gründergeneration nicht vorgesehen gewesen; der ursprüngliche Sinn der Verfassung sei später missdeutet worden.[18]

---

15 Vgl. die 2017 in den Kongress eingebrachten Entwürfe eines Regulatory Accountability Act (RAA), H.R. 5, 115th Cong. (2017), eines Regulations from the Executive in Need of Scrutiny Act (REINS), H.R. 26, 115th Cong. (2017) und eines Separation of Powers Restoration Act, H.R. 76, 115th Cong. (2017) sowie den Entwurf eines Separation of Powers Restoration Act 2019 H.R. 1927, 116th Cong. (2019).

16 Dazu schon → 2/31–37 und 4/112; *J. A. Pojanowski*, Neoclassical Administrative Law, 133 Harv. L. Rev. 852 ff. (2020).

17 Dazu etwa *Hamburger*, Is Administrative Law Unlawful?, 143 ff.; *Postell*, Bureaucracy in America, 59 ff.

18 Nachw. zu Herkunft und Gebrauch der „Constitution in Exile" Floskel bei *J. K. Kessler*, Book Review: The Struggle for Administrative Legitimacy, 129 Harv. L. Rev. 718, 721 (2016).

11 Überzeugend wirken diese Einwände nicht. Gerade bei ihrer Gründung standen die USA vor großen innen- und außenpolitischen Herausforderungen, auf die das neue Staatswesen Antworten finden musste. „The Framers deemed an energetic executive essential to ‚the protection of the community against foreign attacks', ‚to steady administration of the laws', ‚the protection of property' and ‚the security of liberty'".[19]Die Verfassung kann daher von Anfang an kaum das Ziel verfolgt haben, dem „federal government" nur einen Minimalbestand an Verwaltungskompetenzen zuzugestehen. Studien zur historischen Entwicklung zeigen denn auch, dass die USA ihre Verwaltungsorganisation seit der ersten Hälfte des 19. Jahrhundert kontinuierlich ausgebaut haben.[20] Dass sich die Entwicklung in der verwaltungsrechtlichen Theoriebildung zunächst nicht niederschlug, bedeutet nicht, dass sie in der verwaltungsrechtlichen Praxis nicht längst existierte.[21] In der Folgezeit haben sich Perioden der Expansion und der Stagnation abgewechselt.[22] Aber die Grundlinie eines Ausbaus nach Maßgabe der wirtschaftlichen und gesellschaftlichen Anforderungen der Zeit ist erhalten geblieben.[23]

---

19 So unter Bezugnahme auf die Federalist Papers gerade die konservative Richtermehrheit in 591 U.S. __(2020) (slip op. at. 22) *Seila Law LLC v. CFPB.*

20 *Rohr*, To Run a Constitution, 14 ff.; *Mashaw*, Creating the Administrative Constitution, 29 ff. und 312: „we should rid ourselves of the nostalgic idea that the emergence of administrative governance in the twentieth century upset the grand design of a non-administrative state". *Emerson*, The Democratic Reconstruction of the Hegelian State in the American Progressive Political Thought, in: 77 Review of Politics, University of Notre Dame, 545, 573 (2015). Im Ergebnis ähnlich *Morstein Marx*, Amerikanische Verwaltung, 32: „Amerika war also nicht von Anfang an das Land des laissez faire". Zum Stand der Verwaltungsaufgaben und ihrer Verteilung zwischen dem Bund und den Einzelstaaten unmittelbar vor dem 1. Weltkrieg *Freund*, Das öffentliche Recht der Vereinigten Staaten von Amerika, Kap. 34 – 41.

21 *Freedman*, Crisis and Legitimacy, 259: „Although the roots of the American administrative process reach back to the First Congress of the United States, recognition of the profound implications that the growth of the administrative process has had for the nation's legal and political institutions came remarkably late". Ähnlich *Hickman/Pierce*, 15 f.

22 Vgl. dazu nur *Breyer/Stewart*, 29 ff.; *D. H. Rosenbloom*, Administrative Law and Regulation, in: Rabin/Hildreth/Miller, Handbook of Public Administration, 635, 654 ff.

23 Zu diesem „gradualist narrative" und seiner Absicherung in der jüngeren verwaltungsgeschichtlichen Forschung der USA *J. K. Kessler* (Fn. 18), 129 Harv. L. Rev. 718, 726–731 (2016).

In diesem Modell eines graduellen Aufbaus hat auch der *New Deal* seinen Platz. Dass er zu einer massiven Ausdehnung und Verfestigung der amerikanischen Bundesverwaltung geführt hat, steht außer Streit. Aber er ist – im Guten wie im Schlechten – nicht „der" Repräsentant des „administrative state", sondern ist eingebettet in voraufgehende und nachfolgende Ausbauphasen.[24] Vorauf gingen die Jahrzehnte um die Wende von 19. zum 20. Jahrhundert, in denen auf die Industrialisierung und die Technisierung der Arbeitswelt reagiert werden musste. Mit der Schaffung neuer Verwaltungsaufgaben und neuer Bundesbehörden standen die USA nicht allein, wie ein Blick auf den zeitgleich vollzogenen Aufbau der Reichsverwaltung in Deutschland zeigt.[25] Die Entwicklungen unterschieden sich in der Art der eingesetzten Regulierungsstrategien.[26] Aber die Tatsache einer kräftigen Erweiterung administrativer Kompetenzen ist auf beiden Seiten des Atlantiks in gleicher Weise zu beobachten. 12

Um die Kontinuitäten und die Brüche der Verwaltungsentwicklung zu verstehen, muss nicht nur die Zeit *vor*, sondern auch die Zeit *nach* dem *New Deal* eigenständig gewürdigt werden. Auch diese Betrachtung zeigt, dass der „administrative state" nicht aus einem einmaligen Ereignis hervorgegangen ist und auch nicht als ein ein für alle Mal fixiertes Konzept missverstanden werden darf. Der New Deal hatte zwar, was seine rechtliche Seite betraf, ein klares Profil, das auf Sachverstand und Unabhängigkeit der Behörden und auf weit zurückgenommene Anforderungen an gesetzliche Ermächtigungen baute.[27] Diese Merkmale sind aber nicht in Erz gegossen. 13

Für den heutigen „administrative state" nicht weniger prägend sind die 1960- und 1970iger Jahre – die Zeit der „Rights Revolution" – mit ihrem breiten Ausbau des Umwelt- und des Verbraucherschutzes, mit ihrer Sorge für benachteiligte Gruppen und ihren Aktivitäten gegen Diskriminierungen. Die Ambivalenz dieser Entwicklung im Verhältnis zum New Deal hat *Cass Sunstein* treffend auf den Punkt gebracht:[28] Die Gesetze dieser Zeit beließen es nicht mehr bei weit gefassten Aufgabenzuweisungen, sondern formulierten durchaus genaue substantielle Vorgaben. Breite Klagemög- 14

---

24 Darstellend, aber kritisch *Postell*, Bureaucracy in America, bes. 167 ff. und 247 ff.

25 Vgl. *R. Morsey*, in: K. Jeserich/H. Pohl/Ch. v. Unruh (Hrsg.), Deutsche Verwaltungsgeschichte, Bd. 3, 1984, 138 ff.

26 Dazu *Lepsius*, Regulierungsrecht in den USA: Vorläufer und Modell, in: Fehling/Ruffert (Hrsg.), Regulierungsrecht, § 1 Rn. 1 ff.

27 Für die Idee neutraler sachverständiger Amtswalterschaft repräsentativ die Schrift von *Landis*, The Administrative Process, 1938.

28 *Sunstein*, Rights Revolution, 30; *Postell*, Bureaucracy in America, 247 ff.

lichkeiten wurden eingeführt. Es wurde versucht, die Verwaltung exakter zu steuern und zu kontrollieren, denn das Vertrauen in eine autonome behördliche Sachwalterschaft war durch die Beobachtungen von „agency capture“ geschädigt worden. Aber die Vorstellung, dass eine aktiv gestaltende Verwaltung unbedingt notwendig sei, blieb erhalten.

15 Insgesamt erscheint die Historie zu vielschichtig und in ihren Erscheinungen zu vielgestaltig, um sich von einem Narrativ einfangen zu lassen, das eine minimalistische Bundesverwaltung als ursprünglich und dauerhaft verfassungsgeboten ausweisen will.

III. Verfassungsstrukturelle Kritik: „Headless fourth branch“

16 Eine zweite Gruppe von kritischen Einwänden richtet sich gegen die im „administrative state“ üblichen Formen der *Aufgabenerfüllung* und die dazu eingesetzten Institutionen und Instrumente. Ihr zentraler Ansatzpunkt ist der Grundsatz der Gewaltenteilung. „There is no doubt that the development of the administrative agency in response to modern legislative and administrative need has placed severe strain on the separation of powers principle in its pristine formulation“.[29]

17 Im Fokus stehen die Hauptrepräsentanten des „administrative state“: die „agencies“:[30] „Agencies“ hätten – so die gegen Behörden, insbesondere Regulierungsbehörden allgemein gerichtete Argumentation – eine die Gewaltenteilung überspielende Position erlangt; ihre Rechtsetzung sei *legislative* Tätigkeit, die nach Art. I sect. 1 der U.S.-Verf. dem Kongress zustehe, während ihre verbindlichen Entscheidungen von Einzelfällen *richterliche* Tätigkeit darstelle, die nach Art. III sect. 1 U.S.-Verf. den Gerichten anvertraut sei; die Zusammenführung beider Funktionen in den Händen der „agencies“ entwickele ein die Verfassungsstrukturen sprengendes Gefährdungspotential.[31]

---

29 So 424 U.S. 1, White, J. (part. conc. in judgement, part. diss.) 281 (1976) *Buckley v. Valeo*.

30 Zum Folgenden die die Grundlinien der Kritik vorzeichnenden Ausführungen von *G. Lawson*, The Rise and Rise of the Administrative State, 107 Harv, L. Rev. 1231 (1994) und die Aufnahme seiner Kritik in der neueren Judikatur und Literatur, dazu die Nachw. *Sunstein/Vermeule* → 1/40–44 und bei *Metzger* (Fn. 10), 131 Harv. L. Rev. 1, 17 ff. und 31 ff. (2017).

31 *Lawson*, Fed. Admin. Law, 290: „Modern administrative agencies are Madison's worst nightmare come true“.

Allerdings wirkt die Bezugnahme auf „legislative“ und „judicial functions“ 18
der Behörden formalistisch und kann als solche nicht überzeugen. Sie will jeweils aus einem einzigen Merkmal der beiden administrativen Handlungsformen – bei den „rules“ aus der Allgemeinheit der Regelung und bei den „adjudications“ aus der beanspruchten Regelungsgewalt – auf ihre Zuordnung zur Gesetzgebung bzw. zur Gerichtsbarkeit schließen. Doch stehen weder die behördlichen „rules“ den parlamentarischen „statutes“ gleich, noch lassen sich Einzelentscheidungen einer Behörde als Ausdruck richterlicher Gewalt verstehen.[32] Es ist gerade das Charakteristikum der Exekutive, dass sie aus den Formelementen der beiden anderen Gewalten schöpft und daraus Ergebnisse formt, die als „Vermittlung durch stufenweise Konkretisierung“ angesehen werden können.[33] Das „Vermitteln“ ist eine eigene, in einer gewaltenteilenden Verfassungsordnung anerkannte Leistung und kein pathologischer Zustand.[34]

Verfassungsstrukturelle Einwände gegen den „administrative state“ lassen sich daher nicht aus abstrakten Funktionszuschreibungen, sondern eher aus seinen konkreten Handlungsbedingungen herleiten: „broad delegations“ (1), „independent agencies“ (2), „deference“ (3).

1. „Broad delegations“ und „nondelegation“ Doktrin

Die Zulässigkeit von Delegationen wird zwar nicht als solche in Zweifel 19
gezogen. Wohl aber ist umstritten, in welchem Umfang die Gesetze der Exekutive den Erlass allgemeiner Vorschriften überantworten dürfen. Die (bisher) herrschende Ansicht verfährt bekanntermaßen großzügig (→ 2/33–37). Verlangt wird zwar, dass das Gesetz das Regelungsziel erkennen lässt. Die Anforderungen des *„intelligible principle“* Tests sind aber nicht besonders streng. Eine Reihe komplementärer Steuerungs- und Kontrollmöglichkeiten soll die Steuerungsschwächen ausgleichen.[35] Trotzdem sind Legitimitätslücken spürbar. Auch innerhalb des Supreme Court gab es schon

---

32 Vgl. 569 U.S. 290, 305 Fn. 4 (2013) *City of Arlington v. FCC*: „These activities take ‚legislative‘ and ‚judicial‘ forms, but they are exercises of … ‚executive power‘“.

33 So grundlegend *Möllers*, Gewaltengliederung, 94 ff.: „Judikative: individualisierend, retrospektiv, rechtlich determiniert“, „Legislative: verallgemeinernd, zukunftsbezogen, offen“, „Exekutive: Vermittlung durch stufenweise Konkretisierung“.

34 Ähnlich *Freedman*, Crisis and Legitimacy, 15 ff. und 260 f.

35 *Breyer/Stewart*, 87 ff.; *Hickman/Pierce*, 121 ff.

bisher kritische Stimmen, die eine präzisere Fassung der „nondelegation" Doktrin immer wieder einmal anmahnten[36].

a) Jüngste Tendenzen: *Gundy v. United States*

20 Mit dem Urteil vom 20. Juni 2019 *Gundy v. United States* sind diese Auseinandersetzungen in eine neue Phase getreten:[37] Nur die vier der „liberalen" Richtung zuzurechnenden Mitglieder des Gerichts wollten an der bisherigen Linie aus Überzeugung und aus Gründen der Rechtskontinuität festhalten.[38] Ihr Votum lässt sich zwar mit der Auslegung und Anwendung der einschlägigen einfachrechtlichen Vorschriften immerhin vertretbar begründen, bleibt aber in der verfassungsrechtlichen Argumentation blass:[39] die Verfassung versage dem Kongress nicht die erforderliche „flexibility and practicality", um seine Funktionen erfüllen zu können; es sei nicht Aufgabe der Gerichte, die damit verbundenen Entscheidungen des Kongresses im Nachhinein kritisch zu hinterfragen.

21 Das dissentierende Votum von Richter Gorsuch hebt zunächst die Bedeutung hervor, die die Verfassungsgeber ihrer Entscheidung beimaßen, die legislative Gewalt dem Kongress anzuvertrauen: es ging ihnen um Freiheitsschutz und um die Gewährleistung eines deliberativen Verfahrens, in dem Repräsentantenhaus und Senat zusammenwirken müssen.[40] Vor diesem Hintergrund war die Delegation von Rechtsetzungsbefugnissen zwar nicht schlechthin ausgeschlossen, aber auf die Regelung von Einzelheiten („to fill up the details") und auf Fälle begrenzt, in denen die Anwendung einer gesetzlichen Vorschrift darauf angewiesen ist, dass noch bestimmte Tatsachen von den Behörden festgestellt werden.[41]

Sodann setzt sich Richter Gorsuch mit der Entwicklung der Judikatur auseinander und schildert, wie der „intelligible principle" Test nach und nach zu einer Formel mutierte, die dem weichen Umgang mit Delegationsvor-

---

36 Dazu die Nachweise bei *Pierce,* Process, § 3.4.4.

37 588 U.S. __ (2019).

38 Die Richterinnen Kagan, Ginsburg und Sotomayor sowie Richter Breyer.

39 So Kagan, J. 588 U.S. __ (2019) (slip op. at 5 und 18): „we have almost never felt qualified to second-guess Congress regarding the permissible degree of policy judgment that can be left to those executing or applying the law" (Scalia, J. zitierend).

40 588 U.S. __ (2019)(slip op. at 7): „bulwark of liberty", „promote deliberation".

41 Ebd. slip op. at 10–12.

schriften den Weg ebnete. Er erinnert daran, dass der Supreme Court in anderen Zusammenhängen und unter anderen Bezeichnungen durchaus Bestimmtheitsanforderungen an den Gesetzgeber stellt.[42] Auf eine solche Linie möchte er die Rechtsprechung auch in Fragen der „nondelegation doctrine" zurückgeführt wissen. Chief Justice Roberts und Richter Thomas haben sich diesem Votum angeschlossen. Richter Kavanaugh nahm an der Urteilsfindung nicht teil. Richter Alito trug im vorliegenden Fall zwar das Votum der vier liberalen Richter mit, machte aber für künftige Fälle einen deutlichen Vorbehalt.[43] Eine Revision der bisherigen Praxis könnte damit in greifbare Nähe gerückt sein.

b) Befürchtungen und Hoffnungen

Bei den Verteidigern des „administrative state" stößt eine solche Entwicklung verständlicherweise auf große Vorbehalte. Gerade „broad delegations" gelten als eines der wichtigsten Merkmale des „administrative state": „In the end, however, the most important point is that the phenomenon of delegation represents such a fundamental and necessary feature of contemporary government that it is mandatory in practice".[44] Ein Kurswechsel könnte mit zwei Gefahren verbunden sein: einer Überforderung parlamentarischer Regelungsmöglichkeiten und einer Überforderung des politischen Systems in seinem derzeitigen Zustand. 22

Die These, der Kongress sei, um einen Sachbereich funktional sinnvoll regeln zu können, darauf angewiesen, sich auf weit gefasste Tatbestände zurückzuziehen, erscheint angesichts komplexer ökonomischer, ökologischer oder sozialer Regulierungsaufgaben zwar nicht von der Hand zu weisen. Sie wird aber von der Praxis der amerikanischen Verwaltungsgesetzgebung so nicht bestätigt.[45] Es wird keineswegs immer nur mit breiten Pinselstrichen gemalt. Viele Gesetze sind außerordentlich detailliert. Der Regelungs- 23

---

42 Ebd. slip op. at 20–22: so die „vagueness" Judikatur und die „ major question" Doktrin, eine Art Wesentlichkeitslehre, derzufolge der Exekutive keine Fragen „of deep economic or political significance, that is central to the statutory scheme" zu überlassen sind; unter Bezugnahme auf 576 U.S. __ (2015)(slip op. at 8) *King v. Burwell.*

43 588 U.S. __ (2019)(slip op. at 1): „If a majority of this Court were willing to reconsider the approach we have taken for 84 years, I would support that effort".

44 So *Metzger* (Fn. 10), 131 Harv. L. Rev. 1, 87 ff., 91 (2017).

45 Dazu → 2/54–60 (zu Tatbeständen des CAA und des INA); auch *Möllers*, Gewaltengliederung, 169 Fn. 157.

gegenstand wird nicht nur umrisshaft erfasst und dann an die Exekutive weiterverwiesen, sondern genau durchgearbeitet. Das zeigt sich u.a. an den vielen Definitionen, auf die besonderer Wert gelegt wird. Im Übrigen haben die Standards der Praxis in der Entwicklungsgeschichte geschwankt: Weite Ermächtigungen waren ein Kennzeichen des New Deal. Die Rights Revolution hat diese Linie nicht fortgesetzt. An *regelungstechnischen* Schwierigkeiten müsste eine Verschärfung der nondelegation Maßstäbe daher nicht scheitern.

24 Gravierender ist die Sorge, unter den derzeitigen Umständen, in denen sich die Häuser des Kongresses und die Parteien seit Jahren immer wieder gegenseitig blockieren, komme es zu einem Stillstand notwendiger Regulierungsaufgaben. Geargwöhnt wird, dass dieses überhaupt das eigentliche Ziel mancher Befürworter einer schärferen Linie sei. Sind nicht „broad delegations“ (auch als „Formelkompromisse“) einer solchen Lähmung vorzuziehen, weil sie es der Exekutive ermöglichen, wenigstens einen Teil der Entscheidungen zu treffen, die auf der Ebene der Gesetzgebung aus politischem Unvermögen nicht getroffen werden können? Zweifelhaft ist jedoch, ob der Exekutive damit nicht eine Verantwortungslast zugewiesen wird, die sie unbeschadet ihrer eigenständigen Legitimation dauerhaft nicht tragen kann. Eine Reihe dysfunktionaler Konsequenzen der bisherigen Judikatur ist nicht zu übersehen: sie ermöglichte den Mitgliedern des Kongresses die Flucht aus der Verantwortung,[46] und sie begünstigte Versuche einzelner Kongressabgeordneter, ihre Interessen lieber im direkten Kontakt mit einer „agency“ durchzusetzen, als sich den sehr viel komplizierteren Bedingungen kollektiver Willensbildung im Kongress zu unterziehen.[47] Inwieweit eine Verschärfung der Delegationsjudikatur solchen Fehlentwicklungen wirklich entgegenwirken würde oder aber in der gegenwärtigen Situation die Delegitimierung staatlichen Entscheidens noch weiter vorantreiben würde, bleibt eine offene Frage.

---

46 Vgl. *Massey*, Constitutional Law, 440: „They can claim the benefits of legislation (e.g. clean air) while foisting onto bureaucrats the responsibility of the burdens“.

47 *N. Rao*, Administrative Collusion: How Delegation diminishes the Collective Congress, 90 N. U. Y. L. Rev. 1463, 1477, 1505 f. (2015): „Delegations thus erode one of the primary mechanisms for controlling the government by undermining the structural rivalry between members of Congress and the executive“.

2. „Independent agencies“ und „unitary executive“

Als eine typische Bauform des „administrative state“ gelten unabhängige Behörden, insbesondere die kollegial geführten „independent regulatory commissions“ (2/11 ff.).[48] Für den Kongress kann es attraktiv sein, bestimmte Verwaltungsaufgaben nicht den „departments“, sondern besonderen Einheiten zuzuweisen, die durch ihre kollegiale Leitung einen parteiübergreifenden politischen Kurs gewährleisten können. Die Abkoppelung entzieht diese Behörden und das von ihnen betreute Sachgebiet bis zu einem gewissen Grade dem Einfluss des Präsidenten und damit auch manchen Schwankungen der Politik. Die oft mit Sorge beobachtete Machtkonzentration, die amerikanische Präsidenten in den letzten Jahrzehnten erreicht haben, kann in der Institution unabhängiger Behörden immerhin ein gewisses Gegengewicht finden.[49] 25

Auf der anderen Seite sind Probleme dieser Einrichtung nicht zu übersehen. Verfassungsrechtlich stehen unabhängige Behörden nicht außerhalb der Gewaltengliederung.[50] Auch auf sie bezieht sich die Verantwortung des Präsidenten, dafür Sorge zu tragen, dass die Gesetze ordnungsgemäß ausgeführt werden. Zwischen einem *Untermaß* an Kontrolle, das die „Vesting“ Klausel und die „Take Care“ Klausel (Art. II sect. 1 und 3 U.S.-Verf.) beeinträchtigt, und einem *Übermaß* an Steuerung, das der Idee einer gewaltenteilenden Balancierung zuwiderläuft, liegt nur ein schmaler Grat. 26

Folglich gibt es über das Ausmaß der Auskoppelung („insulation“) immer wieder Auseinandersetzungen. Die politischen Präferenzen in der Literatur sind nicht ganz eindeutig verteilt. In der Grundlinie neigen Verteidiger des „administrative state“ dazu, der behördlichen Unabhängigkeit besondere Bedeutung beizumessen, während eher konservativ eingestellte Autoren eine starke Stellung des Präsidenten und die Einheit der Verwaltung („unitary executive“) für geboten halten (→ 2/25–26). Es finden sich jedoch auch unter den Verteidigern des „administrative state“ Stimmen, die in diesem Punkte die Kontrollmöglichkeiten des Präsidenten gestärkt wis- 27

---

48 Zu den unterschiedlichen Formen von Distanz, unter denen die „independent regulatory commissions“ nur *eine* Form sind, systematisch *Strauss*, Justice, 171 ff.; *Ruffert*, Law of Administrative Organization of the EU, 120 ff.

49 Schilderungen dieser Konzentration u.a. bei *B. Ackerman*, The Decline and Fall of the American Republic, 2010, → vgl.1/48; mit anderer Akzentsetzung auch *Emerson*, The Public's Law, 184: agencies weder als Instrumente des Präsidenten noch des Kongresses, sondern “as agents of the people“, → 1/56.

50 *Strauss*, Justice, 35 und 178 ff.

sen wollen.[51] Die Rechtsprechung des Supreme Court hat in der Vergangenheit geschwankt. In jüngerer Zeit hat das Bemühen, die Gesamtverantwortung des Präsidenten zu betonen, (erneut) an Boden gewonnen.

a) Das Urteil *Free Enterprise Fund*

28 Ausdruck dieser Entwicklung ist die Entscheidung *Free Enterprise Fund v. Public Company Accountability Oversight Board*.[52] Der Fall betraf ein 2002 gesetzlich geschaffenes Gremium, das bei der SEC angesiedelt ist und weitreichende Kompetenzen bei der Aufsicht über Wirtschaftsprüfungsunternehmen hat.[53] Die fünf Mitglieder des PCAOB werden auf fünf Jahre bestellt und können von der SEC nur bei Vorliegen eines wichtigen Grundes entlassen werden. Die Mehrheit des Supreme Court ging davon aus, dass schon die Kommissionsmitglieder der kollegial geleiteten SEC nur aus wichtigem Grunde entlassen werden könnten, und sah in der doppelten Abschottung der PCAOB-Mitglieder gegenüber Entlassungen durch den Präsidenten („dual for-cause limitation“) eine Verletzung der dem Präsidenten verfassungsrechtlich zugewiesenen Zuständigkeiten.[54]

29 Der differenzierenden Argumentation des von Justice Breyer formulierten Minderheitsvotums konnte die Mehrheit nichts abgewinnen. Dieses Votum wollte nicht allein auf die verfassungsrechtlichen Kompetenzen des Präsidenten abstellen, sondern sah die Problematik im Schnittpunkt zweier Prinzipien:[55] der „Necessary and Proper“ Klausel (Art. I sect. 8 cl. 18 U.S.-Verf.), die dem Kongress Befugnisse zur Gestaltung des Gesetzesvollzuges einräumt, und der „Vesting“ Klausel (Art. II sect. 1 U.S.-Verf.); keine dieser beiden Bestimmungen determiniere die Fragen der Entlassung absolut; vielmehr seien auch die Komplexität der heutigen Verwaltungsaufgaben

---

51 Vgl. *L. Lessing/C. Sunstein*, The President and the Administration, 94 Colum. L. Rev. 1 (1994); *E. Kagan*, Presidential Administration, 114 Harv. L. Rev. 2246, 2327 ff. (2001).

52 561 U.S. 477 (2010) *Free Enterprise Fund v. PCAOB*; dazu *Breyer/Stewart*, 145: „The big idea underlying the majority opinion in PCAOB is accountability“; *Strauss*, Justice, 38 ff. und 140.

53 Grundlage ist der Sarbanes Oxley Act von 2002 (Pub. L. No. 107–204) §§ 101–109.

54 561 U.S. 477, 492 (2010): „The result is a Board that is not accountable to the President, and a President who is not responsible for the Board“.

55 561 U.S. 477, 514–532 (2010) Breyer, J. diss., dem Richter Stevens und die Richterinnen Ginsburg und Sotomayor folgten.

und die Vielfalt der Organisationsformen in Rechnung zu stellen („functional approach").

Die Mehrheit sah in diesem Zugang „[a] paean to the administrative state" 30
und beharrte auf dem Text des Art. II sect. 1 U.S.-Verf. und den Beratungen, die dazu im First Congress stattgefunden hatten:[56] Im Lichte der „Decision of 1789" erscheint die Entlassungsbefugnis des Präsidenten der Grundtatbestand, den der Kongress nur ausnahmsweise und ohne sie substantiell zu verkürzen einschränken darf.[57] Damit stellt *Free Enterprise Fund* zwar nicht das Institut unabhängiger Behörden als solches in Frage. Aber die Gestalt und das Ausmaß von Unabhängigkeit müssen künftig u. U. mit schärferer gerichtlicher Kontrolle rechnen.[58]

b) Der Streit um das „Consumer Financial Protection Bureau"

Die veränderte Gewichtsverteilung innerhalb des Supreme Court könnte 31
dieser Tendenz weiteren Vorschub leisten. Anlass dazu bieten die derzeitigen Auseinandersetzungen um das unter Präsident Obama geschaffene *Consumer Financial Protection Bureau*.[59] Das CFPB ist eine unabhängige Einrichtung innerhalb des Federal Reserve System mit weitreichenden investigativen, sanktionierenden und rechtsetzenden Befugnissen. Es erhält seine Haushaltsmittel aus dem FRS, und es wird anders als „independent regulatory commissions" nicht kollegial, sondern monokratisch geleitet. Umstritten ist, ob der Kongress das CFPB mit diesen Regelungen zu stark verselbständigt hat, insbesondere, ob er das Entlassungsrecht des Präsidenten auch bei einer monokratischen Spitze auf „for cause" Fälle hat beschränken dürfen.

---

56 So Chief Justice Roberts ebd., 483–484, 492–499 für die Mehrheit (Scalia, Kennedy, Thomas und Alito).

57 Zu dieser „Decision" ausf. *Roßbach*, Personalverfassungsrecht, Teil 5 unter A (S. 405 ff.).

58 561 U.S. 477, 498 (2010): „No one doubts Congress's power to create a vast and varied federal bureaucracy. But where, in all this, is the role for oversight by an elected President?".

59 Grundlage ist der Dodd-Frank Wallstreet Reform Act von 2010 (Publ. L. No 111–203) Title X §§ 1011 ff. Der Idee, eine unabhängige Einrichtung zu schaffen, ging auf einen Vorschlag von Elizabeth Warren aus dem Jahr 2007 zurück.

32 Der Court of Appeals (D.C. Circuit) hat die Verfassungsmäßigkeit der Regelung 2018 in der Entscheidung *PHH v. CFPB* mehrheitlich bejaht:[60] Die Richter sahen in der Abfolge der Präzedenzfälle von *Myers* bis *Free Enterprise Fund* eine im Wesentlichen einheitliche Linie, die es dem Kongress gestatte, unterschiedliche Arten behördlicher Unabhängigkeit zu schaffen; weder die haushaltsrechtliche Stellung noch der Entlassungsschutz des Leiters machten es dem Präsidenten unmöglich, seine Aufsichtsbefugnisse über „core executive functions“ auszuüben.

Es gab jedoch dissentierende Voten, u.a. von Richter Kavanaugh, der den freiheitssichernden Zweck klar getrennter Gewalten und die Verantwortung des Präsidenten für die Exekutive betont. Unabhängige Behörden erscheinen ihm als „headless fourth branch“, die der Freiheit gefährlich werden können; um dieser Gefahr entgegenzuwirken, sei für sie bisher stets eine kollegiale Führung vorgesehen worden. Vor diesem Hintergrund hält er die Leitungsstruktur des CFPB für verfassungswidrig, weil sie einen präzedenzlosen Eingriff in die Kompetenzen des Präsidenten und eine Gefährdung der Freiheit darstelle.[61]

33 Zwar ist das Urteil *PHH v. CFPB* rechtskräftig geworden. Aber im Parallelfall *Seila Law LLC v. CFPB* wurde gegen ein dem D.C. Circuit folgendes Urteil des Court of Appeals (9th Circuit) „petition for certiorari“ gestellt, der im Oktober 2019 entsprochen wurde. Das Urteil des Supreme Court vom 29. Juni 2020 zeigt die Frontlinien innerhalb des Gerichts zwar in verschränkter Weise, insgesamt aber deutlich:[62] Chief Justice Roberts verfolgt mit seinem Mehrheitsvotum eine restriktive, aber letztlich doch vermittelnde Linie: Dem Bemühen der liberalen Richter, dem Kongress bei Organisationsentscheidungen unter Rückgriff auf die „Necessary and Proper“ Klausel eine größere Gestaltungsfreiheit zuzuerkennen, wird zwar (wie schon in *Free Enterprise Fund*) eine Absage erteilt. Ebenso wird aber auch die große Abrechnung mit dem Institut der unabhängigen Behörden vermieden.[63] Es bleibt bei dem in *Humphrey's Executor* vorgezeichneten Modell, demzufolge Eingriffe in die Kompetenz des Präsidenten, die leitenden

60 881 F.3d 75 (2018) 5–68.

61 Ebd. 241 (68). Vom Mehrheitsvotum abweichend, sieht Kavanaugh auch Unterschiede zwischen den Urteilen *Humphrey's Executor* und *Free Enterprise Fund v. PCAOB* ebd., 61 Fn 18; die richtungsweisenden Aussagen enthält für ihn das letztere.

62 591 U.S.__(2020) *Seila Law LLC v. CFPB.*

63 Im Sinne einer solchen Abrechnung 591 U.S.__(2020), Thomas, J. conc. *Seila Law LLC v. CFPB* (slip op. at 2–10: „Free-floating agencies simply do not comport

Beamten nach politischen Präferenzen zu entlassen, als Ausnahmen zu verstehen sind. Die monokratische Führung des CFPB wird als verfassungswidrig angesehen, weil sie sich nicht unter die bisherigen Ausnahmen fassen lasse, sondern ohne Vorbild sei und zudem dem Anliegen der Verfassung widerspreche, Machtbefugnisse möglichst zu verteilen. Gegen die sonstige Aufgaben- und Entscheidungsstruktur des CFPB hat der Supreme Court aber erkennbar keine Bedenken. Ausdrücklich hervorgehoben wird, dass der Kongress das Bureau mit einer kollegialen Führung ausstatten könnte.[64] Praktisch ist damit angedeutet, dass die in *Humphrey's Executor* umrissene Ausnahme doch nicht so eng auszulegen ist; denn das CFPB hat unbestreitbar Exekutivfunktionen, die im ursprünglichen Sinne nicht von der Ausnahme erfasst sein sollten (→ 2/19). Als eine Bedrohung für das Konzept einer vielgestaltigen Organisation der Bundesverwaltung, wie es zum „administrative state" gehört, kann *Seila Law LLC v. CFPB* nach alledem nicht gelesen werden. Ob sich die vermittelnde Position von Chief Justice Roberts allerdings dauerhaft halten wird, ist nicht abzusehen.

3. Behördliche Praxis und richterliche Zurückhaltung („deference")

Das dritte Feld, auf dem das überkommene Konzept des „administrative state" sich Anzweifelungen und Veränderungen gegenübersieht, ist die Frage der gerichtlichen Kontrolldichte. Richterliche Zurückhaltung gegenüber der administrativen Auslegung und Anwendung des einschlägigen Rechts gilt als eine notwendige Voraussetzung dafür, dass Behörden ihre weitgesteckten Regulierungsaufgaben wirksam erfüllen können.[65] Zwei Doktrinen vor allem sollen das absichern: „Auer" (a) und „Chevron" (b). Beide können heute jedoch nicht mehr mit der ihnen früher zuerkannten breiten Akzeptanz rechnen. 34

---

with the constitutional structure"), dem sich Richter Gorsuch angeschlossen hat; dessen ungeachtet gehören beide Richter zu der das Urteil tragenden Mehrheit.

64 591 U.S.__(2020) Roberts, C.J. für die Mehrheit (slip op. at. 36) *Seila Law LLC v. CFPB.*

65 Vgl. *Metzger* (Fn. 10), 131 Harv. L. Rev. 1, 3–5, 38 ff. (2017).

a) „*Auer* deference“

35 „*Auer* deference“ betrifft die Frage, inwieweit die Gerichte eine Behörde bei der Auslegung der von ihr erlassenen Rechtsvorschriften kontrollieren dürfen (→ 4/112). Die überkommene Judikatur verfuhr hier sehr zurückhaltend und akzeptierte jede behördliche Interpretation bis an die Grenze krasser Fehlentscheidungen. Die Begründung dafür, jede Behörde müsse am besten wissen, was sie mit ihren Regelungen gemeint habe, stand freilich stets auf schwachen Füßen. Sie verkannte die hohe Bedeutung, die dem „rulemaking“ und den „rules“ im amerikanischen Verwaltungsrecht zukommt. Gerade wenn Behörden ermächtigt und verpflichtet sind, den ihnen zugewiesenen Aufgabenbereich im Rahmen der Gesetze durch eigene Vorschriften weiter zu konkretisieren, kann die Einhaltung der selbstgesetzten Maßstäbe nicht weitgehend kontrollfrei bleiben.

36 Diese Schwäche der überkommenen Doktrin hat die (liberale) Richtermehrheit in *Kisor v. Wilkie* richtig erkannt und die Kontrollmaßstäbe deutlich verschärft.[66] Auch das untergesetzliche Recht der „regulations“ ist Recht, an dessen Auslegung die Gerichte in wesentlichen Punkten beteiligt sein müssen. Das jetzt vorgesehene Prüfungsraster mit seiner Abfolge mehrerer Tests gewährleistet das. Damit dürfte eine Linie gefunden sein, die dem weitergehenden Vorhaben von Justice Gorsuch, *Auer* ganz zu verabschieden, den Wind aus den Segeln nimmt. Sie ist pragmatisch und verliert auch die Interessen der Verwaltung nicht aus dem Blick, wenn diese wirklich durch besonderen Sachverstand legitimiert sind.

b) „*Chevron* deference“

37 Schwieriger einzuordnen sind die Auseinandersetzungen um „Chevron“ (→ 4/124–135). Hier geht es zentral um die Steuerungsleistungen des Gesetzgebers und um den Bewegungsspielraum, den die zuständigen Behörden bei ihrer Interpretation der gesetzlichen Vorgaben haben sollen (→ 2/67–68). Darin eingeschlossen ist auch die Frage der Änderung einer bisherigen Auslegungspraxis. Gerade die Möglichkeit der Interpretationsänderung gilt als ein wichtiges Mittel, um der Verwaltung das schnelle Einstellen auf neue Lagen und damit eine aktive Politik zu ermöglichen. Wie kein anderes Urteil des Supreme Court gilt *Chevron* daher als ein Grund-

---

66 588 U.S. __ (2019) Kagan, J. für die Mehrheit (slip op at. 11–19).

element im Konzept des „administrative state". Gerade gegen diese Entscheidung richten sich daher die Angriffe der Gegner.[67] Sie werden meistens von konservativer Seite geführt. Ganz eindeutig sind die politischen Frontlinien aber nicht.[68]

Die Gegnerschaft, mit der *Chevron* im Supreme Court selbst schon seit einiger Zeit konfrontiert ist, hat in jüngster Zeit zugenommen (→ 4/134–135). Wie es weitergehen wird, ist im Augenblick offen. Als Präzedenzentscheidung genießt *Chevron* nach Maßgabe der „stare decisis" Doktrin des amerikanischen Prozessrechts einen erheblichen Schutz gegenüber einer Totalverabschiedung („overruling").[69] Die Intensität, mit der sich der Supreme Court selbst an diese Regeln hält, bestimmt allerdings nur er. Seine jüngsten Entscheidungen sind nicht eindeutig, wie streng er die Anforderungen handhaben will.[70] Ein „overruling" erscheint nicht ausgeschlossen. 38

Wahrscheinlicher dürfte es aber sein, dass der Supreme Court *Chevron* deference nicht vollständig aufgibt, sondern weiter einschränkt. Diesen Weg ist er in Fragen, die nicht das Prüfungsraster, sondern den Anwendungsbereich von *Chevron* betreffen, in zwei jüngeren Entscheidungen gegangen.[71] Denkbar wäre es, künftig eine Reduktion der gerichtlichen Kontrolldichte 39

---

67 *Ph. Hamburger*, Chevron Bias, 84 Geo. Wash. L. Rev. 1187 (2016); weit. Nachw. bei *Metzger* (Fn. 10), 131 Harv. L. Rev. 1, 32 (2017).

68 Eine schon etwas ältere Statistik zur Anwendungspraxis zeigt, dass liberale Richter *Chevron* vorzugsweise gegenüber Entscheidungen der ihnen politisch nahestehenden Regierungen anwenden, aber auch konservative Richter auf die Doktrin zurückgreifen, um Akte der ihnen nahestehenden Regierungen gegen eine intensive gerichtliche Kontrolle zu immunisieren. Vgl. die Angaben bei *C. Sunstein*, Beyond Marbury: The Executive's Power To Say What the Law Is, 115 Yale L. J. 2580, 2600 f. (2006); ähnlich *Metzger* (Fn. 10), 131 Harv. L. Rev. 1, 33 f. (2017).

69 Zu dieser Doktrin *Kischel*, Rechtsvergleichung, § 5 Rn. 21 ff.

70 In 587 U.S. __(2019)(slip op. at 169) *Franchise Tax Board of California v. Hyatt* heißt es, stare decisis sei „not an inexorable command". In 588 U.S. __ (2019) (slip op at. 26) wird dagegen an die ältere Formulierung erinnert, derzufolge die Bindung an Präzedenzfälle „a foundation stone of the rule of law" sei. In 590 U.S. __(2020) *Ramos v. Louisiana* wird erneut mehrfach die „not an inexorable command" Formel benutzt, und es werden Kriterien für das „overruling" benannt (vgl. bes. Kavanaugh J. conc slip op. at 7–9). Nach welchen Maßstäben die Kriterien anzuwenden sind, lässt sich der Entscheidung aber wegen der zahlreichen Sondervoten, die nicht der üblichen politischen Trennlinie innerhalb des Gerichts folgen, nicht entnehmen.

71 576 U.S. (2015)(slip op. At 8) *King v. Burwell* (Chevron deference greift nicht bei „questions of deep economic and political significance") und 587 U.S.__(2019) (slip op. at 14) *Smith v. Berryhill* (nicht bei Rechtsschutzregelungen).

nur noch dort anzuerkennen, wo der Kongress eine Behörde explizit zur Letztentscheidung ermächtigt oder wenigstens Begriffe („reasonable", „appropriate", „feasible") benutzt hat, die die Notwendigkeit einer politisch abwägenden Auslegung auf der Stirn tragen.[72] Was den zweistufigen Test betrifft, so könnten die Instanzgerichte verpflichtet werden, sich mit dem einschlägigen Gesetzesrecht sehr viel gründlicher selbst auseinanderzusetzen, statt eine Bestimmung vorschnell als „ambiguous" einzustufen und damit die weitere Konkretisierung der Verwaltung zu überlassen.

40 Die praktische Bedeutung einer (möglichen) Korrektur an *Chevron* wird in der Literatur unterschiedlich eingeschätzt.[73] Der Verwaltungsrechtsschutz der USA kennt noch andere Formen nur reduzierter gerichtlicher Kontrolle, etwa den „*Skidmore* respect" (→ 3/63). In den Einzelfolgen wäre eine Kurskorrektur bei *Chevron* daher wahrscheinlich nicht so gravierend, wie man es angesichts der vielen Zitationen der Entscheidung erwarten sollte. Aber für das Konzept des amerikanischen „administrative state" als solches wären nachhaltige Abstriche mit einem herben Verlust an Ansehen verbunden.[74]

Zweiter Abschnitt Das Konzept des „Administrative State" und seine Kritik in der Außenperspektive des deutschen Verwaltungsrechts

A. Die Frage nach dem „Verwaltungsstaat" in Deutschland

41 Eine ähnlich intensive und langwährende Diskussion um den „Verwaltungsstaat" und seine Legitimität gibt es in Deutschland nicht. Schon der Begriff ist wenig gebräuchlich.[75] Die Auseinandersetzungen um den „Poli-

---

72 Dazu *B.M. Kavanaugh*, Bookreview: Fixing Statutory Interpretation, in: 129 Harv. L. Rev. 2118, 2153 (2016).

73 Vgl. *P. D. Warren*, The Impact of Weakening Chevron Deference on Environmental Deregulation, 118 Colum. L. Rev. 62 (2018).

74 *Metzger* (Fn. 10), 131 Harv. L. Rev. 1, 49 und 93 (2017): „judicial deference, increasingly the flashpoint for anti-administrativist attacks".

75 Zum Begriff „Verwaltungsstaat" vgl. *S. Cassese*, Die Entfaltung des Verwaltungsstaates in Europa, in: IPE III, § 41 Rn. 2 mit Fn. 4; *Schuppert*, Verwaltungswissenschaft, 51 ff. („Verwaltungsstaat – bürokratischer Staat – Beamtenstaat") unter Bezugnahme auf BVerfGE 39, 334 (347); in diesem Sinne auch *Morstein Marx*, Einführung in die Bürokratie pass.

zeistaat“ und seine rechtsstaatliche Metamorphose, in *Otto Mayers* Werk rechtsdogmatisch auf den Punkt gebracht,[76] liegen lange zurück.[77] Die liberalen Bestrebungen des 19. Jahrhunderts waren immer nur die *eine* Seite, der eine Verwaltungsrealität gegenüberstand, die sich keineswegs auf Aufgaben allein der Gefahrenabwehr beschränkte. Engräumigkeit und Besiedlungsdichte machten die Notwendigkeit administrativer Aufsicht und Planung unmittelbar einsichtig.[78]

I. Verwaltung – Faktum und Kontinuum

Auch nach 1945 waren der Zuschnitt und die Aufgaben der Verwaltung weitgehend unstreitig. Diskreditiert waren wegen ihrer an den Tag gelegten Gefügigkeit gegenüber den nationalsozialistischen Machthabern große Teile des Verwaltungspersonals, nicht aber die Verwaltung und ihre Legitimität als solche. Der Wiederaufbau vollzog sich zunächst administrativ von den unteren Verwaltungsebenen her. Das Grundgesetz konnte an die traditionelle föderale Verwaltungsstruktur mit ihrem Schwerpunkt auf der Landes- und Kommunalebene anknüpfen. Es traf auf Drängen der Militärgouverneure zusätzliche Vorkehrungen gegen Zentralisierungstendenzen und stärkte die Grundrechtsbindung aller staatlichen Gewalt. Mit seiner Option für einen „sozialen Rechtsstaat“ ließ es jedoch keinen Zweifel an einer starken administrativen Komponente des Gemeinwesens. Die über Jahrhunderte entwickelten administrativen Strukturen wurden als vorgegebenes Faktum genommen. 42

Die verwaltungsrechtliche Literatur erkannte das in ihrer ganz überwiegenden Mehrheit als Grundtatbestand an und konzentrierte sich – häufig an die in der Tradition Otto Mayers entwickelten Lehren anknüpfend – auf die rechtsstaatliche Ordnung des Verwaltungsgeschehens, vor allem durch die genauere Entfaltung der Rechtsformenlehre, der subjektiven Rechte und des gerichtlichen Verwaltungsrechtsschutzes.[79] Die Formel „Verwaltungsrecht als konkretisiertes Verfassungsrecht“ richtete das Verwaltungs- 43

---

76 *Mayer*, Deutsches Verwaltungsrecht, Bd. 1, 38 ff. und 54 ff.

77 Vgl. nur *Stolleis*, Entwicklungsstufen der Verwaltungsrechtswissenschaft, in: GVwR I, § 2 Rn. 9 ff.

78 Das lässt sich etwa an der Entwicklung des öffentlichen Baurechts gut belegen; dazu *Schmidt-Aßmann*, Grundfragen des Städtebaurechts, 1972, 16 ff.

79 *Stolleis* (Fn. 77), in: GVwR I, § 2 Rn. 106 ff.

recht an der Verfassung aus, aber sie spielte nicht die Verwaltung gegen die Verfassung aus.

II. Erkenntnisse der Bürokratiekritik

44 Das heißt wiederum nicht, dass es nicht auch in Deutschland immer wieder Diskussionen um den richtigen Zuschnitt der Verwaltung, um den Umfang ihrer Aufgaben und um die Instrumente der Aufgabenerfüllung gegeben hätte und gibt: Gebiets- und Funktionalreformen, Verwaltungsvereinfachung, Deregulierungs- und Privatisierungsaktionen, gegen „Normenflut“ und für eine „bürgernahe Verwaltung“. Mit *Pascale Cancik* lassen sich diese unterschiedlichen Erscheinungen und Entwicklungen am ehesten unter dem Begriff der „Bürokratiekritik“ zusammenfassen.[80]

Die in das 19. Jahrhundert zurückreichenden Auseinandersetzungen mit dem Phänomen der Bürokratie zeigen in ihrer Grundlinie „das labile Verhältnis von Analyse, Kritik und Ressentiment“.[81] Neben fundamental-kritischen, oft kulturpessimistisch grundierten Äußerungen, die ein tief sitzendes Unbehagen an einer „verwalteten Welt“ ausdrücken wollen, stehen analytisch-beschreibende Beiträge, die Bürokratie als eine Verbindung bestimmter Verhaltensmuster und Rationalitätskriterien verstehen, ihre Vorzüge und Nachteile abhandeln und gegebenenfalls konkrete Reformvorschläge machen.[82]

1. „Rechtsstaatlichkeit versus Sozialstaatlichkeit“

45 Für eine juristisch gefasste Fundamentalkritik repräsentativ ist der Streit um das Verhältnis des Sozialstaatsprinzips zum Rechtsstaatsprinzip.[83] In diesen mit verfassungsrechtlichen und dogmengeschichtlichen Argumenten geführten Auseinandersetzungen, für die *Ernst Forsthoff* und sein Refe-

80 Vgl. nur *Pascal Cancik*, Zuviel Staat? – Die Institutionalisierung der „Bürokratie“-Kritik im 20. Jahrhundert, in: Der Staat 56, 2017, 1 ff.

81 *Cancik*, ebd., 6.

82 Nachweise bei *Cancik*, ebd., 8 f. und 30 f.

83 Zum Folgenden *Stolleis*, Geschichte des öffentlichen Rechts IV, 279 ff.; *Meinel*, Der Jurist in der industriellen Gesellschaft, 355 ff.

rat auf der Bonner Staatsrechtslehrertagung von 1953 stehen,[84] verbanden sich Zweifel an der Leistungsfähigkeit der überkommenen Rechtsformen staatlichen Handelns mit fundamentalen Einwänden gegen einen überbordenden Aufgabenbestand sozialer Verwaltung.[85] Aufgabenkritik und Aufgabenerfüllungskritik gehen ineinander über und werden – ganz ähnlich wie bei den Gegnern des „administrative state" in den USA – mit Verfassungsvorstellungen konfrontiert, die historisch anknüpfen wollen, letztlich aber ahistorische Konstrukte sind.[86] Zur Verfassung des konstitutionellen Staates heißt es: „In einer solchen Verfassung haben nun Rechte auf positive Leistungen des Staates keinen Platz, sie denaturieren die Verfassung".[87]

Forsthoff anerkennt zwar, dass Rechtsstaat *und* Sozialstaat im Grundgesetz festgeschrieben sind.[88] Er hält aber eine Verschmelzung beider für unmöglich, weil der rechtsstaatlichen Verfassung *strukturell* bestimmte Grenzen gesetzt seien. Hier werden diejenigen Elemente genannt, die auch in der amerikanischen Diskussion eine zentrale Rolle spielen: Gewaltenteilung, Gesetzesbegriff, Verfassungs- und Gesetzesvollzug.[89] Manche der Formulierungen könnten sich sogar ähnlich in Schriften der Vertreter der „Constitution in Exile" finden: das Staatsideal eines Staates, dessen Verfassung Leistungsrechte verbürge, sei „nicht das eines freiheitlichen, sondern eines sozialistischen Staates".[90] Auch der Begriff des „administrative state" trifft auf einen Verwandten: „Radikale Sozialstaatlichkeit endet zwangsläufig bei einem Verwaltungsstaat, der nicht mehr Rechtsstaat sein kann".[91] 46

84 *E. Forsthoff*, Begriff und Wesen des sozialen Rechtsstaates, in: VVDStRL 12, 1954, 8 ff. sowie die Beiträge in: E. Forsthoff (Hrsg.), Rechtsstaatlichkeit und Sozialstaatlichkeit, 1968.

85 Zu Verbindungen zwischen soziologischer und rechtswissenschaftlicher Sozialstaatskritik (Gehlen, Schelsky, Freyer, Forsthoff) vgl. *Cancik* (Fn. 80), in: Der Staat 56, 2017, 1, 13 mit Verweis auf *U. Volkmann*, Leitbilder des Sozialstaates, in: Boysen/Kaiser/Meinel (Hrsg.), Verfassung und Verteilung, 2015, 217, 227.

86 *F. Meinel*, Der Jurist in der Industriegesellschaft, 381: „Er [der Begriff der rechtsstaatlichen Verfassung E.S.] ist herausgelöst aus dem legitimierenden Begründungszusammenhang seiner aufklärerischen Genese, begriffslogisch verselbständigt, institutionell formalisiert und gegen jede gegenläufige Begründung abgeschottet". Zu historisch verzerrten Diskussionen in den USA → 1/45–47; 6/10-15.

87 *Forsthoff*, in: ders., Rechtsstaatlichkeit und Sozialstaatlichkeit, 8.

88 *Forsthoff* (Fn. 84), in: VVDStRL 12, 1954, 8 ff.

89 Ebd. 16 und 34 Leitsätze III und IV.

90 *Forsthoff*, in: ders., Rechtsstaatlichkeit und Sozialstaatlichkeit, 9.

91 *Forsthoff* (Fn. 84), in: VVDStRL 12, 1954, 8, 33.

47 Die in den 1950er Jahren geführten Auseinandersetzungen verloren jedoch schnell an Schärfe. Die soziale Dimension der Verfassung setzte in der juristischen Literatur vielmehr einen Adaptionsprozess in Gang, in dessen Verlauf es bald nicht mehr darum ging, den Bestand an Staatsaufgaben möglichst gering zu halten, sondern die Erfüllung dieser Ausgaben rechtsstaatlich in Form zu bringen.[92] Zu einer anhaltenden Grundlagenkritik, die die juristische Profession so spaltet, wie es der „administrative state“ in den USA tut, hat sich der Streit um das Verhältnis des Sozialstaates zum Rechtsstaat nicht entwickelt.

2. Juristisch-konkrete Bürokratiekritik

48 Trotzdem bleibt die Frage: Hatte allein *Forsthoff* die fundamentalen Verwerfungen, die der Aufgabenwandel des modernen Staates in die Verfassung hineinträgt, richtig erkannt? Das könnte allenfalls dann bejaht werden, wenn man die Verfassung „originalistisch“ interpretierte und (in deutscher Terminologie) den Konstitutionalismus des 19. Jahrhunderts (in einer eigenwilligen Wahrnehmung) zur maßstabsetzenden Norm erhöbe. Eine verantwortbare juristische Auslegungslehre, die die Zeitgebundenheit aller normativen Festlegungen in Rechnung stellt, lässt das jedoch nicht zu. Verfassungen eröffnen zwar vielfältige historische, philosophische und politische Kommunikationsprozesse. Aber in ihren rechtlich verbindlichen Aussagen können sie sich nicht von undeutlichen Rückbindungen, unbestimmten Anzweifelungen oder gefühlten Gefahren abhängig machen.

Interessant ist hier die Einschätzung von *Fritz Morstein Marx*, der als Jurist eigene Erfahrungen in der Bundesverwaltung der USA mit einer transatlantischen Perspektive verbinden konnte (→1/17). In seiner „Einführung in die Bürokratie“ – Titel der amerikanischen Originalausgabe „The Administrative State“ – anerkennt er die Sorge vor einem übermächtigen Staat und mahnt zur Wachsamkeit. Aber er nimmt scharf Stellung gegen eine ressentiment-geladene Bürokratiekritik, die nur dazu dient, den Staat zu delegitimieren.[93]

---

92 *H. Zacher*, Das soziale Staatsziel, in: HStR Bd. 2, § 28 Rn. 109 ff.; *Stolleis*, Geschichte des öffentlichen Rechts IV, 287 ff.

93 *F. Morstein Marx*, Einführung in die Bürokratie, 1959, 45 f.: „Daher gibt es Menschen, die das Wort ‚Bürokratie‘ nur aus dem Wörterbuch der Verachtung kennen“. „Diese Kritik hat wenig mit den strukturellen Merkmalen und den Arbeits-

Der Verlauf der Bürokratiekritik in Deutschland bewegt sich in diesem 49
Rahmen. Die Begriffe „Bürokratie“ und „Bürokratisierung“ werden zwar auch hierzulande gelegentlich als „Kampfbegriffe“ eingesetzt und mit Forderungen nach einer deutlich zurückgenommenen Staatlichkeit verbunden.[94] Aber die verfassungsrechtliche Ebene erreichen Auseinandersetzungen dieser Art nicht, sondern bleiben auf der politischen Ebene der Parteien und Verbände.[95] Die juristischen Diskurse setzen konkreter an. Das zeigen Themen wie die „Gesetzesflut“, die „Verfahrensbeschleunigung“ oder das „Privatisierungsfolgenrecht“, an deren Behandlung sich Juristen intensiv beteiligt haben.[96] Für die damit angesprochenen Probleme haben sich regelmäßig Lösungen finden lassen, teilweise durch Gesetzesänderungen, teilweise durch Änderungen der Dogmatik. Es ging um Nachjustierungen, ohne dass die Strukturentscheidungen des Grundgesetzes nach der einen oder der anderen Seite umgedeutet werden mussten.[97]

Für die USA stellt sich die Situation zum einen deshalb komplizierter dar, 50
weil die Verfassung kein soziales Staatsziel formuliert, Ausweitungen staatlicher Aufgaben folglich eigenständig legitimiert werden müssen.[98] Zum anderen sind es Sorgen um das Anwachsen der Macht des Präsidenten, die es nahelegen, die Exekutive im Blick auf die Gewaltenteilung unter Beobachtung zu stellen. Die Kritik am „administrative state“ bezieht sich jedoch erstaunlicherweise oft weniger auf die Position des Präsidenten als auf die Rolle der „agencies“ als „headless fourth branch“. Die Betonung der Verwaltungseinheit („unitary executive“), die auf eine Stärkung des Präsidenten hinausläuft, soll gerade ein Gegenmittel gegen die beklagten Dysfunktionen des „administrative state“ sein (→ 2/25). Das wirkt wenig stimmig und gewönne nur dann an Überzeugungskraft, wenn man ganz anders an-

methoden der öffentlichen Verwaltung zu tun. Aber sie hat viel dazu beigetragen, das Ansehen des Staats zu vermindern“.

94 Von einer „semantischen Neuvermessung“ der alten Bundesrepublik seit den 1970er Jahren spricht *Cancik* (Fn. 80), in: Der Staat 56, 2017, 1, 35.

95 Dazu *Cancik*, ebd., 15 ff.

96 *Cancik*, ebd., 30 f.

97 Zur Umstellung der rechtlichen Steuerungsansätze, wenn Markt und Managementlehren in das Konzept der administrativen Aufgabenerfüllung integriert werden, vgl. *Schmidt-Aßmann*, Ordnungsidee, Kap. 1 Rn. 40 ff.

98 Vgl. *W. J. Novak*, The Administrative State in America, in: MPHEPL I, 98, 116 ff. Inwieweit die Diskussionen um „positive rights“ hier zu einer Verfestigung führen, bleibt abzuwarten; dazu *E. Zackin*, Positive Rights, in: Tushnet/Graber/Levinson, Oxford Handbook of the U. S. Constitution, 717 ff. Knappe Überlegungen, diesen Aspekt zur Legitimierung des „administrative state“ zu nutzen, bei *Metzger* (Fn. 10), 131 Harv. L. Rev. 1, 90 (2017).

setzte und – wie *Eric Posner* und *Adrian Vermeule* es tun – eine starke Exekutive als gegebenen Tatbestand nähme, der ohnehin mit den herkömmlichen verfassungsrechtlichen Instrumenten nicht kontrolliert werden könnte und für den daher nach neuen Wegen demokratischer Rückbindung gesucht werden müsste (→ 1/49). Das aber führt über den Regelungsbereich des Verwaltungsrechts, wie er in den USA und in Deutschland gesehen wird, weit hinaus. Man darf sich bei diesen Problemen auch nicht gänzlich vom Blick auf die Bundesebene und die besondere Stellung amerikanischer Präsidenten gefangen nehmen lassen. Die Kritik am „administrative state“ fiele wahrscheinlich weniger radikal aus, würde in die Vorstellungen von Exekutive auch das Verwaltungsgeschehen auf der Staatenebene und auf der kommunalen Ebene von vorneherein mit einbezogen. Es sind diese Ebenen, auf denen die Bürger Verwaltung – positiv wie negativ, freiheitsfördernd wie freiheitsbedrohend – in ihrem Alltag konkret erfahren, auch wohl in „boards“ und anderen Gremien an ihr selbst beteiligt sind. Die Notwendigkeit, einen so zentralen Aufgabenbereich wie das Polizeiwesen durch Einbeziehung in den verwaltungsrechtlichen Lehrkanon auch *rechtlich* sichtbar und im Kontext der anerkannten verfassungsrechtlichen Rückbindungen des „administrative law“ diskutierbar zu machen, ist gerade heute unübersehbar.

B. Die politische Dimension des Verwaltungsrechts – ein Feld rechtsvergleichender Beobachtung und gemeinsamen Lernens

51 Lassen sich aus dem Umgang mit den Phänomenen „administrative state“ und „Bürokratie“ im amerikanischen und deutschen Recht Einsichten gewinnen, die in der jeweils anderen Rechtsordnung bei der Bewältigung aktueller Fragen und bei der Ausformung und Fortentwicklung einschlägiger Doktrinen und Dogmen hilfreich sein können? Dieser Frage soll im Folgenden nachgegangen werden, indem zunächst die politische Dimension des Verwaltungsrechts (I) und danach die Steuerungsgenauigkeit abstrakter Verwaltungsrechtssätze behandelt werden (II).

I. Der Rahmen: Das Gegenseitigkeitsverhältnis von Politik und Recht

52 Im Rechtsvergleich betrachtet, erscheinen Deutschland und die USA als Repräsentanten weit auseinander liegender Verwaltungskulturen, die sich gerade in ihrer Einstellung zur Rolle der Politik unterscheiden. Das deut-

sche Verwaltungsrechtsverständnis wird gern als „*legalistisch*" charakterisiert.[99] Es lässt sich skizzenhaft folgendermaßen umreißen: Im Zentrum stehen die Rechtmäßigkeit des Verwaltungshandelns und der gleichmäßige Gesetzesvollzug, der nach exakten juristischen Methoden als Subsumtionsschluss konstruiert wird; bei der Realisierung dieser Ziele spielt die gerichtliche Kontrolle eine herausragende Rolle. Das Modell bürokratischer Herrschaft und das Idealbild des neutralen Amtswalters, der unpolitische Entscheidungen trifft, bilden die Hintergrundvorstellungen.[100] Nun ist zwar immer wieder gezeigt worden, dass auch die deutsche Verwaltung auf vielen Feldern über beachtliche Gestaltungsmöglichkeiten verfügt, die sie nach eigenen Präferenzen ausfüllen kann.[101] Trotzdem hat „das Modell hierarchischer Vollzugsverwaltung in Deutschland weiterhin eine erhebliche Prägekraft".[102]

Das amerikanische Verwaltungsrecht gilt demgegenüber als wesentlich 53
„*politischer*":[103] Es setzt weniger auf Rechtsbindungen, ist offener für nichtjuristische Argumente, stärker angewiesen auf Rückorientierungen an den gewählten Organen; es zeigt sich aufgeschlossener gegenüber gesellschaftlichen Wünschen und kann flexibler auf neue Entwicklungen reagieren; es orientiert sich weniger an Formen als an Verfahren. Seiner langen demokratischen Tradition entsprechend, ist es kommunikativer, partizipativer und offener. Die gerichtliche Kontrolle ist demgegenüber zurückgenommen. Bei der Interpretation unbestimmter Gesetzesbegriffe sollen nicht die Gerichte, sondern die zuständigen Fachbehörden die entscheidende Rolle spielen. „Such policy arguments are more properly addressed to legislators or administrators, not to judges".[104]

---

99 Zu diesem typisierenden Begriff *König*, in: ders. u.a. (Hrsg.), Grundmuster der Verwaltungskultur, 13 ff. und *Winkler*, dort 81 ff. Zu seiner Ausfüllung *Scharpf*, Die politischen Kosten des Rechtsstaats, 38 ff.

100 Darstellend *A. Voßkuhle*, Personal, in: GVwR III, § 43 Rn. 64 ff.; *W. Kahl*, Grundzüge des Verwaltungsrechts in gemeineuropäischer Perspektive: Deutschland, in: IPE V, § 74 Rn. 155 ff.

101 Vgl. nur *Schuppert*, Verwaltungswissenschaft, 661 ff.; *Schmidt-Aßmann*, Ordnungsidee, Kap. 4 Rn. 36 ff.; *W. Hoffmann-Riem*, Die Eigenständigkeit der Verwaltung, in: GVwR I, § 10.

102 *W. Kahl* (Fn. 100), in: IPE V, § 74 Rn. 158.

103 *Scharpf*, Die politischen Kosten des Rechtsstaats, 14 ff. und 59 ff.; vgl. auch *Lepsius*, Was kann die deutsche Staatsrechtslehre von der amerikanischen Rechtswissenschaft lernen?, in: Schulze-Fielitz (Hrsg.), Staatsrechtslehre als Wissenschaft, DV Beiheft 7 (2007), 319, bes. 333 ff. und 339 ff. (allerdings stärker auf das Privatrecht und das Verfassungsrecht bezogen).

104 467 U.S. 837, 864 (1984) *Chevron U.S.A., Inc. v. NRDC, Inc.*; vgl. → 4/124-127.

54 In dieser Gegenüberstellung fungiert die Politik als „Gegenbegriff“ zum Recht.[105] Das Politische ist das, was das Recht freigelassen hat. Je weniger gesetzliche Vorgaben bestehen, desto mehr ist die Verwaltung in der Lage, nach eigenen Präferenzen zu entscheiden, zu gestalten und damit auch politisch verantwortlich zu handeln. „Anders als die deutsche Verwaltung kann sie [die amerikanische Verwaltung erg. E.S.] sich gegenüber politischer Kritik und politischen Forderungen weder auf ihre strikte gesetzliche Gebundenheit noch auf die Fiktion der Ministerverantwortlichkeit berufen“.[106] Das klingt sympathisch offen, gründet sich jedoch bei näherer Betrachtung gerade auf Merkmale des „administrative state“, die in den USA selbst nicht unumstritten sind.

55 Systematisch jedenfalls ist das Verständnis der Politik als „Gegenbegriff“ zum Recht nur die *eine* Seite.[107] Die andere Seite bildet die unterstützende Funktion, die das Recht für die Politik hat. Zahlreiche Arrangements und Institute, die die politische Funktion der Verwaltung gerade ausmachen, sind auf eine Strukturierung durch Recht angewiesen. Verfahren müssen rechtlich geordnet werden. Eine besonders offene Informationspolitik der Verwaltung etwa bedarf schon aus Rücksichten auf die Interessen Dritter rechtlicher Regelungen. Die detaillierten und verschränkten Regelungen des amerikanischen Verwaltungsinformationsrechts zeigen das deutlich. „Ohne normative Vorgaben gibt es keine politische Willensbildung. Zwischen Verwaltungsrecht und Politik besteht kein Nullsummenspiel“.[108]

56 Gerade wenn man die konträren *und* die komplementären Beziehungen zwischen Politik und Recht betrachtet, spricht manches dafür, dass *beide* Verwaltungsrechtsordnungen voneinander lernen können. Freilich mahnen ihre unterschiedlichen Rahmenbedingen und die unterschiedlichen Vorstellungen von „Verwaltung“, die die Diskurse in den beiden Ländern prägen, zur Vorsicht. Zu den Rahmenbedingungen gehört die Politisierung, die das Recht selbst auch durch die Art und Weise der Richterbestellung in den USA erfahren hat.[109] Bei den Vorstellungen von „Verwaltung“

105 Zum Folgenden *Ch. Möllers*, Verwaltungsrecht und Politik, in: IPE V, § 93 Rn. 5 ff., der insofern von einer „stark voluntaristischen Konzeption“ von Politik spricht.

106 So *Scharpf*, Die politischen Kosten des Rechtsstaats, 62.

107 Vgl. *Möllers* (Fn. 105), in: IPE V, § 93 Rn. 35 ff.

108 *Möllers* (Fn. 105), in: IPE V, § 93 Rn. 6.

109 Zum Bestellungsverfahren und seiner gerade in jüngerer Zeit deutlich politisierten Ausrichtung vgl. *Crowe*, The Constitutional Politics of the Judiciary, in: Tushnet/Graber/Levinson, U.S. Constitution, 197, 204 ff.; vgl. auch → 4/9.

ist zu beachten, dass das amerikanische „administrative law" die *gestaltende* Verwaltung in den Mittelpunkt stellt, während das deutsche „Verwaltungsrecht" nach wie vor stark auf die *vollziehende* Verwaltung ausgerichtet ist (→ 1/10–11). Die in ihren Doktrinen und Dogmen gespeicherten Erfahrungen entstammen folglich unterschiedlichen Tätigkeitsfeldern und Fallstrukturen und können daher nur unter Vorbehalt als Empfehlungen für die jeweils andere Rechtsordnung dienen.

Einiges wäre allerdings schon gewonnen, wenn genau an diesem Punkte 57
eine Änderung einträte und beide Länder ihre Aufmerksamkeit gleichermaßen breit sowohl der gestaltenden als auch der vollziehenden Verwaltung zuwendeten. Das ist in Deutschland eines der Ziele der verwaltungsrechtlichen Reformdiskussion.[110] Die bisher zu beobachtende „Spektralverschiebung" der Beobachtungszonen, die vor allem die Lehrbücher beherrscht, hat in beiden Rechtsordnungen zu einer verengten Perspektive geführt.

- Die deutsche Verwaltungsrechtswissenschaft müsste dazu neben der Vollzugsverwaltung auch die komplexen Formen der Wirtschaftsregulierung, der räumlichen Planung und der administrativen Normsetzung als Standardtypen moderner Verwaltung anerkennen und ihre typischen Formen und Handlungsmuster in die allgemeinen Lehren integrieren.[111] Die Konsequenz wäre u.a. eine wesentlich differenziertere Ermessenslehre, die nicht nur das einfache Rechtsfolgenermessen, sondern auch politische Gestaltungsoptionen zu umfassen hätte.
- Die amerikanische Literatur wiederum müsste sich mehr auch mit der Vollzugsverwaltung und Vorgängen aus der täglichen Lebenswelt der Bürger beschäftigen. Die Präsenz eines klar strukturierten Polizeirechts im Kanon des „administrative law" würde zwar noch nicht die spezifischen Einwände gegen den „administrative state" ausräumen. Aber sie könnte einem allgemeinen Unbehagen an einer undurchsichtigen und übergriffigen Verwaltung entgegenwirken, indem sie neben den Verfahrensgarantien des IV. und V. Amendment auch materielle Grundsätze wie z.B. den Vertrauensschutz und die Verhältnismäßigkeit als leitende Maßstäbe des Verwaltungshandelns auswiese.

---

110 *Schmidt-Aßmann*, Verwaltungsrechtliche Dogmatik, 6 ff.

111 Dazu *C. Franzius*, Modalitäten und Wirkungsfaktoren der Steuerung durch Recht, in: GVwR I, § 4; *W. Hoffmann-Riem*, Rechtsformen, Handlungsformen, Bewirkungsformen, in: GVwR II, § 33.

II. Das zentrale Thema: die Steuerungsgenauigkeit abstrakter Rechtssätze

58 In ihren Vorstellungen über die *Steuerungsgenauigkeit abstrakter Rechtssätze* weichen das amerikanische und das deutsche Verwaltungsrecht erheblich voneinander ab. Vor dem Hintergrund dessen, was oben zum Gegenseitigkeitsverhältnis von Politik und Recht gesagt worden ist, soll im Folgenden gefragt werden, inwieweit sich nicht beide Rechtsordnungen aus der Beobachtung der jeweils anderen zu Veränderungen der eigenen Sicht anregen lassen könnten.

1. Realistisch: Freiräume bei der administrativen Gesetzesanwendung

59 Für das deutsche Verwaltungsrecht und seine dominierende Ausrichtung auf die Gesetzmäßigkeit der Verwaltung ist dieses ein Kernpunkt. Umso erstaunlicher wirkt es, dass sich eine eigenständige Lehre, wie sich die Gesetzesanwendung durch die Verwaltung vollzieht, nicht entwickelt hat, sondern ohne größere Umschweife auf die traditionell am Zivilrecht ausgerichtete Methodenlehre zurückgegriffen wird. Auch für das amerikanische Verwaltungsrecht ist die Ausrichtung auf das Gesetz zwar wichtig. Aber es hat sich doch eine realistische Einstellung zu dem bewahrt, was die Steuerung durch abstrakte Rechtsätze leisten kann.[112] In der nüchternen Anerkennung administrativer (und gerichtlicher) Spielräume als *Normalfall* der Gesetzesanwendung kann das amerikanische Verwaltungsrecht der deutschen Lehre durchaus Anregungen vermitteln.

60 Das hat Konsequenzen für die Rolle des *Verwaltungsverfahrensrechts*. Seine in Deutschland traditionell oft unterschätzte Bedeutung zeigt sich an einer Norm wie § 46 VwVfG. Erst in jüngerer Zeit zeichnen sich hier unter dem Druck des EU-Rechts Änderungen ab.[113] Für das amerikanische Recht ist die eigenständige Bedeutung des Verwaltungsverfahrens selbstverständlich. Konsequent werden Verstöße gegen Verfahrensvorschriften in § 706(2) APA neben der Verletzung von Verfassungsrecht und anderem Gesetzesrecht als Gründe genannt, die die gerichtliche Aufhebung der betroffenen Verwaltungsentscheidung nach sich ziehen. Trotz aller Wertschätzung des Verfahrensrechts verfolgen die USA aber eine pragmatische Linie, indem dieselbe

---

112 *Mashaw*, Reasoned Administration and Democratic Legitimacy, 163 ff.; *Lepsius* (Fn. 103), in: DV Beiheft 7 (2007), 319, 320 ff. und → 1/9 sowie → 2/62.

113 Vgl. § 4 Abs. 1a UmwRG; EuGH C-72/12 ECLI:EU:C:2013:712 Rn. 47 und C-137/14 ECLI:EU:C:2015:683 Rn. 51 ff.

Bestimmung ausdrücklich auf die „harmless error" Doktrin verweist und damit festlegt, dass nicht *jeder* Verfahrensfehler die Aufhebung rechtfertigt (→ 4/101).

Weitere Anregungen lassen sich aus dem amerikanischen Recht für das Verfahrensrecht der administrativen Rechtsetzung gewinnen. Das ist im Zusammenhang mit dem notice-and-comment Verfahren des § 553 APA erörtert worden (→ 3/90–99). Zwar bietet es sich nicht an, das Verfahren insgesamt zu übernehmen. Wohl aber könnten einzelne Verfahrenselemente wie die öffentliche Bekanntgabe des Entwurfs der geplanten Norm, die Begründung der beschlossenen Norm und die Dokumentation des Normsetzungsprozesses als Mittel genutzt werden, um die Transparenz und die Rationalität der deutschen Verordnungsgebung zu optimieren. Interventionen der Gerichte in laufende Rechtsetzungsverfahren sollten dagegen möglichst vermieden werden.

Ein zweiter Bereich, der durch eine nüchterne Einschätzung der gesetzli- 61
chen Verwaltungssteuerung an Bedeutung gewinnt, ist das *Verwaltungsorganisationsrecht*:[114] Je geringer die Präzision der materiellen Programmsteuerung veranschlagt wird, desto wichtiger werden die entscheidenden Institutionen, ihre Zuständigkeiten, ihr Aufbau und ihre interne Entscheidungsstruktur.[115] In Deutschland ist das Verwaltungsorganisationsrecht an bestimmten Organisationsrechtsformen ausgerichtet, die dem Gesetzgeber zwar nicht verbindlich vorgegeben sind, auf die er aber gern zurückgreift. Das erleichtert die Orientierung und erhöht die Durchsichtigkeit des Verwaltungsgefüges. Gegenüber der amerikanischen Praxis, die Zuständigkeiten und die Binnenorganisation einer Behörde jeweils spezifisch in ihrem „organic statute" festzulegen, ist das zunächst einmal ein Vorteil (→ 2/12). Kritisch muss jedoch gefragt werden, ob die formenzentrierte deutsche Regelungstechnik die Unterschiede, die allein schon durch ihre unterschiedlichen Aufgaben in eine Organisationseinheit hineingetragen werden, nicht zu sehr verdeckt. Über die Wirksamkeit des ministeriellen Weisungsrechts etwa lassen sich kaum verlässliche Aussagen treffen, ohne sich die spezifische Stellung, die Kompetenzen und Struktur der an einem solchen Aufsichtsverhältnis beteiligten Verwaltungseinheiten näher anzusehen. Dieses ist kein Plädoyer gegen feste Organisationsrechtsformen, wohl aber für eine stärker differenzierende und kontextbezogene Sicht auf das Verwal-

114 Zum Folgenden *Lepsius* (Fn. 103), in: DV Beiheft 7 (2007), 319, 330 ff.

115 Zu den Aufgaben eines steuerungsorientierten Verwaltungsorganisationsrechts *Schmidt-Aßmann*, Verwaltungsrechtliche Dogmatik, 137 ff.

tungsorganisationsrecht. Für eine solche Sicht steht das amerikanische Recht.

2. Zweifelhaft: kumulative Effekte der Freiräume

62 „In the United States, tolerance for law as a moderately autonomous system is far less than in Europe“.[116] Diese Feststellung, getroffen in einer Diskussion um die Rolle der Verfassungsrechtswissenschaft, warnt davor, in dieser Frage schnell auf Lerneffekte im transatlantischen Rechtsvergleich zu setzen. Dem stehen schon common law Traditionen und legal realism entgegen. Freilich darf die Situation des *Verwaltungsrechts* nicht mit der des Verfassungsrechts oder des Privatrechts gleichgesetzt werden (→ 1/8-9 und 2/53). Die normativen Programme sind hier dichter und im Anspruch schärfer: Für das Verwaltungsrecht ist Recht immer auch Instrument, um der Exekutive Grenzen zu setzen und Freiheit zu sichern. So richtig es ist, die Steuerungseffekte abstrakter Rechtssätze nicht zu überschätzen, so ist es doch zweifelhaft, ob die Bedeutung der Gesetzesbindung der Verwaltung in den USA nicht zu gering veranschlagt wird. Legal realism und der politische Wille, der Verwaltung bei der Sozialgestaltung eine beherrschende Rolle einzuräumen, – Methodenlehre und Politik – sind in großen Teilen der amerikanischen Literatur eine Verbindung eingegangen, die in deutscher Perspektive die Gefahr von Übersteigerungen in sich birgt und so die Legitimität der Verwaltung bedrohen kann.

63 Die Rückbindung der Exekutive an das Parlament ist für alle gewaltenteilenden Verfassungsstaaten ein unverzichtbares Element. Das gilt unbeschadet der eigenen Legitimation, die die Exekutive im Präsidialsystem der USA genießt; und es gilt gerade dort, wo Teile dieser Exekutive von der Aufsicht des Präsidenten freigestellt sein sollen. „Broad delegations“, „independent agencies“ und „deference“ mögen jeweils für sich genommen funktional sinnvoll sein, um administrativ ausgreifende Regulierungsaufgaben situationsgerecht und flexibel erfüllen zu können. Doch in ihrer *Kumulation* können sie die Tendenz entwickeln, die gesetzliche Steuerung als

---

116 So *R. Post*, Constitutional scholarship in the United States, 7 International Journal of Constitutional Law 416, 423 (2009), in Auseinandersetzung mit der Darstellung der Position der europäischen Verfassungsrechtswissenschaft durch *A. v. Bogdandy*, The past and promise of doctrinal constructivism: A strategy for responding to the challenges facing constitutional scholarship in Europe, dort 364 ff.

einen wesentlichen Mechanismus der Verwaltungslegitimation zu schwächen. Man muss nicht die Fundamentalopposition zum „administrative state" teilen, um die Kritik an der zu weit zurückgenommenen Regelungsfunktion des Rechts verständlich zu finden.[117]

Die Steuerungseffekte des Rechts zu schärfen heißt nicht, das amerikanische Verwaltungsrecht einer „legalistischen" Sichtweise zu unterwerfen, die ihm eigentlich fremd ist. Dass der Grundtatbestand, die Abkoppelung der Verwaltung vom parlamentarischen System, eine Schwachstelle des „administrative state" bildet, ist eine Erkenntnis, die in den USA die Diskussionen ohne Rücksicht auf ihre gesellschaftspolitischen Präferenzen durchzieht. Man kann *Richard Stewarts* klassischen Text zu den Entwicklungsphasen und Reformstrategien des amerikanischen Verwaltungsrechts als eine Beschreibung lesen, die das fortgesetzte Ringen um die Legitimität des „administrative state" schildert (→ 1/31–35). Diesem Ringen verdanken sich wichtige Einsichten in die Wirkungsbedingungen des Verwaltungsrechts. Genannt seien hier nur zwei: das Paradigma offener Kommunikation und Partizipation, das besonders *Stewarts* „interest representation model" abbildet, und das Paradigma sachverständiger Aufgabenwahrnehmung, dem sein „model of regulatory management" folgt und das von *Shapiro*, *Fisher* und *Wagner* zu einem allgemeinen auf Professionalität und Binnenrationalität setzenden Modell ausgeformt worden ist.[118] 64

Die Abfolge der Reformstrategien zeigt allerdings auch, dass keines der beschriebenen Paradigmen die Legitimität der Verwaltung *allein* sichern kann. Vielmehr kommt es darauf an, sie in ihren sich gegenseitig ergänzenden Funktionen zu erfassen. In diesem Sinne ist auch die Vorstellung von der Verwaltung als „transmission belt" parlamentarischer Steuerungsvorgaben und von einem Verwaltungsrecht als einem Arsenal von Mitteln, diese 65

---

117 Der Eigenwert rechtlicher Steuerung („belief in the autonomy and determinacy of legal craft") ist ein wesentliches Element im Konzept eines „neoclassical administrative law", wie es *J. A. Pojanowski* (Fn. 16), 133 Harv. L. Rev. 852, bes. 895 ff. und 903 ff. (2020) in jüngerer Zeit entfaltet hat und das sich in den Auseinandersetzungen um den „administrative state" als Mittelweg versteht. Chevron step 1 soll danach voller gerichtlicher Kontrolle zugänglich sein, während step 2 einer weitreichenden politischen Gestaltungsfreiheit der Verwaltung unterfallen soll. Gegen die Möglichkeit einer scharfen Trennung zwischen Rechtsinterpretation und Politik aber wiederum *Adrian Vermeule*, Neo-?, 133 Harv. L. Rev, 103 ff. (2020).

118 Dazu → 1/36–38: „substantive expertise, deliberation, and reason giving".

Übertragung rechtlich in Form zu bringen, nicht überholt.[119] Es gilt das, was oben (→ 6/52–57) zum Verhältnis von Politik und Recht gesagt worden ist: Auch ein politisches Verwaltungsrecht kann auf das Recht (in seinen unterschiedlichen Erscheinungsformen und Institutionen) nicht verzichten. Die juristischen Kernbestandteile des „administrative state“ normativ exakter zu fassen bedeutet daher bei allen gebotenen Vorbehalten (→ 6/56) nicht mehr, aber auch nicht weniger als in diesem Zusammenspiel von Recht und Politik einige Akzente anders zu setzen, als sie in den bisherigen Doktrinen gesetzt worden sind.

66 Das gilt zum Einen im Blick auf die „nondelegation doctrine“.[120] Die deutschen Erfahrungen mit Art. 80 Abs. 1 S. 2 GG weisen keineswegs in die Richtung einer radikalen Vergesetzlichung. Die Formeln des Bundesverfassungsgerichts belassen dem Parlament einen erheblichen Formulierungsspielraum bei der Abfassung von Delegationsnormen (→ 2/37). Aber mindestens die großen Konfliktlinien, die das Regelungsfeld durchziehen, müssen vom Gesetzgeber selbst geordnet werden.[121] Das ist auch die Position des EU-Rechts, wie Art. 290 Abs. 1 AEUV zeigt. Die *wesentlichen* Fragen dürfen nicht allein der Verwaltung zu lösen überlassen werden. Im Übrigen aber wird in allen drei Rechtsordnungen richtig gesehen, dass die Praxis der Gesetzgebung, um die es hier geht, ein Feld ist, das durch Rechtsprechung und Rechtsprechungsänderungen nur begrenzt und allenfalls auf längere Sicht beeinflusst werden kann.

67 Ein zweiter Punkt betrifft „*Chevron* deference“ und damit die Gesetzesauslegung.[122] Die Aufteilung der Interpretationskompetenz zwischen Gerichten und Verwaltung nach einem „two step test“ ist nicht nur im Vergleich zu Deutschland, sondern auch zu common law Staaten wie England und Australien ungewöhnlich. Mag man in Fragen der *Subsumtion* unterschiedliche Auffassungen haben, so besteht doch in der Frage der *Interpretation* unter diesen Rechtsordnungen Einmütigkeit: sie ist „an exclusively judicial function“.[123]

119 *R. Stewart*, Administrative Law in the Twenty-First Century, 78 N.Y. U. L. Rev. 437, 443 f. (2003): „The earlier approaches have not disappeared“.

120 Dazu → 6/19–24; *Möllers*, Gewaltengliederung, 182 ff.

121 Aus jüngster Zeit BVerfGE 150, 1 Rn. 198–205 und 242 f.

122 Dazu → 4/124–135 sowie → 6/37–40; *Möllers*, Gewaltengliederung, 163 ff.

123 So zu den beiden letzteren Ländern *Cane*, Controlling, 218: „Under English and Australien law, by contrast, conclusive interpretation of statutes and regulations is an exclusively judicial function“. Ähnlich *P. Craig*, Administrative Law in An-

Sicher lassen sich für *Chevron* einige gute Gründe anführen: die Expertise der zuständigen Fachbehörde, die politische Verantwortung der Exekutive, ihre Möglichkeit, auf neue Lagen durch eine Interpretationsänderung mit einer neuen Politik selbst dann zu reagieren, wenn sich für eine Novellierung der gesetzlichen Grundlagen (vor allem in Zeiten eines „divided government") keine Mehrheiten finden lassen. Gerade der letzte Punkt betrifft eine Situation, auf die das Verwaltungsrecht eines Präsidialsystems anders als das parlamentarischer Regierungssysteme Rücksicht nehmen muss. Mit einer Empfehlung zu *Chevron*, die ihre Argumente aus dem Rechtsvergleich zieht, wird man daher vorsichtig sein müssen.[124]

Auch unter diesem Vorbehalt spricht Einiges dafür, den politischen Be- 68
reich, den *Chevron* der Verwaltung überlässt, enger zu definieren und die Gerichte stärker in die Interpretation unbestimmter Gesetzesbegriffe hineinzunehmen. Das folgt nicht aus der Annahme, Gerichte seien methodisch besser gerüstet, Rechtstexte auszulegen, sondern aus ihrer Stellung als neutrale Entscheider. Die damit einhergehende „Verrechtlichung" stützt sich also auf ein Kompetenz-, nicht auf ein Methodenargument.

Dem kann man entgegenhalten, dass auch Richter politische Vorstellungen haben, von denen sie sich selbst bei gutem Willen in ihren Urteilen nicht vollständig lösen können. Für die amerikanische Justiz ist das schon wegen des politisierten Verfahrens der Richterernennung besonders in Rechnung zu stellen (→ 4/9). Verglichen mit den politischen Ambitionen, die Fachbehörden haben, und mit den Pressionen, denen sie von Seiten fachlich organisierter Interessen ausgesetzt sind, erscheint die Justiz aber immer noch als das Entscheidungsorgan mit der größeren Distanz und dem höheren Maß an Neutralität. Diese Annahme gehört zum verfassungsstaatlichen Gemeingut und sollte nicht leichthin aufgegeben werden.

Der Hinweis auf die besondere politische Verantwortung der Exekutive 69
wiegt die Neutralität der Justiz nicht auf. Gerade die vielfältigen Formen und Grade, in denen „agencies" in den USA Unabhängigkeit von der Exekutivspitze genießen und im Spannungsfeld zwischen Kongress und Präsidenten eigenständig agieren können, bewirken, dass Verantwortungszusammenhänge oft nur schwer auf die gewählten Repräsentanten zurückzuverfolgen sind. Das „counter-majoritarian" Dilemma der Justiz spricht folg-

---

glo-American Tradition, in: The SAGE Handbook of Public Administration, 2nd ed. 2012, 333, 341 ff.

124 Ähnlich die Überlegungen bei *Cane*, Controlling, 235 ff.

lich nicht dagegen, die Kompetenz zu letztverbindlicher Gesetzesinterpretation grundsätzlich den Gerichten zu belassen. Dem Gesetzgeber könnte die Möglichkeit vorbehalten werden, bei der Fassung seiner Gesetzesbegriffe klarzustellen, wenn er diese Zuständigkeit ausnahmsweise der Verwaltung zuweisen will.[125]

70 Bei einer solchen Korrektur an *Chevron* ginge es – wie bei den anderen Korrekturen auch – nicht um eine radikale Verabschiedung der überkommenen Handlungsbedingungen des „administrative state“. Mit der vorgeschlagenen Stärkung der gerichtlichen Interpretationskompetenz erhielte dieser aber neue Züge einer stärker *am Recht* arbeitenden Institution. Aus deutscher Perspektive würde ihn das nicht notwendig schwächen, sondern seine Akzeptanz wahrscheinlich sogar erhöhen. Für einseitige Politikziele darf sich das Verwaltungsrecht dabei nicht einspannen lassen: Es ist kein Mittel, um einer allein an Effizienskriterien ausgerichteten Verwaltung den unkontrollierten Zugriff auf bürgerliche Freiheiten zu ermöglichen. Aber ebensowenig darf es als ein Instrument mißverstanden werden, um der Verwaltung bei der Erfüllung notwendiger sozialer Aufgaben möglichst viele Hindernisse in den Weg zu legen. Für eine Fundamentalopposition, wie sie ein „libertarian administrative law“ anstrebt (→ 1/45-47), ist kein Raum. Ein verfassungstaatliches Verwaltungsrecht hat vielmehr einen *Doppelauftrag* – Freiheitsschutz *und* Aufgabensicherung – , auf den hin seine Prinzipien und Rechtsinstitute immer wieder auszurichten sind.

III. Die Rolle der Verwaltungsrechtswissenschaft

71 Die Verwaltungsrechtswissenschaft prägt auf ihre Weise die Erscheinungsform des amerikanischen Verwaltungsrechts mit und hat ihrerseits teil an dessen politischem Charakter. Politische Konstellationen, aus denen heraus eine Doktrin entstanden ist, werden herausgearbeitet; politische Konsequenzen, die ein bestimmtes Lösungsmodell hat, werden aufgezeigt; politische Präferenzen der zuständigen Entscheidungsorgane werden klarer

125 Dass ein Begriff unbestimmt ist (*Chevron* „ambiguity“), sollte dazu jedoch nicht genügen. Vgl. *Möllers*, Gewaltengliederung, 164 f.: „Vielmehr hat die gesetzlich ausgestaltete Organisations- und Verfahrensstruktur der Exekutive Kriterien zu liefern“. Im Ergebnis dann aber positiv zu *Chevron* dort 172.

benannt, als das in Deutschland üblich ist.[126] Der offene Diskurs, den die Urteile der Gerichte in den unterschiedlichen Voten der beteiligten Richter bieten, ist für die Wissenschaft eine fortgesetzte Herausforderung, im Nachzeichnen der gerichtlichen Argumentation und bei der Entwicklung der eigenen Lösungen diese Dimensionen in die wissenschaftliche Arbeit einzubeziehen.[127]

Das Ausleuchten des Hintergrundes und die Abschätzung der Folgen führen über das engere normative Programm der einschlägigen Gesetze ein Stück weit hinaus. Der Fokus des amerikanischen Verwaltungsrechts, die gestaltende Verwaltung, veranlasst dazu, Fragen der sinnvollen und effektiven Ausformung der verfügbaren Verfahren und Handlungsinstrumente einzubeziehen. Häufig genutzt werden empirische Untersuchungen, Fallstudien und statistische Erhebungen.[128] Die Argumente müssen sich aus dem Sachverhalt und der Fallanalyse heraus entwickeln lassen. Aber das Argumentationsspektrum ist breiter – jedenfalls im Vergleich zu dem, was in eine verwaltungsrechtliche Begründung in Deutschland nach „juristischer Methode“ einbezogen werden könnte.[129] Die Ausrichtung begegnet sich mit dem, was in der deutschen Reformdiskussion als „Bewirkungsdimension“ des Verwaltungsrechts bezeichnet wird.[130] Die Verwaltungsrechtswissenschaft wird als eine „rechtsetzungsorientierte Handlungs- und Entscheidungswissenschaft“ (Voßkuhle) verstanden.[131] 72

Theoreme der Wirtschafts-, Politik- und Sozialwissenschaften, z.B. „Principal-Agent“ Modelle und „Governance“ Ansätze, spielen eine wichtige Rolle. Ein weiteres Forschungsfeld, das sich damit teilweise überlappt, ist „Regulation“; dieses Gebiet bietet Anlass, auch die internationale und die 73

---

126 Zum Folgenden vgl. *Lepsius* (Fn. 103), in: DV Beiheft 7 (2007), 319, 333 ff.; *Möllers* (Fn. 105) in: IPE V, § 93 Rn. 71 ff.; *Somek*, Zwei Welten der Rechtslehre und die Philosopie des Rechts, JZ 2016, 481 ff.

127 Vgl. die Beobachtung einer den Dialog zwischen Supreme Court und Gesellschaft vermittelnden Rolle des amerikanischen Verfassungsrechts bei *Post*, 7 International Journal of Constitutional Law, 416 ff. (2009).

128 Zu einzelnen Formen *C. Coglianese*, Empirical Analysis and Administrative Law, in: U. Ill. L. Rev. 1111 ff. (2002).

129 Zum breiteren methodischen Ansatz der Reformdiskussion aber *Schmidt-Aßmann*, Verwaltungsrechtliche Dogmatik, 21 ff.

130 Dazu *Hoffmann-Riem* (Fn. 111), in: GVwR II, § 33; *Schmidt-Aßmann*, Verwaltungsrechtliche Dogmatik, 82 ff.

131 So für die deutsche Diskussion *Voßkuhle*, Neue Verwaltungsrechtswissenschaft, in: GVwR I, § 1 Rn. 15 ff.

rechtsvergleichende Perspektive des Verwaltungsrechts zu entfalten.[132] Besonderes Interesse gilt Kosten-Nutzen-Analysen. Hier veranlasst schon das „Regulatory Planning and Review“ Verfahren, das den Behörden durch Executive Order vorgegeben ist (→ 2/23–24), zu einer intensiven, in die Lehrbuchliteratur hineinreichenden Auseinandersetzung mit der Methode und mit den verwaltungsrechtlichen Funktionen und Dysfunktionen.[133] Nicht selten verfügen Vertreter der Verwaltungsrechtswissenschaft über eigene Verwaltungserfahrung, weil sie eine Zeit lang führende Positionen in der Exekutive innehatten. Dem praktischen Zuschnitt, den das Curriculum der amerikanischen Law Schools haben soll, kommt das entgegen.[134]

74 Eigene Theorieentwürfe der Verwaltungsrechtswissenschaft sind vor allem am „administrative state“ ausgerichtet. Dieses weit ausgreifende Thema ermöglicht unterschiedliche methodische Zugänge. Als Schlüsselbegriff mehrerer Diskurse kann er zum Austausch mit den Nachbardisziplinen veranlassen (→ 6/6–7). Eine engere Verbindung speziell zur Verwaltungswissenschaft hat sich jedoch erstaunlicherweise nicht entwickelt; das Verhältnis beider zueinander wird eher kritisch beurteilt.[135]

Die historische Entwicklung des „administrative state“ wird dagegen regelmäßig einbezogen. Vergangenheit und Zukunft spielen eine wichtige Rolle. Doch wird darüber die Gegenwart nicht vergessen.[136] Das ist schon des-

---

132 Dazu *Bignami/Zaring* (eds.), Comparative Law and Regulation, 2018. Damit wiederum zusammenhängend das Thema „Global Administrative Law“; dazu richtungweisend *B. Kingsbury/N. Krisch/R. Stewart/J. Wiener (eds.)*, The Emergence of Global Administrative Law, in: 68 Law and Contemporary Problems No. 3&4 (2005).

133 Vgl. *Breyer/Stewart*, 179 ff.; *Gellhorn*, 234 ff.

134 Vgl. *Post*, International Journal of Constitutional Law 7, 416, 422 (2019): „Since the advent of legal realism, American legal scholars have understood the study of law to be the study of the social practice of law“.

135 Ausgesprochen kritisch zu den Beziehungen der beiden Fachrichtungen *D. H. Rosenbloom* (Fn. 22), in: Rabin/Hildreth/Miller, Handbook of Public Administration, 635, 636: „Consequently, public-administration scholars and practitioners are apt to find conventional administrative law texts, articles, and treatise difficult to follow, as well as formalistic and alien to their concerns and experience. Conversely, public-administration texts tend to be of limited help in understanding administrative law, as they typically devote little attention to it and fail to recognize its central role in regulating administrative practice“.

136 Anders die auf die Rechtswissenschaft allgemein bezogene Feststellung von *Lepsius* (Fn. 103), in: DV Beiheft 7 (2007), 319, 340: „Man schreibt also über die Vergangenheit oder die Zukunft, meistens über beides, weniger aber über die Gegenwart“.

halb angezeigt, weil sich der „administrative state" in konkreten juristischen Doktrinen niedergeschlagen hat, die die gegenwärtige Rechtsanwendung leiten und zu denen aus verwaltungsrechtlicher Sicht konkret etwas gesagt werden muss. Das vermittelt der Verwaltungsrechtswissenschaft und ihren Diskursen ein erhebliches Maß an *Nüchternheit.* Diese Nüchternheit ist weder ein Indiz für eine De-Politisierung des Verwaltungsrechts noch Ausdruck einer Theorieaversion der Verwaltungsrechtswissenschaft. Eher hat sie mit der Bodenhaftung zu tun, die dem gesamten Rechtsgebiet vom Forschungsgegenstand „Verwaltung" her mit auf den Weg gegeben ist.[137]

Im Übrigen gebieten schon die Größe der scientific community, die unter- 75
schiedlichen Karrieremuster ihrer Mitglieder, die sich wandelnden Zeitströmungen und die Vielfalt der beteiligten Literaturgattungen Vorsicht gegenüber Aussagen, die „die" Verwaltungsrechtswissenschaft der USA allgemein charakterisieren sollen. Auch zwischen den politischen Hauptrichtungen der „Conservatives" und der „Progressives" oder „Liberals" bestehen Übergänge. Jeder Wissenschaftler steht mit seinen Methoden, Interessen und Überzeugungen zunächst einmal für sich selbst. Schon deshalb eignen sich grobe Zuordnungen nicht, einer bestimmten Lehrmeinung von vornherein mit Vorbehalten zu begegnen. Andernfalls droht die richtige Anerkennung des politischen Charakters von Verwaltungsrecht in ein *politisiertes Verwaltungsrecht* umzuschlagen, das von festen (partei)politischen Frontlinien durchzogen ist und in dem ein Beitrag schon deshalb suspekt erscheint, weil der Autor der anderen politischen Richtung zuzurechnen ist. Das kann nicht das Ziel akademischer Diskurse sein.

137 Konsequent engagieren sich als Autoren von Standardlehrbüchern zum Administrative Law auch nicht nur Wissenschaftler, „die nicht an den Top-Ten-Law Schools lehren" (so Lepsius zu Lehrbüchern allgemein), sondern führende Vertreter ihres Faches; genannt seien nur: Stephen Breyer, Kenneth Culp Davis, Jeremy Mashaw, Gill Metzger, Bernard Schwartz, Richard Stewart, Peter Strauss, Cass Sunstein.

Eine kurze Schlussbetrachtung

Stellt das amerikanische Verwaltungsrecht nach alledem den „markantesten Gegenentwurf zum Verwaltungsrecht französisch-deutscher Tradition dar"?[138]

Dagegen könnten manche Gemeinsamkeiten, Ähnlichkeiten und Annäherungen sprechen, die in den voraufgehenden Kapiteln deutlich geworden sind: Die großen Themen des Verwaltungsrechts – seine verfassungsrechtliche Rückbindung, das Verwaltungsverfahren, die Handlungsformen, Rechtsschutz und Staatshaftung – und die hinter ihnen stehenden Grundfragen nach der Rechtsstellung der Verwaltung und der Rationalisierung ihres Handelns werden in den USA und in Europa ähnlich ausführlich behandelt und bilden Kernpunkte des verwaltungsrechtlichen Lehrprogramms.[139] Auf zahlreiche Detailfragen werden ähnliche Antworten gegeben, in denen sich Erfahrungen der Verwaltungspraxis oder plausible Alltagsüberlegungen niedergeschlagen haben. Erinnert sei nur an die etwa gleichzeitige Entwicklung der Lehren zur planerischen Abwägung in den USA und in Deutschland. Nüchternheit und Bodenhaftung ebnen manchen Unterschied im Konzeptionellen ein. In einigen wichtigen Punkten, beispielsweise in Fragen des freien Zugangs zu Verwaltungsinformationen, haben sich die europäischen Rechtsordnungen zudem in jüngerer Zeit von amerikanischen Vorstellungen inspirieren lassen.

Trotzdem lässt sich das amerikanische Verwaltungsrecht als *Gegenentwurf* zum Verwaltungsrecht französisch-deutscher Tradition verstehen. Die Unterschiede der historischen Entstehungssituation sind in Unterschiede der gegenwärtigen Lage transformiert worden. Die Verfassung von 1787 ließ der Entfaltung eines „administrative state" zwar von Anfang an hinreichend Raum. Aber nach wie vor erscheinen Verwaltung und Verwaltungsrecht in den USA nicht als naturwüchsige Elemente der politischen Ordnung, sondern müssen sich der demokratischen Öffentlichkeit gegenüber immer wieder neu legitimieren. Kommunikation, Partizipation, Politikof-

---

138 So feststellend *Lepsius*, Verwaltungsrecht unter dem Common Law, 1, vgl. aber auch dort 307 f.; allg. auf das unterschiedliche Rechtsdenken bezogen *Somek* (Fn. 126), JZ 2016, 481 ff.

139 Dazu und zur Ergänzungsbedürftigkeit um Governance-Ansätze vgl. *F. Bignami*, From Expert Administration to Accountability Network: A New Paradigm of Comparative Administrative Law, in: 59 Am. Journal of Comp. L. S. 859, 871 ff. (2011); *E. Schmidt-Aßmann*, Zum Standort der Rechtsvergleichung im Verwaltungsrecht, in: ZaöRV 78, 2018, 807, 834 f.

fenheit sind Modi dieser Legitimation, die in die Formen administrativen Handelns tief eingeschrieben sind. Hieraus erklärt sich auch das geringere Vertrauen, das in den USA den Steuerungsleistungen des Gesetzmäßigkeitsprinzips entgegengebracht wird. In Gesetze gegossene Politik ist eben immer nur die *eine* Seite, die um Verfahren ergänzt sein muss, in denen die Verwaltung Lösungen situationsbezogen entwickelt und in der Auseinandersetzung mit der Öffentlichkeit einsichtig begründet.[140]

Um Akzeptanz immer wieder werben zu müssen, verlangt Offenheit und kann Innovationsbereitschaft und Kreativität fördern. Es kann aber auch als Unsicherheit gedeutet werden und die Verwaltung gerade in Zeiten großer gesellschaftlicher Spannungen in Gefahr bringen, zwischen den dominierenden politischen Kräften, zwischen dem Kongress und dem Präsidenten, entweder zerrieben zu werden oder ein eigenes politisches Spiel zu versuchen. Die Verwaltungsrechtsordnungen der europäisch-kontinentalen Tradition – so sehr sie sich untereinander unterscheiden[141] – warten demgegenüber (positiv wie negativ) mit größerer Geschlossenheit und stabileren Strukturen auf.[142] Sie sind weniger auf die Aufgaben ausgreifender politischer Gestaltung konzentriert, sondern widmen auch den einfachen Vorgängen des Gesetzesvollzuges im Verwaltungsalltag vor Ort einen erheblichen Teil ihres Interesses. Die Vollzugsvorstellung verengt den juristischen Argumentationshaushalt, präzisiert und stabilisiert ihn aber auch.

Dessen ungeachtet bleibt das *Recht der zentrale Referenzpunkt* im US-amerikanischen und kontinental-europäischen Verwaltungsrechtsvergleich. „How Administrative Law supports Democratic Government".[143] Genau darum geht es diesseits und jenseits des Atlantiks. Im Umgang mit dem Recht und in der Wahl der verfügbaren Erscheinungsformen von Recht werden die Akzente zwar unterschiedlich gesetzt. Darin liegt aber auch die Chance, dass „Gegenentwurf" und „Entwurf" voneinander lernen. Schnel-

140 *Mashaw*, Reasoned Administration and Democratic Legitimacy, bes. 40 ff. und 163 ff.

141 Vgl. dazu nur *Sabino Cassese, Die Entfaltung des Verwaltungsstaates in Europa, in: IPE Bd. 3 § 41;* Michael Fromont, *Droit administratif* des États européens, 2006, 13 ff.; *Eberhard Schmidt-Aßmann/Stéfanie Dagron*, Deutsches und französisches Verwaltungsrecht im Vergleich ihrer Ordnungsideen, in: ZaöRV 67, 2007, 395 ff.; *Olivier Jouanjan*, Diskursvergleich im Verfassungs- und Verwaltungsrecht, in: VVDStRL 77, 2018, 351 ff.

142 Anschaulich *Karl-Peter Sommermann*, Prinzipien des Verwaltungsrechts, in: IPE Bd. 5 § 86; (zugleich gegenläufige Tendenzen aufzeigend) auch *Diana Zacharias*, Der Begriff des Verwaltungsrechts in Europa, in: IPE Bd. 4 § 72, bes. Rn. 143 ff.

143 So der Untertitel der Schrift von *Jeremy Mashaw*, Reasoned Administration.

le Bereitschaft, einzelne Elemente zu übernehmen, ist dabei so wenig angezeigt wie schnelle Kritik an ungewohnten Lösungen. Die Leistungsfähigkeit einzelner Rechtsinstitute, Verfahren, Doktrinen und Dogmen lässt sich regelmäßig nur aus dem Zusammenhang erschließen, in dem diese in der jeweiligen Rechtsordnung stehen. Bestandsaufnehmende Materialerfassung und wissenschaftliche Beobachtung, die immer auch von der eigenen Rechtsordnung geprägt ist, müssen dazu Hand in Hand gehen. Verwaltungsrechtsvergleichung bewährt sich so als ein Projekt der Wissenschaft, das aber auch für die Verwaltungspraxis in *allen* einbezogenen Rechtsordnungen zur Rechtserkenntnisquelle werden kann.

Abkürzungsverzeichnis zu Begriffen der amerikanischen Rechtssprache

ABA	American Bar Association
ACUS	Administrative Conference of the United States
Adm., Admin.	Administrative, Administration
ADPSO	Association of Data Processing Service Organizations, Inc.
ALJ	Administrative Law Judge
APA	Administrative Procedure Act
Art.	Article
Ass'n	Association
CAA	Clean Air Act
C.F.R.	Code of Federal Regulations
CFPB	Consumer Financial Protection Bureau
Chap.	Chapter
CICA	Competition in Contracting Act
C. J.	Chief Justice
cl.	clause
Co.	Company
COFC	Court of Federal Claims
Comm'n	Commission
Comp.	Comparative
conc., concur.	concurring opinion
Cong.	Congress
Corp.	Corporation
CPSC	Consumer Product Safety Commission
CRA	Congressional Review Act

D.C. Circ.	US Court of Appeals for the District of Columbia Circuit
Dept.	Department
diss.	dissenting opinion
Dist.	District
DOJ	Department of Justice
EIOR	Executive Office for Immigration Review
E. O.	Executive Order
EPA	Environmental Protection Agency
ex rel.	ex relatione
FAA	Federal Aviation Administration
FAR	Federal Acquisition Regulation
FBI	Federal Bureau of Investigation
FCC	Federal Communication Commission
FDA	Food and Drug Administration
FDCA	Food, Drug and Cosmetic Act
FDIC	Federal Deposit Insurance Corporation
Fed.	Federal
FISC	Foreign Intelligence Surveillance Court
FOIA	Freedom of Information Act
FPC	Federal Power Commission
F. R.	Federal Register
FTC	Federal Trade Commission
FTCA	Federal Tort Claims Act
GAO	Government Accountability Office
GGP	Good Guidance Practices
H. R.	House of Representatives
ICC	Interstate Commerce Commission
INA	Immigration and Nationality Act
Inc.	Incorporated

Inst.	Institute
Int'l	International
J.	Journal; Judge; Justice
L. J.	Law Journal
LLC	Limited Liability Company
L. P.	Limited Partnership
L. Rev.	Law Review
MSAPA	Model State Administrative Procedure Act
NAAQS	National Ambient Air Quality Standards
NASA	National Aeronautics and Space Administration
NCUA	National Credit Union Administration
NFIB	National Federation of Independent Business
NIRA	National Industrial Recovery Act
NLRB	The National Labor Relations Board
NRDC	Natural Resources Defense Council
OGIS	Offices of Government Information Services
OIP	Office of Information Policy
OIRA	Office of Information and Regulatory Affairs
OMB	Office of Management and Budget
op.	opinion
OPM	Office of Personal Management
PCAOB	Public Company Accountability Oversight Board
PRA	Paperwork Reduction Act
Pub.	Public; Publishing
Pub. L.	Public Law
Rept.	Report
Rev.	Review
S. Ct.	Supreme Court Reporter
SEC	Securities and Exchange Commission
Sec., sect.	Section
Sess.	Session
slip op.	slip opinion

SSA	Social Security Administration
Stat.	United States Statutes at Large
U.S.	United States, United States Reports
U.S.C.	United States Code
USCIS	US Citizenship and Immigration Services

Fallverzeichnis

Literaturverzeichnis*

Ackerman, B. A., The Decline and Fall of the American Republic, 2010.

Albert, G., Stellung, Funktion und verfassungsrechtliche Problematik der Independent Regulatory Commissions in den Vereinigten Staaten von Amerika, 1971.

Aman, A. C. Jr., Administrative Law and Process, 3rd ed. 2014.

Aman, A. C. Jr./Mayton, W., Administrative Law, 3rd ed. 2014.

Antieau, Ch. J./Mecham, M., Tort Liability of Government Officers and Employees, 1990.

Asimow, M./Levin, R. M., State and Federal Administrative Law, 4th ed. 2014.

Audit, M./Schill, St. W. (eds.), Transnational Law of Public Contracts, 2016.

Baker, L. A./Gillette, C. P., Local Government Law. Cases and Materials, 4th ed. 2010.

Becker, F., Das allgemeine Verwaltungsverfahren in Theorie und Gesetzgebung, 1960.

Bell, J./Bradley, A. W. (eds.), Governmental Liability: A Comparative Study, 1991.

Beuchler, H., Class Actions und Securities Class Actions in den Vereinigten Staaten von Amerika, 2008.

Bignami, F./Zaring, D. (eds.), Comparative Law and Regulation, 2016.

Bogdandy, A. von, Gubernative Rechtsetzung. Eine Neubestimmung der Rechtsetzung und des Regierungssystems unter dem Grundgesetz in der Perspektive gemeineuropäischer Dogmatik, 2000.

Bogdandy, A. von/Cassese, S./Huber, P. M. (eds.), The Max Planck Handbooks in European Public Law – MPHEPL – , Vol. 1, 2017.

Bogdandy, A. von/Cassese, S./Huber, P. M. (Hrsg.), Ius Publicum Europaeum – IPE –, Bd. 3, 2010, Bd. 4, 2011, Bd. 5, 2014, Bd. 6, 2016.

Bothe, M., Die Kompetenzstruktur des modernen Bundesstaates in rechtsvergleichender Sicht, 1977.

Breger, M. J./Edles, G. J., Independent Agencies in the United States: Law, Structure, and Politics, 2015.

Bressman, L./Rubin, E. L./Stack, K. M., The Regulatory State, 2010.

Breuer, M., Staatshaftung für judikatives Unrecht. Eine Untersuchung zum deutschen Recht, zum Europa- und Völkerrecht , 2011.

---

* Verzeichnis der mehrfach zitierten monographischen Werke und Sammelwerke. Die Nachweise der nur einmal herangezogenen Bücher finden sich in der betreffenden Fußnote. Aufsätze und Beiträge zu Handbüchern sind kapitelweise in den Fußnoten nachgewiesen.

Breyer, S. G./Stewart, R. B./Sunstein, C.,R./Vermeule, A./Herz, M., Administrative Law and Regulatory Policy, 8th ed. 2017.

Briffault, R./Reynolds, L., Cases and Materials on State and Local Government Law, 8th ed. 2016.

Brugger, W., Demokratie, Freiheit, Gleichheit. Studien zum Verfassungsrecht der USA, 2002.

Brugger, W., Einführung in das öffentliche Recht der USA, 2. Aufl. 2001.

Burgi, M., Funktionale Privatisierung und Verwaltungshilfe, 1999.

Burgi, M., Vergaberecht, 2. Aufl. 2018.

Burnett, G. F., The Safeguard of Liberty and Property, 2015.

Calabresi, St. G./Silverman, B. G./Braver, J., The U.S. Constitution and Comparative Constitutional Law, 2016.

Cananea, G. della, Due Process of Law Beyond the State. Requirements of Administrative Procedure, 2016.

Cane, P., Controlling Administrative Power: An Historical Comparison, 2016.

Chemerinsky, E., Constitutional Law. Principles and Policies, 5th ed. 2015.

Collings, J., Democracy's Guardians. A History of the German Federal Constitutional Court, 1951-2001, 2015.

Cooper, F. E., State Administrative Law, 1965.

Cooper, Ph. J., By Order of the President, 2nd ed. 2014.

Cooper, R. R. (ed.), Freedom of Information Act, 2013.

Craig, P. P., Administrative Law, 7th ed. 2011.

Currie, D. P., Die Verfassung der Vereinigten Staaten von Amerika, 1988.

Currie, D. P., The Constitution of the Federal Republic of Germany, 1994.

David, A., Inspektionen im Europäischen Verwaltungsrecht, 2003.

Davis, K. C., Administrative Law Text, 3rd ed. 1972.

Davis, K. C., Discretionary Justice in Europe and America, 1976.

Davis, K. C., Verfassungsrecht und Verfassungspraxis der Vereinigten Staaten, 1959.

Dicey, A. V., Introduction to the Study of the Law of the Constitution, 8th ed. 1924.

Dillon, J. F., Treatise on the Law of Municipal Corporations, 1st ed. 1872.

Dreier, H. (Hrsg.), Grundgesetz. Kommentar, 3. Aufl. 2013 ff.

Ehlers, D./Fehling, M./Pünder, H. (Hrsg.), Besonderes Verwaltungsrecht. Band 2. Planungs-, Bau- und Straßenrecht, Umweltrecht, Gesundheitsrecht, Medien- und Informationsrecht, 3. Aufl. 2013.

Ehlers, D./Pünder, H. (Hrsg.), Allgemeines Verwaltungsrecht, 15. Aufl. 2016.

Ehmke, H., Wirtschaft und Verfassung. Die Verfassungsrechtsprechung des Supreme Court zur Wirtschaftsregulierung, 1961.

Elshorst, D., Bürgervollzugsklagen. Die Durchsetzung von Umweltrecht gegenüber Anlagenbetreibern durch Private in den USA und Deutschland, 2002.

Emerson, B., The Public's Law. Origins and Architecture of Progressive Democracy, 2019.

Erath, F., Förmliche Verwaltungsverfahren und gerichtliche Kontrolle. Eine rechtsvergleichende Studie unter Berücksichtigung Deutschlands und der USA, 1996.

Ernst, D. R., Tocqueville's Nightmare. The Administrative State emerges in America. 1900 – 1940, 2014.

Eskridge, W. N. Jr./Frickey, Ph. P./Garrett, E., Cases and Materials on Legislation, 3rd ed. 2004.

Eskridge, W. N. Jr./Frickey, Ph. P./Garrett, E., Legislation and Statutory Interpretation, 2nd ed. 2006.

Fehling, M., Verwaltung zwischen Unparteilichkeit und Gestaltungsaufgabe, 2001.

Fehling, M./Ruffert, M. (Hrsg.), Regulierungsrecht, 2010.

Final Report of Attorney General's Committee on Administrative Procedure Act, *United States Department of Justice*, 1941.

Fisher, L., The Law of the Executive Branch. Presidential Power, 2014.

Foerstel, H. N., Freedom of Information and the Right to Know, 1999.

Forsthoff, E. (Hrsg.), Rechtsstaatlichkeit und Sozialstaatlichkeit, 1968.

Fox, W. F., Understanding Administrative Law, 5th ed. 2008.

Freedman, J. O., Crisis and Legitimacy. The administrative process and American government, 1978.

Freeman, J./Minow, M. (eds.), Government by Contract. Outsourcing and American Democracy, 2009.

Freund, E., Das öffentliche Recht der Vereinigten Staaten von Amerika, 1911.

Freund, E., Standards of American Legislation: An Estimate of Restrictive and Constructive Factors, 1917.

Freund, E., The Police Power: Public Policy and Constitutional Rights, 1904.

Frowein, J. A. (Hrsg.), Die Kontrolldichte bei der gerichtlichen Überprüfung von Handlungen der Verwaltung, 1993.

Frug, G. E./Ford, R. T./Barron, D. J., Local Government Law. Cases and Materials, 4th ed. 2006.

Funk, W. F./Shapiro, S. A./Weaver, R. L., Administrative Law, 5th ed. 2015.

Galligan, D. J., Due Process and Fair Procedures, 1996.

Gärditz, K. F. (Hrsg.), Verwaltungsgerichtsordnung. Kommentar, 2. Aufl. 2018.

Gellhorn and Byse's Administrative Law → *Strauss/Rakoff/Farina/Metzger*.

Gerbig, M., Grundrecht auf staatlichen Schutz. Ein Vergleich von Grundgesetz für die Bundesrepublik Deutschland und Verfassung der Vereinigten Staaten von Amerika, 2014.

Gifford, D. J., Administrative Law, 2nd ed. 2010.

Goodnow, F. J., Comparative Administrative Law. An analysis of the administrative systems national and local, of the United States, England, France and Germany, 1893.

Gray, D. C., The Fourth Amendment in an Age of Surveillance, 2017.

Greenawalt, K., Statutory and Common Law Interpretation, 2013.

Gurlit, E., Die Verwaltungsöffentlichkeit im Umweltrecht. Ein Rechtsvergleich Bundesrepublik Deutschland – USA, 1989.

Hamburger, P., Is Administrative Law Unlawful? 2014.

Hamilton, A./Madison, J./Jay, J., Die "Federalist Papers", übersetzt und eingeleitet von B. Zehnpfennig, 1993.

Hanschel, D., Konfliktlösung im Bundesstaat. Die Lösung föderaler Kompetenz-, Finanz- und Territorialkonflikte in Deutschland, den USA und der Schweiz, 2012.

Härtel, I. (Hrsg.), Handbuch Föderalismus, Bd. 4, 2012.

Hartmann, B. J., Öffentliches Haftungsrecht, 2013.

Hay, P., US-Amerikanisches Recht, 6. Aufl. 2015.

Heffernan, W. C., Privacy and the American Constitution, 2016.

Hestermeyer, H., Eigenständigkeit und Homogenität in föderalen Systemen, 2019.

Heun, W., Verfassung und Verfassungsgerichtsbarkeit im Vergleich, 2014.

Hickman, K. E./Pierce, R. J. Jr., Federal Administrative Law, 2nd ed. 2014.

Hill, H., Das fehlerhafte Verfahren und seine Folgen im Verwaltungsrecht, 1986.

Hirschl, R., Comparative Matters. The Renaissance of Comparative Constitutional Law, 2014.

Hoffer, P. Ch./Hoffer, W. H./Hull, N. E. H., The Federal Courts. An Essential History, 2016.

Hoffmann-Riem, W./Schmidt-Aßmann, E. (Hrsg.), Konfliktbewältigung durch Verhandlungen, 1990.

Hoffmann-Riem, W./Schmidt-Aßmann, E./Voßkuhle, A. (Hrsg.), Grundlagen des Verwaltungsrechts – GVwR –, 2. Aufl. Bd. 1, 2012, Bd. 2, 2012, Bd. 3, 2013.

Hofmann, H./Weaver R. L. (eds.), Transatlantic Perspectives on Administrative Law, 2011.

Holznagel, B., Konfliktlösung durch Verhandlungen: Aushandlungsprozesse als Mittel der Konfliktverarbeitung bei der Ansiedlung von Entsorgungsanlagen für besonders überwachungsbedürftige Abfälle in den Vereinigten Staaten und der Bundesrepublik Deutschland, 1990.

Hoppenstedt, B., Kommunale Selbstverwaltung in den USA, 2007.

Hovell, D., The Power of Process. The Value of Due Process in Security Council Sanctions Decision-Making, 2016.

Hufen, F., Verwaltungsprozessrecht, 10. Aufl. 2016.

Iancu, B., Legislative Delegation. The Erosion of Normative Limits in Modern Constitutionalism, 2012.

Isensee, J./Kirchhof, P. (Hrsg.), Handbuch des Staatsrechts der Bundesrepublik Deutschland – HStR –, 3. Aufl., Bd. 2, 2004, Bd. 5, 2007, Bd. 6, 2008.

Jaffe, L. L., Judicial Control of Administrative Action, 1965.

Jarass, H. D./Pieroth, B., Grundgesetz für die Bundesrepublik Deutschland, 15. Aufl. 2018.

Kaiser, A.-B./Petersen, N./Saurer, J. (eds.), The U.S. Supreme Court and Contemporary Constitutional Law: The Obama Era and Its Legacy, 2019.

Kau, M., United States Supreme Court und Bundesverfassungsgericht, 2007.

Kischel, U., Rechtsvergleichung, 2015.

Knauff, M., Der Regelungsverbund. Recht und Soft Law im Mehrebenensystem, 2010.

Koch, C. H./Murphy, R. W., Administrative Law and Practice, 3rd ed. 2010.

Kommers, D., Judicial Politics in West Germany, 1976.

Kommers, D., The Constitutional Jurisprudence of the Federal Republic of Germany, 1989, 3rd ed. 2012.

König, K./ Kropp, S./ Kuhlmann, S./ Reichard, C./ Sommermann, K.-P./ Ziekow, J. (Hrsg.), Grundmuster der Verwaltungskultur, 2014.

Kopp, F. O./Schenke, W.-R., Verwaltungsgerichtsordnung, 25. Aufl. 2019.

Kubasek, N. K./Silverman, G. S., Environmental Law, 7th ed. 2011.

Landis, J. M., The Administrative Process, 1938.

Lange, F. V., Grundrechtsbindung des Gesetzgebers. Eine rechtsvergleichende Studie zu Deutschland, Frankreich und den USA, 2010.

Lawson, G., Federal Administrative Law, 7th ed. 2015.

Lee, D. W., Handbook of Section 1983 Litigation, 2006.

Lepsius, O., Verwaltungsrecht unter dem Common Law, 1997.

Lerg, Ch. A., Amerika als Argument. Die deutsche Amerika-Forschung im Vormärz und ihre politische Deutung in der Revolution von 1848/49, 2011.

Linneweber, A., Einführung in das US-amerikanische Verwaltungsrecht, 1994.

Loewenstein, K., Verfassungsrecht und Verfassungspraxis der Vereinigten Staaten, 1959.

Loewenstein, K., Verfassungslehre, 1959.

Lorz, R. A., Interorganrespekt im Verfassungsrecht, 2000.

Loughlin, M., The Idea of Public Law, 2003.

Lutter, M./Stiefel, E. C./Hoeflich, M. H. (Hrsg.), Der Einfluss deutscher Emigranten auf die Rechtsentwicklung in den USA und in Deutschland, 1993.

Mandelker, D. R./Wegner, J.W./Griffith, J. C./Bond, K./Tyson, C. J., State and Local Government in a Federal System, 8th ed. 2014.

Martinez, J., Local Government Law, 2012.

Mashaw, J. L., Bureaucratic Justice: Managing Social Security Disability Claims, 1983.

Mashaw, J. L., Creating the Administrative Constitution. The lost one hundred years of American Administrative Law, 2012.

Mashaw, J. L., Due Process in the Administrative State, 1985.

Mashaw, J. L., Reasoned Administration and Democratic Legitimacy, 2018.

Mashaw, J. L./Merrill, R. A./Shane, P. M., Administrative Law, 5th ed. 2003.

Masing, J., Die Mobilisierung des Bürgers für die Durchsetzung des Rechts: europäische Impulse für eine Revision der Lehre vom subjektiv-öffentlichen Recht, 1997.

Massey, C. R., American Constitutional Law, 4th ed. 2013.

Matthews, T. A./Matthews, B. S., Municipal Ordinances, 3rd ed. 2008.

Maurer, H./Waldhoff, Ch., Allgemeines Verwaltungsrecht, 19. Aufl. 2017.

Mayer, O., Deutsches Verwaltungsrecht, 3. Aufl. 1924.

McQuillin, E., The Law of Municipal Corporations, 3rd ed. 1949.

Meinel, F., Der Jurist in der industriellen Gesellschaft. Ernst Forsthoff und seine Zeit, 2011.

Melin, P., Gesetzesauslegung in den USA und in Deutschland, 2005.

Mezger, G., Umweltverträglichkeitsprüfung, Umweltschutz und räumliche Nutzung in den USA, 1989.

Miller, B./Keith, L. C./Holmes, J. S., Immigration Judges and U. S. Asylum Policy, 2015.

Mohl, R. von, Das Bundesstaatsrecht der Vereinigten Staaten von Nord-Amerika: Verfassungsrecht, 1824.

Möllers, C., Gewaltengliederung. Legitimation und Dogmatik im nationalen und internationalen Rechtsvergleich, 2005.

Morstein Marx, F., Amerikanische Verwaltung, 1963.

Morstein Marx, F., Einführung in die Bürokratie, 1959.

Morstein Marx, F., The Administrative State. An Introduction to Bureaucracy, 1957.

Mosler, H. (Hrsg.), Haftung des Staates für rechtswidriges Verhalten seiner Organe, 1967.

Nash, J. R., Environmental Law and Policy, 2010.

Nicolaidis, K./Howse, R. (eds.), The Federal Vision. Legitimacy and Levels of Governance in the United States and the European Union, 2002.

Nowak, J. E./Rotunda, R. D., Constitutional Law, 8th ed. 2010.

Oeter, S., Integration und Subsidiarität im deutschen Bundesstaatsrecht, 1998.

Ossenbühl, F./Cornils, M., Staatshaftungsrecht, 6. Aufl. 2013.

Oster, J., Normative Ermächtigungen im Regulierungsrecht. Eine vergleichende Untersuchung behördlicher Entscheidungsspielräume in der deutschen und amerikanischen Netzinfrastrukturregulierung, 2010.

Parker, R., Das Öffentliche Recht – Verfassungsrecht und Allgemeines Verwaltungsrecht – der Vereinigten Staaten von Amerika, 1963.

Percival, R./Schroeder, C. H./Miller, A. S./Leape, J. P., Environmental Regulation 6th ed. 2009.

Pierce, R. J. Jr., Administrative Law Treatise, 5th ed. 2012.

Pierce, R. J. Jr./Shapiro, S. A./Verkuil, P. R., Administrative Law and Process, 6th ed. 2014.

Posner, E. A./Vermeule, A., The Executive Unbound: After the Madisonian Republic, 2011.

Postell, J., Bureaucracy in America, 2017.

Pünder, H., Exekutive Normsetzung in den Vereinigten Staaten von Amerika und der Bundesrepublik Deutschland, 1995.

Raab, J./Wirrer, J. (Hrsg.), Die deutsche Präsenz in den USA, 2008.

Rabin, J./Hildreth W. B./Miller, G. J. (eds.), Handbook of Public Administration, 3rd ed. 2007.

Redish, M. H./Sherry, S./Pfander, J. E., Federal Courts, 7th ed. 2012.

Rehbinder, E./Burgbacher H.-G./Knieper, R., Bürgerklage im Umweltrecht, 1972.

Reynolds, *O. M. Jr.*, Handbook of Local Government Law, 2nd ed. 2001.

Reynolds, *O. M. Jr.*, Local Government Law, 4th ed. 2015.

Riegert, R. A., Das amerikanische Administrative Law. Eine Darstellung für deutsche Juristen, 1967.

Robertson, K. G., Public Secrets. A Study in the Development of Government Secrecy, 1982.

Röhl, K. F./Röhl, H. Ch., Allgemeine Rechtslehre, 3. Aufl. 2008.

Rohr, J. A., To Run a Constitution: The Legitimacy of the Administrative State, 1986.

Rose-Ackerman, S., Controlling Environmental Policy. The limits of public law in Germany and the United States, 1995.

Rose-Ackerman, S., Umweltrecht und -politik in den Vereinigten Staaten und der Bundesrepublik Deutschland, 1995.

Rose-Ackerman, S./Egidy, St./Fowkes, J., Due Process of Lawmaking, 2015.

Rose-Ackerman, S./Lindseth, P. (eds.), Comparative Administrative Law, 1st ed. 2010.

Rose-Ackerman, S./Lindseth, P. L./Emerson, B. (eds.), Comparative Administrative Law, 2nd ed. 2017.

Rosenbloom, D. H., Federal Service and the Constitution, 2nd ed. 2014.

Rosenbloom, D. H./O'Leary R./Chanin, J. M., Public Administration and Law, 3rd ed. 2010.

Rosenfeld, M./Sajó, A. (eds.), The Oxford Handbook of Comparative Constitutional Law, 2012.

Roßbach, M., Das Personal der Republik. Entstehung und Entwicklung eines demokratischen Personalverfassungsrechts der Exekutive am Beispiel der Vereinigten Staaten von Amerika. Diss. Berlin 2018, i. E. (zit. Personalverfassungsrecht).

Rüffel, D., Das Institut der Klagebefugnis zur Verfolgung von Umweltinteressen. Ein Rechtsvergleich zwischen den USA, Großbritannien, Deutschland und der Europäischen Union unter besonderer Würdigung von Verbandsklagen, 2008.

Rüthers, B./Fischer, Ch./Birk, A., Rechtstheorie, 10. Aufl. 2018.

Ruffert, Matthias, Law of Administrative Organization of the EU. A Comparative Approach, 2020.

Sauerland, Th., Die Verwaltungsvorschrift im System der Rechtsquellen, 2005.

Saurer, J., Die Funktionen der Rechtsverordnung, 2005.

Schack, H., Einführung in das US-amerikanische Zivilprozessrecht, 4. Auf. 2011.

Scharpf, F. W, Die politischen Kosten des Rechtsstaats. Eine vergleichende Studie der deutschen und amerikanischen Verwaltungskontrollen, 1970.

Scherer, J., Verwaltung und Öffentlichkeit, 1978.

Schlacke, S., Überindividueller Rechtsschutz, 2008.

Schlesinger, A. M., The Imperial Presidency, 1973.

Schmidt-Aßmann, E., Das allgemeine Verwaltungsrecht als Ordnungsidee, 2. Aufl. 2004.

Schmidt-Aßmann, E., Verwaltungsrechtliche Dogmatik, 2013.

Schmidt-Aßmann, E., Kohärenz und Konsistenz des Verwaltungsrechtsschutzes, 2015.

Schneider, J.-P., Liberalisierung der Stromwirtschaft durch regulative Marktorganisation. Eine vergleichende Untersuchung zur Reform des britischen, US-amerikanischen, europäischen und deutschen Energierechts, 1999.

Schneider, J.-P./Hofmann, H./Ziller, J. (Hrsg.), ReNEUAL-Musterentwurf für ein EU-Verwaltungsverfahrensrecht, 2015.

Schnöckel, S., „Negotiated Rulemaking" in den USA und normvertretende Absprachen in Deutschland, 2005.

Schoch, F., Informationsfreiheitsgesetz, 2. Aufl. 2016.

Schoch, F./Schneider, J.-P./Bier, W. (Hrsg.), Verwaltungsgerichtsordnung (Lsbl. Stand 2019).

Schuck, P. H., Suing Government, 1983.

Schulze-Fielitz, H. (Hrsg.), Staatsrechtslehre als Wissenschaft. Die Verwaltung, Beiheft 7, 2007.

Schuppert, G. F., Verwaltungswissenschaft, 2000.

Schwartz, B., Administrative Law, 3rd ed. 1991.

Schwartz, B./Corrada, R. L./Brown, J. R. Jr./West, J. L., Administrative Law. A Casebook, 9th ed. 2018.

Seckelmann, M./Platz, J. (Hrsg.), Remigration und Demokratie in der Bundesrepublik nach 1945. Ordnungsvorstellungen zu Staat und Verwaltung im transatlantischen Transfer, 2017.

Seerden, R. (ed.), Comparative Administrative Law. Administrative Law of the European Union, its Member States and the United States, 4th ed. 2018.

Shapiro, D. L., Federalism. A Dialogue, 1995.

Shesol, J. S., Supreme Power: Franklin Roosevelt vs. The Supreme Court, 2010.

Sieberg, Ch., Verwaltungsvollstreckung. Ein Vergleich zwischen den USA und Deutschland, 2001.

Solove, D. J./Schwartz, P. M., Information Privacy Law, 6th ed. 2018.

Sommermann, K.-P./Schaffarzik, B. (Hrsg.), Handbuch der Geschichte der Verwaltungsgerichtsbarkeit in Deutschland und Europa, 2 Bde., 2019.

Stein, T., Interessenvertretung der Natur in den USA, 2002.

Steinberg, R., Politik und Verwaltungsorganisation. Zur Reform der Regierungs- und Verwaltungsorganisation unter besonderer Berücksichtigung der Obersten Bundesbehörden in den Vereinigten Staaten von Amerika, 1979.

Steinberger, H., Konzeption und Grenzen freiheitlicher Demokratie. Dargestellt am Beispiel des Verfassungsrechtsdenkens in den Vereinigten Staaten von Amerika und des amerikanischen Antisubversionsrechts, 1974.

Stelkens, P./Bonk, H. J./Sachs, M., Verwaltungsverfahrensgesetz. Kommentar, 9. Aufl. 2018.

Stern, K., Grundideen europäisch-amerikanischer Verfassungsstaatlichkeit, 1984.

Stevenson, S. M., Antieau on Local Government Law, 2nd ed. 1997.

Stolleis, M., Geschichte des öffentlichen Rechts, Bd. 2, 1992; Bd. 4, 2012.

Strauss, P. L., Administrative Justice in the United States, 3rd ed. 2016.

Strauss, P. L., Legal Methods, 3rd ed. 2014.

Strauss, P. L./Rakoff, T. D./Farina, C. R./Metzger, G, E., Gellhorn and Byse's Administrative Law, 11th ed. 2011 (zit. Gellhorn).

Sullivan, E. T./ Massaro T. M., The Arc of Due Process in American Constitutional Law, 2013.

Summann, K., Vergabegrundsätze und Vergabeverfahren im Rechtsvergleich Deutschland – USA, 2007.

Sunstein. C. R., After the Rights Revolution: Reconceiving the Regulatory State, 1990.

Taggart, M. (ed.), The Province of Administrative Law, 1997.

Thürer, D., Bund und Gemeinden, 1986.

Tribe, L., Amerian Constitutional Law, 3rd ed. 2000.

Tushnet, M. V., The Constitution of the United States of America, 2nd ed. 2015.

Tushnet, M. V./Graber, M. A./Levinson, S. (eds.), The Oxford Handbook of the U. S. Constitution, 2015.

Vanderbilt, A. T., Minimum Standards of Judicial Administration, 1949.

Vanderver, T. (ed.), Clean Air Law and Regulation, 1992.

Vermeule, A., Judging under Uncertainty. An Institutional Theory of Legal Interpretation, 2006.

Waldo, D., The Administrative State, 1948.

Walker, J. T./Hemmens, C., Legal Guide for Police, 10th ed. 2015.

Wellerdt, A., Organisation der Regulierungsverwaltung. Am Beispiel der deutschen und unionalen Energieverwaltung, 2018.

Weyreuther, F., Verwaltungskontrolle durch Verbände? Argumente gegen die verwaltungsrechtliche Verbandsklage im Umweltrecht, 1975.

Wischmeyer, Th., Überwachung ohne Grenzen. Zu den rechtlichen Grundlagen nachrichtendienstlicher Tätigkeiten in den USA, 2017.

Wittmann, Ph., Der Schutz der Privatsphäre vor staatlichen Überwachungsmaßnahmen durch die US-amerikanische Bundesverfassung, 2014.

Wolff, H. A., Selbstbelastung und Verfahrenstrennung, 1997.

Wolff, H. J./Bachof, O./Stober, R./Kluth, W., Verwaltungsrecht I, 13. Aufl. 2017; Verwaltungsrecht II, 7. Aufl. 2010.

Wolfram, D., Prozeduralisierung des Verwaltungsrechts, 2005.

Wright, Ch. A./Kane, M. K., Law of Federal Courts, 8th ed. 2017.

Ziamou, Th., Rulemaking, Participation and the Limits of Public Law in the USA and Europe, 2001.

Zoller, E., Introduction to Public Law. A Comparative Study, 2008.

Sachverzeichnis